河北省哲学社会科学规划项目

河北省哲学社会科学著作出版基金资助项目

河北省教育厅学术著作出版基金资助项目

XIANDAI SHANGYE ZHI HUN

现代商业之魂
——商业伦理问题研究

王 莹　柴艳萍　蔺丰奇　田克俭◎著

人民出版社

目　录

导　论

　　自从人类开始了商业活动，商业伦理也就有了产生和发展的历史。时至今日，在经济全球化背景下，在现代化、信息化条件下，商业活动由初始的物物交换发展到今日的现代商业。与此相适应，商业伦理也被赋予了全新的涵义，从内容到形式都发生了巨大变化，并且在现代商业社会中发挥着不可替代的作用。可以说，现代商业伦理是现代商业的道德必然，是构建和谐商业社会的必由之路，也是现代商业精神的思想基础。

一、现代商业的道德必然

　　从字面涵义上说，商业是以买卖方式使商品流通的经济活动。在社会物质资料的生产和再生产的生产、交换、分配、消费诸环节中，商业活动就是商品交换活动。因此，说到商业与道德的关系，也可以理解为经济与道德的关系。

　　经济与道德的关系，一方面是决定与被决定的关系。道德在本质上是一种社会意识，作为一种社会意识，它受社会关系特别是经济关系的制约。这表现在：社会经济结构的性质直接决定着各种道德体系的性质；社会经济关系所表现出的利益，直接决定着道德的基本原则和主要规范；在阶级社会中，人们在同一经济结构中的不同地位和不同利益，决定着各种道德体系的阶级属性、社会地位和彼此间的矛盾斗争；经济关系的变化也必然引起道德的变化。另一方面，道德也有着自己的相对独立性和能动作用，即道德不是一种纯粹被动的、消极的因素，而是一种能动的、积极的因素；它有着自己特殊的内在矛盾和历史发展过程；

它能直接同上层建筑其他因素，如政治、法律、艺术、宗教等，发生这样或那样的联系或影响，甚至对社会经济关系也有着巨大的能动作用，因而同经济关系的发展变化并不是完全一致的。当然，道德同经济关系的发展变化的不一致性、不平衡性只是局部的和暂时的，道德的发展最终是受其所依赖的经济关系制约。

伦理是道德问题和道德思想的理论化和系统化。商业伦理是研究商业活动中道德理论和道德实践问题的学问。它包括商业活动中的伦理要求，如商业竞争中的伦理要求、契约与合同中的伦理要求、市场营销中的伦理要求等，也包括商业主体的伦理观念、道德行为与道德活动，同时也涉及人的品质与人的素质、商业活动的环境、商业伦理的教育与普及等诸多问题。

现代商业对现代商业伦理起着一定的决定作用。在国际化、信息化、网络化、规模化的前提条件下，现代商业的内涵不断丰富和深化，有了自己明显的特征。比如，技术进步主导了商业领域，信息技术在商业领域广泛的应用，像数码技术、保鲜技术、电子商务的普遍应用，为提高商业效率、提高商业服务质量、拓展商业领域开辟了广阔的空间；现代商业以现代化的业态为载体：百货站式业态的发展处于下降趋势，超级市场、便利店、仓储式商场、专业店、专卖店等业态成为主体。这些业态细化了市场，适应和引导了消费，带动了批发业的改革，等等，诸如此类。现代商业的这些进步必然引起商业伦理的变化。

现代商业的显著特征还在于市场经济。市场经济是高度发达的商品经济，是一种以市场调节为基础或为基本方式来发展国民经济的现代经济体制。资源配置方式、经济运行方式和经济体制是市场经济的三个基本规定性。价格机制和竞争机制的结合形成了市场经济的根本特征，即根据市场的供求关系来调节和分配社会生产要素，通过市场机制合理配置各种资源。因此，市场经济能充分促进生产力的发展和经济繁荣。从伦理角度说，由于市场经济是竞争经济、信用经济，因此比以往更需要市场经济参与者与经营者的商业道德。同时，市场经济越发展，人与人

之间的关系就越密切，对商业道德要求也就越高。另一方面，市场经济
是"一把双刃剑"，也有其自身难以克服的局限性，比如，造成经济生
活的盲目性、对外部不经济行为（企业对外部环境，包括对其他企业、
个人或社会产生不利的或有害的影响）难以发挥调节作用。从伦理角度
说，由于市场经济的驱动力是企业或个人追求自身经济效益，又由于我
国社会主义市场经济正处于完善状态，因此，在利益发生冲突的情况
下，如果没有正确的伦理价值观的引导，就容易出现见利忘义、惟利是
图、损人利己、坑蒙拐骗等情况。因此，在市场经济条件下，现代商业
必然提出构建现代商业伦理秩序的要求。

现代商业伦理作为现代商业的道德必然具体表现在如下方面：

第一，商业伦理是调节社会利益关系的需要。在商业活动中，无论
是企业还是个人，都要追求经济效益。对企业来说，经济效益涉及企业
的集体利益；对个人来说，经济效益关系到个人的自身利益。无论是企
业的、集体的、局部的利益，还是个人的利益，都有一个原动力——对
利益的追求。

人们之间的社会关系说到底是一个利益关系问题。因为，人要生
存、发展，要满足自身的生命需要，首先必须进行生产活动。人们的生
产活动实质上说是追求利益、谋取利益的过程。人们在追求利益、创造
利益的生产活动中，必然发生一定的利益关系，发生一定的经济关系，
这种关系就表现为物质的、经济的利益关系。追求利益是人类一切社会
活动的动因，这正如马克思所说："人们奋斗所争取的一切，都同他们
的利益有关。"① 而且人类在解决了衣食住行等最低生活需要后，还要追
求更高的需要和利益，新的、更高的需要和利益又促进人类进行新的、
更高的社会活动，如从事新的生产活动，从事更高级的政治活动、军事
活动、文化活动，等等。

根据主体不同，利益又可分为个人利益、群体利益和社会整体利

① 《马克思恩格斯全集》第1卷，人民出版社1965年版，第82页。

益。如果处理得当，这三者就会趋于一致，否则便会产生矛盾和冲突。社会主义市场经济的最终目的是要促进个人利益、群体利益和社会整体利益三者的协调一致，最终促进社会整体利益的发展。而市场经济的负面效应又极有可能导致一些人只顾追求个人利益或局部利益，甚至为了个人或局部利益不惜损害他人利益和社会整体利益，如采用不正当的竞争手段、为了自身经济效益而严重污染环境。商业伦理就是通过道德教育及个人道德修养，以内心信念、道德规范、传统习惯和社会舆论等方式，使企业家和经营者加强道德自律，提高自身道德素质，合理调整个人利益、企业局部利益和社会整体利益的关系。

第二，商业伦理是规范市场运行的需要。在我国社会主义市场经济的初期，市场发育还不成熟，市场运行还处在不规则状态，致使在商业活动中还存在大量不道德，甚至是违法乱纪问题。比如，生产和销售使消费者致命的假酒和假药，毁坏消费者面容的化妆品；进行虚假的广告宣传，欺骗性的有奖销售，在推销中实行贿赂、送礼、回扣等；搞恶性竞争，如窃取商业秘密，互相攻击、诽谤，诋毁对方企业形象和产品形象，等等。这些情况说明，我国商业伦理建设的任务是十分艰巨的，这需要一方面政府进一步健全和完善市场经济的法律、法规，建立监督、检查、执法机构，从而有法可依，执法必严，违法必纠；另一方面加强商业伦理建设，使企业家和经营者树立起公平、诚信的道德意识和社会责任感，营造良好的社会商业道德氛围。

第三，商业伦理是树立正确的理想信念、价值导向的需要。树立共产主义的理想信念，确立正确的社会价值导向，对于树立社会正气、凝聚人心、提升社会成员思想境界、团结广大人民群众进行社会主义现代化建设都具有重要意义。而市场经济的双重道德效应，一方面使人们的进取心和自由、平等、开拓意识更加增强，另一方面又强化了一些人的个人主义、自私自利、拜金主义观念以及功利主义、享乐主义倾向。商业伦理对于树立正确的社会价值导向、教育人们树立远大的理想、共产主义信念、净化社会风气、提高社会文明程度具有重要作用。它引导人们树立正确的个人利益观、金钱观，培植人们追求卓越、创造业绩的成就感、荣誉感和社会使命感，从而使人们树立强烈的积极进取精神和创造精神，也使人们的经济行为具有更积极、更高尚的动机。比如，解决企业家和经营者在经济生活中的理想信念问题，教育他们树立自主和自强的信念，以及互利合作的道德理念，克服个人至上、功利至上、金钱至上、享乐至上等错误观念。这些也是对市场经济引发的人文价值失落问题的必要回应。

二、构建和谐商业社会的必由之路

构建社会主义和谐社会是马克思主义关于社会主义建设理论的丰富和发展，也是改革开放和社会主义建设的合乎规律发展的必然结果。所谓社会和谐，是指人类社会生活诸要素的融洽互动与协调发展，包括人类社会的不同生活领域（如政治、经济和文化生活领域）之间，不同生活层面（如物质生活、精神生活）之间，不同生活区域（如东方世界与西方世界、发达地区与不发达地区、我国的东部与西部）之间以及不同生活方式或组织（如群体与个体、公共与私人、精神与物质，或者，作为社会公民与作为独立人格）之间的融洽互动与和谐发展。① 简言之，和谐社会就是指社会生活诸要素或方面已经达到融洽互动与协调发展的社会或社会发展状态。很明显，"社会和谐"或"和谐社会"是一个具有很高价值追求的社会理想目标，它不仅包含着对社会外在生活整体的规范秩序"良序化"的严格政治要求，而且也包含着对社会内在生活品质的精神秩序"和谐化"的高度伦理理想，同时还要求实现深度的社会精神生活的伦理和谐。

同样，和谐商业社会不仅包含着商业经济的发展，而且也包含着商业伦理的和谐有序，包含着商业伦理与商业经济的融洽互助。理论与实践都说明，商业伦理对商业经济会起到有效的促进作用，是和谐商业社

---

① 万俊人：《论和谐社会的政治伦理条件》，《道德与文明》2005 年 3 期。

会的重要组成部分。

比如，商业伦理可以增强人力资源效益。所谓人力资本，是指人自身中存在和发挥出来的可以创造经济价值的要素。它由两个方面构成：一是人的智能、知识、身体素质等因素规定的能力；二是使这种能力发挥出来的内在机制（主要为价值观念和道德精神）。人力资本不等于人潜在的能力，只有当人的能力在具体的社会经济活动中发挥出来，才构成现实的人力资本。要使人的潜在能力转化为一种现实的人力资本，需要具备两个条件：主体积极能动的意识，包括勤奋意识、责任意识等；主体与他人合作共事的意识和能力。可见，在这二者之中起主要作用的因素都是伦理道德。因此，商业活动主体的高尚的道德品质，是构成人力资本的关键因素。

再如，商业伦理是企业的凝聚力，可以促进合作效益。合作是人类的基本存在方式之一，是经济发展和社会进步的根本条件之一，也是创造合作效益的前提条件。所谓合作效益，是指不同主体通过相互合作而产生的超出单个主体所能创造价值的总和的那部分效益。合作效益一方面来自通过合作降低的交易费用和竞争成本；另一方面来自通过合作形成的一种资源的相互共享和优势互补，以及专业化的发展和规模效益的创造。经济活动中的合作是以利益为基础的，而一定的伦理约束和道德自律是达成有效合作和创造合作效益的必要条件。因为，对彼此权利的尊重、互利互助的伦理意识以及团队精神，是有效的合作得以达成的前提。商业伦理还可以提高企业的商业信誉。商业信誉是一个价值观念，企业在创誉过程中投入的劳动，最终以"无形资产"的形成而得到社会的承认。同时，商业信誉也是社会公众对特定的商业企业给予肯定性的道德评价，这种道德评价是良好的商业形象的核心内容。良好的商业信誉，对消费者具有最强的号召力和吸引力，是商业企业的一笔最丰富的无形资产，也是市场经济条件下商业企业生存发展、兴旺发达的关键所在。而在商业信誉的确立中起核心支撑作用的是商业伦理，即企业的伦理品质。

三、商业精神的思想基础

商业精神是一种在长期、大量的商业实践活动中形成、培养和确立起来的思想成果和精神力量，是具有商业经营特点的理念、价值准则、伦理观念等的概括与升华。它是商业企业的灵魂与支柱，对企业有无形的凝聚力和感召力。在当前我国社会主义市场经济条件下，商业精神可以体现为这样几种精神：自主精神、平等精神、竞争精神、开拓精神、服务精神、互助精神，等等。

商业伦理是商业精神的思想基础。商业精神的内容有很大部分来源于商业伦理，是商业伦理的概括、提炼与升华。当代商业伦理的一些主要道德规范，如自由平等、等价交换、互利互助、诚信守约等，都是与当代商业精神一致的，无不体现了当代商业精神。

第一，平等精神。市场经济体制与计划经济体制有很大的不同。计划经济体制造成不同所有制的企业站在完全不同的起跑线上，全民所有制企业作为国家的全权代表拥有更多的特权，集体所有制企业的身份则次之，而个体所有制企业和私营企业处于被排挤的地位，几乎没有任何机会。而在市场经济社会，不同所有制、不同规模、不同行业的企业完全站在同一起跑线上，拥有完全相同的权利和义务。而且，参与商品交换的双方，必须视对方为具有独立身份的行为主体，拥有自己的特殊利益，对自己的商品或者货币拥有所有权和支配权，而不是别人随心所欲支使的对象，因而要求双方都要尊重商品自愿让渡规律和等价交换规律，买与卖的行为，都是自愿进行的，任何人都不能强买强卖。而且权利对等不仅是企业与企业之间的权利对等，也是企业与消费者之间的权利对等，同时也表现为企业内部职工之间的人格平等。

第二，公平精神。商业活动中的公平交易，主要是指所有参与交易的企业按照价值规律的要求，在商品与货币之间实行等价交换。我国商人中代代相传的"价格面前人人平等"、"买卖公平，童叟无欺"、"秤平量足"等格言，表达了他们对公平精神的长期追求。此外，商业企业还要严格遵守公平竞争的行为准则，不得采取不正当的、非法的、阴暗的手段进行不道德的竞争，如利用虚假广告做引人误解的宣传、盗窃或故意泄露商业秘密，等等。公平精神的另一表现形式是对公共资源合法的占有以及安全地享受。当企业对某些公共资源的占有与别人的需要发生矛盾的时候，公平精神指导人们及时进行调整。

第三，互利精神。商业行为本身是互利的行为。买方购买商品，是因为商品具有使用价值，可以满足自身的消费需要，或者是为了把商品再转手销售出去；卖方销售商品，是为了取得商品的交换价值，或者直接地说，是为了赢利。因此，只有对买卖双方都有利的时候，交易才有可能发生。互利精神作为一种基本的道德规范，既规定了利己的权利，也规定了利他的义务，是权利与义务的统一。它一方面充分肯定个人和企业追求自身利益的正当性、合法性和合理性，鼓励个人和企业大胆追求自身的物质利益，又把个人和企业对自身利益的追求限制在不损害他人和社会公共利益的范围之内。同时，它还提倡个人和企业维护他人和社会的利益，在必要的时候勇于做出适当的自我牺牲，这样就把商业伦理提高到了既有利于自身又造福于社会的水平上。社会主义互利精神体现了集体主义的道德原则。它要求商业企业要克服本位主义思想和损人利己的狭隘思想观念，坚持社会利益至上的原则，把经济效益与社会效益统一起来。那种把个人和企业的局部利益建立在损害社会整体利益基础之上的行为，是违背互利精神宗旨的。互利精神要求商业企业在处理与消费者的关系时，必须把消费者的利益放在首位，虽然追求利润最大化永远是企业的目标，但这个目标的实现不能建立在对消费者利益的侵蚀之上，只能从自身来挖掘潜力，如加强管理、提高效率、减少成本支出等，如果还抱着极端利己主义的观点对待顾客，最终必然遭到顾客的排斥，丧失市场的有力支持。

第四，契约精神。在市场经济体制下，商业行为的顺利实现首先依赖于人们契约意识的确立。契约有狭义和广义之分，狭义的契约是指人们的一种承诺行为，人们通过郑重的承诺，明确双方的权利与义务；而广义的契约则反映了人与人之间的交往关系，规定了商业交易中每个主体必须履行的义务。在我国历史上，由于长期处于自然经济社会，商业交往的范围局限在一个很小的圈子里，商人靠自己的人格力量来维持必要的秩序，没有订立契约的必要。在改革开放前的计划经济体制下，我国的商业企业不是独立核算、自负盈亏的经营主体，商品也不能自由流通，而是由国家统一调拨，这从某种程度上也淡化了契约关系。我国从计划经济体制向市场经济体制转变的一个重要标志，就是人们的契约意识普遍得到加强，契约在商业活动中发挥着重要的作用，各种各样的经济合同越来越多，几乎深入到社会经济生活的各个领域。在商业活动中，契约精神是必须确立和发扬的一种精神，它要求人们重契约，讲诚实，守信用，诚信无欺，一诺千金。

第一章　商业活动的伦理原则

商业活动以商品交换为基础，而商品交换首先要求承认彼此的私有财产权、自由让渡权和双方的平等地位，平等自由是商品交换的内在要求。人们参与商业活动的目的尽管是为了追求自身的利益，满足自己的需要，但是，要想使交换成功并持久发展下去，又必须遵循公平互利的原则。交换的过程实际上也就是相互服务的过程，为他人提供商品就是为他人服务，向他人购买商品就是享受他人的服务。在市场经济时代，社会分工高度发达，商品交换充分发展，每一个人都需要别人的服务，每一个人又都必须向他人提供服务，人与人之间既相互服务又相互依赖。

第一节　平等自由

现代社会的平等自由观念以及人与人之间的平等自由关系起源于商品交换，得益于商品经济的发展。马克思说："平等和自由不仅在以交换价值为基础的交换中受到了尊重，而且交换价值的交换是一切平等和自由的生产的、现实的基础。"[1] 正是在交换基础上形成的人类的自由和平等，使人类获得了自由发展的独立性。这是人类的一大进步。

---

[1] 《马克思恩格斯全集》第 46 卷（上），人民出版社 1979 年版，第 197 页。

一、平等自由与商品交换

（一）商品交换要求平等

商品交换是以彼此承认对方的商品所有权为前提的，承认财产所有权就意味着确立了交换者的独立身份和平等人格。也就是说，在市场交换中，交换主体之间法律地位是平等的，人格是独立的，相互之间不存在隶属关系，谁也不依附谁，也不存在身份等级差别，没有高低贵贱之分。所有的交换主体，无论是个人还是法人，也不管他们在经济实力、经营规模、专业知识、信息拥有等方面的差异有多大，他们的地位和人格都是平等的，他们的合法权利都应得到尊重和维护。交换双方谁也不得利用自身的优势地位或借助于其他优势因素，比如行政权、特许权、专利权、垄断权，强迫对方进行交换，或接受不合理的附加条件，获取不正当利益；而应该在平等的基础上自愿进行交换。交换双方地位和人格的平等性和经济的独立性决定了市场交换必须进行等价交换，使交换双方都得到好处，否则交换就无法进行，即便能进行，也不能长久持续下去。

马克思在考察了商品交换者交换的形式时说，商品交换的主体之间没有任何差别。"每一个主体都是交换者，也就是说，每一个主体和另一个主体发生的社会关系就是后者和前者发生的社会关系。因此，作为交换的主体，他们的关系是平等的关系。在他们之间看不出任何差别，更看不出对立，甚至连丝毫的差异也没有。"① 马克思指出，在这种平等的交换形式上有三种要素：一是"关系的主体即交换者，他们处于同一规定中"；二是"他们交换的对象，交换价值，等价物，它们不仅相等，而且必须确实相等，还要被承认为相等"；三是"交换行为本身即媒介作用，通过这种媒介作用，主体才表现为交换者，相等的人，而他们的

---

① 《马克思恩格斯全集》第 46 卷（上），人民出版社 1979 年版，第 193 页。

客体则表现为等价物，相等的东西。"① 这就是说，在交换关系中，交换对象在价值上是等价的。主体所交换的是等量的交换价值，交换主体只是作为交换价值的占有者和需要交换的人，即作为同一和一般的、无差别的社会劳动的代表互相对立。等价物是一个主体对于其他主体的对象化，即它们的本身的价值相等，并且在交换行为中证明自己价值相等。通过等价物的交换，每个主体所给出的和获得的是相等的东西，进而实现为平等的人。

等价交换是商品交换的内在要求。商品交换作为不同商品所有者之间的交换，既是使用价值的交换，也是价值的交换。但商品之所以能够交换，不仅在于商品使用价值的不同和交换者互通有无的需要，更主要的是在于商品价值的可通约性，即价值的相同。各种商品尽管在使用价值上千差万别，但它们却有着内在的共性，都是人类一般的劳动凝结，是同等意义的劳动，因而才能够进行衡量、比较和交换。商品价值把人的劳动的社会性凝结为劳动产品的价值，反映为物的"天然的社会性"，其奥秘在于：通过商品交换所揭示的价值，就是揭示不同商品之间的共同性、可通约性，揭示人类劳动和人的价值的同等意义。完全不同的劳动所以能够相等并进行交换，只是因为它们的实际差别已被抽去，它们已被化成作为人类劳动力的耗费、作为抽象的人类劳动所具有的共同性质。价值体现一切人类劳动的平等和同等效用，不管商品的使用价值如何不同，也不管商品所有者的社会政治地位如何，只要商品价值相等，就能够进行交换。

马克思说："商品是天生的平等派和昔尼克派，它随时准备不仅用自己的灵魂而且用自己的肉体去换取任何别的商品"。② 这就是说，商品交换是等价物的相互交换，只要商品的价值相等，就可以交换。这是交换的实质，也是交换的基本规则。等价交换这一基本规则是商品交换平

---

① 《马克思恩格斯全集》第 46 卷（上），人民出版社 1979 年版，第 193 页。
② 马克思：《资本论》第 1 卷，人民出版社 2004 年版，第 104 页。

等性的一个突出表现，但是这种平等关系只有在商品经济充分发展了的时代才能揭示出来。正如马克思所说："价值表现的秘密，即一切劳动由于而且只是由于都是一般人类劳动而具有的等同性和同等意义，只有在人类平等概念已经成为国民的牢固的成见的时候，才能揭示出来。"①在这样的社会里，商品形式成为劳动产品的一般形式，从而人们彼此作为商品所有者的关系成为占统治地位的社会关系，而不是一方占统治地位，另一方处于被统治和被剥削的地位。即不是一方直接占有另一方的劳动成果，比如奴隶主直接占有奴隶的全部剩余劳动，或农民向地主上缴地租等，而是双方必须通过等价交换才能取得。可见，价值表现的秘密是人类劳动的平等，商品交换首先确立的是平等观念，反对的是不平等，它内在地要求着人们劳动之间的平等；或换言之，平等是商品交换的前提和内在要求，不平等劳动不能进行等价交换，也没有必要进行等价交换。

（二）商品交换也要求自由

财产所有权在决定交换双方之间的地位平等和人格独立的同时，也决定了交换主体的自由、自主权利。也就是说，商品交换理应是自由主体之间的自主、自愿交换，谁不能用暴力去无偿占有、剥夺、侵犯对方的财产和利益，也不应强迫对方进行交换。马克思说："从交换行为本身出发，个人，每一个人，都自身反映为排他的并占支配地位的（具有决定作用的）交换主体。因而这就确立了个人的完全自由：自愿的交易。"② 只有独立、自由的主体，才能自由、自主地支配自己的所有物，自由地决定与他人进行交换与否、与谁进行交换。也只有当交换主体按照自己的自由意志自主选择时，才能在市场经济的交换规律下实现自己的目的。因此，商品经济要求普遍的交换关系，也要求人们获得普遍的自由，使交换主体能独立自主地表示自己的意愿，不受他人的限制和强

---

① 马克思：《资本论》第1卷，人民出版社2004年版，第75页。
② 《马克思恩格斯全集》第46卷（上），人民出版社1979年版，第196页。

制。但是，主体的自由是有限制的自由，必须在法律和道德范围内依照正当程序从事正当的交易，超出了这一范围的自由就是侵犯他人的自由，必定受到限制。

马克思在谈到商品交换主体之间的平等与自由关系时说，人们的不同需要以及商品使用价值的不同，"是使这些个人结合在一起的动因，是使他们作为交换者发生他们被假定为和被证明为平等的人的那种社会关系的动因，那么除了平等的规定以外，还要加上自由的规定。"① 这也就是说，在交换过程中，尽管一个人需要另一个人的商品，"但他并不是用暴力去占有这个商品，反过来也一样，相反地他们互相承认对方是所有者，是把自己的意志渗透到商品中去的人。因此，在这里第一次出现了人的法律因素以及其中包含的自由的因素。谁都不用暴力占有他人的财产。每个人都是自愿地出让财产。"② 这是自由的最重要的现实基础。"因此，如果说经济形式，交换，确立了主体之间的全面平等，那么内容，即促使人们去进行交换的个人材料和物质材料，则确立了自由。"③

商品交换是平等自由的交换，是双方自愿的交易。交换双方互相承认对方是独立的商品所有者，为了彼此满足需要，每个人都自愿地出让自己的财产，通过平等交换达到目的。只有商品交换双方具有共同意志，即双方都同意，交换才能得以实现和完成。商品交换是商品所有者有目的、有意志的行为，体现了双方之间的自由和自愿关系。作为交换的主体，他们的关系是自由、自愿、平等的关系，而不是剥削、占有、胁迫的关系；是等价交换的关系，而不是强制与被强制的关系。从这个意义上讲，平等乃是市场主体自由和自主性的基础，只有交换主体之间的平等地位，才决定了交换中的自由、自愿关系。

---

① 《马克思恩格斯全集》第 46 卷（上），人民出版社 1979 年版，第 195 页。

② 《马克思恩格斯全集》第 46 卷（上），人民出版社 1979 年版，第 195—196 页。

③ 《马克思恩格斯全集》，第 46 卷（上），人民出版社 1979 年版，第 197 页。

商品通过自己的价值形式与世界发生关系，商品是"世界公民"，它可以与任何一个与自己等价的商品相交换。一个人一旦拥有了商品，他便不再仅仅是个私人，也不再是受约束的人，而是个自由民，可以与世界上其他商品拥有者自由交换，发生关系。交换双方之间的交换是自由自愿的，而非强制性的。尽管交换是有条件的、有偿的，但是条件性和有偿性不等于强制，因此理解市场经济中的交换自由必须将强制与有条件区分开来。商家或商人只有在达到他们所预期的商品价格的条件下才出售自己的商品或提供服务，但这种情况不能称为强制。作为消费者或商品和服务的购买者是不受卖方强制的，这个卖方要价不合理，还可以去找其他卖方讨价还价，作为买方有自由选择权。卖方所提出的价格绝对不是对买方的强制，即使遇到一位垄断者，通常情况也不能称为强制，因为买方还有不买的自由。反之，对于卖方而言道理也是相同的。"强制"一词有其特定的含义，"所谓强制，我们意指一人的环境或情境为他人所控制，以至于为了避免所谓更大的危害，他被迫不能按自己一贯的计划行事，而只能服务于强制者的目的。除了选择他人强加于他的所谓较小危害情境以外，他既不能运用他自己的智识或知识，亦不能遵循他自己的目标及信念。"① 可见，强制本身是一种道德上的恶，因为强制把人视为一个无力思想和不能评估之人，实际上是把人彻底变成了实现他人目的的工具。与强制相对立的自由则意味着人们可以按自己的意志和愿望追求自己的目标，自由是不受他人控制的。

二、平等自由与社会经济发展

（一）自然经济条件下人与人之间的等级和依附关系

前资本主义社会，平等与自由观念只是存在于商品交换主体之间，这是一个很狭窄的领域。此时，人与人之间的关系还以等级关系、宗法

---

① ［英］哈耶克：《自由秩序原理》（上），邓正来译，三联书店1997年版，第16—17页。

关系和依附关系为主。因为商品交换还不是社会的普遍现象，也不占据经济社会的主导地位，自给自足的自然经济是主要生产方式，人与人之间还是一种剥削与被剥削的关系，一部分人的劳动被另一部分人直接占有，而不是通过交换。除商品交换领域之外，无论是在政治领域、经济领域，还是在社会生活领域，人与人之间都不是平等自由的关系，存在着特权、等级和依附。商品并不是平等地分配在各阶层中间，货币的价值依赖于人的身份，有钱并不意味能买到一切东西。帝王将相、封建贵族所享用的东西，普通人是不能享用的，这些东西是一种身份的象征，用金钱是换不来的，比如皇帝的宫殿、服饰、用具等；同样，贵族也有自己特定的消费领域。那时，不同等级的人有不同的消费领域和享受对象，不能僭越，连饮食器皿、衣着服饰也成为他们地位的象征：天子九鼎八簋，诸侯七鼎六簋，大夫五鼎四簋，卿士三鼎二簋云云；古人用"布衣"代称平民百姓，纨绔代称富家子弟，"儒冠"代称贫寒知识分子。人的伦理关系价值折射为物品的"符号价值"。

虽然商品生产和商品交换在奴隶社会和封建社会就存在，但此时只是处于从属地位，还不是人们之间普遍的社会经济关系，人与人之间的关系仍然是等级和依附关系。劳动产品主要直接以劳役、地租、贡赋的形式进入社会，而不是主要通过商品交换。人们对各种社会关系的调整，主要依靠的是血亲关系、宗法关系、风俗习惯、宗教戒律和道德禁令。虽然商品交换内在地要求平等与自由，但此时它终究不是主要的经济形式，平等与自由作为一种观念还没有在人们心目中普遍确立起来，也就不能对自然经济社会中的人身依附关系构成强有力的冲击。只有商品经济的充分发展才摧毁了自然经济、半自然经济，使等级制度和宗法观念失去了赖以存在的经济基础，使主体意识、权利意识、平等意识、自由意识、契约意识得以形成并普及开来，人与人之间的伦理关系也就变成平等、自由的关系。

在商品交换活动中，人与人的关系看上去就像是物对物的关系，交换双方似乎只是服从商品的交换，但在这种交换活动的深处却是人对人的关系。商品交换中既有人对物的关系，又有人对人的关系。但是，单纯的商品与商品的关系只是物与物的关系，没有人格相对待，不能构成伦理关系；只有商品所有者作为商品的代表，作为独立的人格和意志相互对待，才能构成伦理关系。商品交换要想成功，必须彼此互相尊重，承认各自的所有权、自主权和平等权，也就是说，互相将对方当做独立的人来看待。这种意识到了的"人"的关系，就是平等与自由的关系。这两种因素都是伴随着商品交换关系出现的与封建伦理不同的新的伦理关系和新的调节原则。封建社会人与人之间的伦理关系是不平等的人身依附关系，有特权的阶层蔑视地位卑微的阶层，甚至不将他们当人来看；或者说地位低下的人不能成为真正的人，因为他们不具有与他人相同的人格和自由。一个人，只有在与他人相比较是平等时，有自主权力而不受制于人时，才会觉得自己像人、是人；人与人相比较如果不平等、不自由，就觉得自己不像人，或被人不当做人看待。在资本主义商品经济关系中，尽管人对物的依赖增强了，但是人对人的依赖却减弱了，封建人身依附关系逐渐被消除，个人毕竟有了相对的独立和行动自由。此时，不仅产生了平等和自由这种客观的伦理关系；而且在经济关系中确立了"货币面前人人平等"的原则；在法律上也有了"在法律面前人人平等"的规定；在道德上还要求人们必须讲人道，尊重他人权利，把人当做平等的人相对待。这是人与人关系上的一种进步。

（二）商品经济条件下人与人之间的平等与自由关系

文艺复兴以来，欧洲资本主义生产关系有了较大的发展，14世纪到15世纪，商品生产和交换逐渐在全社会发展起来，17世纪工业革命后，商品生产和交换成为普遍的经济形式，到18世纪，欧洲已成为真正意义上的商业社会。与之相伴，人们之间的伦理关系也发生了重大变化。资本主义的商品经济以个人独立、平等，反对封建特权和人身依附，以自由贸易反对国家干涉，从而创造了一个前所未有的商品交换的"自由世界"。在这个"自由世界"里，一切都成了商品，一切都必须通过交换才能实现自己的价值，商品生产者以同等劳动的价值关系相互对待，发生经济关系，同时也就产生了相互之间新的伦理关系。在没有商品交换或商品交换不发达的情况下，每个劳动者仅仅是劳动者，即使有分工，也是使每个劳动者的生产活动更为具体，生产技术更为专业化，生产量更多一些，生产效率更高一些。而有了发达的商品交换，一切人就都要依赖交换而生活，自给自足成为不可能或非主要方式。在一定程度上说，此时一切人都成为商人，而社会本身也就成为商业社会。在这样的商业社会中，虽然存在着新的不平等关系比如资本家与工人之间的关系，和新的束缚关系，比如人被物、被金钱所束缚，但是与旧伦理关系相比却是一个巨大进步，是历史发展的一个新阶段。此时，人的个体化、主体化和理性化意识得到了发展，这就意味着个人从封建宗法关系下解放出来，从宗教蒙昧状态下解放出来，人与人之间的关系也由"地位身份"走向"契约身份"。

商品经济充分发展使得商品和货币显示了其前所未有的威力，构成了对等级和特权的巨大冲击，抛弃了消费品按照地位分配的规则，确立了"货币面前人人平等"规则。马克思说：正如商品的一切差别在货币上消灭了一样，货币作为激进的平均主义者把一切差别都消灭了。此时，货币使用不再附带任何身份条件，消费品不再依权势来分配。只要有钱谁都可以使用，出现认钱不认人的原则。金钱无往而不胜，渗透到一切可交换的商品领域之中。在金钱面前，特权阶级节节败退，不得不承认金钱的价值功能。这是人类社会的一个重大进步，因为它带来了平等。① 一旦人们可以借助货币在市场上买到那些带着"神圣"光环的物品，即过去特权阶层享受的东西，那么人与人之间的等级差别便被消融了，传统社会的基本骨架也被解构了。"凡是在货币关系排挤了人身关系和货币贡赋排挤了实物贡赋的地方，封建关系就让位于资产阶级关

---

① 参见茅于轼：《货币和价值观的起源以及对社会发展的影响》，载张雄、鲁品越主编：《中国经济哲学评论》，社会科学文献出版社 2005 年版，第 106 页。

系。"① 资产阶级用货币"抹去了一切向来受人尊崇和令人敬畏的职业的神圣光环。它把医生、律师、教士、诗人和学者变成了它出钱招雇的雇佣劳动者。"② 人们生而自由平等,没有什么差别,谁也不受谁支配,所有的人都受货币支配。于是,一个靠着人们血统、天资等先赋的质的差异支撑的等级社会,被商品和货币所消融。马克思说:"发达的交换价值制度则是货币制度,所以货币制度实际上只能是这种平等和自由制度的实现……在货币面前人人平等……谁也不能靠牺牲别人来捞取货币。他以货币形式得到的东西,只能是他以商品形式付出的东西。"③ 货币制度是不考虑特权的,在货币面前,没有任何东西是不可让渡的,没有任何东西是高尚的、神圣的,一切东西都可以为换取货币而让渡,一切东西都可以通过货币而占有。

资本主义的发展对封建社会秩序和伦理关系的破坏,起过革命性的作用。商品经济对封建社会的人身依附关系、等级制度及维护这种制度的伦理道德形成了无情而又巨大的冲击。正如《共产党宣言》所说,凡是资产阶级已经取得统治的地方,它就把所有封建的、宗法的和淳朴的关系统统破坏了。它无情地斩断了那些使人依附于天然尊长的形形色色的封建羁绊,使人和人之间除了赤裸裸的利害关系即冷酷无情的"现金交易"之外,再也找不到别的联系了。它把高尚激昂的宗教虔诚、义侠的血性、庸人的温情,一概淹没在利己主义打算的冷水之中。"田园诗"式的小农经济社会,就像地震一样处在剧烈的动荡之中。一切陈旧的关系以及与之相应的见解和观点都垮掉了,一切新产生的关系等不到固定下来就变得陈旧了。一切等级制的和停滞的东西都消散了,一切神圣的东西都被亵渎了。于是人们最后也就只好用冷静的眼光来看待自己的生活处境和自己的相互关系了,人们被解放出来,来到了一个自由、平等

① 《马克思恩格斯全集》第21卷,人民出版社1965年版,第450页。
② 《马克思恩格斯选集》第1卷,人民出版社1995年版,第275页。
③ 《马克思恩格斯全集》第46卷(下),人民出版社1980年版,第476页。

的新社会。

(三) 资本主义社会平等和自由的实质

资本流通过程是资本主义社会关系和伦理关系表现最复杂、最全面的过程。在这个过程中，各种关系、人物和行为，都以最大的能量发挥着、竞争着，真正体现出资本主义所谓的自由、平等，人与人之间摆脱了人身依附关系，但却形成了新的束缚关系，即物对人的束缚和人对金钱的崇拜。于是，人成为物的奴隶，成为金钱的奴隶。人与人之间的关系也就变成了单纯的金钱关系，人与人的平等也就成了"金钱面前人人平等"，人的价值也就用金钱的多少来衡量了。货币本来只是一种特殊的商品，是商品交换的一般等价物，但由于它在商品流通中所起的特殊作用，越来越被人们重视，甚至被当做神一样来崇拜，形成了拜金主义。能否追求到金钱，成为资本主义社会中衡量一切活动、一切观念的最高标准。金钱的多少就与人的社会地位成了等价的东西。在资产阶级眼里，金钱确定人的价值，谁有钱，谁就值得尊敬，就属于上等人。也正是因为金钱这些特殊的作用，所以在资产阶级眼里，金钱就是上帝，是崇拜的偶像，而人也成为金钱的奴隶，人完全被物化和商品化了。判断人的价值就与判断一匹马、一头牛、一头猪或一件其他什么商品的价值完全一样，即用金钱来衡量。在这里，人已经不再是人的奴隶，而变成了物的奴隶，人们的关系被彻底歪曲，人与人之间由人对人的依赖变为人对物的依赖。

深入资本主义生产过程，就会看到资本主义社会人与人关系的真实本质并不是商品交换过程中表面上的自由和平等，而是在资本控制下的生产过程中的专制和奴役。正如马克思指出："在现存的资产阶级社会的总体上，商品表现为价格以及商品的流通等等，只是表面的过程，而在这一过程的背后，在深处，进行的完全是不同的另一些过程，在这些过程中个人之间表面上的平等和自由就消失了。"[①] 工人与资本家之间不

———————

① 《马克思恩格斯全集》第 46 卷（上），人民出版社 1979 年版，第 200 页。

是平等与自由的关系，而是剥削与被剥削、雇佣与被雇佣的关系。在资本主义商品交换中，个人的劳动力作为商品在交换中表面上是平等自由的交换，其实质则是不平等、不自由的。"在自由竞争情况下，自由的并不是个人，而是资本。"① 因而，"平等地剥削劳动力，是资本的首要的人权。"② "在交换价值和货币的简单规定中已经潜在地包含着工资和资本的对立等等。"③ 资产阶级通过经济关系的抽象规定掩盖了这种对立。马克思则通过平等自由形式背后的经济伦理批判，揭露了资产阶级在平等自由口号下对资本主义不平等伦理关系的掩饰，并讽刺地写道："劳动力的买和卖是在流通领域或商品交换领域的界限以内进行的，这个领域确实是天赋人权的真正伊甸园。那里占统治地位的只是自由、平等、所有权和边沁。自由！因为商品例如劳动力的买者和卖者，只取决于自己的自由意志。他们是作为自由的、在法律上平等的人缔结契约的。契约是他们的意志借以得到共同的法律表现的最后结果。平等！因为他们彼此只是作为商品所有者发生关系，用等价物交换等价物。所有权！因为每一个人都只支配自己的东西。边沁！因为双方都只顾自己。使他们连在一起并发生关系的惟一力量，是他们的利己心，是他们的特殊利益，是他们的私人利益。正因为人人只顾自己，谁也不管别人，所以大家都是在事物的前定的和谐下，或者说，在全能的神的保佑下，完成着互惠互利、共同有益、全体有利的事业。"④

在资本主义社会，商品生产确立了人们之间经济职能的平等，商品交换过程又确立了人们之间经济行为的自由，个人和个人的利益是整个社会生活运行的轴心，也是社会前进的推动力。人被提升到首位，个人的独立性得到了社会承认。但毋庸讳言，个人的这种独立性只是形式上的，而不是实质上的。发达的资本主义商品经济并不能实现真正的自由

---

① 《马克思恩格斯全集》第 46 卷（下），人民出版社 1980 年版，第 159 页。
② 《马克思恩格斯全集》第 23 卷，人民出版社 1972 年版，第 324 页。
③ 《马克思恩格斯全集》第 46 卷（上），人民出版社 1979 年版，第 201 页。
④ 马克思：《资本论》第 1 卷，人民出版社 2004 年版，第 204—205 页。

平等。要实现商业社会中人与人之间真正的平等和自由，就必须改变社会制度，消灭剥削、奴役和不平等的经济社会制度，建立新的能真正实现自由平等的经济社会制度，其中最重要的就是改变财产集中在少数人手中的状况，建立生产资料公有制。社会主义制度的确立，消灭了剥削、奴役和不平等的社会制度，社会主义市场经济为实现人与人之间真正的平等和自由奠定了社会基础。

三、平等自由与市场经济

（一）市场经济条件下平等自由的含义①

市场经济作为一种经济模式，本身就具有一些特质。市场经济是权利经济，契约经济，竞争经济，主体地位平等、意志自由的经济，开放型经济。② 市场经济的实质，是以市场机制为基础、调节资源配置方式的经济组织形式。市场经济本身为满足经济主体自由平等的要求以及自由竞争提供了适宜的经济活动机制。平等自由是市场经济发展的必然产物，与之相对的自然经济则不能发展出平等和自由，相反只能导致专制主义、官僚主义、等级制度、依附关系。

市场经济的运行机制内在地要求着自由平等。在各种市场交换中，相互对立的双方仅仅是权利平等的商品所有者：占有别人的商品的手段只能是让渡自己的商品，而不能通过其他手段获取别人的商品。交换与诈骗、掠夺、盗窃、赠送、恩惠、贡赋等形式的最大不同在于交换必须是自由平等的，即双方愿卖愿买，而且是等价交换。价值规律的重大意义，就是在于它提示了商品等价交换之所以可能的秘密：即它们都凝聚着无差别的人类劳动。这一秘密的被认识、被揭示，成为"市场公平"观念的终极根源。"价值规律面前人人平等"，这使参与竞争的经济主体

---

① 参见何建华：《经济伦理学》，上海师范大学出版社 2004 年版，第 86—89 页。

② 李龙：《法理学》，武汉大学出版社 1996 年版，第 58 页。

可以摆脱因政治权力、生活传统、种族性别、信仰差异等社会政治、文化因素所具有的先定束缚，人人都可以平等自由地参与市场交换并从中获取利益。因此，市场经济又是人类社会迄今为止最为公平合理的经济模式，它通过价值规律的作用达到均衡或平均化的价格体系与利润分配机制来确保市场面前人人平等。

市场经济的竞争机制也内在地要求自由平等。市场经济是通过竞争来实现社会资源的优化配置的，就竞争实质来说，是各经济主体为了自身的生存和发展的需要，通过市场的优胜劣汰而展开争斗和竞赛。竞争是市场经济的基本特征，也是其活力所在。要使竞争有效地展开，就必然要求各经济活动主体在市场竞争中处于平等地位。这就好比体育比赛，要求竞赛者处于同一起跑线上，且竞赛规则相同。这就要求遵循公正平等原则，即在交换过程中，各交换主体人格平等、权利平等和义务平等，进行等价交换，用统一的法律法规和政策措施去规范所有参与交换的人，也就是说对所有人实行平等的法律、平等的税负、平等的贷款、平等的利率……总之，遵循同等的竞争规则。这是市场经济中人的市场行为和经济活动的最基本原则，因此也是市场经济运行中最基本的经济秩序。

市场经济中的平等自由原则具有自己的历史规定性，它并不是利益均沾，也不是平均主义，而是指机会均等与规则平等。所谓机均平等，就是每一个人在市场竞争中和其他场合都享有同样的参与机会、被挑选的机会和获胜的机会，谁也不受歧视。按罗尔斯的表述就是：各种职务、权力、地位和机会向所有人开放；按法国大革命时流行的一句话就是：前程为人才开放；按西方经济哲学家米尔顿·弗里德曼的说法就是："任何专制障碍都无法阻止人们达到与其才能相称的，而且其品质引导他们去谋求地位、出身、民族、肤色、信仰、性别或任何其他无关的特性都不决定对一个人开放的机会，只有他的才能决定他所得到的机会。"① 这就是说，在市场经济中，"重要的是人们在市场上应当能够自由地按照能找到的交易对手的价格进行买卖，任何人都能够应该自由生产、出售和买进任何可能生产或出售的东西，重要的是从事各种行业的机会应当在平等的条件上向一切人开放，任何人或集团企图通过公开或隐蔽的力量对此加以限制，均为法律所不许可。"② 所谓规则平等，具体讲，就是在市场经济条件下，各经济活动主体能机会均等地按照统一的市场价格取得生产要素，能够机会均等地进入市场参与各种经济竞争，能够平等地承担税负以及其他方面的种种负担，总之，是享有平等的市场经营权。市场经济的游戏规则具有客观性和普遍性，它既不因人而异也不因事而异，只服从市场经济本身的内在需要。在这样的市场中，人们并不在意经营者的社会身份、文化角色、自然属性（种族、性别、生理状况），而只注意他们的能力、技巧和智慧。因此，它不带有任何先入为主的主观倾向或特殊偏好，具有天然平等的特征。

（二）市场经济下平等自由的相对性

在市场经济条件下，平等和自由尽管得到了更为彻底的体现，但此时的平等和自由仍是相对的，而不是绝对的。也就是说，即使在市场经济条件下也存在实事上的不平等和不自由。这种不平等和不自由表现在以下几个方面：

第一，机会平等和规则平等掩盖着起点不平等

市场经济社会中，竞争无论是机会均等还是规则平等，都不是在起点公平的基础上进行的。因为，人与人之间存在着千差万别，人们的生活前景受到一个社会政治体制和一般的社会条件、经济条件的严重影响和制约，也受到人们出生伊始那具有不平等的社会地位和天赋的深刻而

---

① ［美］米尔顿·弗里德曼等：《选择自由——个人声明》，胡骑等译，商务印书馆1982年版，第135页。

② ［英］哈耶克：《通向奴役之路》，1976年，英文版，第108页。

久远的影响，而且，恰恰这种对一生影响最大的不平等是个人无法选择的。这就意味人们参与竞争起点不可能是平等的。经济学家詹姆斯·M·布坎南指出："'起点平等'即使作为一种理想，也不真正意味着第一个人在进入每个竞争时在所有四个因素方面（指出身、运气、努力和选择）与其他人都平等。"① 可见，市场经济中的机会均等和规则平等掩盖着事实上的起点不平等，正是这些掩盖的不平等因素，造成了人们之间收入的不平等，也就是导致财富分配的不平等。不难理解，一个正常人会比残疾人有更多的竞争机会，一个善于经营的人会比不善于经营的人在竞争中会获得更多的收获，而一个继承了大量财富又受过良好教育的人也会比白手起家而又没有受到教育的人在竞争中占优势。这就是事实上的不平等。这种不平等一直存在着，靠自由竞争是不能消除的，反而有时会扩大这种不平等。因为，市场经济的内在逻辑使市场公平的原则在其合规律的运动中将会导向一个似乎事与愿违的结果：经济的不平等。而靠社会正义的再分配也只能降低不平等的程度，缩小不平等的差距，但不可能完全消除这种起点上的不平等。

第二，市场经济在实现平等的同时，也在实现着不平等

市场经济重在市场交换，而市场交换制度的核心是按交换价值大小进行分配。作为内容的交换价值本身，实际上就是承认抽象劳动的平等，承认商品的价值由其中包含的社会必要劳动来计算，承认商品交换就其纯粹形态来说是等价物的交换。而就交换的性质来说，是一种契约，这种契约以平等为基础。因此，市场交换在"抽象劳动"上面是平等的，这实际上只是形式上的平等性，而不是事实上的平等。其实，交换价值在实现主体的形式上平等的时候，也在实现着事实上的不平等。这种平等本身就是不平等。显然，在效率与公平之间存在着深刻的价值矛盾和冲突，这是市场经济交换制度本身所包含的内在矛盾。从某种意

---

① ［美］詹姆斯·M·布坎南：《自由、市场和国家》，平新乔、莫扶民译，上海三联书店 1989 年版，第 190 页。

义上说，商品交换中平等和公平中包含着不平等和不公平，交换价值就是平等和不平等的辩证统一。平等就是不平等，即不是平均；不平等就是平等，即价值规律面前人人平等，这才是市场经济规则中的公平。市场经济在实现平等的同时，也实现着不平等，即产生收入的不平等和贫富差距。我们不能指望每个人的收入相同，果真如此便是平均，对于能力高、贡献大的人而言，便是一种不公平。所谓公平，就其本性来说，只在于使用同一尺度、按照同一标准进行判断。就价值规律而言，商品所有者的收入与提供商品的价值大小成正比，而这实际上就是默认不同等的个人天赋，默认起点的不平等，因而也就是默认不同等的工作能力是天然特权。

第三，市场经济条件下的自由是受限制的自由

人类社会的发展史同时也就是自由的发展史，社会的不断进步，也就意味着人类不断地走向自由。市场经济社会是一个自由的社会，人们在这样的制度下获得了比任何时候都大的自由。人人都有参与竞争的自由权利，有占有、使用和让渡财产的自由权利，有与他人缔结契约与否的自由权利，有不受他人侵犯的自由权利，等等。但是，这种自由仍然是受限制的自由。其实，自由在社会中的实现过程始终离不开规则和限制，自由表现为规则范围内的自由。任何一种自由本身都包含着某种限制，没有限制便无所谓自由。没有限制，"自由"不过是一种任性，或者是一种主观愿望，在现实中是不存在的，更是对理性、正义和进步的否定。黑格尔说："当我们听说，自由就是指可以为所欲为，我们只能把这种看法认为完全缺乏思想教养，它对于什么是绝对自由的意志、法、伦理、等等毫无所知。"① 因此可以说，任何自由都是相对的。对此，卢梭有一句名言："人是生而自由的，但却无时不在枷锁之中。"②

---

① ［德］黑格尔：《法哲学原理》，范扬、张企泰译，商务印书馆1961年版，第25—26页。

② ［法］卢梭：《社会契约论》，何兆武译，商务印书馆1980年版，第8页。

从法律的角度讲，各种自由权利都必须有一个明确的边际，在这个范围之内，权利主体可以自由，从事他想干的一切事情，别人的干涉就是侵犯了他的自由，就是违法的。而如果超出这个范围，自由就要受到限制，因为他的行为侵犯了别人的自由，也是违法的。限制是对自由的制约，又是对自由的保障，它要求个人在行使自由权利时对他人负责，对社会负责，不侵犯他人的自由权利。法律在把自由确认为权利的同时，也就确定了各种自由权利的范围，使之有可能在自由的法律通则之下互相协调。正如孟德斯鸠所说："自由是做法律所许可的一切事情的权利；如果一个公民能够做法律所禁止的事情，他就不再有自由了，因为其他的人也同样会有这个权利。"① 市场经济是自由竞争的经济，更是讲法治、讲规则、讲道德的经济，任何主体参与市场竞都要受到市场法则、伦理原则和法律制度等条件的限制，违反了这些限制便不再了自由。

第二节　公平互利

公平互利是商品交换的一个重要原则。虽然商品交换的动机是追求自身利益，满足自己需要，但商品交换得以实现的关键在于买卖双方都觉得有利可图，所以商品交换必须既利己又利人。而每一次交换都应该是自愿性的等价交换，才能体现出交换的正义性，这种交换是对利益的合理分配。

一、利益与商品交换

（一）求利是交换的动机

求利是商品交换的动机，有利可图是商品交换发生的根本动力，无

---

① ［法］孟德斯鸠：《论法的精神》上册，张雁深译，商务印书馆1961年版，第154页。

利可图的交换是不可能发生的。人们参与一切经济活动的根本目的和主要动力是追求自身的利益，个人自身的利害关系和情欲构成他们经济活动的巨大内驱力。无论是买方还是卖方，他们参与商品交换的目的都是为了实现自身的利益，满足自身的需要，而不是出于某种高尚的道德目的，到市场上去无偿地赠予或帮助别人。利己心是人们进行互通有无、物物交换的内在动机和动力，个人利益是促进交换的最活跃、最深刻、最持久的力量。这是解释商品交换中一切经济问题、伦理问题的根本支撑点和原发点。

商品交换得以实现的关键在于买卖双方都觉得有利可图，能够满足各自的需要，也就是达到互利互惠。在交换过程中既要满足自己的利己心，又要刺激并满足对方的利己心。否则，只利己而不利人，别人不干；反之，只利人而不利己，自己也不干。正如亚当·斯密说："我们每天所需要的食料和饮料，不是出自屠户、酿酒家或烙面师的恩惠，而是出于他们自利的打算。我们不说唤起他们利他心的话，而说唤起他们利己心的话。我们不说自己有需要，而说对他们有利。"① 如果在交换中能够有效地刺激他们的利己心，使有利于他，并告诉他们，给他们做事，是对他们自己有利的，他要达到目的就容易多了。人们希望得到任何东西，都不能把希望寄托在他人的善心上，而是把希望寄托在他人的利己心上。结果，市场上就会出现这样的局面：当有人想要获得他所爱好的东西时，他也就把具有足够诱惑力的东西摆在别人面前，用自己的商品来打动他们的利己心，促使对方与自己进行交换。我们所需要的相互帮忙，大部分是依照这个方法取得的。

商品交换的实质是人们之间的经济交易，其基础是每个人的利己心或自利的打算而不是相互的恩惠。这种相互服务首先是一种客观的经济交易关系或经济上的必然要求，是出于每个人自身利益考虑的相互交换

---

① ［英］亚当·斯密：《国民财富的性质和原因的研究》上卷，郭大力、王亚南译，商务印书馆1972年版，第14页。

关系，而不是仅仅出于道德同情心或道德上仁慈的考虑。商品交换关系中相互需要的满足与道德上的恩惠、同情、施舍、仁慈等是有明显的区别和界限的。人们要获得某种东西、满足某种需要总要通过某种方式，商品交换就是一种常用的而且又正当的方式。此外，还有抢劫、盗窃、施舍、赠送、诈骗等，但是，这些方式都不是常有的方式，而是特殊的方式，即偶尔为之的事。这些方式要么极不道德，要么又十分高尚。商品交换和互通有无，其基础不是相互之间的恩惠和施舍，而是人们各自"自利"的打算，是人们的利己心的作用。

利己心促使人们参与各种经济活动，这是一种十分强大的、不可阻挡的力量，极大地促使了经济发展。"在可自由而安全地向前努力时，各个人改善自己境遇的自然努力，是一个那么强大的力量，以致没有任何帮助，亦能单独地使社会繁荣，而且还能克服无数的顽强障碍。"① 在斯密看来，追求个人利益的作用不仅强烈地表现在生产、投资、交易、交换等主要经济活动中，而且还表现在人们经济生活的其他各个方面；不仅资本家、制造业者和商人追求私人利益的最大化，而且社会上的其他人在经济活动中也时时刻刻地在考虑自身的利益。他认为，追求利益是人们经济生活过程中的一个普遍动力和普遍规律，所有的人在经济生活中都必然要考虑自己的利益，个人的劳动积极性和工作动力来自于对自身利益的考虑和满足。斯密不仅认为求利是一切经济活动的根本基础和主要动力，是人们决定投资用途的惟一动机；而且还从价值上和道德上确认了其正当性、合理性。在他看来，人们在经济活动中追求自身经济利益是天经地义、合情合理的事，国家和政府不应当对人们的这种行为设置障碍，而应该让每个人完全自由地发展，"每一个人，在他不违犯正义的法律时，都应听其完全自由，让他采用自己的方法，追求自己

---

① ［英］亚当·斯密：《国民财富的性质和原因的研究》下卷，郭大力、王亚南译，商务印书馆 1974 年版，第 112 页。

的利益，以其劳动及资本和任何其他人或其他阶级相竞争。"① "禁止人民大众制造他们所能制造的全部物品，不能按照自己的判断，把自己的资财与劳动，投在自己认为最有利的用途上，这显然是侵犯了最神圣的人权。"② 这是从价值上、道德上和法律上对个人利益追求的确认。

（二）如何看待利己心

人们到底应不应当追求自己的利益？经济生活中"为自己"的行为在道德上是否合理正当？要回答这一问题，首先就要说明如何看待利己心。人们为了追求个人利益，满足利己心而制造商品，然后拿到市场上，遵循等价交换原则，在"一只看不见的手"的引导下进行交换。如此既满足了利己心，又满足了他人的需要；既得到了个人利益，又促进了社会利益。所以，商品交换本身是道德的，利己心不是不道德的。研究商业伦理的目的不是要取消利己心，而是要采用正当的途径和手段满足利己心。在商品交换中固然会出现许多不道德的现象，但错误不在交换本身，而在于人性的不完善，在于人性的弱点。

追求个人利益与自私自利是两个概念。在商业领域中，在交换关系中，确实存在道德与不道德之分，损人利己的、不遵循交换规则的行为是不道德层次，而遵循了交换规则的行为就是正当行为，就是道德行为。这里还存在着一个什么是高尚行为的问题。笔者认为，在社会交往中，能够按规则行事、符合了交往规范的行为就是高尚行为，就是道德行为。当然，不同领域有不同的要求，比如在交换领域，就要遵循交换原则，在朋友之间就要遵循交友原则，在家庭之中就要遵循家庭道德。总之，只要是按规则、按规律办事，有利于客观伦理关系调节的就是道德和高尚的。所以，不能简单地说商业活动中的利己心是不道德的，或者说商品交换行为属于较低层次的道德行为；更不能说商人就是奸商，

---

① ［英］亚当·斯密：《国民财富的性质和原因的研究》下卷，郭大力、王亚南译，商务印书馆 1974 年版，第 253 页。

② ［英］亚当·斯密：《国民财富的性质和原因的研究》下卷，郭大力、王亚南译，商务印书馆 1974 年版，第 153 页。

否则任何满足需要的行为就都不高尚，甚至是不道德的了。依此观点，就连人们正常的吃穿住行等行为也是不道德的了。商人投入了劳动和成本，目的就是要换回报酬，就像农民种田要收获粮食一样，因此同样是正当合理的，也是光荣和伟大的。营利行为不一定都是恶的，只有不道德的营利行为才是恶的，是必须予以批判的。

斯密以后的经济学家基本上坚持了他对人的经济行为动机的分析，而且概括出"经济人"的概念，现代经济学对人的经济行为动机的分析依然如此。同时，近代以来的许多哲学家和伦理学家也对这一问题进行过哲学、伦理学的论证，并提出了个人主义、利己主义的价值观和道德观。马克思主义者从来也不否认追求个人利益的积极作用，他们认为，人类社会发展的第一个历史前提是有生命的个人的存在，人们奋斗所追求的一切，最终都是为了他们的利益。事实上，即使在社会主义市场经济条件下，追求个人利益依然是经济活动的一个主要动力，是人们劳动积极性和工作热情的一个重要杠杆。在我国当代社会，人们追求自身利益仍具有现实的客观必然性。追求个人利益是个人生存和发展的需要，不考虑个人利益，个人就无法生存；追求个人利益也是确立社会生活秩序的重要基础，是社会整体繁荣的必要前提，同时也是个人积极性和工作热情的一个重要活力之源。

但是，在肯定追求个人利益即"为自己"的正当性、客观性和合理性的同时，并不必然地就肯定和确认个人恶劣的贪欲、权势欲的合理价值，更不能理解为是在倡导极端的自私自利和惟利是图。实际上，不仅马克思主义者，就连斯密本人也对经济生活中的违法败德、欺诈无信等行为和商业中的独占特权制度持坚决反对态度，对牺牲别人利益来满足自身利益的行为给予了批判。需要注意的是，肯定追求个人正当利益的道德合理性，与肯定个人主义、利己主义的价值观和道德观是有本质区别的。个人主义和利己主义作为一种道德原则和道德价值观是错误的，对社会生活的健康发展是有害的，这已被大量的历史和现实生活事实所确证。在社会主义市场经济条件下，从价值上和道德上确认追求个人正当利益也是社会主义价值观和道德观的题中应有之义；而作为道德原则的个人主义和利己主义则与社会主义制度的根本性质格格不入，应当加以否定和抛弃。

二、互利——商品交换的原则

（一）正当交换是利己与利他的统一

商品交换是最自然、最经常的现象，人们利用商品交换而互相获得彼此所必需的大部分利益。在交换中，每一个人都需要遵守互利互惠原则，因为一个人的私人利益被其他人的私人利益所限制；与此相应的是，一个人的私人利益的满足又以其他人的私人利益的满足为前提，这是客观存在的事实。参与商品交换的各方都必须认识到互利原则的普遍合理性，并自觉遵循，要想使交换成为可能，就必须使双方都有利可图，达到互利，否则交换就不可能实现。因此，任何人在交换中都不能指望只赢不亏，只利己而不利人。单方面获利的交换很难发生，即使发生也不可能持久，只有互利互惠的交易才能持续长久。

互利是商品交换最基本的道德准则，它既是对自己极端利己行为的限制，又是实现自身利益的桥梁和纽带，同时也是对他人利益和权利的兼顾。斯密说："不论是谁，如果他要与旁人做买卖，他首先就要这样提议，请给我所要的东西吧，同时，你也可以获得你所要的东西：这句话是交易的通义。我们所需要的相互帮忙，大部分是依照这个方法取得的。"① 这种互利原则实际上是利己与利他的统一。别人的东西让渡给自己是自己利己心的需要，对自己来说是获得了利益；而自己的东西让渡给别人是别人利己心的需要，对自己来说是应履行的责任。斯密认为，这是"契约的结果"，双方的权利和利益要求在谈判中相互制约，最后达到一种均衡，谁也没有吃亏。这样，斯密就把利己与利他统一在公平交易中了：虽然动机是利己，而结果是既利己又利他。在斯密看来，人

---

① ［英］亚当·斯密：《国民财富的性质和原因的研究》上卷，郭大力、王亚南译，商务印书馆 1972 年，第 14 页。

类所有社会成员固然都需要爱，需要帮助，但如果社会成员缺乏爱，缺乏帮助，社会仍然能够依据互利原则维持下去。他说"人类社会的所有成员都处在一种需要相互帮助的状态中。"假如社会成员缺乏相互之间的爱和感情，社会必定要减少许多幸福和愉快，"但是社会仍然可以根据一种一致的完全着眼于实利的互惠行为而被维持下去。"①

哈佛大学哲学家乔赛亚·罗伊斯在其著作《哲学的宗教观》中指出："道德省悟是对邻人真实性的认识和无私对待邻人的决心。但是这种决心只产生于省悟的那一瞬间，也只属于那一瞬间。不久后，热情会遮盖省悟。在日常生活中，我们不可能避免自己的种种自私，同样我们也不可能逃避省悟那一瞬间看到的情景。我们看到自己邻人这一实在，就是说，我们决心要像对待自己一样对待他。但是接着我们又回到了日常的行为，我们受祖传的热情的驱使，完全忘却了看到的一幕。我们的邻人变得模糊不清，成为与自己无关的陌生的势力，他又不真实了。我们再次逃避，变得自私起来。这种矛盾继续交替进行，并且只要我们按照人的生活方式，它就一直存在。于是我们的生活就是：刹那间的省悟及伴之而来的决心，和长久的逃避与自私。"② 这段话明确地说明了一个问题，即人们的利己心与同情心之间常常发生矛盾和冲突，而且利己心常常战胜同情心。这一矛盾也常常为经济学家和伦理学家所关注，并感到困惑。那么，利己心和同情心是什么关系？利人与利己是什么关系？二者能否协调起来？如果能，怎样才能协调？笔者的回答是，通过商品交换，利己心和同情心得到统一，利己行为与利他行为得到协调。

的确，在市场上，利己心促使买卖双方发生联系并走到一起。正如马克思所说，在商品交换中，原本不相同的人，之所以发生联系和关系，惟一的动力是他们的利己心。但是，人不是只有利己心，如果仅有

---

① ［英］亚当·斯密：《道德情操论》，蒋自强译，商务印书馆1997年版，第105—106页。

② 转引自［美］乔治·恩德勒：《国际经济伦理》，锐傅慧网译，北京大学出版社2003年版，第153页。

利己心而无利他心，必然只有损人利己的行为，交易双方也必然要发生冲突。其实，人除了有利己心外还有同情心，那么如何将利己心和同情心协调起来？有人认为这是一个难题，说斯密本人对此感到很困惑，在这两种心之间矛盾、烦恼，思索如何将其协调起来。其实这不是一个难题，而是一些人没有透彻地理解商品交换的真谛。

商品交换是一种互利互惠的行为，在交换中，人们在主观上为了自己利益的同时，在客观上也满足了他人的需要，这是一种客观必然，理解了这一点，也就解决了斯密难题。商品具有使用价值，拿到市场上去出售是为了交换价值，卖者看重的是价值或交换价值，而买者则看重使用价值。因此，商品要想得以出售，必须能满足买者的需要，也就是说必须为买者着想，而不能仅仅考虑自己，否则自己的利益也不能得到实现。那么，如何使利己心与利他心统一起来并使之得以实现呢？通过商品交换，主观上为自己的动机通过商品交换这个中介，就在客观上转变成了有利于他人的行为，这就是辩证法，是一种辩证的转化。利己心与利他心通过辩证的转化而实现。

商品生产者和拥有者要想把商品卖出去并卖个好价钱，就必须把商品做好，提供良好的服务，以满足顾客的需求。可以说，此时的商品生产者和出售者心中想的就是顾客，替顾客着想，为顾客服务，使顾客满意。此时，商品交换中的"主观为自己，客观为别人"就转化成了"主观为别人，客观为自己"。两个命题是可以相互转化的。但是，主观为别人是为自己的手段，归根到底还是为了自己。利己心是目的，同情心是手段，利己心通过同情心而得到满足，同情心也通过利己心得以实现。这样，通过交换和贸易，"人的本性所具有的利己和同情两个动力共同走向一个目标：普遍幸福。这样，我们就无法否认，个人利益和由个人利益驱动的交易——至少就其效果而言——是道德力量的源泉之一。"①

商品的使用价值转化为交换价值时，买卖双方各有所得，双方的目的同时得到实现。利己心和同情心也得以统一起来。从经济学上讲，是"一只看不见的手"在起作用，它引导人们把资本和服务投向社会最需要的地方，这是经济发展的必然性。这个地方既有丰厚的利润能满足利己心，又能为他人和社会提供最紧缺的产品和服务，满足他人的需要。从伦理学上讲，当他主观上为自己，想着自己的利益及如何实现自身利益时，他必须同时具有同情心、利他心，设身处地为他人着想。此时，人的同情心就得到体现。假如商品掺假或危害了他人，那就是缺乏同情心和道德心，自己的利益也不能很好地实现。商品交换的最高境界就是双赢、互利、共生，这种境界不仅仅存在于买卖双方之间，而且还应该存在于利益相关者之间，人与自然界之间。可见所谓的斯密难题并不是一个没有解决了的难题，也不是一个不能解决的难题，而是一些人理解和认识上的偏执和片面。

事实上，在市场经济社会中，人们之间所需要和所提供的"相互帮忙"，其主要含义的确不是指双方所提供的无偿援助和无偿帮助，不是一部分人对另一部分人的恩惠和施舍，而是通过契约、交换和买卖所进行的等量劳动之间的相互交换，是以每个人的自身利益为基础的物质利益之间的有偿供给。我给你产品，是因为我想用它换取我所需要的你所拥有的产品；同样，你给我产品，是因为你想用你的产品换取你所需要的我所拥有的产品。这种交换是有偿的和有代价的经济交易，是以彼此所付出的劳动和双方的个人利益为基础的互利互惠的交换活动。市场经济社会中，人们之间所进行的所有商品和劳务交换，其实质都是如此。此时，人类社会已经变成了一个相互满足需要的巨大体系，每个人在其中都能得到自己所需要的东西，也在一定程度上为他人提供某种他们所

---

① ［法］巴斯夏：《和谐经济论》，许明龙等译，中国社会科学出版社1995年版，第119—120页。

需要的东西。在现代社会，作为市场交易最重要主体的企业之间的交换关系，以及企业为消费者和社会所提供的经济服务，本质上都是以企业自身利益为基础的有偿的和有代价的经济交易活动，而不是企业之间的相互恩惠或企业对消费者和对社会的恩惠。

上述论述并不意味着商品交换和市场经济就没有缺点了，因为主观上为自己的商业行为就一定能在客观上利他吗？或者说主观为自己与客观为别人就一定能统一起来吗？不一定。由于在交换中为自己是惟一的目的，这一目的意味着有可能做出损人利己的行为。如果交换的主体缺乏同情心和道德心，就可能损害别人。正如黑格尔所言，凡是主观上为自己的行为，就同时处在做恶的待发点上，它可能为善，也可能为恶，做出不正当的行为。正因为存在着两种可能性，那么在市场经济中就必须要有两种准备：一是教育，以提高交换主体自律和主观上的道德心；二是法律，随时准备对商业活动中的为恶行为进行处罚。

（二）个人利益与社会利益的对立与协调

个人利益与共同利益是每一个人都离不开的两种利益，它们的对立仅仅是在表面上的对立，其实，二者之间有着十分密切的内在联系。那么，是什么连接着个人利益与社会利益呢？这两种利益又是如何得以实现呢？是商品交换。商品交换连接着个人利益与社会利益，交换的过程也就是个人利益和社会利益实现的过程，"共同利益就是自私利益的交换，一般利益就是各种自私利益的一般性。"① 商品交换使得交换双方的利益同时得到满足，每个人在利用自己的财产或劳动以达到自己的利益时，不得不为了交换而生产，为了他人的需要而生产，不论他是否愿意这样做，他都必须这样做。因为，他是社会秩序中的一名成员，他必须在交换中给别人以好处来换取他所要得到的利益。

在交换关系中，交换双方的动机都是为了自己的利益，他们对私人利益的关切和追求是不成问题的。而不容易理解和认识的是"共同利

---

① 《马克思恩格斯全集》第 46 卷（上），人民出版社 1979 年版，第 197 页。

益"，虽然"共同利益"是交换的桥梁、互利的纽带，但它本身并不被
交换双方"放到心上"，而是放到各自利益的背后，作为利益计算和权
衡的条件而加以考虑。双方交换有利于他人和社会的结果，只是在客观
上实现的，是通过主观上为自己、客观上向有利于他人和社会的结果转
化实现的，并不是在他们心中自觉地装着"为他人"和"为社会"的道
德动机去实现的。但是，通过交换，个人利益和共同利益都得到了实
现，个人利益的满足正好就是共同利益的实现。用黑格尔的思辨语言表
达就是："在劳动和满足需要的上述依赖性和相互关系中，主观的利己
心转化为对其他一切人的需要得到满足是有帮助的东西"。他说："这是
一种辩证的运动。其结果，每一个人在为自己取得、生产和享受的同
时，也正为了其他一切人的享受而生产和取得。"① 对个人来说这是一种
不自觉的必然性。亚当·斯密将它概括为"主观为自己，客观为别人"。
这种交换关系一方面表明个人离不开社会，离开社会就无法从社会获得
自己需要的东西，离开社会自己的劳动价值也得不到实现；另一方面也
表明社会离不开个人，离开每个成员的个人劳动，社会的活力也就没
有了。

　　如何调节个人利益与他人利益、社会利益之间的相互关系呢？靠什
么手段实现商品交换中的互利互惠？斯密认为，靠"一只看不见的手"。
在这只手的引导下，个人为了满足自身利益，自然会或必然会使他们
"尽力"去实现社会的利益，而且还会更有效地促进社会利益的实现。
换句话说，对个人利益的追求，就自然是或必然是对社会利益的促进和
贡献。"个人的利害关系与情欲，自然会使他们把资本投在通常最有利
于社会的用途……用不着法律干涉，个人的利害关系与情欲，自然会引
导人们把社会的资本，尽可能按照最适合于全社会利害关系的比例，分

---

　　① ［德］黑格尔：《法哲学原理》，范扬、张企泰译，商务印书馆 1961 年版，
第 210 页。

配到国内一切不同用途。"① 每个人不断地努力为他自己所能支配的资本找到最有利的用途，但是，他却受着"一只看不见的手"的指引，去尽力达到一个并非他本意想要达到的目的。他虽然出于追求自己的利益之目的，结果却有效地促进了社会利益。当一个人作为"经济人"（资本家）活动时，会在利己心的驱使下追求个人利益，为了获得最大的个人利益，在看不见的手的指引下，给自己的资本寻找最能产生资本增值的地方，投向最有利的投资场所，这种场所正是社会最需要投资的地方。于是，尽管"经济人"出于利己之打算，但却在客观上有利于社会，每个人越是追求个人利益，就越会增进整个社会利益，推动社会进步。

斯密这里所说的"一只看不见的手"，其内涵主要是指市场供求关系、价格杠杆、利润机制的自发调节作用。物以稀为贵，而以多为贱。当一种产品或一个领域生产者相对较少时，价格就高，利润就多，就会吸引投资者的到来。随着投资者的逐渐增加，产品越来越多，竞争越来越激烈，利润越来越少，于是就有一部分投资者转向其他部门，转向更需要投资的领域。这就是"一只看不见的手"在调节个人利益和社会利益关系中所起的作用。在市场供求关系的自发作用下，生产者为了自身的利益，一般必然会考虑自己产品与他人需求和社会利益的关系，把资本投向既能给自己带来丰厚利润，又能为他人所需要、对社会有利的地方。相反，违背市场经济规律和价值规律，不顾及供求关系、价格杠杆、利润机制的客观作用，不考虑他人的需要和社会用途，个人商品的价值无法被他人所接受，自身的利益也无法得到满足。

可见，无论市场交易主体是否自觉地意识到他人利益和社会利益，是否自觉地意识到供求关系的作用，他都不得不把自身利益引向有利于他人和社会的地方，引向最需要投资的领域。这是一个基本的经验事实，也是不以个人意志为转移的一个客观规律。从这个意义上说，斯密

---

① ［英］亚当·斯密：《国民财富的性质和原因的研究》下卷，郭大力、王亚南译，商务印书馆 1974 年版，第 199 页。

关于"一只看不见的手"的理论揭示了市场经济中利益关系调节的部分真理。当然，仅靠这只"看不见的手"的自发调节是不行的。"看不见的手"，正因为它是看不见的、不自觉的、自发性的，所以它在引导个人利益走向社会利益的过程中只起非常有限的作用。这只手在调节个人利益与社会利益关系时，最大的弊病在于它无法完全阻止个人利益的追求向"恶"的方向转化。中外市场经济发展过程中大量违法败德行为的存在就是明证。因此，除了这种调节手段外，还必须要有"一只看得见的手"来调节，比如道德的引导、法律的规范、经济的惩罚、政策的调控等都是完善市场秩序、调节个人利益与社会利益的有效手段。

三、公平——利益的合理分配

（一）交换正义的实质

公平是经济伦理学的一个重要范畴。在英语中用 justice 来表达公平的含义，译成中文是公正、正义。Equality 也是个与公平相关的概念，译成中文是平等。平等与公平常常可以相互通用，但有的时候不平等恰恰是公平，因此公平与平等的内涵还是有差别的。平等是一个静态的概念，可以用来表示相比较的人或事物在伦理上的相同性。因此，人们常常用是否平等，如权利义务是否平等、分配是否平等来衡量是否公平，平等是公平的尺度。平等与公平是市场经济中最基本的原则。市场主体不论地位高低、权力大小、资本多少，都有处于平等的地位，在商品交换中以价值量为基础实行等价交换。公平要求市场主体机会均等，公平地参与市场竞争，享有相互对应的权利和义务，即享受公正的待遇，得到合理的回报。公平是以每一个市场主体的地位平等和机会平等为前提的，而商品交换之所以能够达到互利互惠，又是以公平交易为前提的，否则就必然导致损人利己或损己利人，市场就不会有序发展。

经济公平是公平的重要内容，而分配公平又是经济公平的核心，商品交换就是一种利益的分配方式，交换结束，交换双方互有所得，利益分配完毕，公平互利的交换则是正义的分配。

对经济公平问题的探讨，可以追溯到古希腊的亚里士多德，他强调要实行公正的分配制度，认为公民之间财产的平均虽然有助于国内的安定，但还会带来其他方面的问题：有才能的人对此有抱怨，感觉自己应该比一般公民多得一些，因此便会感到不公平，以致引起国内混乱。所以，应当对每个人应得的实物给予公正的分配。何谓公正？亚里士多德说，相等的人分得了不相等的实物，不相等的人反而分得了相等的实物，争吵和怨恨就会产生，因为这种分配是不公正的，因此应该按照各自的价值分配。按各自的价值分配就是公正。正义的分配是应该付出恰当价值的实物授予相应收受的人，合乎正义职责的分配应该考虑到每一个受益人的才德或功绩。在这里，亚里士多德从伦理的视角，指出了平均主义分配原则的弊病，得出了"各取所值"的公平分配原则。

可见，分配公平就是按同样的标准或尺度对每一个经济主体都进行分配，同样的付出应得到相应的回报，消除歧视和不平等。公平分配只意味着按同一标准进行分配，而不是平均分配。因为，每个人的积极性和贡献不尽相同，甚至差异很大，因而每个人的所得也就不应该相同。至于所使用的这个分配标准是否公平，那又是一个重要问题。通过商品交换进行分配的标准就是商品的价值量，商品价值量大，得到的利益份额就多，反之就少。这就是商品交换的原则，即等价交换，它体现着多劳多得、少劳少得、不劳不得、质优价高、质劣价低、量多钱多、量少钱少的分配原则。这肯定了不同的商品有不同的价值，拥有不同商品的人应有不同的所得，有相同商品的人应有相同的所得，否则交换就不能长久，市场也就不能形成。

交换中的公平正义是通过交换进行合理的利益分配，即公平互利。这就是说，仅仅有互利的交换行为还不能称为公平、公正，这种互利对于交换双方来还必须是合理的，其交换所得是其应该得到的，否则一方得到的利益多，另一方得到的利益少，虽然都得了利益，但仍然不公平，不合理。所以，只有遵循等价交换原则，交换才是正义的。亚里士多德就把交换正义的实质理解为等价交换，把"互惠"作为交换正义的标准。他认为，交换正义是交换中"所得与损失的中间"，是"交往以前和交往以后所得相等"，① 凡是具有均等、相等、平等、比例性质的那种回报的交换行为都具有正义性。他指出："公正就是比例，不公正就是违反了比例，出现了多或少。"② 这就是说，公平、公正的最一般涵义是等利或等害相交换，不公平、不公正就是不等利不等害相交换。因此，等价交换就是交换的正义，是约束交换的"应当"之理。

自亚里士多德以来，用等价交换来说明交换的正义，影响深远，以至于在人们的意识领域形成了交换的正义就是等价交换观念。等价交换作为一种交换规则，的确有很多合理之处，也应当成为市场经济的一个基本要求。但是，仅仅等价交换还不能真正体现交换之正义，如果交换是等价的，但却不是主体自愿的，而是被迫的，或者交换中的一方主观地认为是不等价的，这也不是一种公平的交换。所以，交换还必须是自愿的，毕竟交换主体才是商品效用的最佳判断者，交换是否合理、是否等价、是否值得交换也只有利益主体自身才能判断。只有交换主体对商品效用作出判断，在自愿的原则下进行等价交换，才是正义的交换。制度经济学家康芒斯认为，交易是价格相等的两种产权在市场上的自愿交换。一项交易的完成要求当事人双方必须具有完全的意思自治，通过协商与谈判达成交易协议，自愿地让渡自己的产权。意思自治是谈判的前提，因为"买卖的交易，通过法律上平等的人们自愿的同意，转移财富的所有权。"③ 哈耶克也指出：强调自愿的重要性，"这并不意味着我们认为一个人永远是其自身利益的最佳判断者；这只意味着我们永远不可能确知谁比行动者本人更好地知道他的利益。"④ 诺齐克说过："无论什

---

① 《亚里士多德选集》（伦理学卷），中国人民大学出版社 1999 年版，第 110 页。
② 《亚里士多德选集》（伦理学卷），中国人民大学出版社 1999 年版，第 108 页。
③ ［美］康芒斯：《制度经济学》上，于树生译，商务印书馆 1962 年版，第 86 页。
④ ［英］哈耶克：《自由秩序原理》上，邓正来译，三联书店 1997 年版，第 90 页。

么分配，只要它来自当事一方的自愿交换，就都是可以接受的。"① 只有个人自己才是自身利益的最佳判断者，正义的交换就是交换双方都是自愿的，其中没有欺诈，没有胁迫，没有垄断，没有强权。所以，交换的正义，其本质是自愿的等价交换。

公平正义问题是随着社会利益的分化而产生的，公平正义体现了人与人之间合理的利益分配关系。在马克思主义者看来，公平是对人们之间的社会关系的度量，它是从社会经济关系中引申出来的，表示一种社会关系具有某种利害相等的性质。经济领域的公平反映了社会生活中人们的利益关系和利益格局，反映了人们对权利和义务、地位和作用、行为和意志之间某种相适应的和谐关系。尽管公平观念就其最一般的意义而言，是指等利、等害相交换的行为，但对于何为利、何为害的理解，在不同的经济关系中，人们的理解也是不同的。所以，关于公平观念不仅是因时因地而变，甚至也因人而异。可见，公平概念不是抽象的，而是历史的、具体的、发展变化的。在人类社会发展的不同阶段，公平的内涵有着不同的具体内容，从古到今没有永恒不变的公平。资本主义相对于封建社会而言，获取利益的机会和利益分配的标准相对公平，但实质上仍然包含着极大的不公平，利益在资本家与工人之间分配得是如此的不公。社会主义相对于资本主义而言，无论从哪个方面来讲都公平多了，但是也没有达到绝对的公平。实际上不公平的程度可以不断降低，不平等可以尽可能得减少，但永远也不能完全消除。尽管如此，公平却是人类世代追求的道德理想，实现人与人利益关系上的公平，充分满足人们物质生活需要是人类追求的永恒目标。

（二）交换正义的要求②

第一，交换内容的正当性。

---

① ［美］诺齐克：《无政府、国家与乌托邦》，何怀宏等译，中国社会科学出版社 1991 年版，第 192 页。

② 参见周中之：《经济伦理学》第五章第二节，华东师范大学出版社 2004 年版。

交换内容必须限制在法律和道义范围之内，交换内容的正当性涉及两种情况：一是指交换的物品必须限定在法律所允许的范围之内，超出这一范围，则为非法交换或不正当交换，如拐卖人口、毒品买卖、走私军火、出卖国家利益、出卖污染产品、盗卖文物、侵犯他人知识产权等，都是非法交换，是交换内容不正当性的极端表现。二是指交换的东西必须合乎道义，如人的基本权利、人格尊严作为一种政治资源，是不可与经济资源相交换的。为了维护人的生命、健康、自由、尊严、人格、名誉等，人的生存权、健康权、人身自由、人格权、政治权利和法律上的平等权等都是不能买卖的。一个人伤害了他人生命或人身自由，就必须受到法律制裁。如果他用钱买通"关节"而使自己免于或减轻了制裁，这就把基本人权和人的自由作为与金钱相交换的对象了，这种交换就是内容不正义、不道德乃至非法的交换。此外，以权谋私、权钱交易、色钱交易也都是不正义的、不道德的。

区分交换内容的正当性与不正当性，是实现交换正义的重要一环，将不该、不可、不能用于交换的进行投入交换，即使交换的比例与程序均无漏洞，这种交换仍然是非正义、非道德、非法的交换。

第二，交换比例的正当性。

亚里士多德认为，在商品交换活动中，当"双方还保持着他们自己的产品的时候，而不是在已经发生交换之后，必须把交换的条件归纳成用数字表示的比例，否则双方中的一方将试图争取优势，以少量换取多量。数字比例确定以后，双方就可以进行公正的联系，否则两者之间是不可能建立恰当的平衡关系的。"[①] 这就是说，为了取得互惠的作用，双方交换的产品必须以量化的比较形式达到平衡，交换才能成功；如果数字比例不合理，其中一方认为不公正，商品交换就夭折了。亚里士多德所说的这个问题就是交换比例正当性问题。

———————————————

① ［美］A·E·门罗编：《早期经济思想》，蔡受百等译，商务印书馆1985年版，第26页。

　　交换比例的正当性，是指交换比例的等价性或等值性，等价交换使交换达到公平，因此，等价交换原则是交换领域的基本道德原则。世界著名经济伦理学家彼得·科斯洛夫斯基认为："公平交换原则或'等值交换'不是经济规律，而是经济伦理学的'绝对命令'。"① 他认为，公平交易应以下四点为标准：要求实际价格与现行价格相结合，在市场经济中就是与市场价格相结合；要求交换的实物事实上是公平的，不得是假货；要求交易是互利的，无一交易方的财产受损；要求在合同中实现公平的利益平衡，并实行"公平交易道德"。按照彼得·科斯洛夫斯基公平交易的标准，商业活动应该坚持合理定价、货真价实、份量足额，这才符合交换比例的合理性，否则就是不正义的交换。正如托马斯·阿奎那所说："一件出售的物品如有以下三种缺陷之一，就构成了欺骗，是不道德的，也是非法的。第一种是关于物品之本质方面的，如果卖者知道他所出卖的物品中有缺陷，他就是进行欺骗，这个销售就是非法的……第二种缺陷是关于那种用量具来测认的数量方面的，如果一个人在出售物品时有意地使用较小的量具，他就是干着骗人的勾当，这样的销售也是非法的……第三种缺陷是关于质量方面的，诸如，把一个衰弱畜牲当做强壮的来卖；假如一个人有意地这样做，他就是在销售中干着骗人的勾当，因而这个销售就是非法的。"② 这三种情况就是三种类型的商业欺诈，即挂羊头卖狗肉、短斤缺两和以次充好。

　　第三，交换手段的正当性。

　　事实上，在交换比例的正当性中，对交换手段的正当性已有所涉及，因为种种不正当手段的运用，无非是为了搞不等价交换，以谋取不义之财。但"比例正当"和"手段正当"在含义上又有区别，前者重点在强调交易物量的方面，其核心范畴是"公平"；而后者重点在强调交

---

　　① ［德］彼得·科斯洛夫斯基：《伦理经济学原理》，孙瑜译，中国社会科学出版社1997年版，第197—198页。

　　② ［美］A·E·门罗编：《早期经济思想》，蔡受百等译，商务印书馆1985年版，第49页。

易的形式与方法，其核心范畴是"公正"。

不正当竞争，是指在工商业事务中采用不正当交换手段进行的竞争行为。不正当竞争手段主要包括垄断、限制竞争行为及其他不正当竞争行为三大类①。垄断行为主要有：独占、兼并、股份保有、董事兼任、独家交易。限制竞争行为主要有：限制销售价格、差别待遇、掠夺性定价、搭售和附加不合理的交易条件、强制交易、联合行为。其他不正当竞争行为主要有：采取欺骗手段从事交易、诋毁竞争对手、虚假或引人误解的广告、巨奖销售、制造困难，妨碍竞争对手正常经营、商业贿赂、侵犯商业秘密。不正当交易手段严重扰乱了市场经济秩序，侵害了诚实经营者的利益，也侵犯了消费者的合法权益，破坏了优胜劣汰的竞争机制，败坏了社会风气，必须严厉惩治，以保证交换的正义性。

第四，交换程序的正当性。

法哲学把法律正义区分为两个方面，即实体正义与程序正义。实体正义，是指法律条文本身体现社会正义的要求；程序正义，是指法律机器遵循一套程序上的规范和准则。引用这一分类方法，我们也可以把交换的正义区分为交换的实体正义和交换的程序正义两部分。前者是指我们已阐明的交换内容、交换比例的正当性，而后者是指交换必须遵循一定的法律规范和程序。交换程序的规范性是交换正义的有力保障，也是交换正义的必然要求。

交换程序的正当性包含以下三个相互联系的方面：第一，立法者对交换要有明确的普遍的法律规范。只有这些法律规范是明确的，交易者才有可能得到关于交换程序规范的同样的信息，只有这种法律规范是普遍的，人们才能在这种法律规范下享受同等的交换自由和权利。第二，市场主体作为交易的当事者要自觉遵守上述提及的这类明确普遍的行政规范、经济规范与法律规范。这些规范一方面体现了维护正常社会生活

---

① 以下三大类不正当竞争行为，均摘自吴勇敏、陈旭峰著：《入世与中国竞争秩序的法律规范》，世界图书出版公司 2001 年版，第 40—45 页。

的需要，另一方面体现了经济活动的规律性，人们的交易行为合乎这些规范，也就会合乎交换正义的原则和经济运行规律，既能促进交易的有序进行，又能有利于交换者自己经济利益的发展。第三，执法者要严格执行各类行政、经济规范及法律规范。平等是法律的基本精神，它体现在实体正义上，就是肯定每个市场主体有同等的权利与义务；体现在程序正义上，就是要求"同样的案件同样的处理"。只有法律得到了严格地执行，才能达到真正完全的平等。为达到严格执法的要求，执法者必须超脱于交换之外，对交换活动履行监督、公证、调解、仲裁之权。因此，禁止权力经商是其必然要求。

交换正义的实现与市场秩序密切相关。市场秩序可以分为自然秩序和人为秩序。自然秩序，是指社会经济发展中自然形成的商品交换、利益分配等规则总和。比如，在实践中，为了在商业活动中获取利益，可以采取正当手段，也可以采取不正当的手段。靠欺诈、损人利己即使能一时一事得手，却不可能永远得手，次次得手。因为，对方一次受骗之后总要总结经验、吸取教训，防止以后不再被骗。明智的商家总是进行正当交易，获取长远利益。这就是一种自然秩序的规范作用。在西方市场经济的发展中，人们曾经十分崇尚自然秩序，认为自然秩序能够自动保证交换正义的实现，达到社会的和谐。因此，他们倡导经济自由主义，反对政府干预。但事实并非如此。20世纪以后，市场竞争变得愈来愈不平等，仅靠自然的市场秩序已不能维持交换正义，人为的市场秩序显得愈来愈重要。政府、国家开始对交易行为进行干预，并不断加强，如界定和保护产权，建立健全产权制度；限制垄断，鼓励竞争，制定交易规则，维护市场交易秩序；通过财政、货币、产业政策的制定和执行，调节市场运行，降低社会交易成本。调控作用也愈来愈重要，政府对市场进行调控的目的就是为了维护市场秩序，保护市场主体的合法权益，禁止、规范、惩治不正当交易行为，促进公平交易。可见，政府对市场的适度干预是实现交换正义的保障。

第三节　相互服务

"人之所以胜过动物，就人与造物主的关系而言，是因其宗教情感；就人与其同类的关系而言，是因其公正；就人与自己的关系而言，是因其道德；就人与其生存和发展手段的关系而言，则是由于一种不平常的现象，这种现象就是交换。"[①]因为，通过交换人们能够相互提供服务，彼此得到满足和帮助。作为人类，我们虽能感觉到他人的痛苦或欢乐，但不可能代人受苦或享受。不过，我们可以彼此帮助，可以替他人劳动；我们可以相互提供服务，在得到相应回报的条件下为他人提供服务。这就是社会，这个社会中的一个重要机制就是商品交换。

一、相互服务与商品交换

（一）交换是一种巧妙的服务机制

商品交换的最初形式是以物易物，所表现出来的人与人的关系是直接的相互服务关系。"两个都有愿望而且都占有可以满足愿望物品的人，相互将自己的物品让与对方。或者两人达成协议，各自制作不同的物品，然后按比例分享两人完成的全部产品。这就是以物易物，也就是社会主义学派所说的交换、交易、萌芽状态的商业。"[②]在这个过程中两个人相互让与正在进行的努力或各自先前努力的结果，如此他们都为对方劳动了，他们就是相互帮助，就是相互提供了服务。

世界上第一次交换行为是这样产生的，一人对另一人说，你替我做这事，我帮你做那事；或者你给我一个东西，我给你另一个东西，因为

---

① ［法］巴斯夏：《和谐经济论》，许明龙等译，中国社会科学出版社 1995 年版，第 103 页。

② ［法］巴斯夏：《和谐经济论》，许明龙等译，中国社会科学出版社 1995 年版，第 110 页。

你的东西是我想要的，而我的东西对你来说也是有用的，我们换一换吧。他们两人都同意了，于是简单商品交换产生了，两人的需要也都满足了。这就是一种相互服务关系，福洛朗的精彩寓言诗《瞎子与瘫子》说明了这一道理：

"我们不妨相互帮助，

两人均可减轻苦楚。

我有腿，你有眼，

你我有的谁都不可少。

我背着你，你领着我，

你我做的哪样最有效？

全不用友情决断诚告。

来吧，我替你跑，你替我瞧。"①

是的，人类虽然聪明，但在某些方面又都是"盲人"或者是某方面行动不便的"残疾人"。但是，人类能够走出孤独，走向合作，很快就懂得相互帮助后不幸的痛苦可以减少的道理，交换由此产生，财富由此增加。劳动和交换是彼此给饭吃，给衣穿，给房子住，治病，保护和教育，由此相互提供服务。无论是人与人、家庭与家庭、国家与国家之间，还是地球的这一半与那一半之间进行交换，无不体现以下道理，即一方之得为另一方之失，同时一方之得又是另一方之得，是彼此双方的互得，而不是互失。认真分析交换的内在性质及其效果，可以得出以下结论并对此作出严密论证：每个人的幸福能增进全体人的幸福，全体人的幸福能增进每个人的幸福。

随着经济的发展、交换范围的扩大，以物易物中简单商品交换越来越少，复杂商品交换越来越普遍，人与人之间的直接服务也就变成了间接服务。但是，无论是直接服务还是间接服务都是通过商品交换来实现

---

① ［法］巴斯夏：《和谐经济论》，许明龙等译，中国社会科学出版社 1995 年版，第 137 页。

的，商品交换是一种巧妙的社会机制。通过这个机制，人们以自己的劳动换取他人的劳动，各自满足需要。

巴斯夏在其《和谐经济论》中以一个木工为例子，说明了上述道理。他说，一个属于社会下层阶级的人，比如一个细工木匠，他向社会提供了木工活，如做桌椅板凳，而社会又向他提供了什么呢？他要穿衣，而没有一件衣服是他自己制作的；他要吃饭，而他又不种粮、磨面、做面包；他自己和后代要接受教育，同时又要享受其他公共设施，如马路、医院、公园、国防安全等。也就是说，他除了做木工活以外，无论是生活所需还是工作所需，还是娱乐所需，都不是他本人为自己亲自做的，而是依靠他人的服务。而这些条件单凭他自己是很难创造出来的。"更令人吃惊的是所有的人在这一点上与他一模一样。社会的每个成员的消费量超过他们自己所能生产的成千上万倍，可是，谁也不曾窃取他人的劳动成果。仔细观察一下便可发现，这位木匠用自己的劳务支付了他所享用的所有劳务。如果细细算一下，我们就会相信，他所获得的一切，没有一样不是用他的劳动换来的；无论何时何地向他提供劳务的人，都已获得或将会获得相应的报酬。"① 这就是体现在商品交换中的公正。

社会上的每一个人都能在一天之内获得他们本人在数百年中无法创造的享受。这是为什么？这说明必然存在着一个巧妙而强大的社会机制，这个机制就是交换。通过这个巧妙的社会机制人们彼此相互服务，或者说人们彼此互通有无，互相满足需要。人人可以用自己的劳动换取别人的劳动，自己不能做到的事情，可以让别人来做，前提是自己必须为他人提供服务，做事情。这个机制的巧妙之处还在于一个人为他人所付出努力后如果他本人不能消耗完，或者当时没有立即得到报酬，还可以以某种形式，如货币、土地、房财等形式积累下来供其他人比如他的

---

① ［法］巴斯夏：《和谐经济论》，许明龙等译，中国社会科学出版社 1995 年版，第 51 页。

子孙们使用。而他的子孙们在能为社会或他人提供服务以前可以享用其父辈的积累，直到自己能工作，也为社会和亲人提供自己的服务，报答社会和亲人，同时也养活自己后代，并为社会再提供服务。一个人为社会付出了积极有效的生产性劳动的人，他当时可能没有立即得到报酬，但是，他却因此而得到了在合适的时间和地点以合适的方式索取报酬的权利。社会应该偿还的是这笔陈年老账，社会以某种方式偿还，如支付给其子孙。如此，人人付出的劳动都能够得到报酬；这种权利世代相传，时而分散，时而集中。总之，社会有一种巧妙的机制在起着作用，使社会呈现出种种复杂的利益结合。这种机制是一种强大的力量，能使所有国家、所有种族乃至所有时代的人都活动起来，尽管人们并没有意识到这种力量，但是，这种机制确实存在，它能让已经逝去的几代人和尚未出生的几代人为满足一个人的需求而劳动。如果放在时间和空间中去看，每个人都得到了报酬，都得到了他们计算过应该得到的东西。所以，谁也没有吃亏，谁也没有占便宜。[①] 商品交换所体现的人与人之间的关系就是这种平等互利的相互服务关系。

（二）从直接服务到间接服务

在商品交换过程中，不同商品所有者之间通过商品交换和相互交易所提供的经济上的相互帮助、援助、便利和好处，本质上就是他们之间的相互服务。在简单商品交换关系中，作为平等和自由之交换主体的商品所有者之间是彼此提供服务的关系，他们相互提供的服务是个人服务，同时也是直接服务。在发达商品交换中，商品生产者和交换者所提供的服务是间接服务，他们也许并不清楚具体在为谁生产商品，为谁提供服务。但有一点他们是知道的，即他们生产的商品有用，卖出去后就能满足消费者的需要，同时也能换回货币，然后再去购买自己所需要的商品。而究竟是谁在为自己生产商品，谁为自己提供服务，这也是不明

----

① 参见［法］巴斯夏：《和谐经济论》，许明龙等译，中国社会科学出版社1995年版，第52—53页。

确的。这就是说，在发达商品交换中，卖方可能不知谁将来买，而买方也可能不确定将买谁的产品，但通过交换又彼此都能得到服务，满足需要。可见，体现在发达商品交换中的是间接服务。

众所周知，商品交换的初始形式是以实物形式进行的以物易物，或者彼此直接的相互服务。这种交换有其自身的局限性，不可能广泛发展，在实际操作过程中也碰到了许多障碍。这就迫使交换方式的改变，促使人们寻找一种能使交换变得方便的手段。所以，人们就在交易中使用一种中介商品，诸如小麦、牲畜及金属等，这种中介商品最终固定在金银上，货币就产生了。以货币为中介的交换表现为无数个简单的以物易物。随着中介商品的使用，简单商品交换过程中出现了两种新的经济现象：出卖和购买。在简单的以物易物和循环式以物易物，以及以服务换服务的直接交换过程中，都不存在出卖和购买。通过中介物进行的交换完全保留了以物易物的原有的本质、本性和品质，它是一种复合式的以物易物，同时又是一种较为方便的交换。这种以中介物为媒介的商品交换既不改变人的本性，也不改变物的性质，还是只有当为他人做出努力的人得到了等量的报酬时，交换才能进行。为了获得满足，某人出卖其产品或服务，从而取得中介物，然后以此中介物去购买等量的劳务，这样，对于这个人来说，出卖和购买这两个因素构成了简单的以物易物。

巴斯夏认为："货币使交换更为方便这件事本身，就是它对人类的贡献。货币使交换得到了巨大的发展，每个人都向社会提供了劳务，却不知道谁将从他们的劳务中得到满足。同样，他们从社会得到的不是直接劳务，而是货币，他们可以在任何时间、地点和以任何方式，最终用货币购买他们所需要的劳务。这样一来，陌生人之间可以超越时空进行交换，至少在大多数场合下，无人知道是谁的努力使自己的需要得到了满足，也不知道自己的努力使谁的愿望得到了满足。由于货币的介入，交换变成了许许多多互不相识的人之间的以物易物。"①

"由于交换给社会带来了巨大的好处，为了便利和增加交换，社会就不满足于仅仅使用货币。按照事物发展的逻辑，最初是通过个人的努力来满足需要，接着发展为简单的以物易物，——起初是双方的以物易物，后来是由出卖和购买两种因素构成的复合式交换，此后又出现了能在更广阔的空间和时间中进行的交换手段：借贷、抵押、汇票、纸币等等；这些巧妙的手段既是文明的产物，也在不断自我完善的现时推动着文明的发展。今天巴黎某个人的努力可以满足大洋彼岸或者数百年后的一个陌生人的需要，而这个巴黎人依然可以立即得到报酬，因为有一些中介人向他预付了这笔报酬，这些中介人则去到遥远的国度或等候多年之后再索回他们的预支。这种复杂化已经达到了何等奇妙的程度！"②

哈耶克对这种间接服务作了清楚的表述，他认为与简单商品交换相比，现代市场经济秩序是建立在由广泛劳动分工所导致的更高生产力基础上的秩序。在这种秩序中，"个人再也不可能知道他的努力是在为谁或应当为谁服务，他也不知道自己的行为会给那些他不认识但消费着他的产品的人或给他所提供的产品带来什么后果。"③ 就是说，现代社会尤其是市场经济社会，由于劳动分工范围的极其广大，整个社会构成了一个复杂的以市场交换为纽带的服务网络。在这一服务网络中，一个人为谁服务或应当为谁服务，一个人接受、购买谁的服务或应当接受谁的服务，都是很难定的，也是服务提供者和当事人无法确知的。处于这种关系中的每个人，都在为相距遥远、互不相识的人提供服务。"我们所服务的人，我们几乎全不认识，甚至我们不在乎他们的生存。同时我们的

---

① ［法］巴斯夏：《和谐经济论》，许明龙等译，中国社会科学出版社1995年版，第113页。

② ［法］巴斯夏：《和谐经济论》，许明龙等译，中国社会科学出版社1995年版，第113页。

③ ［英］哈耶克：《致命的自负》，冯克利、胡晋华译，中国社会科学出版社2000年版，第91页。

生活，也要依靠不断接受另一些我们一无所知的人所提供的服务。"① 哈
耶克还形象地把市场经济秩序称作一个"密切的服务交换网络"，或
"间接互惠服务网络"，认为正是这一密集服务交换网络形成了现代市场
经济的扩展秩序。在这一服务交换网络中，每个人都为别人提供服务，
也接受别人提供的服务，尽管相互服务的个人之间互不相识。

　　值得注意的是，无论是以物易物的简单商品交换，还是互不相识的
人之间通过中介物进行的复杂商品交换，都是把自己的产品或服务让与
了别人。但这种让与却不是出于友情的帮助，也不是进行无偿的赠送，
而有条件有报酬的让渡。他们"需在协定和商议后才能进行。参与交易
的每一方都根据自己的利益作出如下决断，都要进行如下的计算：如果
我能以较少的努力通过交易满足我的需要，我就参与交易。能用较少的
努力使人的愿望得到同样的满足，这当然是一种奇妙的现象。"② 这也是
交易的实质所在。

　　由此可以说，交换不仅是相互服务，而且是以较少的支出换取较大
的回报，这些不是不平等的交换，而是对于交换双方而言节省了劳动和
财富。也就是说，用一定的报酬去换取一种商品或服务，就交换本身而
言是一种等价和公平交换，但对于参与交易的各方而言，却是少付出，
多得到。因为，要是不交换，其中的任何一方用同样的代价是生产不出
对方手中东西的，通过交换，彼此双方都可以得到自己想要的东西而不
必付出过多的代价。这实际上就是彼此双方都得到了对方的服务，省免
了自身的劳动。所以，交换不仅是互利互惠、互通有无、相互服务，而
且还能彼此省免辛劳。从这个意义上说，交换或贸易、商业也是生产，
它虽然没有增加财富，但却节省了劳动、时间，等于是增加了财富，推
动了社会的发展。实际上，人类正是通过交换才从孤独走向合作，从贫

---

　　① ［英］哈耶克：《致命的自负》，冯克利、胡晋华译，中国社会科学出版社
2000 年版，第 11 页。

　　② ［法］巴斯夏：《和谐经济论》，许明龙等译，中国社会科学出版社 1995 年
版，第 110 页。

困走向富裕，从低级走向高级，社会也才能不断前进。如果没有交换，人类即使不从地球上消失，也只能永远挣扎在贫困、匮乏和无知之中。

二、相互服务与商业社会秩序

(一) 社会分工与相互服务

在社会分工状态下，商品交换日益普遍，这种交换体现了人与人之间的服务关系，人人都能从交换中得到别人服务，人人又在交换中为他人提供服务，每一个人既是服务者（服务的主体），又是被服务者（服务的客体或对象），市民社会的基本秩序就是借助于交换的相互服务。

只要有社会分工存在，就必然产生互通有无的需要，也就必然产生商品交换，人们之间的经济活动就必然具有相互依赖性。社会分工越细，交换就越发达，人与人之间的相互服务与相互依赖性就越强。商品经济条件下，各生产部门和生产行业日益分离，这就使得每个人所生产的产品只能够满足自己需要的极小部分，而大部分的生活资料都由他人提供，当然个人也必须为他人提供一定数量的自己生产物的剩余部分。亚当·斯密对分工所造成的这种趋势和结果有清楚的认识，他说："分工一经完全确立，一个人自己劳动的生产物，便只能满足自己欲望的极小部分。他的大部分欲望，须用自己消费不了的剩余劳动生产物，交换自己所需要的别人劳动生产物的剩余部分来满足。于是一切人都要依赖交换而生活，或者说，在一定程度上，一切人都成为商人，而社会本身，严格地说也成为商业社会。"①

可见，人们在分工条件下所进行的相互交换和相互交易，实质上是通过交换这一方式和媒介所提供的经济"服务"或"相互服务"，而通过交换的相互服务、相互依赖就是商业社会的基本秩序。经济中的相互交换和交易，从伦理关系的角度审视，就是人们之间的一种相互帮忙、

---

① ［英］亚当·斯密：《国民财富的性质和原因的研究》上卷，郭大力、王亚南译，商务印书馆1972年版，第20页。

相互协作和援助的关系，这种关系在本质上就是一种平等互利的相互服务关系。因而，商品交换就是人们之间所进行的服务交换；人们彼此提供服务，其实就是经济服务的最基础、最起码的形式。当然这种经济服务不是无偿的，而是以每个独立的人自身利益为基础，以满足各自的需要为目标，以交换为媒介所进行的经济活动。或者说，相互服务是各经济主体之间以个人利益为基础、以交换为媒介相互提供生活资料和生活享受品的活动和过程。这种有偿服务形式是商业社会的常态，是经常发生的行为。社会中也有无偿的赠予和帮助，虽然从道德上讲是一种高尚行为，但却不是普遍的社会现象，而是一种特例。如果经商者每次交易活动都按照博爱的原则来无偿地赠予和帮助别人，那么他必定会破产，而且他也就不能称为商人，只能被称为慈善家，而且这种行为也必定不会长久。

亚当·斯密非常明确地把人们之间相互满足各自需要的交换和交易称作"服务"或"相互服务"，并用农村和城市之间的交换对这种相互服务进行了生动形象的描述。他认为，在商品经济社会中，城市与乡村之间的交换是最基本和最主要的交换形式，乡民与市民之间所提供的就是一种相互服务。他说："没有工匠的帮助，农耕必大感不便，且会时作时辍。农民常常需要锻工、木匠、轮匠、犁匠、泥水匠、砖匠、皮革匠、鞋匠和缝匠的服务。这类工匠，一方面因为要互相帮助，另一方面又因为不必要像农民那样有固定地址，所以，自然而然地聚居一地，结果，就形成了一种小市镇或小村落……乡民和市民是相互服务的。市镇是乡民不断前往把原生产物交换制造品的市集或市场。就是依着这种交换，都市居民才取得了工作材料和生活资料的供给。他们售给乡村居民的制成品的数量，支配他们所购的材料及食料的数量。所以，他们的材料及食料的增加，只能按照乡民对制成品需要增加的比例而增加，而这种需要，又只能按照耕作及改良事业发展的比例而发展。"① 这就是说，市民和乡民之间是相互服务的，市民之间（各种工匠之间）也是相互服务的。这种服务为他们提供了自己所需要的生产和生活必需品，为各自的生产和生活提供了不可缺少的极大便利，从而既推动了农村的发展，也促进了城镇的繁荣。其实不仅城市和乡村之间是一种相互依赖相互服务的关系，而且整个社会之间，即人与人之间、部门与部门之间、行业与行业之间、地区与地区之间，乃至国家与国家之间都存在着互通有无的大规模的商品交换，也就是相互服务与相互依赖的关系。

（二）商品服务与劳务服务

互通有无的商品交换和相互交易，就其本质而言是不同商品所有者之间的劳动交换。这种劳动交换或者表现为物化劳动与物化劳动的交换，或者表现为物化劳动与活劳动的交换，或者采取物化劳动与货币交换的形式和活劳动与货币交换的形式。在商品交换产生的初期，商品所有者之间的劳动交换主要采取物物直接交换的形式；而在商品经济有了一定程度的发展并出现货币之后，货币作为商品交换的一般等价物成为商品交换的基本媒介。无论是何种交换，其本质都是相互提供劳动、相互服务。通过交换，你得到你所需要的我的"劳动"，我得到我所需要的你的"劳动"，双方在实现互通有无和劳动互补的过程中，也相互满足了彼此的生活需要。这就是我们所讨论的相互服务，它是一个含义十分广泛的范畴，涵盖了经济生活的广阔领域。它不仅仅是指日常用语中所说的提供活劳动的服务，也决不仅仅是指作为现代社会重要经济领域的第三产业所提供的服务，而是基于人的相互依赖性和经济上的相互交易而言的广义的经济服务。这种服务既包括物化劳动交换，也包括活劳动交换在内，物化劳动交换就是商品服务，活劳动交换就是劳动服务或劳务服务，它们构成经济服务的两种基本形态。

---

① ［英］亚当·斯密：《国民财富的性质和原因的研究》上卷，郭大力、王亚南译，商务印书馆1972年版，第348页。

　　马克思明确肯定了商品所有者之间所提供的是相互服务。在他看来，商品所有者无论是"以物的形式提供使用价值"，还是"以活动的形式提供使用价值"，二者之间并没有本质的差别，在这种场合，"重要的是双方彼此提供服务"。① 马克思还明确给服务下了一个定义，他说：服务无非是某种使用价值发挥效用，而不管这种使用价值是商品还是劳动。马克思还说：商品借以成为使用价值、成为消费对象的这种作用，可以称作商品的服务，即商品作为使用价值提供的服务。可见马克思所说的商品服务，是商品作为使用价值和消费对象为使用它和消费它的人所提供的服务，是以特定的使用价值来满足人们某种特定的需要，是为他人提供有用的生活必需品、便利品和享受品的活动，而不是指商品作为交换价值所提供的服务。

　　一般说来，一种商品或劳动只要满足了人们特定的需要，就算提供了商品服务或劳动服务。这种服务主要是指以服务者的自身利益为基础，以商品交换和相互交易为媒介，以相互提供商品和劳务等帮助、援助、便利和好处、满足双方特定需要为内容所进行的经济活动。按照这一基本规定，商品交换中相互服务有三方面基本特征：首先，服务的出发点、基础和目的是服务提供者自身利益的满足。在社会分工和商品经济条件下，不同商品所有者都是独立的私有者，服务必然与个人利益的满足相联系，服务在本质上表现为商品所有者之间的互利互惠的经济交易活动。其次，服务的基本方式、媒介和手段是商品交换和经济交易。与个人利益的满足相联系的正常服务的提供和接受，表现为等价物与等价物之间的相互交换，而不是无偿提供和接受，也不是一方剥削另一方。再次，服务的基本内容是服务双方彼此提供经济上的帮助、援助、便利和好处，以满足各自的生活需要。提供服务就是为他人提供一定的生活资料和生活便利品，接受服务就是接受他人所提供的生活资料和生

────────────

① 《马克思恩格斯全集》46卷（上），人民出版社1979年版，第464页。

活便利品。①

就提供活劳动而言，又可分为两种情况：一种是为他人提供个人服务，并换取相等的报酬。比如，为某人看病而得到了 20 元的报酬，这还是一种直接的相互服务，或者是彼此双方相互提供服务。马克思称之为个人服务，这种服务仍属于商品交换范畴。而另一种是为资本家提供服务。比如，工人为资本家工作，这是以生产为目的的，属于剩余价值生产范畴，与一般商品交换中的相互服务含义不同。无论是简单商品交换中的直接相互服务，还是发达商品交换中的间接相互服务，都是以消费为目的的、提供使用价值的服务，而不是以生产为目的服务，即不是雇佣关系中的服务。雇佣关系中资本家与工人之间的关系是剥削与被剥削的关系，不是相互服务的关系。现代市场经济虽然比简单商品交换关系要复杂许多，但从个人消费的角度看，物化劳动和活劳动的交换、物化劳动和物化劳动的交换等，还是个人之间相互服务的经济内容，依然具有个人服务的属性。个人服务，主要是指在社会分工和商品交换条件下，人们的活劳动和物化劳动之间的相互交换，并通过交换彼此提供的服务，它不是为积累财富而进行的活动。

个人服务与雇佣劳动关系中的"服务"有着本质的不同。马克思所说的"个人服务"，是指由于各种原因而造成的单独个人为消费而进行的劳动，其服务就是为实现消费而进行的活动，它不是为生产剩余价值的雇佣劳动。"物化劳动同活劳动相交换，一方面不构成资本，另一方面也还不构成雇佣劳动。"② 个人服务的基本形式是物化劳动和活劳动的交换，后来逐渐演变成货币与活劳动的交换。在这种交换关系中，"双方相互交换的，实际上只是使用价值，一方用来交换的是生活资料，另一方用来交换的是劳动，即他所希望消费的服务；这或者是直接的个人服务，或者是一方为另一方提供材料等，后者通过自己的劳动，即通过

① 参见卫建国：《服务伦理》，中国人民大学博士论文（2004 年），第 42 页。
② 《马克思恩格斯全集》第 46 卷（上），人民出版社 1979 年版，第 463 页。

自己劳动的物化，用这些材料等创造出供前者消费的一定的使用价值。"①

个人服务不带有剥削性质，是一种平等互利的交换活动。例如，某个人请裁缝到家里做衣服，或请医生到家里看病等，双方形成一种简单交换关系。这种关系的重要特点是双方彼此提供服务，在这种关系中，"我给，为了你做"，"我做，为了你给"。这样彼此互相利用，而且必须互相利用。在这种服务关系中，从甲方来说，不是生产财富，而只是消费，是价值的丧失，而不是价值创造。从乙方来说，提供现实服务的收入也不构成资本，而只是服务收入。这种收入是作为纯粹流通手段交换服务，它不可能成为资本，因而也不可能使其劳动变为雇佣劳动。在这种交换关系中，双方所提供的都是使用价值，是商品特定的效用形式，是一种以满足个人特定消费需求的经济服务，个人服务的经济内容就是用货币交换某种服务即活劳动。

雇佣劳动关系中的"服务"的实质在于握有生产资料所有权的资本家占有工人的剩余劳动，工人却不占有自己劳动的产品。这种"服务"是在雇佣劳动与资本的关系中表现的。在雇佣劳动的生产过程中，劳动是一个总体，它不再是单个人的服务，而是服务于他人，即服务于资本家。但是这种服务就不是商品交换意义上的相互服务关系，而是资本增值过程中的服务，这是另一性质的服务，所体现的是另一种伦理关系，即剩余价值生产中的劳资关系。这种伦理关系已不是彼此相互服务的平等关系，而是剥削与被剥削、奴役与被奴役的关系。

三、商业社会中的相互依赖关系

（一）商品经济条件下人与人之间是普遍的相互依赖关系

商品经济有两个必然的前提：一是一切产品和活动转化为交换价值，必须以生产中的独立个人为前提，这个人是自由的，能够自主，能

---

① 《马克思恩格斯全集》第46卷（上），人民出版社1979年版，第463页。

够自己决定生产什么，交换什么，与谁进行交换，以什么样的价格成交；二是一切个人的生产必须以与他人的全面依赖关系为前提。这就是说，在这种关系中，每个人生产依赖于其他一切人的生产；同样，个人的产品转化为本人的生活资料，也必须依赖于其他一切人的消费。这种相互依赖的关系，在经济活动中就表现为互为目的和手段的关系，亦即他人为我劳动，我也为他人劳动，或他人为我，我为他人。

事实上，自从出现社会分工（和商品交换以来）以来，随着商品经济的发展，每个人的生产就不再仅仅是为自己的生产，而主要是为他人和市场的生产；每个人所需要的基本生活资料也不再仅仅是靠自身的生产来满足，而是更多地是依靠别人的生产来提供。正如哈耶克所说，"在社会生活中，意味着我们所有的人都必须依赖于其他人所提供的服务，才能满足我们的大多数需求。"[①] 这样，在商品经济和市场经济条件下，每个人都有得到多数人的协作、帮助和援助的必要，没有这种援助，个人就无法生活下去；同时，每个人也必须对他人的需要有所贡献，没有这种贡献，他就不能得到别人的帮助和服务，也无法生活下去。从这种意义上说，在社会经济生活中，每个人都既是目的，又是手段，只有首先把自己作为手段，为别人提供他所需要的产品和服务，才能作为目的享受别人提供的产品和服务。

对于上述关系，黑格尔从哲学思辨的高度进行了深刻剖析。黑格尔说，在市民社会中，"我必须配合着别人而行动，普遍性的形式就是由此而来的。我既从别人那里取得满足的手段，我就得接受别人的意见，而同时我也不得不生产满足别人的手段。"[②] 这就是说，在市民社会中，每个人都把自己当成目的，把他人当做手段，但为了实现自己的目的，个人必须通过他人来满足自己，以他人作为实现自己利益的中介。个人

---

① ［英］哈耶克：《自由秩序原理》上，邓正来译，三联书店1997年版，第166页。

② ［德］黑格尔：《法哲学原理》，范扬、张企泰译，商务印书馆1961年版，第207页。

利益的需要是组成市民社会体系的基础。个人为了自己的需要就不得不去满足他人，个人因此也不得不作为他人的手段。由此目的和手段相互联结，一切原来是个别的东西通过商品交换转化为相互联系的普遍性的东西。在交换中个人利己的自在普遍性得到了实现，每个人在这个过程中为他的存在和自为的存在就实现了统一。黑格尔把它概括为："他人为我，我为他人。"

关于这一点，马克思作了更科学详细的阐述："每个人追求自己的私人利益，而且仅仅是自己的私人利益；这样，也就不知不觉地为一切人的私人利益服务，为普遍利益服务。"[①] 在这里，每个人为另一个人服务，目的是为自己服务；每个人都把另一个人当做自己的手段互相利用。这两种情况在交换双方两个人的意识中是这样的：（1）每个人只有作为另一个人的手段才能达到自己的目的；（2）每个人只有作为自我目的（自为的存在）才能成为另一个人的手段（为他的存在）；（3）每个人是手段，同时又是目的，而且只有成为手段才能达到目的，只有把自己当做自我目的才能成为手段。也就是说，这个人只有为自己而存在，才能把自己变成为那个人而存在，而那个人只有为自己而存在才能把自己变成为这个人而存在。[②] 马克思指出，这种服务关系同时也包含着具有客观意义的经济伦理关系。在这里，独自性与依赖性、目的与手段、利己与利他的对立统一，正是一切市场经济商品交换中的伦理关系的现实。

（二）关于"一人为大家，大家为一人"[③]

"人人为我，我为人人"这句话，是列宁在一次关于共产主义星期六义务劳动演说中使用的引语。俄文版原文是все заадного и одинзавсех，中文本《列宁全集》第一版译为"人人为我，我为人人"，第二版改译为

---

① 《马克思恩格斯全集》第 46 卷（上），人民出版社 1979 年版，第 102 页。

② 参见《马克思恩格斯全集》第 46 卷（上），人民出版社 1979 年版，第 196 页。

③ 参见宋希仁：《关于人人为我，我为人人》，《现代哲学》1995 年第 2 期。

"一人为大家，大家为一人"。应该说，新译文符合俄文原文本义。这个命题表达了一种在正常社会分工条件下人与人之间不以人的意志为转移的生产劳动和交换的经济关系或联系，也可以说表达了社会经济生活的常规，即列宁所说的 мсс правило，这是指商品经济条件下人与人之间的相互依赖和相互服务的关系。此外，列宁还提到过"人人为自己，上帝为大家"这一命题，有人说这是指资本主义经济关系，其实不然。列宁明确指出，这是指小生产经济关系。资本主义作为大工业和商品经济社会，体现的正是"一人为大家，大家为一人"的关系。小商品生产是分散的单个人劳动，几乎互不依赖，"正是在这种分散的小商品生产者的制度下（也只是在这种制度下），'人人为自己，上帝为大家'这句俗话，也就是说，市场波动的无政府状态，才是有根据的。"① 在资本主义社会，由于生产的社会化、专业化，使许多分散的生产过程融合成一个社会生产过程，生产者之间的社会联系日益加强，结成一体，相互联系，相互依赖，而不是像小生产者那样分散，互不依赖。因此，"'人人为自己'这句俗话完全不适用于这样一种制度：这里已经是一人为大家工作，大家为一人工作（上帝没有立足之地，不管他是作为天空的幻影，还是作为人间的"金犊"）。制度的性质完全改变了。"② 可见，列宁在这里所说的"一人为大家，大家为一人"这个命题的含义，是很清楚的，指的是客观的社会分工和经济交换关系，而不是道德关系或道德原则。

其实，"一人为大家，大家为一人"这种思想，古已有之，西方很多思想家在谈到社会分工和商品交换时都有过类似的表述。古希腊的毕达哥拉斯学派，就曾把正义界说为"一人为别人所做的，也就是别人为他所做的"③ 托马斯·阿奎那从基督教道德上理解人与人的交换活动和

---

① 《列宁选集》第 1 卷，人民出版社 1995 年版，第 43 页。
② 《列宁选集》第 1 卷，人民出版社 1995 年版，第 43 页。
③ 引自巫宝三：《古代希腊、罗马经济思想资料选辑》，商务印书馆 1990 年版，第 169 页。

关系,其原则就是《圣经》所训:你们愿意人怎样待你们,你们也要怎样待人。十七八世纪,随着资本主义商品经济的发展,人与人之间互为目的和手段的关系在生产劳动和交换中充分表现出来,其表达方式也多种多样。法国经济学家加尼尔说:对于个人和对于各国人民来说,事实上只有在下面的情况下才会有财富:每人为大家劳动,大家为每人劳动。杜尔阁说,每一个工人都为了满足一切他种工人的需要而劳动,而各种工人也就为他而劳动着。黑格尔在阐述劳动和交换的普遍意义时指出,一个人劳动时,他既是为他自己劳动也是为一切人劳动,而且一切人也都为他而劳动。他说,这是"为他的存在和自为的存在统一"。他把这种统一简要地概括为"他们为我,我为他们"。① 19世纪法国经济学家巴斯夏在他的《和谐经济论》一书中,更为详细地从劳动和交换方面论述过这个命题。他认为,在社会秩序中,"我为人人"源于"我为自己","人人为我"必然包含在"我为人人"之中,"每个人在为自己工作时,实际上是在为大家劳动。"②

那么,"人人为我,我为人人",或者说"一人为大家,大家为一人"这个命题究竟是什么意思呢? 就其本义而言,这个命题不过是表达着这样一种劳动和交换的关系:个别性劳动同时也是一般社会劳动,特殊产品采取了为每个人而存在的普遍形式,即交换价值的形式,在社会分工和商品交换的条件下,人与人之间是相互依赖与相互服务的关系。每个人的生产依赖于一切人的生产;同样,每个人的产品要想转化为本人生活资料,也要依赖于其他一切人的消费;他们彼此互相依赖,互通有无。他们作为个人,本来是毫不相干的,可是由于他们的劳动和交换,就构成了他们之间的社会联系。这种联系也就是马克思所说"他为

---

① [德]黑格尔:《精神现象学》上卷,贺麟、王玖兴译,商务印书馆1996年版,第235页。

② [法]巴斯夏:《和谐经济论》,许明龙等译,中国社会科学出版社1995年版,第332页。

别人的存在和别人为他的存在"。①

　　应当注意，这里所用的"为"字，并不是表示道德动机或目的，而是表明一种客观的经济活动趋向及其结果，按中文字义说就是"助成"、"造成"的意思。所以，"一人为大家，大家为一人"这个命题本身所表示的，只是一定社会条件下不以人的意志为转移的、相互依赖的经济关系。因此，不能把这个命题作为道德命题理解，否则就会造成谬误。因为，在这个命题中，无论是"大家"为"每人"，或是"每人"为"大家"，都不是出于道德心或道德目的的"为"，也不是在目的意义上的"为"，即不是主观动机上的"为"，而只是手段意义上的"为"。换言之，个人永远是目的，他人永远是手段。目的和手段的统一，只是在客观的经济相互依赖性的意义上的统一，而不是个人自主道德选择意义上的统一。因此，这只是一个客观的事实命题，而不是一个表达人们意志取向的价值命题或道德命题。它只是反映了人们在经济上客观的相互依赖性和相互依存性，而不是从道德上规定人们应当做什么。在实际交换关系中，双方都受着"一只看不见的手"的支配，每个人不是出于道德动机为了大家而劳动，大家也不是出于道德动机而为每人劳动，"大家"和"每人"之间这种关系本身因而也就不构成道德原则。正因为这样，马克思才不把"一人为大家，大家为一人"看做是道德命题或道德原则，而是看做"现实生活要素"。

　　在现代市场经济社会，包括在社会主义市场经济条件下，人们之间的经济关系依然是"一人为大家，大家为一人"的生产劳动和经济关系。与资本主义商品经济区别只在于，社会主义社会的法律和道德要求人们更自觉地、主动地考虑他人和社会利益，更多地从目的的意义上为他人利益和社会利益着想，而不是仅仅把他人和社会当做满足自身利益的手段加以利用。不过，这种要求显然已经超出了客观的经济生活领域，进入了伦理道德生活领域，走向了从应当性的角度对人们的行为进行道德调节和道德引导的领域。

---

　　① 《马克思恩格斯全集》第42卷，人民出版社1979年版，第122页。

第二章 契约伦理

契约是商品交换的基本形式,随着商品经济的发展和契约形式的普遍化,契约思想和契约伦理渗透到社会生活和社会意识的各个领域。研究契约伦理对于市场经济健康有序的发展具有重要意义。

第一节 契约的性质

契约是商品经济发展的产物,是随着交换行为在时间上、空间上的分离而逐步发展起来的,据以进行财产权利转移和劳务交换的形式和程序。契约是交易双方之间的一种合意,其本质所有权的合法让渡。契约具有平等、自愿、互利、互相制约的特点,所以它不仅能够创造一种新的社会秩序,而且还能够降低交易成本,增加交换效益,提高经济效率。

一、契约理论及契约作用

(一)契约理论的发展[①]

契约是商品交换发展的产物,从其主要性质和内容来看,它是与商业发展紧密相连的。进入文明时代以后,由于社会分工的形成和私有制的产生,交换成为必然。随着交换的发展,契约作为交换的中介形式也

---

① 参见〔美〕科斯等:《契约经济学》,李凤圣主译,经济科学出版社 2003 年版,译者前言。

就产生了。后来，商业活动逐渐繁荣，并且越来越有秩序，经过漫长时间的发展，到资本主义社会形成了发达的商品经济，相应地各种各样的契约也就产生了。随着契约思想不断完善，成熟的契约理论形成并发展。一般而言，人们将契约理论分为古典契约理论和现代契约理论，而古典契约理论又可再分为古典契约理论和新古典契约理论。

契约有一个历史形成和发展过程，它随着交换的发展而发展。在原始社会时期，虽然也有经济交换行为，但基本上是一种即时性的简单的交换活动，还没有形成契约。那时，人们的交易是基于礼仪的、习俗的、宗教的以及个别市场的偶然性交易。在自然经济状态下，商业虽然有了发展，但交易仍然是自发的交易和个别的交易。这种交易是简单、重复和地域性的，买和卖几乎同时发生，是一种即时性的交易。每次交易的人数有限，物品和劳务不同质，不用专门搜集交易信息，物品的大小是看得见，摸得着的。这种交易形式虽然比较简单，但其中也内含了契约的性质，只不过是人们买卖过程中的一切都一目了然，所以也就没有必要采取书面契约的形式，契约往往是即时的、口头的协议。

上述简单的交易随着远程贸易的发展而不断改变。远程贸易的特点是：路程远，时间长，交通不发达，信息不畅通，人与人之间直接交易困难，这就促进了契约制度的发展。经济史学家汤普森认为："到了 13世纪，管理运货的法律制度的法律已经充分发展，所以商人不一定亲自或派他的伙伴送货到目的地去，有时他们也将运货之类的事情，委托给转运者，他们在市场上等候运到的货物。这些转运者受着严格的合约约束，他们宣誓遵守合约条件，忠心地保卫货物并把印着所有者商标的货物原封不动地交送目的地去。"[①] 远程贸易的发展使得度量衡、计算单位、交换媒介、公证、驻外领事、商务法庭发展起来，不可避免地促进了契约的发展。远程贸易的发展引起的变化主要表现在以下几方面：一是贸易的发展促进了有关商品度量尺度的发展；二是引起了专门从事交

---

① ［意］奇拉波：《欧洲经济史》，商务印书馆 1988 年版，第 260 页。

易的中介组织的发展；三是引发了与支付有关的信用问题，这一点又集中在货币信用上；四是远程贸易引发了对代理人的需求，而代理人的问题必须用法律来规范，这就是货主人与代理人之间的契约关系问题；五是商人的作用日益显现，规范商人行为的契约随之产生。总之，远程贸易的发展使得契约形式逐渐改进，契约内容逐渐丰富，有关商业的法律逐渐形成。商法的形成和实施又有利于金融契约的创立和资本市场的形成。

在人类历史上，契约思想虽然在很早时期就产生了，但是成熟的契约理论却直到19世纪才得以形成，这就是古典契约理论。古典契约的思想，就世俗的源头而言，可以追溯到古希腊；就宗教的源头而言，可以从《圣经》中找到。① 梅因说，现代契约观念都是从罗马法的契约理论发展而来的。在罗马法体系中，契约原则得到了全面的规定，罗马法为现在的契约思想提供了一个价值判断的标准，对现在契约理论产生了重大的影响。自16世纪以来，西欧各国都把罗马法的概念、原则和制度继承下来。罗马法中的一个重要思想就是契约自由，这一原则被引入到政治、法律领域，成为社会契约论的渊源，而社会契约论则对古典的契约理论产生了重大影响。对古典契约理论产生重大影响的经济理论是以亚当·斯密为代表的自由主义经济学理论。古典契约理论主要有三个特点：第一，契约是具有自由意志的交易当事人自主选择的结果，他们所签订的契约不受任何外来力量的干涉；第二，契约是个别的、不连续的。在古典契约中没有持久性的契约建立起来的合作关系，交易结束后缔约方都会引退并自己依靠自己；第三，契约是即时性的，契约内容和对违约赔偿的规定也是十分清楚的。

一般而言，契约理论随着着经济理论的发展而发展，古典契约理论就与古典经济学的形成、发展、成熟相一致。19世纪70年代开始的边

---

① 参见何怀宏：《契约伦理与社会正义》，中国人民大学出版社1993年版，第17页。

际革命，使经济学走上了新的发展道路，即新古典经济学兴起，其代表人物是瓦尔拉斯和埃奇沃斯。与此相伴，新古典契约理论也逐步形成。与古典契约理论相比，新古典契约理论具有以下特点：第一，契约的抽象性。此时的契约已经剔除了古典契约中的伦理道德因素，变成了市场自然秩序的结果；第二，契约的完全性。新古典契约是在有序的、不混乱的、没有外来干预的情况下顺利完成的，同时契约对当事人的影响只限于缔约双方之间，对第三者不存在外在性；第三，新古典契约关系是一种长期的契约关系，当事人关心契约关系的持续，并初步认识到契约的不完全性和事后调整的必要。麦克尼尔说，新古典长期契约有两个共同特征：一是契约筹划时留有余地；二是筹划者所使用的技术和程序本身可变范围很大，导致契约具有了一定程度的灵活性。

20 世纪后半期以后，与新制度经济学兴起相伴随的是现代契约理论。它从新古典契约理论的完全契约所假设的条件出发，推出了不完全契约概念，从而使契约理论取得了重大突破。新制度经济学认为，由于个人的有限理性、外在环境的复杂性和不确定性、信息的不对称和不完全性、交易成本的存在等因素，契约当事人或契约的仲裁者无法证实或观察一切，就造成了契约条款的不完全，需要设计不同的机制以对付这种不完全性。除不完全契约外，现代契约理论还研究了默认契约、激励契约和准契约等问题。默认契约，是指雇主和雇员之间为了避免可能出现的风险、以最大限度地减少成本支出，而签订的各种心照不宣的复杂协议。其基本内容是：在交易中雇主向雇员提供一种包括保险在内的就业契约，这对双方都有利。激励契约，是指委托人实施一种激励机制来激励代理人按照委托人的意愿行事的一种契约形式，其实质是用各种激励方法，使受雇佣的一方最大限度地降低交易成本，提高效率。准契约，是指在交易过程中由法律规定了的或事实上具有的类似于契约所产生的权利与义务的关系，比如在国际贸易中通用的"国际私人商务惯例"，从其实践作用上可以看成是一种准契约。

（二）契约的作用

从古典契约理论到现代契约理论的发展中，契约的内容、性质和形式都发生了深刻变化，契约的作用也发生了重大变化。古典契约基于契约自由原则，创造了一种新的社会秩序，我们可以称之为契约社会。在这样的社会中，缔结条约是自由的，个人利益和个人自由也可以得到法律的保证，契约双方的权利和义务是互相统一的。在契约关系中，人们自己争取权利、自己履行义务、自己承担责任，体现了人的主体品格、权利意识、自由精神、平等观念，也内含法治的基本内容和根本精神。契约对人们摆脱身份的束缚、发展人文主义伦理观和促进资本主义的发展都起到了不可替代的作用。正如梅因所说，由于契约关系的逐渐确立，个人开始从"家族"的宗法关系中分离出来，以个人的身份形成了人与人之间的交往，这种社会进步运动，可以称之为一个"从身份到契约"的运动。所以，契约关系使我们个人在不断"向一种新的社会秩序状态移动，在这种新的社会秩序中，所有这些关系都是因个人的自由合意而产生的。"① 这就是说，契约为一种新的社会关系奠定了基础，而使这种社会关系得以维持，并由此而形成了一种契约秩序，这是契约的重大作用。

契约的另一作用在于经济方面。在商品交换的早期，由于信息不充分的原因，买者并不总是能在市场上买到自己需要的商品，而卖者也不总是能完全卖出自己生产的商品，于是买卖双方订立契约有计划有目的地进行生产，这就避免了资源和时间的浪费，减少了未来的不确定性。根据制度经济学的原理，这是通过减少搜寻成本来节约交易成本。

随着交易的发展，人们发现对未来交易的约定需要越来越详细，比如商品数量和质量，交货时间、地点和方式等等。一旦约定出现不明确就会影响交易进行，出现纠纷，同时由于市场的价格变化、信息分布不对称等因素，也导致机会主义行为，出现风险。于是，人们开始对交易

① ［英］梅因：《古代法》，沈景一译，商务印书馆1995年版，第97页。

的方式、程序和约定的履行及在一方违反约定导致交易失败的行为的惩处方式等方面进行规定，形成交易惯例，也就是交易过程中的博弈规则。

交易规则的形成使交易预期趋于稳定，不确定性大大减少，也节约了交易的谈判成本、履约成本。正是从这一意义上来说，新制度经济学认为，契约是一种微观的交易制度，其作用在于它可以通过分配新的所有权，简化市场交换方式，节约人力和社会财富；通过设定市场交换者必须遵守的公共规则，简化市场交换过程，减少市场交易费用，提高经济效率。这是现代契约理论更看重的作用。埃格特森说过："转移让渡消费品、服务或生产性资产的产权，无论是暂时的还是长久的，都通过契约方式来完成，契约规定了交换的条款。"① 这就使得各种交易能够比较顺利地完成。平乔维奇说："契约是人们用以寻找、辨别和商讨交易机会的工具。在所有权激励人们去寻找对其最具生产力的使用方法的同时，缔约自由降低了辨别成本。"② 克莱因则说："契约通常更被主观地解释为，通过允许合作双方从事可信赖的联合生产的努力，以减少在一个长期的商业关系中出现的行为风险或敲竹杠风险的设计装置。"③ 在现实社会中，交易费用无处不在，交易成本或多或少地存在着，而如何降低交易成本就成了人们考虑的一个重要问题。契约作为交易的微观制度，是一种节约交易费用的有效机制，各种契约在节省交易费用上具有不同的效能，人们选择不同的契约就是为了减少经济运行中的交易费用，以达到利润最大化之目的。

---

① ［冰］埃格特森：《新制度经济学》，吴经邦等译，商务印书馆 1996 年版，第 44 页。

② ［南］平乔维奇：《产权经济学》，蒋琳琦译，经济科学出版社 1999 年版，第 32 页。

③ ［美］克莱因：《契约与激励：契约条款在确保履约中的作用》，载《契约经济学》，李凤圣等译，经济科学出版社 2003 年版，第 185 页。

二、契约的含义

(一) 契约概念

契约一词，俗称合同、合约或协议，这是在经济、法律等领域中广泛使用的一个词。契约意识是随着商品交换的产生而产生的，契约观念也是随着商品经济的发展而不断丰富和发展的。在西方，契约一词较早地运用在商品交换和财产转让上。比如在古老的《十二铜表法》第六表第一条中就有这样的规定："如有人缔结抵押自身或转让物件的契约，（而有五个证人及一个司秤人在场），那么当时所说的诺言不得违反。"①这就是说，契约是为了抵押自身或转让物品而签订的，这其中至少涉及两个人或两方的关系。契约是双方都同意、且许下了诺言要履行的，并且是有相关的证人及仲裁人在场的，因此就对双方具有约束作用，任何一方不得违犯，假如违犯就得受到惩罚。这样的契约观念虽然朴素，但代表了契约思想的精髓。可见，契约，是当事人双方自愿接受约束，承受向他方为交付某物或其他某种行为或不行为的法律义务或曰债（obligatio）而达成的协议或协定（conventio），亦即当事人自愿接受"法锁"（juris vinculum）的一种行为或方式。②"从本质上说，契约是双方当事人的合意。双方当事人以发生、变更、担保或消除某种法律关系为目的的协议，就叫契约"。③

契约一词自产生以来，有许多人在使用它、解释它，尽管这些解释的基本思想相近，但也有不同之处。权威的比较早的法律学界说是《拿破仑法典》即《法国民法典》第 1101 条规定："契约作为一种合意，依此合意，一人或数人对于其他一人或数人负担给付、作为或不作为的债务。"在以后的法律文献中对契约（或合同、合约、协议等）的解释也

---

① 《十二铜表法》，法律出版社 2000 年版，第 21 页。
② 参见周枏：《罗马法提要》，法律出版社 1988 年版，第 148—155 页。
③ 周枏：《罗马法原论》下册，商务印书馆 1996 年版，第 654 页。

大体如此。在目前一些权威性的文献中，对契约概念本质和内涵的解释，英国《简明不列颠百科全书》是比较全面和细致的。《简明不列颠百科全书》中写道："契约的最简单定义，就是可以依法执行的诺言。这种许诺可以是做某些事，也可以是不做某些事。契约的成立需要两个或两个以上的人相互同意，通常由其中的一个人提出一项要约（报价），由另一个人来承诺（接受）。如果一方当事人未守其许诺，另一个就有权对他从法律上加以追究。"① 这部大辞典对契约的意义还进行了更深入的解释，认为，从理论上说，契约应当是由基本具有相当的认识程度和讨价还价能力的当事人相互缔结的。从历史上看，契约是商业文明的产物，一个真正的契约法，即关于履行承诺的法律，意味着市场经济的发展。应当说，这个意思是很深刻的，因为它从一个方面揭示了市场经济的实质。

综合以上各种关于契约的解释，我们可以从商品交易的角度给契约做一个概述。契约是一项协议，即两个愿意交换产权的主体所达成的合意。一方是可以出让完全的财产所有权（出售），也可以是希望出让在一段有限的时间内拥有和使用财产的权利（如放贷或出租）；而另一方可以是需要该财产或财产的使用权，并按常规支付一定数量的货币。在交易中，一项出售产权的协议可以是一次性的共时契约，也可以是非共时契约，即为以后时点的履行而制定的协议。非共时契约性涉及信用，因为其非共时性而给不遵守契约提供了契机。因此，在这种情况下，会出现特殊的监督问题和执行问题。为了保证契约的履行，就必须建立保障制度以防止在契约实现过程中出现机会主义的逃避契约义务的行为。② 随着市场经济的发展，交易的范围日益扩大，交易的情况日益复杂，签订的非共时契约越来越多，而共时契约相比较而言则逐渐减少。由于非

---

① 《简明不列颠百科全书》第 6 卷，中国大百科全书出版社 1986 年版，第 608 页。

② 柯武刚、史漫飞：《制度经济学》，商务印书馆 2000 年版，第 233—234 页。

共时契约较之共时契约情况更复杂多变，因此履约就更加困难，也就更容易出现无法完全履行或不履约、违约问题。我们所要谈论的契约中的许多问题都是非共时契约问题。

（二）契约概念的发展

现代意义上的契约有一个历史发展过程，原始社会时期虽然也有经济交换行为，但基本上是即时性的物质交换活动，契约这种形式也还没有出现。进入文明时代以后，由于社会分工和经济发展，交换成为一种物质生活需要。随着交换的发展，客观上需要有一种类似法律的中介形式，契约随之产生。

在古罗马时代，人们就对契约产生了较为深刻的认识，如在《法学阶梯》和万民法上都对契约进行概括和规定，成为后来古典契约理论的蓝本。"万民法是全民共同的，它包含着各民族根据实际需要和生活必需制定的一些法则，几乎全部契约关系，如买卖、租赁、合伙、寄存，可以实物偿还的借贷以及其他等等，都起源于万民法。"① 不过，那时人们对契约的认识总的来说还只是一种初步的认识，没有形成一种完善的契约理论。

随着资本主义市场经济的发展，契约理论才逐步发展和完善，形成了古典契约理论。古典契约理论是在 19 世纪时以大陆各国民法典如《法国民法典》、《德国民法典》的制定为契机而形成的，它以契约自由原则为理论支柱，其契约形式表现为完全契约。古典契约理论的形成和兴起有其深刻的背景，它是欧洲 19 世纪的社会经济背景、人文主义哲学思潮、自由主义经济学理论、古典自然法学的综合作用的结果。但是到了 20 世纪，古典契约理论陷入危机，越来越不适应新情况、新问题，从而逐渐让位于现代契约理论。20 世纪后半期兴起的新制度经济学派对现代契约理论做出了重要贡献，他们冲破了古典契约理论一直停留在完

---

① ［古罗马］查士丁尼：《法学总论》，张企泰译，商务印书馆 1989 年版，第 159 页。

全契约的理想世界中的思维范式，提出了不完全契约理论，从而赋予了契约一词以新的内涵，提出了不完全契约概念。

所谓完全契约，就是契约条款详细地表明了在与契约行为相应的未来不可预测事件出现时，每一个契约当事人在不同情况下的权利与义务、风险分享的情况、契约强制履行的方式及契约所要达到的最终结果。在完全契约中，缔约双方都能完全预见契约期内可能发生的重要事件，并且都表示愿意遵守双方所签订的条款，而当缔约方对契约条款产生争议时，第三方比如说法院，可以强制其执行契约条款。这就是古典契约理论对契约的论述，我们称之为完全契约。它表明，如果契约是能够自觉或强制履行的，那么完全契约就能够最优地实现契约当事人协议所要达到的目标，它是一种可以严格履行的最优契约。不过，这种契约签订和履行是有条件的。完全契约以新古典经济学的完全竞争市场条件为假设前提，这种假设主要可分为两个方面：个人理性假设和市场环境假设。① 在这样的假设前提下，契约当事人能够预见到契约过程中一切可能发生的重要事件，对每一可能事件必须愿意和能够作出决定，并同意有效的行动过程以及这些行动的支付。契约当事人只要一签订契约，就必须自愿地遵守其条款。与此同时，在实际交易中，每一个契约当事人都拥有对其选择的对象和结果的完全信息；市场上存在着足够多的交易者，每一个契约当事人都可以自由选择契约伙伴；契约方签订的契约只与自身有利害关系，而不同时对第三方即非签约方构成危害，不会由此引起他们的干涉与反对；契约运作过程中不需要交易费用。在满足上述条件之后，契约当事人就可以签订完全契约。

事实证明，完全契约理论在现代遇到了困难，越来越不适应现代复杂的市场经济。经济学家们的研究指出，在现代市场经济运行中，由于外在环境的复杂性、不确定性，信息的不对称和不完全性，特别是由于

---

① 参见袁庆明：《新制度经济学》，中国发展出版社 2005 年版，第 170—171 页。

个人的有限理性，使契约当事人或契约的仲裁者无法证实或观察一切，造成了契约条款的不完全性。也就是说，在一个不确定的世界里，要在签订契约时预测到所有可能出现的状态几乎是不可能的；即使能够预测到，要准确地描述每种状态也是很困难的；即使描述了，由于事后的信息不对称，当实际状态出现时，当事人也可能为什么是实际状态争论不休；即使当事人之间的信息是对称的，法院也不可能证实；即使法院能证实，执行起来也可能成本太高。① 于是，契约中总留有未被指派的权利和未被列明的事项，这样的契约就是不完全契约。这就需要从具体的客观实际情况出发，根据契约条款的不完全性，设计不同的机制，以处理由不确定性事件引发的有关契约条款带来的问题。现代契约理论正是从完全契约这个概念所假设的条件出发的。于是就出现了契约经济学家们提出的所谓"完全契约"和"不完全契约"的区别问题。

关于不完全契约形成的原因问题，美国经济学家艾仑·旋瓦茨在其论文中对已有研究成果进行了系统的分析和归纳。他认为，契约的不完全性原因，主要有以下几方面：第一是语言的限制，即一个契约有时因为语句是模棱两可或不清晰而可能造成契约的模棱两可或不清晰；第二是疏忽，即由于契约方的疏忽未就有关的事宜订立契约，而使一个契约成为不完全契约；第三是解决契约纠纷的高成本，因为契约一方订立一条款以解决一特定的事宜成本超过了其收益，造成所订契约的不完全性；第四是由信息不对称引起的弱或强的不可缔约性，这是指一个契约可能由于不对称信息而是不完全的（信息不对称原因可能是由于信息是不可获得的，或者是不可证实的，即"法定不完全"）；第五是垄断经营的偏好，即只要至少市场的一方是异质的，且存在足够数量的偏好垄断经营的当事人时，则契约就是不完全的。②

---

① ［美］哈特：《企业、合同与财物结构》，费方域译，上海三联书店 1998 年版，第 27—29 页。

② 参见［美］科斯等：《契约经济学》，李凤圣等译，经济科学出版社 2003 年版，第 102—103 页。

也有人把造成契约不完全的原因归结为四点：一是人的有限理性。人的行为选择尽管是理性的，但是人的理性却是有限的，不可能预测到将来可能出现的各种情况并制定出相应的对策，也无法把相关的所有信息写到契约条款中。二是市场上交易费用的存在。在交易费用为零的世界里，不存在不完全契约。在现实交易中，交易费用很难是零。在此情况下，部分契约可能因为交易费用过高而无法达成。三是信息的不对称性。在现实的交易中，契约当事人一方所持有的信息，另一方可能不知道，或者由于成本昂贵而无法验证，造成了契约双方的信息不对称。具有机会主义倾向的契约当事人可能利用这一点而使契约向着有利于自身的一方发展。因此，要尽量设计较好的契约以减少信息的非对称性，但却不可能完全消除信息的不对称。四是语言使用的模糊性。因为，任何签订契约的自然语言只能对事件、状况大致描述，而不可能进行完全、精确的描述。这就意味着语言对任何复杂事件的陈述都可能是模糊的，这就会导致契约履行的更多争议。①

三、契约的本质

（一）契约意味着所有权的合法转移

交换之所以需要，是因为物品具有稀少性。物品具有稀少性是所有权稀少性的基础，所有权的稀少性又决定着所有权必须具有排他性，所有权的排他性又决定了其转移的有偿性和转移时必须经过所有人的同意。马克思指出，交换活动不仅是物质本身的运动形式，排他性的所有权是交换的前提，所有权的有偿让渡是交换行为的实质内容。他把交换看做是建立在特定所有权制度基础之上的不同商品所有者之间的一种契约关系，强调"这种具有契约形式的（不管这种契约是不是用法律固定下来的）法权关系，是一种反映着经济关系的意志关系。这种法权关系

---

① 参见袁庆明：《新制度经济学》，中国发展出版社 2005 年版，第 171—172 页。

或意志关系的内容是由这种经济关系本身决定的。"① 这就是说，契约作为交换活动的中介形式，其实质与交换的实质一样，也是为了实现所有权的让渡，而且是所有权的合法让渡，得到了国家意志认可和保护。所以我们说，契约是一种合法实现所有权转移的方式，契约反映的就是交换的法的形式。正如马克思所说："先有交易，后来才由交易发展为法制……这种通过交换和在交换中才产生的实际关系，后来获得了契约这样的法的形式"。② 随着社会的发展，契约这种法律形式的运用日益广泛，最后，那些本质上不属于商品交换的社会关系也采取了契约这一形式。

转让所有权是为了获得某种利益，契约就是双方或多方之间基于各自的利益要求所达成的协议。契约从根本目的来说是受功利目的驱使的，通过契约，双方都扩大了需要，得到了利益，没有任何功利目的的契约是不存在的。双方自愿订立契约是为了满足各自的需要，但这种满足却不能直接实现。订约者双方各自拥有的东西尽管具有某种使用价值，但这种使用价值却不能直接满足自身的需要。也就是说，商品所有者不需要自己的商品，它只能满足对方的需要，反之亦然，于是就产生了交换的必要。通过协约，双方各自让渡自己的产品或所有权，并得到自己所需要的东西。因此，契约是双方之间的一种合意，所谓合意就是当事人意见一致的状态。契约的签订必须依据双方的意志一致同意而成立，契约体现的是意志对意志的关系，是自由意志走向了统一，并得到了社会普遍意志的认可。

黑格尔准确地指出了契约的本质，他说："契约双方当事人互以直接独立的人格相对待，所以契约（甲）从任性出发；（乙）通过契约而达到定在的同一意志只能由双方当事人设定，从而它仅仅是共同意志，而不是自在自为普遍的意志；（丙）契约的客体是个别外在物，因为只

---

① 《马克思恩格斯全集》第 23 卷，人民出版社 1972 年版，第 102 页。
② 《马克思恩格斯全集》第 19 卷，人民出版社 1963 年版，第 423 页。

有这种个别外在物才受当事人单纯任性的支配而被割让。"① 这就是说，契约的本意在于"任性"，即意思自治，通过意思自治而将特殊意志、个人意志变成共同意志。这种共同意志不仅是当事人双方的意志表达，而且也得到他人的认可，从而实现所有权的合法流转，最终满足缔约各方的需要。

对于契约的本质，新制度经济学派有其独特的见解。他们认为，契约的本质是交易的微观制度。张五常认为，契约就是当事人在自愿的情况下的某些承诺，它是交易过程中产权流转的形式。人们要进行各种交易，就必须通过当事人双方以一定的契约方式来实现。由于交易物品或劳务具有不同的性质与特点，交易的方式与条件、交易的时间与频率、交易的地点等方面也具有很大的差异性，因此，交易的契约形式安排也有很大不同。不同的契约形式安排界定了人们的权利、义务、责任，约束了当事人各方的行为，使资源配置及使用更接近于合理和有效。总之，契约的本质在于它是一组约束当事人行为的局限条件。这些局限条件是在产权界定明确的情况下，在交易过程中对人们之间的权利、责任与义务的界定，以及人们之间相互制约关系的界定。威廉姆森详细研究了契约与交易的关系，他关于契约的核心观念是，契约是交易的微观制度结构。诺斯也明确指出，契约是制度的一部分，是一种微观性的制度。他说，要改变一部成文法的交易费用要比改变一个契约的交易费用大得多。②

从新制度经济学家对契约本质的分析中，可以得出如下认识：契约是交易当事人之间在自由、平等、公正等原则基础上签订的转让权利的规则，契约的本质是交易的微观制度。作为微观制度的契约与交易紧密联系在一起，它的作用范围一般仅限于参与交易的契约当事人。而一般

---

① ［德］：黑格尔《法哲学原理》，范扬、张企泰译，商务印书馆 1961 年版，第 82 页。
② 参见袁庆明：《新制度经济学》，中国发展出版社 2005 年版，第 169—170页。

所说的制度则是共同遵守的正式或非正式规则。作为微观制度的契约总是服从于一定的高于它的制度的制约。当一个只有几个当事人签订与遵守的契约得到普遍认可时，就会上升为共同遵守的制度。契约与制度既有联系，又有区别，二者不是完全等同的，二者的区别在于契约带有更多的私人、自由性，而一般意义上的制度则含有更多的公共、强制成分。契约比制度具有更大的选择性。契约是允许再谈判的，制度形成之后则不允许私人再谈判，它是公共选择的结果。当然，二者的区分是相对的，不可能在它们之间划一条鸿沟。①

新制度经济学派关于契约的本质是交易的微观制度的认识与"交易"概念的确立分不开。制度经济学派康芒斯在划清所有权与物质本身界限的基础上，区分了"交易"与商品、交换等旧概念的区别，从"交换"中抽象出"交易"来，将"交易"作为一种合法控制权的转移的单位。康芒斯认为"交易是所有权的转移。"② "在每一件经济的交易里，总有一种利益的冲突，因为各个参加者总想尽可能地取多予少。然而，每一个人只有依赖别人在管理的、买卖的和限额的交易中的行为，才能生活成功。因此，他们必须达成一种切实可行的协议，并且，既然这种协议不是完全可能自愿地做到，就总有某种形式的集体强制来判断纠纷。"③ 于是，交易关系作为法律上所有权的转移的制度上的意义由此突显出来。交易即是在一定的秩序或集体行动的运行的规则当中发生的、在利益彼此冲突的个人之间的所有权的转移。

新制度经济学接受了康芒斯把交易解释为权利让渡的思想，比如，科斯就更明确地表达了把交易的本质定位为权利的交换思想，他说，从

---

① 参见袁庆明：《新制度经济学》中国发展出版社 2005 年版，第 169—170 页。

② ［美］康芒斯：《制度经济学》上册，于树生译，商务印书馆 1962 年版，第 74 页。

③ ［美］康芒斯：《制度经济学》上册，于树生译，商务印书馆 1962 年版，第 144 页。

表面上看，"商人得到和使用的是实物（一亩土地或一吨化肥），而实际上，他们是在行使一定（实在）行为的权力。"① 也就是说，在市场上，表面上双方交易的是有形资产或无形资产，但实际上交易的则是这种有形资产或无形资产的权利即产权，包括所有权和使用权。在现代社会中，产权不再是支配物的权利，而是支配价值的权利，财产的合法权利所保护的不是物，而是价值；商品价值关键取决于随之转移的法律权利，市场中真正交易的是这些权利。此时，产权已从单纯的物权转化为一种关于人的利益和行为的经济权利，它是人与人之间在经济活动中相互关系的一种界定。

把交易界定为产权的转让具有重要的理论意义，它使人们对"交易"的理解从此摆脱了交换对象的实物形态的束缚。今后，人们要探究交易可沿着产权之路前行。新制度经济学派说契约是交易的微观制度正是在这一意义是使用"交易"一词的，实际上是说契约是关于产权或所有权转移或让渡的一种微观制度，这正是契约的本质所在。②

（二）契约意味着正义

契约与正义有着天然的联系，在古典契约理论看来，"契约即公正"，"契约即正义"，在二者之间是可以画等号的。18 世纪至 19 世纪的理性主义者坚信：契约自由本身意味着公平和正义，自由意志将导向公正。③ 因为契约意味着当事人要基于其合意移转财产，这种财产转移方式是对暴力侵夺、武力侵占财物及各种野蛮行径的否定，也是对交易秩序的确定，它保证了财产的自由、平等、有偿、互利、等价、和平的转移，是一种文明的、道德的转移方式，体现了人与人之间的公平正义。罗尔斯在其《正义论》一书中指出，契约的安排体现了一种正义，契约的原则就是"作为公平的正义"，它"正是构成了一个组织良好的人类

---

① ［美］科斯：《企业、市场与法律》，盛洪等译，上海三联书店 1990 年版，第 123 页。

② 参见何建华：《经济正义论》，上海人民出版社 2004 年版，第 246—247 页。

③ 尹田：《现代合同法》，法律出版社 1982 年版，第 20 页。

联合的基本条件"。① 这就是说，通过契约，人们之间在交换商品、转移财产的过程中就避免了侵略、强迫、剥削、盗窃、欺骗、战争等一系列极端的、不道德的行为的发生。

契约之所以意味着公正，是因为契约是当事人之间的合意，而不是他人意志的强迫，契约自由能够自然地保证双方当事人所认为给付的合理和平衡。在契约关系中，人们按照自己的意愿、出于自身利益的考虑而自由订立条款，交换相互的财产或服务。以这种契约自由观念建立起来的人们之间的关系最为公正，对社会也最为有利。因为，如果对其中一方不利，或者说其中的一方感觉不公正，缔约双方就不会达成协议；当事人如果在协商中不能获得自己所认为是平衡的条件，就可以不再协商，而另外去寻找订约伙伴。同样，既然是达成了协议，那必定是双方都觉得有利，都感到公正合理，也都会尽量去履行契约。这就会大大减少冲突和纷争，使商业交易和谐有序。康德在《法律理论》一书中指出：当某人就他人事务作出决定时，可能存在某种不公正。但当他就自己的事务作出决定时，则不可能存在任何不公正。在此理论框架下，根据当事人意愿订立的契约会对当事人造成损害是不可思议的，人们不可能自己订立契约来损害自己。

契约即正义主要表现在以下几方面：第一，契约意味着平等。契约反映了缔约主体之间的平等关系，是缔约双方自由意志的表达，不存在强迫与被强迫的不平等关系。第二，契约意味着互利互惠。契约是缔约双方意志的充分体现，是一种共识，这种共识正是双方利益所在，通过履行契约，双方的利益目标都可以实现。第三，契约意味自由。契约是主体的意思自治，是当事人不受干预和胁迫地自由选择的结果，缔约人有缔约与否的自由、选择缔约方的自由、决定契约内容的自由、选择契

---

① ［美］罗尔斯：《正义论》，何怀宏、何包刚、廖申白等译，中国社会科学出版社 1988 年版，第 5 页。

约方式的自由等，这种自由不受他人包括国家法律的干预。① 第四，契约意味着诚信。契约是一种承诺，这是契约双方对自己所承担的责任的一种表示。这种表示可以是明确的，也可能是隐含的，可以是成文的，也可以是口头的，体现了对对方意见的尊重。许诺的直接目的就是要在当事人双方之间建立一种信赖关系。契约的实现必然以当事人的诚实守信为前提，任何一方不守信用，违背诺言，契约都不能实现。此外，契约还意味着公正合理。一个契约得以成立，除了缔约方双方的合意以外，还必须有其他方面的要求。这就是：立约动机是正义的，不得违反社会公正；契约内容是正义的，不得违反法律、"公序良俗"、社会利益。

笔者上述所说的契约正义实际上是契约的一种形式上的正义，也是古典契约理论所强调的正义，而现代契约理论则更强调实质上的正义。所谓形式的正义，即强调当事人必须依法订约，并严格遵守契约，从而实现契约的形式正义。至于订约当事人实际上是否存在着平等，一方是否利用了自己的优势或者对方的急需等而与对方订约，或者履行契约时是否因一定的情势变化而使契约的履行显失公平等，均不予考虑。18 世纪至 19 世纪的近代民法十分强调契约的形式正义而非实质的正义，因此，近代民法极为强调契约自由，极力排斥国家对契约的干预。

然而，自 20 世纪以来，社会经济结构发生巨变，社会组织空前复杂庞大，垄断加剧，社会生产和消费大规模化，贫富差别扩大，大公司的兴起，以及消费者、劳动者等弱势群体保护的问题凸显出来，对维护契约的实质正义提出了迫切要求。市场经济的高度发展造成了民事主体之间在交易过程中的实质平等成为一个严重的问题。这就是说，一面是越来越多经济实力极为雄厚的大型企业、跨国公司，另一面是小企业和非常弱小的广大消费者。尽管他们在订立契约时在形式上是平等的，但其谈判能力在实质上是不平等的。小企业丧失了谈判中平等竞争地位，

---

① 参见何建华：《经济正义论》，上海人民出版社 2004 年版，第 278 页。

但迫于需要的压力只能听从大企业提出的甚至是显失公平的条件。此时，古典契约理论陷入危机，实质正义受到越来越多的重视，这就导致了在契约法上的一些新的变化，契约理论由重视契约自由走向重视实质正义。

契约实质正义的努力，主要体现在附随义务的产生、对格式条款的限制、合同相对性的突破、对消费者权益保护和对于劳工保护的加强等方面。这说明现代契约理论的实质正义要求契约双方在缔约和履约时，既要考虑双方利益，又要协调社会和国家利益；不仅能根据合同法的普遍规范来解决问题，同时也能根据契约关系的具体情况作出具体的调整，平衡双方交易的利益，从而达到对弱者的保护。它追求的是结果上的平等，目的在于实现社会范围内的实质性、社会性的正义和公平。

第二节 自由意志与共同意志

所有权的确立使商品所有者的人格得到了尊重，意志获得了自由，这种意志自由体现在所有权的占有、使用、转让三个环节上。在所有权的转让过程中，交换双方都有自由选择权，都有权利表达自己的意志。契约是个人意志与他人意志之间的相互关系，是缔约双方自由意志和共同意志的统一，其本性在于共同意志和特殊意志都得到了表达。签订契约标志着交换双方就所有权让渡问题达成一致意见，这一意见是合法的，不仅得到他人的认可，而且也受法律保护。因此，商业契约既体现了商品所有者个人的自由意志，又体现了交换双方的共同意志，还体现了民族、国家等社会的普遍意志。

一、所有权与自由意志和共同意志

所有权与自由意志和共同意志有着密切的联系，它的确立具有重要意义，具体说来表现在以下几个方面。

第一，所有权使人感到快乐、安全和满足。

人类试图成为自己的主人，有着竭力满足自身需要的普遍情感，财产所有权的确立使人感到占有了某物或某些物，从而感受到快乐和满足。因为，他拥有了属于自己的东西，不仅可以占有、使用，而且还可以任意处置，也可以用来换取其他东西。正如亚里士多德所说，财产私有会使人感到"人生的快乐"，"某一事物被认为是你自己的事物，这在感情上就发生巨大的作用。人人都爱自己，而自爱出于天赋，并不是偶发的冲击。"① 同时，所有权的确立还可以使人产生安全感。马克思强调："把人和社会连接起来的唯一纽带是天然必然性，是需要和私人利益，是对他们财产和利己主义个人的保护。"② 所有权的确立不仅表明了自己拥有某种东西或某项利益，而且同时还标志着自己拥有一种权利。这种权利是他人认可的，他人不能也不应该去侵犯，如果这种权利受到侵犯，那么就会受到法律的保护。这说明所有权是任何人都不能侵犯的，所有权的确立标志着个人的财产得到了国家意志的保护，从而使人有了安全感。

第二，所有权使人具有人格和尊严。

在哲学基本范畴中，人格喻义为"自我"、"惟一的存在"。人格就是人的资格、人的权利，人的资格应该是人的个体实践自己意志的资格。法律上的主体之所以为主体，是因为有人格，但说到底是因为有意志，人格就是意志的自由，无意志自由即无人格。从法哲学的理论意义上说，人格其实是意志的法律身份，其本质在于它是意志的存在资格。

黑格尔认为，人格及其权利建立于所有权的基础之上。所有权是抽象"人格"的定在，人格是自由意志与所有权的同一，离开了所有权作为定在，人格不复存在。"所有权所以合乎理性不在于满足需要，而在

---

① ［古希腊］亚里士多德：《政治学》，吴寿彭译，商务印书馆1965年版，第55页。

② 《马克思恩格斯全集》第1卷，人民出版社1956年版，第439页。

于扬弃人格的纯粹主观性。人惟有在所有权中才是作为理性而存在的。"① 在黑格尔的哲学世界里，意志的任务是要取得绝对自由。最初阶段的意志是作为人格的自身意识，并寻求置自身于外部世界，即人格需要在世界上获得某些具体的存在形式。因此，所有权的设定，首要的不是满足个人的需要和欲望，而是归结为人格的存在和发展。

人的人格、理性，只有在财产中、在所有权上才能体现出来，个人的所有权直接构成个人作为独立人格现实存在的基础。对于个人所有权的否定，并不仅仅是否定个人的物权，而是否定个人的人格权。没有所有权，人的独立人格是不现实的。比如在古代希腊和罗马，奴隶不占有财产，没有私人财产权，所以就没有人格权，不被当人看，仅仅是他人的财产和工具。有了所有权就有了独立之人格，人人都有所有权，那么人人都有人格。资本主义承认人生而平等，在财产占有权上是平等的，即人人都有财产权，人人也应该尊重他人的财产权。也就是说，在人与人的关系上，所有权既表现为他人对自己所有权的承认和尊重，又表现为自己对他人所有权的尊重，正如黑格尔所说，法的命令是"成为一个人，并尊敬他人为人"。②

第三，所有权规定了人的自由意志。

康德在《法的形而上学原理》一书中阐述了所有权与自由意志关系。他认为，所有权与占有既有联系又有区别。占有分为两种形态，"即作为感性的占有（可以由感官领悟的占有）和理性的占有（可以由理智来领悟的占有）。同一个事物，对于前者，可以理解为实物的占有；对于后者，则可以理解为对同一对象的纯粹法律的占有。"③ 仅是事实上

① ［德］黑格尔：《法哲学原理》，范扬、张企泰译，商务印书馆1961年版，第50页。
② ［德］黑格尔：《法哲学原理》，范扬、张企泰译，商务印书馆1961年版，第46页。
③ ［德］康德：《法的形而上学原理——权利的科学》，沈叔平译，商务印书馆1991年版，第55页。

的、感官的占有而没有法律上的占有不能构成所有权概念，也不能产生自由意志和自我意识。如原始社会有事实上的占有，但却没有所有权概念，更没有私人所有权概念，所以也就没有财产上的"我的"、"你的"之分。只有在不以肢体或个人力量来实现对物的占有，而是在观念上将某物视为"我的"情况下，并且在物与人的事实分离亦不能改变人与物的关系的情况下，才能称为所有权。

所有权概念的确立使人的自由意志得以实现。为了取得对某物的所有权，使其成为"我的"东西，主体必须有一种主观要求，对该物表达自己欲占有的意志，即将该物视为己有。"我通过正式的表示，宣布我占有某个对象，并用我自由意志的行动，去阻止任何人把它当做他自己的东西来使用。"① 其他人有责任不得动用我对其行使了意志的特定对象。当然，此物必须首先是无主物，如果此物有主人，要合法占有，将其归为自己所有，就必须通过交换，而不能直接宣布占有，否则便是对他人所有权和他人意志的侵犯。用交换的形式占有某物，取得所有权既是自由意志作用的结果，也是交换双方共同意志的结果。

黑格尔认为，自由意志是绝对，人就是自由意志的体现（或定在）。但这种意义上的人只具有主观纯粹性，为了扬弃这种主观纯粹性，人们就必须把自己的意志体现于外在的物，这也就是财产所有权。所有权是自由意志的定在，人的自由意志主要是通过私人财产所有权来表现的。人作为自由的存在必须有其自由存在的客观基础，必须有其定在。这个定在既不同于自由意志，又是自由意志的构成方面，这就是黑格尔所说的"人为了作为理性而存在，必须给它的自由以外部的领域。"② 这个外

---

① ［德］康德：《法的形而上学原理——权利的科学》，沈叔平译，商务印书馆1991年版，第72页。

② ［德］黑格尔：《法哲学原理》，范扬、张企泰译，商务印书馆1961年版，第50页。

部领域就是所有权。"人把他的意志体现于物内，这就是所有权的概念。"① 所有权确定自由意志的存在，人惟有在所有权中才是作为理性而存在。人把他的意志引入所有权，所有权就是他的个人自由的外在表现，而且通过取得对物的占有，让他人承认我对该物的所有权。他人的承认也是共同意志对我的自由意志的承认。

所有权的本质在于实现主体的自由。主体的自由意志就体现在所有权的占有、使用、转让三个环节中。占有某物标志着我的意志把某物置于自己外部力量的支配之下，使之成为自己的东西，变成自己占有的特殊利益。对物的占有是"我"的对象化活动，表明该物已为"我"所有，在这个物中已存有"我"的意志和精神。与此同时，我的意志也摆脱了其抽象性而在占有物中初次成为现实性的意志。但是对物纯粹的占有不是我的目的，占有物，就是为了使用，通过占有达到使用，通过使用以满足我的意志之需要。在这个意义上，使用权是占有权的实现，没有使用权的占有权是空洞的、不真实的所有权，所以要通过对物的使用来表达对物的占有，表达意志的存在。财产权的所有，不仅仅在于占有与使用，更重要的在于转让。如果只能使用而不能转让，则不能说是真正对此物实现了占有。这是因为转让不仅表达了我对物的意志，而且实现了我对物的真实占有。不能转让的就是没有真正占有。所以黑格尔"把转让理解为真正的占有取得。"② 转让所表达的就是人的自由意志权利，能否转让是真正占有的标志。既然财产为我所有，我就有权把它作为所有权来转让，通过转让来体现我的意志自由。

第四，所有权既体现了自由意志，又体现了共同意志。

所有权的确立是对现实上有关系或占有事实的法律认同，以此确保人类对有限资源的有效利用，并防止无序竞争和强力掠夺。换言之，所

---

① ［德］黑格尔：《法哲学原理》，范扬、张企泰译，商务印书馆 1961 年版，第 59 页。

② ［德］黑格尔：《法哲学原理》，范扬、张企泰译，商务印书馆 1961 年版，第 73 页。

有权之确立及其功能旨在稳定现实的占有关系，并通过契约完成所有权的移转或变动。所有权的确立不仅是个人自由意志的体现，使个人、个人人格、个人意志成为现实的存在；而且也表明了民族、国家等社会共同意志的存在。

所有权包含着双重意志内容：个人意志的占有和共同意志的占有。所有权体现了自由意志，而社会普遍意志又是所有权得以被认可的根据。因此，可以说，是社会的普遍意志通过承认并保护私有财产权而保护和确立了个人的自由意志，个人的自由意志得以确立的根本原因在于社会的普遍意志。因为，正是有了社会普遍的共同意志，才形成了国家意志、法律意志，也才使原有的对物的占有事实有了新意，即不仅自己认为属于自己，而且也得到了他人和社会普遍意志的认可，从而具有了正当性，使该物与自己的关系成为真正的所有关系，而不是事实上的占有关系；并能在个人所有权受到侵犯时得到普遍意志的保护，所以能够称之为权利。也就是说，所有权的意义在于创立一种规范，即在社会的范围尊重他人财产权的习俗。所有权一经确定，就使财产成为真正的权利，也同时产生对个人的限制。每个人都天然有权取得为自己所必需的一切。"他的那份一经确定，他就应该以此为限，并且对集体不能再有任何更多的权利。"[①] "人们尊重这种权利的，更多地倒是并不属于自己所有的东西，而不是属于别人所有的东西。"[②] 这就使人承认他人的所有权、权利，要想得到他人的东西，只有合法交换，而不能非法占有，社会因此而和谐有序。

可见，所有权的真正奥秘不在于物主对物的自由支配，而是物主在自由支配物时所具有的不可侵犯性。一物归我所有就不再受到他人的侵犯；一物不归我所有，而归另一人所有，那么我及他人同样也该尊重该人的所有权而不去侵犯。当一个人并不直接占有、控制某物却还能够反

---

① 〔法〕卢梭：《社会契约论》，何兆武译，商务印书馆1980年版，第31页。
② 〔法〕卢梭：《社会契约论》，何兆武译，商务印书馆1980年版，第32页。

对他人对该物的占有、控制的时候，这是由于共同意志在发挥作用。共同意志即是全体社会成员对物主占有、控制某物的行为所持的共识共认的观念，即对物主所有权的承认和尊重。依康德的说法："占为已用，在观念上，作为一种外在立法的共同意志的行为，根据这种行为，所有的人都有责任尊重我的意志并在行动上和我意志的行为相协调。"① 这种互不侵犯属于他人的东西的保证，是从体现共同意志的普遍法则中产生出来的。"所以，只有那种公共的、集体的和权威的意志才能约束每一个人，因为它能够为所有人提供安全的保证。"② 卢梭也说，共同意志这绝不是无视个人对财产的拥有，而是在财产权合理来源之同时产生一定的限制。"人类由于社会契约而丧失的，乃是他的天然的自由以及对于他所企图的和所能得到的一切东西的那种无限权利；而他所获得的，乃是社会的自由以及对于他所享有的一切东西的所有权。"③ 不受社会公共意志限制的绝对的个人的自由意志只是一种理想状态，在现实社会中不可能实现。

二、契约与自由意志和共同意志

（一）契约是自由意志与共同意志的统一

商业交易往往以契约为中介，契约是意志对意志的关系，订立契约是交易双方自由意志达成一致的结果。契约的本质是财产所有权的合法转移，表达了财产所有者之间意志对意志的关系，契约是缔约双方自由意志与共同意志的统一。

人的自由意志表现在所有权及其让渡上。所有权的让渡即转让标志着我从我所有的物中收回自己的意志，并将此物转移给别人，使之成为

---

① ［德］康德：《法的形而上学原理——权利的科学》，沈叔平译，商务印书馆1991年版，第72页。

② ［德］康德：《法的形而上学原理——权利的科学》，沈叔平译，商务印书馆1991年版，第68页。

③ ［法］卢梭：《社会契约论》，何兆武译，商务印书馆1980年版，第30页。

他人的财产，为他人所有。这样财产作为意志的定在，作为他物而存在的东西，完成了它作为物的使命。我的意志在财产的转移之中，也具有了普遍的规定性，表明我的意志是自由的，不仅能自由地占有某物，而且还可以自由地放弃某物；不仅能拥有一物，而且还能以此物去交换另一物，拥有另一物。转让不仅表达了我对物的意志，而且体现了我对物的真实占有；同时还拓宽了我对物的占有范围。因为，我可以把我所占有的物转让或交换出去，同时换回其他物，占有他物，在他物中体现我的意志。所以，不能把对物的所有权仅仅理解为占有和使用，所有权的真正含义在于能够自由转让，其本质在于实现了主体的自由。

财产所有权不仅包含转让的权利，而且也包含了缔结契约的权利。拥有财产的权利必然包含转让财产的权利，从而也就必然包含缔结契约的权利。契约来自于财产的转让，并且就是财产的转移。没有所有权，就不能转让财产，也就谈不上为转让财产而签订契约，即没有签订某项契约的权利。因为，他对该财产不具有自由意志，该财产不在他的控制之下，他无处置权。有了财产所有权，才有可能转让的财产，才有转让财产的权利，也才有通过契约交换其他财产的权利，才能在自由意志的支配下去交换被另一个人自由意志支配的财产。两个自由意志相互作用的结果是契约的签订，达成共同意志，所以契约是缔约双方自由意志和共同意志的统一。但在这种统一中，双方并没有失去其本身的自由意志，因为此时自由意志的目的就是通过共同意志即达成契约来得到满足，获得另一项财产所有权，并在另一财产所有权中重新体现自己的自由意志。也可以说，契约各方的共同意志的表达正是实现他们自由意志的手段，或者说在契约双方的共同意志中他们的自由意志得到了满足。

所有权表明，财产是属于我所有的，他人欲获得我的财产，就必须用其所有的另一种财产或物进行交换，于是发生了两个单一意志的交互关系。契约是"意志与意志间的相互关系"，是围绕财产而作为必然结果出现的两个意志的中介。凭借契约关系，把两个不同的意志统一起来。双方当事人达成共同意志，各自放弃一个且是单一的所有权，同时接受一个属于对方的所有权。在契约过程之中，双方都终止为原来财产的所有人，然而都是而且始终是所有人。即"在与他人合意的条件下终止为所有人时，我是而且始终是排除他人意志的独立的所有人。"① 这种契约黑格尔称之为实在的契约。它包括两个同意和两个物，双方当事人既取得新所有权，又放弃旧所有权；既获得一物，又放弃另一物。

契约的签订不仅表明缔约双方都有独立的自由意志，而且也表明缔约双方达成了共同意志，同时他们签订的契约也得到别人和法律的认可，其他人不得干涉，这表明社会性普遍的共同意志对此也是认可的。因此，契约中的共同意志就有了两层含义：一是契约双方达成协议标志着双方由不同走向相同，由分歧走向一致，由个人意志走向共同意志。这种共同意志只是缔约双方的共同意志，也可以说是一种特殊的共同意志。二是这个契约一旦签订就具有了法律的意义，得到了公共的、集体的和权威的意志的承认和保护。它不仅要求缔约双方必须遵循契约规定，而且要求他人的认可。如果其中一方违约，就必然会受到来自法律、道德、舆论等方面的惩罚，也就是说受到社会普遍的共同意志的约束，法律是保证契约实现的有效手段。

违约是自由意志与共同意志的背离，是一种不法的行为。契约是建立在共同意志基础之上的，它是共同设定的契约的自在之法。契约中的共同意志不是绝对的普遍意志，而是相对的普遍意志，是缔约双方的特殊意志取得了一致。特殊意志虽然为了各自的所有权制定了契约之法，但这种特殊意志是否与该共同意志相一致，则纯属偶然，而非必然。个人特殊意志与共同意志相互一致，就是遵循共同意志，履行了契约，可以称之为法的现象。而如果特殊意志不与共同意志一致，那他就可能是为了自身利益而背离共同意志。契约中这种背离行为，黑格尔称之为不法，实际上就是违约，意味着与法本身背道而驰。

---

① [德] 黑格尔《法哲学原理》，范扬、张企泰译，商务印书馆1961年版，第81页。

契约是缔约双方共同达成协议、约定，它意味着一方同意给付某物，另一方同意接受某物。由于双方当事人的约定，双方各自放弃所有权和在所有权中的自由意志，将该物的所有权转移给对方。这里关键是按约定给付，给付是对契约的履行，是契约双方的共同义务。既然在缔约时共同表达了约定，就应该按约转让所有权给对方。如果不按约定给付，合意仍然只是一种主观规定，契约就不能实现，违约的事情就要发生。但是，给付不予以实施是常见的事实，虽然契约中建立了共同意志，但当事人的自由意志是并且始终是特殊意志。契约中的合意固然产生了请求给付的权利，然而给付又依附于特殊意志，其结果，作为未来之事的给付，永远存在于未来之中。这种特殊的意志往往出于自身利益的考虑，而不必然地与共同意志相符合，也就是说，为了自身的利益常常做出违约之事，不法的产生就在于此。不法或违约，不仅表明个人特殊的自由意志没有服从缔约双方的共同意志，而且也是对社会普遍的共同意志的漠视，即对法律的不尊重甚至故意触犯，必定会受到社会普遍共同意志的制约，受到法律的惩罚，进行违约赔偿。

（二）商品交换体现了缔约双方的意志关系

用来交换的商品不是自主的，它是某人的所有物，它能体现所有者的意志，但它本身没有意志，不能表达自己的想法，不能自行到市场上进行交换。商品的所有者把某商品交换出去，就等于把该商品的所有权让渡出去，同时又获得了另一种商品的所有权。因此，商品交换的过程就是所有权、占有权和使用权交换的过程，这其中体现了商品所有者的意志关系和权利的变化。

首先，商品进入市场，形成以商品交换形式存在的物与物的交换关系。从交换的角度来看，每个商品体只是它本身价值的表现形式，随时准备同别的商品进行交换。但它作为商品物本身并没有意识，不知道自己的价值和对方的价值，也感受不到要与之交换的对象是美是丑，是好是坏。因此，它要求其所有者以人的灵魂来补足它的缺陷，替它感受和思考，替它说话，也就是要求把所有者的意志体现在商品中，使之变成能够自主的主体，能够自主、自由的进入交换过程，与他人讨价还价，缔结契约。这就使商品交换成为当事人的意志行为，成为交换双方共同意志的表示，商品交换就是意志与意志间的关系。

其次，在商品交换中，意志对意志的关系、人与人的关系是平等的。交换双方必须互相承认所有权，商品交换的前提是成为商品所有者，并尊重他人为商品所有者。承认他人对某种商品的所有权，他人也会承认自己对另一种商品的所有权；尊重别人的所有权，别人也会尊重自己的所有权。一个人要想交换商品，自己必须首先拥有商品，成为商品所有者，否则没有商品就无可交换的东西。商品所有者在市场上还必须承认并尊重对方为另一种商品的所有者，然后才能进行正常的交换。如果不承认对方的所有权或不尊重对方的所有权，进行的就不是平等互利的交换。从一方面说，承认这种所有权就是肯定了他人对物的占有的法权关系，就是肯定了他人人格和意志的存在，就不会去随便拿来或者强行占有，也就从主观上认识到要想占有该物就要得到他人的同意，用相等价的其他物进行交换。从另一方面说，被双方承认了所有权的商品，它的存在形式已不再是单纯的物，而是包含着商品所有者的意志在内的物质存在。不管这种承认形式是否用法律固定下来，它都使这种关系具有了法的意义，受到共同意志的承认和保护。因此，签订契约互相让渡自己的所有权就成为一种必要，公正和信用就成为约束交换双方行为和维系其伦理关系的道德要求。

再次，所有权在意志对物的关系上，表现为直接占有权、使用权、转让权。为了实现交换，商品所有者必须把自己的意志贯穿在这些环节中，通过自觉意志的作用，实现所有权的转化；并且每一方只有通过中介体现出的双方共同意志，才能让渡自己的商品，占有别人的商品，实现商品的全面转手。这种让渡和转手的中介就是契约。契约作为一个中介，它使对立的意志达到同一，使个人的自由意志趋于统一；契约又是一个过程，它贯彻于交换的始终。在这个过程中，原来排除他人意志的独立所有者终止为独立所有者，进入"求同存异"的共同体，即双方的自由意志走向共同意志，达成协议。商品所有者为了确保自己的所有权和应得的利益，必然要理智地对待契约关系，维护契约关系的公正和信用，履行契约的全部要求。这种对立的统一，这种求同存异关系的形成，就是经济活动中伦理关系的实现，即契约伦理的实现。

三、契约的基本原则

契约由订立到实现这个过程一般可以分为缔约和履约两个阶段，如果其中一方违约，那么还要加上对违约方的惩罚和对另一方的赔偿这一环节。据此，契约的基本原则可以分为三个：缔约的自由原则、履约的诚信原则和违约的赔偿原则。

（一）缔约自由原则

契约是一种合意，合意就是相互同意，由此，自由原则就成为契约的首要原则。人作为独立的经济主体、权利主体和自由意志的支配者，是契约得以订立的根本前提。订立契约的双方必须是平等的、自由的，契约活动乃是一种自由、自主、自愿的活动。契约主体有选择与谁订立契约、何时订立契约、签订何种类型契约的权利。契约行为是当事人的自愿行为，自愿原则是契约自由观念的实质，契约只需要双方依自己的独立意志去共同磋商所达成的意思表示一致而决定。任何个人、组织或权力机构，包括国家公权，都不得介入和侵犯，都不能通过威胁、利诱、行政命令而强制他人实施契约行为。如有的商业法典规定，凡是由于威胁、利诱、欺诈所形成的契约不但没有法律效力，而且这本身就是一种侵权行为。

契约自由原则的内容主要包括：第一，缔约意思的自由。包括缔约的自由与不缔约的自由，法律对此不加干涉。此种自由是契约自由原则的最基本内涵，是其他自由的前提；第二，选择缔约对象的自由。指任何个人、组织，有权自主决定与何人、何组织订立契约；第三，决定契约内容的自由。指当事人有权依法决定契约内容的自由，这是契约自由原则的核心之所在。它是指当事人有权在法律规定的范围内，能够订立任何内容的合同；第四，决定契约方式的自由。当事人可以选择适用口头形式、书面形式或其他形式的契约。第五，变更和解除契约的自由。指个人有权通过协商，在契约订立以后变更契约的内容或解除契约；第六，选择裁判方式的自由。指当事人之间发生争议时，可以选择仲裁或诉讼方式来解决纠纷。

契约自由思想由来已久，早在罗马法时期，公元 6 世纪东罗马帝国皇帝查士丁尼编写的《法学阶梯》中，有关诺成契约的规定已经基本包含了现代契约自由的思想。即契约是当事人合意的产物，当事人之订立的契约具有法律效力，非经当事人双方的同意不得随意变更和解除。罗马法的契约自由思想，为现代契约制度的形成和发展奠定了理论基础。万民法上的诺成契约最终体现了契约自由的思想。在诺成契约中，一切形式上的要求都被省略了，当事人的合意是契约成立的惟一要素。契约也只有在征得双方同意后方可解除。这其中孕育着一个崭新的、极具生命力的契约法原理，即契约的成立与否取决于当事人的意志，契约之债的效力来源于当事人的合意。这一原理被后世概括为契约法上的一项基本原则——契约自由。

从 15 世纪开始，资本主义生产关系逐渐形成，封建的身份关系和等级观念受到了冲击，契约自由思想得到了广泛传播，契约自由原则也被各国陆续确立了下来。《法国民法典》奠定了自由主义近代契约法的基础。1804 年，《法国民法典》最先确立了契约自由原则，该《法典》第 1134 条规定：依法成立的契约，在缔结契约的当事人间有相当于法律的效力。前项契约，仅得依当事人相互的同意或法律规定的原因取消之。前项契约应以善意履行之。这是关于契约自由原则最根本的规定，该规定确认了契约是当事人之间意思的产物。契约成了当事人自己制定的法律，任何人，包括法官都没有权力对契约进行修改。这项规定把当事人的意思置于至高无上的地位，这也是契约自由原则的体现。契约自由是契约的灵魂和生命，没有了自由，契约就成了没有灵魂的"行尸走肉"。① 所以捍卫契约自由不仅是近代民法的至高原则，同时也是近代资产阶级国家的宪法基础。

契约自由的理论基础是自由主义的经济思想和人文主义的伦理观，而资本主义自由竞争的充分发展则为契约自由提供了现实的社会基础。契约自由原则成为近代西方契约法的核心和精髓，并被奉为民法的三大基本原则。但是，自 20 世纪后，主要资本主义国家进入了垄断时期，国家对社会经济生活的干预逐步加强，法律上的自由主义为逐渐增长的国家干预主义所代替。契约作为调整经济关系和其他社会关系的手段，也不可能脱离这种趋势。尤其是资本主义社会发生了世界性的经济危机后，凯恩斯主义的经济政策应运而生，认为自由主义的经济理论和经济政策是产生危机的原因，主张扩大政府经济职能，加强对经济的干预。一些主要资本主义国家相继采纳了凯恩斯主义作为其经济政策的依据，从对经济的自由放任转向对经济进行全面干预，契约自由原则因国家干预经济的加强而受到越来越多的限制。

从 20 世纪 30 年代起，代表普遍意志、国家意志的法律政策作为公共利益的代名词开始进入包括契约法在内的所有私法领域，契约活动与国家政策紧密联系起来，从而使契约自由的绝对原则被彻底打破。法律以普遍意志的面目出现，在保障个人自由意志的同时，也逐渐对个人特殊意志的自由度施加拘束。其主要表现是：对契约主体的强行性规范增多，对契约内容的限制增多，对契约进行监督、管理的政府机关设立，司法机关对契约解释原则的变化，等等。这些情况都表明了国家普遍意志对契约主体特殊意志和契约双方共同意志的渗透。

其实，自由任何时候都没有绝对的、不受约束的自由，契约自由也不例外。契约自由是在法律限制、道德规范、社会公序良俗约束下的自由，否则任何不道德的行为，甚至是危害他人、危害社会的行为都可以

---

① 姚新华：《契约自由论纲》，《比较法研究》1997 年第 1 期。

打着契约自由的旗号去进行。如果不对契约自由加以限制，那么就可以自由地订立契约去行凶杀人、偷盗抢劫、贩卖毒品；以自由地名义去侵犯他人的自由。为了保障自由，必须对自由进行适当的限制。"理性之声告诉我们，为使我们自己的需要适应他人的需要，为使公共生活具有意义，对个人行为施以一定的道德限制和法律约束是必要的。"① 法国《人权宣言》规定：自由包括从事一切不妨害他人的行为的权利。因此，行使各个人的自然权利只有以保证社会的其他成员享有同样的权利为界限。对自由限制的主要途径是来自于法律的规定。之所以会产生这一限制，恰恰是因为自由是通过法律才得以固定下来的，法律是利用自身强制的力量使得每一个人都能实现自由。只有服从人们自己为自己规定的法律，才是自由。正如西塞罗的一段名言所说："我们都是法律的奴隶。正因为如此，我们才是自由的。如果没有法律所强加的限制，每一个人都可以随心所欲，结果必然是因此而造成的自由的毁灭。"②

（二）履约诚信原则

20世纪以来，诚信原则在欧洲大陆法系国家民法中得到迅速发展，已经成为合同法中至高无上的"帝王"条款。《1907年瑞士民法典》第二条明确宣称：任何人都必须诚实、信用地行使权利并履行义务。该规定确定了现代合同法的最高原则。诚信的原则贯穿于整个《统一商法典》。该《法典》第2—103条的规定中又对诚信原则作了具体解释：对商人而言，诚信系指忠于事实真相，遵守公平买卖之合理商业准则。根据该《法典》第1—102条，依诚信原则所产生的义务，属于法定的强行性规范，当事人不得通过其协议加以改变。由此可见，在英美法律中，尤其是在合同法中，诚信原则也是一项重要的原则。

诚信原则是契约得以实现的最重要、最基本的原则，其基本内容是

---

① ［美］博登海默：《法理学——法律哲学与法律方法》（作者致中文版前言），邓正来译，中国政法大学出版社1999年版。作者致中文版前言。）

② 转引自［英］彼德·斯坦等：《西方社会的法律价值》，王献平译，中国人民公安大学出版社1980年版，第176页。

指缔约各方在签订和履行契约的过程中要守信用重承诺，以诚信方式从事交易。其主要要求是：不搞欺诈行为，恪守信用，全面积极地履行合同约定的义务和法律要求承担的义务，尊重交易规则，不得故意规避法律，不得故意曲解合同条款，着重社会利益和他人利益，不滥用交易另一方之信任，或恶意利用另一方之疏忽，获取交易外之不正当之利益。交易的基本原则是等价交换，缔约双方都应诚实守信，如此才能构成互相信任的经济关系。假如有一方不守信用，等价交换关系就会遭到破坏，契约就不能完成，交易就不能实现。诚信原则要求商人依法经营、信守承诺、货真价实、童叟无欺。交换是实实在在的物质流动和利益互换的过程，因此，交换中能否诚实守信就成为交换活动能否成功的重要条件。正如亚当·斯密所言，商人依赖诚实公道，不亚于战争依赖纪律。

既然契约是缔约者自由做出的行为，那么契约主体当然就有实现诺言的义务和责任。在契约执行过程中，订约时的责任心和义务观被具体化为诚信品质。"'诚信'一般被定义为'忠于事实'或在此基础上再加上'遵守公平交易的合理商业标准'。"① 诚信就是尊重事实和信守诺言。契约是一种合意，又是一种合理期待。这种期待必须依靠契约当事人共同执行诺言来实现。因此，契约双方不但要忠于"合理期待"，又要互相信任，相信对方既有遵守诺言的信念又有实现诺言的能力，反之亦然。"在契约当事人打交道的整个过程中需要一种最低限度的信任。人们有必要相信对方当事人正诚挚地参与一个可能相互获益的交易。"② 除了信任对方之外，更重要的是自己要信守诺言。所以，休谟指出，最好将"诚信"看成是一个"排斥者"，它将某种类型的行为比如"恶意"排除在外。

① ［美］迈克尔·D·贝勒斯：《法律的原则》，张文显译，中国大百科全书出版社1996年版，第173页。

② ［美］迈克尔·D·贝勒斯：《法律的原则》，张文显译，中国大百科全书出版社1996年版，第223页。

在执行契约的过程中，契约主体必须将先前的责任心和义务感转化为一种坚定的意志，努力克服契约执行过程中的各种不利因素，以使合理的期待客观化。履约的过程可能不是顺利的，但是，契约双方必须把履行义务、尽到责任放在第一位，坚持一种"契约责任至上"的原则，其实质就是缔约各方对契约责任的忠诚。这就是说，契约一旦确立，对当事人各方来说，契约中的规定是不可违背的，是神圣的。在没有合理的理由更改契约的情况下，契约双方中的任何一方不得擅自更改或中止契约。他们只有无偿地执行契约的义务，全力以赴去克服各种不利于执行契约的因素，积极主动地采取防范措施以保证契约的实现。否则，就是一种背信弃义的行为，也是一种违法行为。

在交易活动中，交易双方既相矛盾又相统一的利益关系，使双方有必要签订某种契约以实现各自的目的。契约的订立意味着，交易双方去掉了各自不利于对方的利益要求，而保留了有利于对方的一面。为了使这种保留具有有效性，交易双方或以口头形式或以文字形式把这种保留确立下来，以使之具有可预期性。这种预期能否实现、实现到何种程度，则完全取决于双方的守信程度。诚实守信地履行契约，对双方既是一种保护又是一种约束。它是交易活动中契约得以实现的根本保证，会给双方带来好处，是人与人之间的良好合作。随着交换关系的复杂化，日益扩展的市场关系便逐步构建起彼此联系、互为制约的信用关系链条，维系着错综复杂的市场交换关系和正常有序的市场秩序。从最初简单的商品交换，到现代市场经济，都是以诚信为基本准则的，市场经济愈发达就越要求诚实守信。

（三）违约赔偿原则

契约的中止有两种：一是合理中止，即契约双方均履行了契约中规定的义务，双方获得了可期待的利益，从而结束了契约；二是不合理中止，即一方当事人未能履行义务而中止契约，这就是违约。不合理终止契约给对方造成了一定的损失。依照法律的规定，必须对违约一方实施损害赔偿原则。损害赔偿包括三方面：一是期待利益，即所有当事人从契约中期待的收益；二是返还利益，即已转移于对方当事人而须追还的利益；三是信赖利益，即对任何损失的补偿。违约是履行契约失败的根本表现，它造成了双重代价，既有物质代价，使对方蒙受了损失；又有道德代价，导致良心谴责和舆论批判。尽管违约可能使违约方获得大于对方从契约中所期待的利益，但它所造成的负面影响是不可否认的，是对诚信原则的违背。违约的损害赔偿是合理解决这种代价的法律形式，它以外在的强制补充了诚实守信原则的不足。

一般说来，违约分为理性违约与非理性违约。非理性违约是指契约当事人在契约到期时，因客观不能，即客观原因产生的违约。而理性违约主要指契约当事人在契约到期或临近到期时，有能力履约，但由于经过经济分析、得失权衡认为违约比履约更有利于自己而理性选择做出违约行动。理性违约主观恶意性十分明显，理性违约人不但无视契约对方的利益和社会利益，而且故意玩弄法律，

造成的社会后果极为严重。就违约赔偿原则而言，无论是非理性违约还是理性违约，他们都对契约另一方造成了损害，都应该给对方损害赔偿。正如美国法学家查尔斯·弗雷德在 1981 年出版的《作为公度的契约》一书中指出，如果我向你做出了允诺，那么我便应按我允诺的那样去做；如果我没有遵守诺言，则要我向对方交出相当于履行的等量物是公平的。在契约原理中，这表现为对期待的衡量，它给予违约受害的人既不多于也不少于如果没有发生违约时他所能得到的。弗雷德在这段话中不仅说明了违约赔偿的必要性，而且又指出了应该赔偿多少，即赔偿的"度"。但是，毕竟理性违约与非理性违约具有道德上的重大区别，因为一种是主观故意的，一种是客观不能造成的。所以，对理性违约应该补偿与惩罚并重，惩罚既有民事责任意义上的惩罚，还有公法意义上的惩罚。这种违约同时损害了个人与社会的双重客体。而对社会利益的损害，在法律上是应当给予惩罚的。从责任形式上看，不仅让违约人承担违约金责任、赔偿契约当事人的损失，还要对其处以没收、罚款等其他惩罚。这是合乎道义的。因为，如果只强调补偿性而轻视惩罚性，那

么当违约的收益大于赔偿时，则会起"激励人违约"的反作用，从而使违约责任在原则上一文不值。

第三节 交易中的权利与义务

权利义务观在不同的经济形态有不同的表现。义务、等级、身份是与自给自足自然经济紧密相连的，而权利、自由、平等以发达的商品交换为基础，与商品经济紧密相连。商品经济促进了权利观念的形成和发展，在商品经济条件下，契约双方之间是自由平等关系，商业交易中的权利与义务是对等的、统一的。

一、自然经济状态下的义务观

（一）自然经济状态下人们对权利和义务的认识

前资本主义社会，无论是古典的还是封建的形态，经济形式是自给自足的自然经济，其特点是以一家一户为单位或以封建庄园、村社为单位，他们生产的目的大都不是为了交换而主要是为了满足自身的需要，因而是一种封闭型的经济。在这种经济关系中，由血亲关系或延伸的血亲关系所决定而处于支配地位的家长、封建主是生产和消费的决定者，其他成员则是作为附庸而存在的。这种关系通过家长、封建主及其政治代表专制君主制定的家规、族法、王法等规则表现出来，要求人们履行各种各样的义务，这些义务的内容又只是服从——臣从君、子从父、妻从夫、民从官。在这样的伦理关系中，各人都被自己所处的角色义务所规定，他们只能尽义务，不能讲权利。各人义务是由其身份而规定的义务，也是天经地义的义务。这种义务是没有权利与之相对应的，这是宗法伦理中的义务与契约伦理中的义务的区别。契约伦理中的义务与权利相对应。享有了权利才尽义务，同样尽了义务就应该享有权利。而在自然经济条件下的宗法伦理关系中，对于一些人而言只有义务，没有权利。比如在中国古代，臣子只有尽忠的义务，儿子只有尽孝的义务，而没有权利。如果非要说权利的话，那就是只有尽义务的权利，而没有要求权利的权利。因为，那时候人与人之间是一种不平等不自由的关系，人们的自由被其身份所束缚。在众多的民族和地区中，这种自然经济下的义务观尤以古代中国最为典型。

自给自足的封闭型的自然经济造成了人与人之间的互相隔离，而不是互相依赖和互相交往。在这样的社会中，大量存在的就是分散地居住在一个又一个村社中的农民，他们之间虽然有商品交换，但却不是普遍的行为，而是偶尔为之的事或是小规模的往来。这种村社制度使得村民不能形成一股政治力量，不能形成一个强有力的阶级，也产生不出鲜明的权利意识，更不会去主动争取自己的权利。"他们不能代表自己，一定要别人来代表他们。他们的代表一定要同时是他们的主宰，是高高站在他们上面的权威，是不受限制的政府权力，这种权力保护他们不受其他阶级侵犯，并从上面赐给他们雨水和阳光。所以，归根到底，小农的政治影响表现为行政权力支配社会。"① 因此，自然经济是专制制度的基础，是产生依附观念、等级观念、人治思想、政治冷漠、个人崇拜、家长作风、官僚主义等一系列与民主和法治、平等和自由格格不入的社会心理和社会观念的土壤。

此外，由于自然经济的封闭性、单一性和自足性，人们习惯于把家庭、家族内部的伦理规范扩大化为经济、政治和社会生活的一般原则，用以处理与外人、与国家、与社会的关系。如同处理家庭内部的关系一样，他们不要求什么权利，要的只是和睦相处，为此只有少言权利，多尽义务。他们对于任何自身基本权利的被剥夺、被蹂躏的事实很少从法的角度去考虑其是非，只是忍气吞声，或认为命该如此而默默承受，不会拿起法律的武器来保护自己的权利，当然那时候也没有这样的法律来维护他们的利益。

---

① 《马克思恩格斯全集》第 8 卷，人民出版社 1961 年版，第 217—218 页。

（二）古代中国人的权利义务观

古代中国，生产力长期发展缓慢，商品经济不发达，私有财产观念没有真正形成，君主专制统治时间十分漫长，一家一户、男耕女织、自给自足的自然经济始终占主导地位，其经济形态是典型的亚细亚生产方式。以血缘关系为纽带的宗法关系和封建等级特权观念长期束缚着中国人，人与人之间的关系是典型的服务与依赖关系，人们缺乏独立、自由、权利、财产观念。"普天之下非王土，率土之滨莫非王臣"、"君要臣死臣不得不死"的观念普遍而又牢固。中国历代王朝所奉行的政策都是"重农抑商"，商品交换于古代中国不但难以发展，反而是一直遭到责难，商人不但不受重视，相反却备受贬责，甚至被斥之为奸商，有所谓的"无商不奸"之说。

在这样一种典型的小农经济社会中，很难设想会有权利观念出现，人们被各种"身份"所束缚，只有尽义务和责任，没有权力和利益，做事情只能讲应该不应该，是否符合道义，而不能追求利。儒家经典人物都是这样倡导的，孔子主张重义轻利，宣称以义为上者为之君子，以利为上者为之小人，以此得出结论说：无利，人不能生存，而无义人将不为人也。董仲疏也说，要"正其谊不谋其利，明其道计不其功。"更有甚者，宋明理学宣扬"存天理，灭人欲"、"革尽人欲，复尽天理"，将任何权利意识都扼杀在萌芽之中了。

中国历史上有若干传统堪称"神圣"，其中无视乃至扼杀个人权利便是其一。那时的中国人往往只见义务而不知有权利，法律和道德的作用就在于使人履行其义务，而不是保护人的权利不受侵犯。老百姓被告知的首先不是他们有什么权利，应该要求什么，得到什么利益，而是他们必须承担什么义务，尽什么责任。而为了使人能够尽心尽责，所使用的手段不是物质的激励，而是道德的褒贬及律法的惩罚。将只奉献而不索取之人冠之于圣人、贤人、君子之美称，就在这样的美誉之中却剥夺了其所有的权利和利益；将追求自身利益之人，哪怕是追求合理之利益，也斥之为小人。在这样的环境下，人们最关心的莫过于法律和道德规定什么戒条，以免误入法网而身陷囹圄，却不知道如何用法律来保护自己的权利，而那时实际上也没有什么权利可被保护。

一般而言，法律作为调整人们行为的社会规范，是以规定人们的权利和义务为主要内容的。就逻辑而言，权利与义务相互呼应，倘若我有某项权利，他人应因此履行相对的义务；同理，倘若我承担某种义务，则以他人享有权利为前提。但是，就法观念的实际状况而言，在不同时代和不同民族，由于人们对法的价值取向不同，对权利和义务总是或有偏重。

西方各民族所倚重的是权利而非义务。"西方的法律秩序，从古希腊罗马到近代，虽然有变革，但基本上可以视为商业性、市场性法律秩序。"① 这种法律秩序注重人的独立、自由、平等，认为人生来都应有基本的权利，任何人只要具备完全行为能力，则处于可与任何人订立契约，独立处理自己的权利与义务，互相有偿给付利益的平等地位。这种法律秩序是西方商品生产关系的反映，是市场经济的产物。

与西方不同，中国传统法观念的基本价值导向是义务本位，重义务、轻权利。由于商品经济没有发展起来，因此独立、自由、平等的个人身份或人格从未在古代中国真正确立，独立、平等、自由、民主、法治等观念也没有形成。大部分中国人在理解法的时候根本想不到权利，而是首先想到如何严于律己，尽量循规蹈矩，不去触犯王法，以沉重的义务枷锁扼杀了任何权利观念萌生的可能性。长时间的闭关自守也使他们无法得知，不知除了义务之外，还有别的更重要的东西即权利的存在。如果说西方资本主义国家是为保护权利而制定法，中国则是为惩罚邪恶或犯罪而定律，封建的法是为保护统治者的权力而设置的，不是为保护公民个人的权利而定的，相反却是与个人权利相对立。法律往往成为统治阶级整体意志的体现，也是变相的义务法，对个人的权利要么不

---

① 范忠信：《中西法文化的暗合与差异》，中国政法大学出版社 2001 年版，第 326 页。

谈，要么停留于纸面上。法律不过是实现封建统治者权力、维系其权力的工具。人们履行义务的惟一目的就是服从封建王权。因此，可以这样说，古代中国的义务法观念是臣民心理和权力拜物教的一种表现。

二、商品经济形态下的权利意识

权利意识的产生和发展是与所有权的确立和商品经济的发展密切相联的。在原始社会，人类还不知道权利为何物的社会，正如恩格斯所说："在氏族制度内部，还没有权利和义务的区别；参与公共事务，实行血族复仇或为此接受赎罪，究竟是权利还是义务这种问题，对印第安人来说是不存在的；在印第安人看来，这种问题正如吃饭、睡觉、打猎究竟是权利还是义务的问题一样荒谬。"① 到了原始社会后期，出现了剩余产品和交换，人们总想拥有一些仅属于自己的东西，因而出现了"我的"、"你的"、"他的"之类观念。这就是最初的权利主张和权利观念。随着生产力的进一步发展，私有制的出现，交换的扩大，权利主张和权利观念日趋明显和强烈。到古罗马中后期，商品生产以及与之相适应的商业已很发达。在此基础上出现了以人权、物权、债权、诉讼权等为基本构成的权利体系和比较强烈的权利观念。梅因曾经说过："权利这个用语不是古典的，但法律学有这个观念，应该归功于罗马法。"② 我们可以顺着梅因的思路，进一步认为：权利观念的产生应该归因于古希腊和古罗马时代发达的简单商品经济。

权利观念之所以萌芽于古希腊、古罗马，根本原因在于经济发展中。民主、权利观念确实是商品经济发展的结果。希腊多山傍海，所以希腊人一开始就以从事航海业为主，靠商业维持繁荣。商业的发达缔造了具有独立个人利益的自由民，由此形成了注重个人权利的法观念。在希腊看来，法律不过是用来确立和保护个人利益的。如果说希腊人的权

---

① 《马克思恩格斯选集》第 4 卷，人民出版社 1995 年版，第 159 页。
② ［英］梅因：《古代法》，沈景一译，商务印书馆 1995 年版，第 102 页。

利观念源于商品交换，成于民主政治，那么，罗马人将法与权利联系在一起更是直接受益于当时发达的商品经济。事实上，罗马法中最主要的并且对后世影响最大的就是它的私法部分，也就是直接涉及商品交换的法律。《查士丁尼法学总论》一开始就讲"私法是有关个人利益的法律"。恩格斯将罗马法称为"商品生产者社会的第一个世界性的法律"，就是由于它对简单商品所有者的一切法律关系都作了"无比明确的规定"。① 罗马法法律关系的内容就是权利。权利成为罗马私法的核心，而私人权利即成为罗马法观念的重要特征。

当然，上述古代的权利观念本身就带有不可克服的狭隘性。所言权利，仅仅限于自由民，奴隶只是权利客体而无任何实际权利可言，不过由此发端的以权利为核心的法观念对西方后世的政治、经济、伦理、法律却产生了重要影响。

在商品经济高度发达的资本主义社会，人们的权利观念达到空前的程度。经济生活中形成的权利观念，随着民法原则被宪法权威化为民主和法治的普遍原则，渗透到整个社会生活中。于是，权利主张压倒一切，把权利看做"护身符"、"政治王牌"、"开路灯"的观念深入人心。洛克和卢梭主张天赋人权，孟德斯鸠认为自由是做法律所许可的一切事情的权利。美国《独立宣言》将权利说成是从"造物主"那边被赋予了并且不可转让的东西，其中包括生命权、自由权和追求幸福的权利。法国《人权宣言》确认：一切政治结合的目的都在于保存自然的、不可消灭的人权，这些权利是自由、财产权、安全和反抗压迫。其实，赋予人们不可转让的权利的"造物主"并非自然的，更不是神灵，而是商品经济。法律与权利的结合，正是蓬勃兴起的商品经济推动的结果，权利观念的前提是"庞大的商品堆积"。马克思、恩格斯将权利归结为一切现实商品生产的共同要求。大规模商品交换要求交换主体有自主的权利，作为法观念中权利，无疑是商品交换要求的一种理想化的表现。

① 《马克思恩格斯选集》第4卷，人民出版社1995年版，第252页。

资本主义的法律之所以重视权利、倡导权利，以权利为本位，从根本上说是为了保障资产阶级的利益。资产阶级作为商品经济的代表，迫切要求自己成为身份独立、人格独立、意志独立、利益独立的商品所有者，以便能够进行平等、自由的交换；同时需要劳动者摆脱封建贵族的人身依附，成为自由劳动者，以供他们雇佣和剥削。他们也要求私有财产神圣不可侵犯并可以自由地使用和交换，要求劳动者成为自己劳动力商品的所有者，并能够"自由地"在市场上出卖劳动力。这一系列要求被法律确认为人权和物权之后，构成了资本升值的法律条件。

资本主义的法律确立了人权、物权，还确立了参政权、诉讼权等权利，并以此为基本构成的权利体系在法中占居起始和主导地位，而义务是与这些权利相适应并且是从这些权利中派生出来的。人权包括人身自由、人格尊严、人人平等等，物权包括财产的占有权、使用权、转让权、补救权等，参政权包括选举权、被选举权、创制权、复决权等，诉讼权包括民事的、刑事的、行政的、国事的诉讼权利，这些都是权利的主要内容。而笔者这里讲商业交易中的权利和义务主要是就人权和物权而言，即人有权利对自己所拥有的东西自由处置，平等地与他人缔结条约，有权保护自己的财产免受侵犯，如果受到侵犯，有权要求给予补偿和追究责任；同样每个人都应该尊重他人同样的权利，每个人也都有义务克制自己不去伤害他人，除非是行使自卫之正当权利。因而，只要人人都坚持不侵犯他人权利的基本原则，而是通过契约和交换，皆可同样自由地追求幸福。

商品经济的发展使得权利观念，特别是个体权利观念日益普及和强化，这就必然要求制定严密的法律规则，承认权利的正当性，并保护其不可侵犯性。民法就直接产生于商品生产者的利益需求和权利主张，其目的不是惩罚，而是保护，即通过划定自然人和法人的权利及其界限，明确主体的权利能力和行为能力，规定生产和交换的一般条件以及对违约和侵权的补救措施，保护人们的正当权利和利益，使人们可以无顾虑地、有合理期望地、尽其所能地进行创造财富的活动。当然，民法包含着惩罚的因素，却是对违约、违法行为的惩罚，是对侵害他人权利行为的惩罚。民法的基本价值就在于，通过确认和分配权利和义务，为公民的生产和生活提供平等的权利和保护，以保障人的自由、尊严和发展，促进经济增长和社会公平。

商品经济何以能摧毁自然经济、半自然经济，使专制主义、义务本位、宗法观念等失去其赖以存在的经济基础，使得主体意识、权利意识、契约精神、平等观念、法治观念等产生并发展起来呢？因为，商品经济是一种交换经济，商品交换的首要前提是商品交换者（法人或自然人）必须是独立的和自主的。他们不仅是商品的占有者，也是商品的所有者，能够以自己的名义让渡产品和购买商品，转让权利和获得权利。这就要求确立交换双方的权利。商品交换的另一个前提是交换者必须对所要交换的物品有明确的、专一的、可以自由处置的权利，即交换者必须相互承认对方是交换物的所有者。这就需要建立财产权利体系，明确财产的归属，禁止他人对财产的非法侵占，允许所有者依法对财产的自由处分。商品交换作为意志关系的一种特定表现形式，乃是一种蕴涵着市场主体的自由和权利要求的意志关系。在交换过程中，权利主体互相承认对方是所有者，是把自己的意志渗透到商品中去的人。商品交换本质上是价值规律面前的平等交换，交换主体之间是一种平等互利的关系，是权利和义务对等的关系。交换者要想享有权利就必须承担义务；反之，承担义务的同时也享有相应的权利。这就意味着占有别人商品的手段只能是让渡自己的商品，别人把某种东西或权利让渡给自己是满足了自己的需要，对自己来说是获得了利益和权利；而自己的东西或权利也要让渡给别人满足别人的需要，这是他人权利的要求，对自己来说则是应履行的责任和义务。从这个意义上讲，市场交换实际上交换的不是物而是权利，交换主体通过交换不仅获得了权利，而且也必须承担义务。

三、权利与义务的关系

（一）黑格尔的权利义务观①

黑格尔认为，一个人要取得权利，达到人格的定在，必须具备三方面条件，即意愿的表达，对物的占有及他人的承认。意愿的表达是权利取得的主观条件，即"我"有获取某种权利的欲望，"我"要取得或者说"我"向往某种权利。对物的占有就是拥有对某物的所有权，这是权利取得的客观条件。因为，仅有某物应属于我这种内部要求是不够的，还必须使之归我所有，为我占有、使用、处置、转让。他人的承认是权利的外在形式，即获得他人意志的确认，包括国家意志的认可和维护，这样的权利才是合法的。

在上述三个条件中，第二个条件即拥有对物所有权是最主要的。因为，所有权规定了人格，在所有权面前所有人的人格是平等的，只要拥有所有权就拥有平等的权利。人人都有权占有财产，他们作为人，在财产的占有来源上应该是平等的。所有权面前人人平等使得每一个人都感到自己与他人一样是人，具有人的尊严，并要求得到他人的承认和尊重。黑格尔说人格之法的命令是成为一个人，并尊敬他人为人。就是说，拥有所有权、成为一个人是自己的权利，尊敬他人的所有权并尊敬他人是自己的义务。捍卫他人的权利，就是捍卫自己的权利，尊敬他人，就是尊敬自己；不尊重他人，他人也不会尊重自己，自己的人格权就得不到别人的承认。

黑格尔的权利学说是深刻的，通过对所有权和契约概念的阐述，他天才地看到：（1）财产权是人格的定在，没有财产权便没有人格权；（2）权利只是一种可能性，应有权利要转为实有权利，必须通过对物的实际的占有、使用、转让等环节，而转让是真正的占有和取得，表明某

① 参见曲波、齐向东：《黑格尔权利观浅析》，《山东大学学报》（哲社版）2003年第5期。

项所有权真正归我所有。商业交易就是交易双方互相转让属于自己的权利，但并非人的任何权利都能转让，非财产性的权利包括公共权利、公民权利和人身权利都是不可转让的。黑格尔认为，人有两样东西不能转让：一是人格，一是精神。通俗地讲，就是做人的原则和人的基本权利不能转让，让渡了这些权利，就只有义务而没有权利了。（3）契约是实现权利的一种方式，而且是一种合理、合法的方式，它体现了人与人之间的平等关系和权利义务的对等关系，只有自由和独立的人才能进入契约关系中。如果所享有的权利不对等，一方享有多少权利，就意味着另一方承受多少负担，也就意味着不平等，这就不是一种契约关系。

黑格尔对义务的理解与众不同，他认为，义务表现为法定义务、道德义务和伦理义务。法定义务是明文规定的义务，是体现法律关系的法的要求；道德义务是善的一种规定，它将法定义务转为行为者内在的道德要求。在任何一种行为过程中都存在着复杂多样的道德关系，其中不只是一种义务，而是有"众多的义务"。主观的善和客观的善的统一便是伦理，通过良心，义务便进入到伦理关系中。伦理义务是纯粹的、绝对的义务，它表达了伦理关系的必然性和现实性。在伦理中"法律和权力这些实体性规定对个人来说是一些义务"。① 这种义务拘束着个人的意志。当然它只是对那种没有规定或任意规定善的冲动才是限制，对于能思维的意志来说它却是一种自由。所以，"义务所限制的不是自由，而只是自由的抽象，即不自由。义务就是达到本质、获得肯定的自由。"②

黑格尔关于权利和义务关系的阐述是在以下三个层面上展开的。

法定权利和法定义务是国家法律对于人们外在行为的规定，从总体上约束契约关系中的权利和义务。

道德权利和道德义务则是将这种外在规定转为内在的普遍的价值要

① ［德］黑格尔：《法哲学原理》，范扬、张企泰译，商务印书馆1961年版，第167页。
② ［德］黑格尔：《法哲学原理》，范扬、张企泰译，商务印书馆1961年版，第168页。

求。在这一环节中，物的所有人就对其权利行为的后果负责，但只对自己意志行为的后果负责。"凡是出于我的故意的事情，都可归责于我。"[①]而非我意志之后果则我不负责。意志只对最初的后果负责，"我只对属于我的表象的东西承认负责"。[②] 我不能把所有我的行为的预见不到的后果归罪于我自己，不然就是对自我决定的违反，就是对主体权利的侵害。

伦理环节中权利和义务的关系包括以下几个方面的内容：其一，权利和义务是统一的、具体的。在现实的伦理关系中，一个人负有多少义务，就享有多少权利；享有多少权利，就负有多少义务。一种权利享有的同时，总是跟着一种不得不履行的义务，或者在履行一种义务的同时，也在享受着一种权利。个人在享受权利时往往与他人的权利相冲突，而尊重他人的权利就是一种义务。黑格尔说得好，如果一切权利都在一边，一切义务却在另一边，那么整体就要瓦解，只有统一才是保持整体的基础。将此道理用到商业活动中，倘若所有的权利在一边，而所有的义务在另一边，那就不可能进行交易，也不可能通过协商而达成契约，只能是强迫。这是剥削与被剥削、占有与被占有关系，而不是平等的商品交换关系。所以说，商品交换关系、契约关系是权利和义务相统一的关系。其二，权利的行使不是无度的，除了义务的制约作用外，它还受其他因素的制约，如受法律的制约，受社会公序良俗的制约，受他人权利的制约。一个人的权利是受限制的，法律维护的只是人的正当的、合法的权益。其三，惟有在伦理中权利和义务的关系才具有现实必然性。伦理权利和伦理义务的结合体现了特殊性与普遍性、个人与国家的统一。个人本质的获得、利益的实现、需要的满足、权利的享有等，都是在与他人、与社会、与国家的伦理关系中完成的，都是在承担义务

---

① ［德］黑格尔：《法哲学原理》，范扬、张企泰译，商务印书馆1961年版，第118页。

② ［德］黑格尔：《法哲学原理》，范扬、张企泰译，商务印书馆1961年版，第121页。

中实现的；离开了这一关系，个人便失去了作为人的本质和社会成员的地位。

(二) 契约中的权利与义务

随着商品交换日益发达，市场经济快速发展，人们契约意识的形成和巩固，使权利观念有了进一步的发展和完善。权利观念在契约订立中的具体运用，形成了明确的契约权利观念。

契约权利观念认为，人人都有订立契约的权利，这意味着契约主体的资格平等。订约权是公民和法人的天赋人权，是一种法定的、不能剥夺也不受限制的权利，而不是一部分人的特权。契约平等是对等级特权制度的否定。而在前资本主义社会，订约权就常常是一部分人的特权，如在古希腊和古罗马时期，只有公民才有订约权；非公民，比如奴隶、妇女却没有。与此不同，市场经济条件下缔约者不再以某种特定的身份出现，他们之间不存在等级和特权，在政治、经济、法律上，不分身份、地位、性别、职业、种族、阶级、宗教信仰，任何人都有缔结契约的平等权利。在现代市场经济交易契约关系中，当事人双方或多方，即自然人、法人与特殊民事主体国家之间的地位一律平等。无论是自然人、法人，还是国家、社会组织，权利都是平等的，没有高低贵贱之分；任何国家和地区，在国际间契约关系中都是国际条约和国际惯例确立的平等权利主体，一律遵循对等原则。

契约权利观念还认为，契约中的权利与义务是对等的，没有无义务的权利，也没有无权利的义务。契约内容包含权利和义务两个方面，是权利义务的统一体。订立契约，进行交换，本质上就是一种合作，合作就意味着对各自权利义务关系的承认。在契约中我应尽的义务也就是你所应享受的权利；反之亦然。因此，契约双方必须对"合意"负责。

任何契约的订立都是一种许诺，而许诺的方式可以有多种，如宣誓、互换物品等。最常见的是文字形式的许诺，用明确的条文把各方所享权利和所尽义务规定下来。一般来说，这个明文规定了的条文就具有了法律效力。对此，亚当·斯密指出："由于契约而产生的办理某事的义务，是基本由于诺言而产生的合理期望。诺言跟意图的单纯的宣告大不相同。虽然我说我想为你做这件事，但是后来由于某种事情发生我没有做到，我并没有犯违约罪。诺言就是你向允诺的人宣告你一定履行诺言。因此，诺言产生履行的义务，而违反诺言就构成损害行为。"① 这就是说，契约是缔约者自愿协商一致的结果，它对交易当事人的权利、责任、义务作了明确的规定，协议条款是明确的。一人许下的诺言，也就是他要履行的义务，他应该对自己的诺言负责，并尽量去实现诺言；而另一人作为许诺的对象就有权利要求其按诺言办事、担负责任。一旦有一方违背诺言，不按契约规定行事，另一方就可以依法要求其履行或要求其赔偿损失。因此，许诺就是要承担相当或相应的责任和义务，这种责任和义务完全是为着对方的，为对方实现其已设定的经济目标提供不可缺少的条件；反之亦然。许诺的直接目的就是要在当事人双方之间建立一种信赖关系，而实现诺言则证明了这种信赖关系。所以，契约的签订与履行充分体现了平等主体之间的互相信任，也充分反映了主体之间自觉的责任意识。

尽管随着市场经济的发展，商品交换日益发达，贸易日益自由，交易的范围和内容日益扩展和丰富，但是，交易的范围和内容是有限制的。这个界限就是不能侵犯他人的权利和自由，也不能侵害他人的财产；在缔约契约时除缔约者之间的平等互利外，还不能对非缔约方（包括个人、集体、国家和其他国家）造成损害。缔约者有权追求自己的利益，也有义务维护他人的权利。这就是说，权利是有界限的，任何主体在行使权利时都会受到其他主体权利的制衡。一方面，权利所体现的利益以及为追求这种利益所采取的行动是被限制在社会普遍利益之中的，交易行为必须遵守法律法规与社会公德；另一方面，权利是以权利相对人的法定义务范围和实际履行能力为限度的。人们可以追求和捍卫自己

---

① ［美］坎南：《亚当·斯密关于法律、警察、岁入及军备的演讲》，陈福生、陈振骅译，商务印书馆1962年版，第149页。

的权利，同时也要注意法定的权利界限，自觉承担和履行相应的义务和责任。

契约是行使权利和承担义务的统一体，但这种义务不仅仅是指对缔约者之间的相互义务，还有更大的义务和更重的责任要承担，这就是对社会、对他人、对环境、对国家的责任和义务。这就意味着，交易行为不能仅仅有利于交易双方而有害于他人和社会，必须不对第三方构成危害，最好也有利于第三方。这就要求订立契约、进行交易不能产生"外部性"问题。

"外部性"是一个典型的经济学概念，它是指一个人或一些人没有全部承担因他们的行为而引起的成本，或行为人以外的人承担了他们行为的成本。"外部性"表示个人追求私人利益对于他人的效用或者福利有外溢性影响。如果产生了"外部性"，就意味着有人享受了过多的权利，少尽了义务，而其本应尽的义务却由他人承担了，这是对他人权利的一种损害。比如，有些交易行为对交易双方都有利可图，但却破坏了生态环境，导致环境污染，给他人的财产造成危害，甚至是危及他人生命；而治理环境污染的费用却由他人承担了，这就是一种外溢环境成本的行为。交易双方不仅逃避掉了保护环境的责任和义务，而且还损害了他人的权利，是一种不道德的行为。再比如，交易中偷税漏税行为，也对于买卖双方都有利。买方买了便宜的商品，而卖方少支付了费税，等于是多赚取了利润，但却是损害了国家利益，他们因此而逃避了依法纳税的义务和责任，也是不道德的。所以，允许交易双方追求利益最大化，这是他们的权利。但这种权利的界限就是不能因此而产生"外部性"问题，把外部化的成本内部化是一种义务和责任，应该主动承担。

商品交换实质上是所有权的让渡，而契约则是这种让渡的合法形式。我们说，人人都有权订立契约，转让权利，但是这种被转让的权利指的是财产性权利，非财产性的权利则不可转让。这就是说，公民能够转让的只能是自己所拥有的物权，即对物的占有、使用、处置的权利，而不是指公民所拥有的一切权利。因为，有些权利是不能转让的，一旦转让，这个人就失去了人格、自由、尊严及与他人的平等地位，再也没有权利可言，只有尽不完的义务。这种权利就是人之为人的权利。

那么什么东西不能转让呢？黑格尔认为，人有两样东西不能转让，即人格和精神，通俗地讲就是做人的原则不能放弃。正如他所说："我的整个人格，我的普遍的意志自由、伦理和宗教"是"不可转让的"①因为，它们是我之为我的内在规定性，转让了这两样东西，我就不是我了。我的本性是自由的，没有了人格与精神，就没有我作为人存在的资格或依据。转让了人格和精神之后，我就或者沦为与动物无异的东西，这就是奴隶、农奴等依附于他人的存在而不是独立自由的存在；或者是沦为他人的纯粹工具，丧失了自己的独立意志，就没有了自己的思想、精神、灵魂与良知，成为完全听命于别人的东西。反过来讲，既然转让了人格和精神后，我将不为我，那么我为什么要转让呢？难道仅仅是为了某种物质利益吗？仅仅是为了维护血肉之躯吗？果真如此，与动物又有什么区别呢？所以，独立之人格、自由之精神是不能转让、不能放弃的。

另外，人的全部时间和全部能力不能转让。因为，若转让出我的全部时间与全部能力，就等于将包括人格在内的的我全部东西都转让了，我的人身也就变成别人的财产了，我将一无所有。所以，我可以把我的体力上和智力上的特殊技能和活动能力及其成果在限定的时期内让渡给别人使用，而不能永远让渡给别人。奴隶与雇工的区别正在于全部转让与部分转让的区别，奴隶没有自由，雇工则拥有自己的人格独立性与自由意志，还可以随时解除与雇主的劳资合同。所以，人不能将自己全部转让给雇主。

最后，人还有一个东西不能转让，这就是生命。生命是同人格直接统一的东西，生命是人格及精神之依托，放弃生命，就是放弃了人格、

① ［德］黑格尔：《法哲学原理》，范扬、张企泰译，商务印书馆1961年版，第73页。

精神和能力。所以，为了自身其他的权利，我有义务保护自己的生命，而不能随便结束生命，也不能使生命受到威胁。

　　总之，交易是在确保自己为人的同时也尊重别人为人的前提下进行的，契约也是在这样的前提下签订的，这样前提条件下的权利与义务必然是对等的、统一的。

第三章　商业信用

商业信用是与市场经济和货币流通紧密联系的，它是商品生产、货币流通、市场贸易发展到一定阶段的产物，并随着社会分工的深化和市场的扩大而发展。商业信用在现代市场经济发展中具有重要的地位和作用，已成为社会再生产的纽带和现代信用制度的基础。在我国社会主义市场经济发展中，商业信用的建设是一项基础性工程。

第一节　信用的本质及作用

信用是市场得以产生和发展的道德基础和基本价值准则，信用关系是在商品交换和货币流通的基础上产生的，反映了商品生产者之间的经济关系，是整个商品经济持续发展的基础。在现代市场经济条件下，信用具有特别重要的意义和作用。

一、信用的产生与发展

信用的初始之意是对行为的一种规范要求，是指人与人在交往、合作中对他人诚实守信，是反映人与人之间交往关系的伦理范畴。人类自有经济合作和交往开始，信用作为一种经济伦理存在，并被不同的经济主体所强调。随着商品生产和交换的发展，信用被广泛用于经济交往过程，并被赋予越来越多的经济意义，信用概念由此不断放大，已远远超出伦理范围的框架体系，进而从一种简单的对经济行为规范的要求中演化出来，成为一种特定的经济行为方式。

（一）信用的含义

信用一词在伦理学、社会学、法学和经济学等许多学科均被使用，并被赋予了不同的规定性。由于其具有多层次、多侧面含义，在使用信用一词时往往侧重某一义项，因此在表述上显得有些混乱。正如熊彼特所言，信用"这个名词自始自终使用得很不严格"。[①]

信用一词，最早源于拉丁文"crdeo"，原义为信托、相信，后被引入英文，成为"credit"，具有近代和现代的相信、信托、信任以及赊欠、债权、存款等含义，此外，其动词具有相信、信赖等意义。在《郎文当代英语词典》（1987）释义中，信用具有"信仰或相信某事物的正当合理性"，"在还债或处理货币事务中受信任的品质"，"购买商品及服务后一段时间内偿付的制度"。《大英百科全书》把 credit 解释为"指一方（债权人或贷款人）供应货币、商品、服务或有价证券，而另一方（债务人或借款人）在承诺的将来时间里偿还的交易行为。"在汉语中，信用也具有多方面的含义。《辞海》（1989）列出了信用的三种释义：一为"信任使用"；二为"遵守诺言，实践成约，从而取得别人对他的信任"；三为"价值运动的特殊形式"。

概括起来讲，信用，从其来源看，最早是与伦理一词相连。随着其外延和内涵的变化，信用兼具道德、法律和经济属性及功能，它们共同的特征是心理上的信任和行为上按约行事，而在具体经济领域的表现却是多种多样。在伦理学上，它是指诚实守信、践行诺言，是善的体现，是一种美好的德行和基本的行为规范。一个人如果失去了信用，就失去了换取他人信任的资本，无法进行交互性行为。作为伦理学的一个重要范畴，信用是指基于主体的信誉而形成的人与人之间的信赖关系，主要是指参与社会和经济活动的当事人之间建立起来的以诚实守信为道德基础的践约行为，即我们通常所说的"讲信用"、"守信誉"、"一诺千金"，它是一种普遍的处理人际关系的道德准则，是社会主体之间以诚实守信

---

① ［美］熊彼特：《经济分析史》第 2 卷，商务印书馆 1996 年版，第 511 页注 4。

为基础的价值取向。

在经济学领域中，信用体现着特定的经济关系，从狭义上讲，主要指以付款或还款承诺为内容而发生的授信、受信活动（信用活动），即不同所有者之间商品交换中的赊购赊销、延期付款和货币资金的借贷行为，是以偿还为条件的价值运动的特殊形式，是发生在不同权利主体之间的有条件让渡货币或商品的一种经济关系。它是建立在对受信人在特定的期限内付款或还款承诺的信任的基础上，表现的是在商品交换或其他经济活动中，交易双方所实行的以契约（合同）为基础的资金借贷、承诺、履约的行为。在这种信用关系中，贷款者在贷出一笔资金的同时获得了一种权利，即可以要求借款人以后偿还一笔资金的权利（又称债权）；借款人则承担以后偿还一笔资金的义务（又称债务）。正如马克思所指出的：信用是经济上的一种借贷行为，是以偿还为条件的价值的单方面让渡，"这个运动——以偿还为条件的付出——一般地说就是贷和借的运动，即货币和商品的只是有条件的让渡的这种特有形式的运动。"① 信用关系其实是一种债权债务关系，偿还和付息是其基本特征。在比较成熟的市场经济中的大部分交易，都是以信用为中介的交易，因此信用是现代市场交易的一个必备的要素。根据授信、受信对象、性质和主体的不同，信用分为商业信用、银行信用等。广义上，信用是一种主观上的诚实守信和客观上的偿付能力的统一。具体地说，遵守诺言，实践成约，取信于人，这种伦理精神反映在经济中，是指经济主体之间以谋求长期利益最大化为目的，建立在诚实守信基础上的心理承诺与约期实践相结合的意志和能力，以及由此形成和发展起来的行为规范及交易规则。信用的进一步发展，使它由交易的实现手段异化为交易方式，出现信用交易，即狭义上特定概念。它实际上是狭义上的信用概念在经济具体领域的运用和引申。本章主要是从广义上对信用进行探讨。

---

① 马克思：《资本论》第3卷，人民出版社2004年版，第389页。

　　在社会学意义上，信用是指一种价值观以及建立在这一价值观基础上的社会关系，是一种基于伦理的信任关系。信用是一种心理状态，是人类在自身历史发展历程中的一种心理选择，是对理性不足的补充。"信任是一种态度，相信某人的行为或周围的秩序符合自己的愿望。它可以表现为三种期待：对自然与社会的秩序性，对合作伙伴承担的义务，对某角色的技术能力。它不是认识论意义上的理解，它处在全知和无知之间，是不顾不确定去相信。"①

　　从法律角度讲，信用是市场主体之间发生的一种合理期待或信赖关系②，是一般人对于当事人自我经济评价的信赖性，亦称信誉。③ 一般而言，信用是二元主体或多元主体之间，以某种经济生活需要为目的，建立在诚实守信基础上的心理承诺与约期实践相结合的意志和能力。它是指一种建立在授信人对受信人偿付承诺的信任的基础上，受信方向授信方特定时间内所作的某种承诺（合约）的兑现能力。

　　（二）信用的本质特征

　　信用是一个多学科、多层面的概念，并且在不同的社会制度和生产方式下，信用的性质及其所反映的社会关系也大不相同。就信用的内涵而言，大致可概括为以下几点：

　　第一，信用是信与用的统一。信是人类个体的心理现象，包含相信、信任、信念、信心，所包含的这些内容通过传播在大众心目中的投射，就是信誉，其直接结果是信任和安全感。当我们讲"某家企业信用好"、"某人办事不讲信用"时，所依据的是对某人、企业及借款的信任或不信任。而如果发生了信用危机，主要表现便是人们在经济活动中失去了安全感，其间接结果是一个人、一个组织一旦有了信誉，就会对其社会经济交往产生正确的或有益的效用、功用、作用。

---

① 郑也夫：《信任：溯源与定义》，《北京社会科学》1999 年第 4 期。
② 参见周汉华：《信用与法律》，《经济社会体制比较》2002 年第 3 期。
③ 参见张俊浩主编：《民法学原理》，中国政法大学出版社 1991 年版，第 158 页。

第二，信用存在的前提在于事先信任和事中普遍的守信行为。从信用需求转化为信用行为，必须同时符合两个条件：其一，对信用行为的结果预期收益大于预期成本。借助于信用的认同，使信用充当交易的媒介，带来效率。其二，信用行为主体是自由选择其发生关系的对象。也就是说，在非外力影响下，它自由选择合作或交易的对象。自由订立合同，是信任对象会按约履行的结果，也是守约和守信的前提。

第三，信用具有本质特性，主要表现在：其一，主观上有遵守承诺、履行义务的积极愿望或道德品格，客观上具有兑现承诺、履行义务的能力。信用是素质也是能力，正如穆勒所说："究竟乙具有多少信用，要看人们对他的偿付能力的一般评价。"[①] 因此，信用包括品格信用和资产信用两个层次。其二，实质上反映了社会经济关系，体现一种债权与债务、权利与义务关系。其三，未来性和预期性，即带有对未来经济利益的一种心理预期和要求。正如麦克劳德所说："每一种预期都是信用，商品信用被卖出去换取货币信用"[②]。其四，利益性，是为了某种价值偿付或等价回报。一般说来，在经济生活中，信用最终是为了获得"价值偿付"。这种偿付包括交易中商品"物有所值"、"货真价实"、"履行契约"等诸多形式。因此，信用是基于信任心理。

第四，信用的原则，即信用的核心问题，主要有诚实守信和利益实现两方面。这种原则体现在信用的双重价值意义上：功利价值和伦理价值。正如马克斯·韦伯所说："切记：善于付钱者是别人钱袋的主人……一次失信，你的朋友的钱袋则会永远向你关闭。一直把欠人的东西记在心上，会使你在众人心目中成为一个认真可靠的人，这就又增加了你的信用。"[③] 可见，信用内含经济关系中的等价原则、公平原则、守

---

① ［英］约翰·穆勒：《政治经济学原理》下卷，商务印书馆1991年版，第62—63页。

② ［美］康芒斯：《制度经济学》下册，商务印书馆1962年版，第53页。

③ ［德］马克斯·韦伯：《新教伦理与资本主义精神》，三联书店1987年版，第33页。

信原则等功利伦理精神。

就一般意义而言，由于信用兼具道德、法律和经济属性及功能，它还具有其他一般本质和特征。

首先，信用是一种社会关系。信用是基于主体的信誉而形成的人与人之间的信赖关系，它是一种社会关系的表征。信用不是个体行为，而是发生、存在并作用于人们之间的社会关系。信用是随着社会的发展而发展，其内涵及表现形式也不断发展，它所反映的社会关系也不断变化。在前资本主义社会，货币借贷就具有高利贷性质，它主要反映高利贷者剥削小生产者的社会生产关系，也反映高利贷者和奴隶主或封建主共同剥削奴隶或农奴的社会生产关系。在资本主义制度下，货币转化为资本，资本主义信用是借贷资本的运动形式，它反映资本主义生产关系，即资本家剥削雇佣工人的生产关系。

其次，信用具有伦理特征。尽管在不同学科领域，信用总是被赋予特定的内涵和意义，但是，不论是社会学、法学或经济学意义上的信用都具有一般社会伦理的意义。从实践的角度来看，信用的两个重要因素是履约能力和履约意愿。其中，履约意愿主要涉及受信人的道德意识和社会责任感，由此它被赋予了道德和伦理的意义。同时，信用所包含的对受信人的可信赖程度也与受信人的道德水平和价值观密切相关。信用作为伦理学的一个重要范畴，是指基于主体的信誉而形成的人与人之间的信赖关系，是一种普遍的处理人际关系的道德准则，是社会主体之间以诚实守信为基础的价值取向。无论是经济学中的信用，或是法律中的信用都广泛地秉承和表现着一种伦理意义或道德准则和价值观。

再次，信用还是一种社会心理现象。任何信用都是以信任为前提和基础的，对于受信人的信任实际上是授信人对信用关系所具有的心理上信赖和安全感。这种社会心理有赖于授信人对于受信人资信水平的心理预期和理性判断。同时，信用所包含的"履约意愿"乃是受信人偿还信用的主观态度和心理趋向。

最后，信用具有时代特征。信用和信用关系并不是一成不变的，而是随着的社会的发展变化而不断发展变化的。不同的时代，信用的内涵、表现形式及其地位作用是大不相同的。在当今社会发展变化中，传统的信用观念、信用意义和形式都发生着急剧的变化。信用和信用关系日益成为经济发展和社会生活网络中的重要元素，并影响着人们的社会关系和活动。

以上是就信用的一般特征而言的，在这里需要指出的是，在不同的层次上信用的本质特征还有其他方面的表现。

（三）商品经济条件下信用的历史变迁

交易的最初就产生了信用问题，但只有当市场交易发展到契约化阶段，信用才得以"新生"，出现以信用为中介的交易，信用与交易从内在统一扩展到外在统一，实现了实质化和形式化的相容，由此经历了一个从人伦信用到合同信用，从特殊主义信用到普遍主义信用的发展过程。

1. 信用产生的基础

信用是一种社会经济关系，从经济的意义上讲，信用是与商品经济相联系的一个范畴。商品交换和私有制的出现，是信用产生的基础。从逻辑上说，信用产生的基本前提条件是私有制条件下的社会分工和大量剩余产品的出现。商品交换是商品所有者借着物的形式进行的不同劳动、不同所有权的交换。商品交换作为一个历史范畴，早在原始社会末期就已出现，它的发展经历了简单的物物交换——以货币为媒介的间接交换——更高级的信用交易。在这一发展过程中，信用随之发展并产生了不同的信用行为、信用方式和信用形式等。

最初的商品交换，是一种物物交换，这种物物交换具有直观性和短暂性特点，信用简单地表现在对交换产品能给自己带来效用最大或等于自己劳动产品花费的信任和认可。交换的范围主要限于家族、部落内部、亲善部落间，随着交易由偶然行为发展为经常化的行为，可以粗略地将其视为一种重复博弈，交易中的犯规者（如提供次品者，接受商品而不给回报者）会因失信而失去今后交往机会。守信逐渐成为一种规则和秩序。交换过程基本是在所谓"心照不宣"的信任下进行，这种信任来自相互间长期的接触、合作与了解或亲缘关系，买卖双方的合约的履行完全是在"礼尚往来"等体现道德规范的影响下进行。这种简单的信用关系是建立在对交易对手信任心理上，显然是一种典型的"特殊主义"（particularism）信用结构，即凭借与行为者的特殊关系而认定对象的价值至上性，如血缘关系、权威性而建立的信用。

商品之所以能够进行交换，是因为它具有能够满足某种需要的价值属性。交易双方对商品所有者所持有商品之使用价值的认可和信任，构成商品交换中信用发生的前提。交换者借助于使用价值的交换而形成了信用关系。当直接交换常常存在困难时，人们便选择了广为接受的商品做媒介，采取间接交换方式。这种被普遍接受的、作为媒介性的商品逐渐相对固定下来，并取得信任，便成为了交换媒介，于是产生了商品信用。从直接物物交换到间接交换，表现为对人和物两方面特殊信任，转到对某一相对固定物的信任上，形成可以与许多商品交换的一般等价物，如贝壳、布帛等。从这个意义上说，这些东西也成为一种信用形式，这是"普遍主义"（universalism）信用结构的初端。

2. 信用形式的拓展

随着商品交换的发展，交易数量和范围不断扩大，异地、远距离贸易大量出现，交易的进行需要在异地上执行合约。人们须寻找一种新的具有共同性、普遍性的东西来支持这种扩大了的交易，使其顺利进行。这种经济活动的现实需要，呼唤着一种"普遍主义"的价值尺度，原来维系地区性交易的血缘式、人情式信用结构必须扩大为一种更具普遍性的信用结构。这种情况下，货币作为一般等价物应运而生，并成为被普遍接受的交换媒介和支付手段，人们对金银价值信任超过其他商品，一般等价物货币便集中地固定在金银上，从而取代其他商品而成为一种信用的表现形式，原来交换中对物的信任被对货币的信任所取代。货币成为"物的神经"和"社会抵押品"（马克思语）被普遍接受。交换关系简单化了，但交换背后的信用关系却进一步深化。货币在流通领域成为一种"普遍主义"的信用形式，即货币信用。

随着交换关系由直接的物物交换向以货币为媒介的间接交换方式转化，信用表现出对货币价值信任和等价交换的要求。但是，"一手交钱，一手交货"的要求常常造成不便，为了克服这种不便，卖主往往凭借对买主的信任而同意在未来约定的时间付款，由此出现了赊销行为。赊销意味着授信人给予受信人的未来付款承诺以信任，受信人则在规定的时间里履行承诺。这样，最早的商品经济意义上的信用行为随之产生，物流和货币流在同一时间地点发生的交易方式被以信用为中介或保障的交易方式所取代。接着，信用行为超出了商品买卖的范围，出现了以借贷活动为内容的信用方式，形成债权人与债务人之间的信用关系。事实上，现行的纸币（信用货币）本身，也是在这种信用关系的基础上发展起来的，现代金融业正是信用关系发展的产物。因此，早期赊销无论在历史上还是逻辑上都是信用行为方式的起点。

当商品交换由直接物物交换发展为以货币为媒介的间接交换，商品交换方式从物与物交换转为"一手交钱，一手交货"的买卖方式，人情式交换关系转为纯经济交易关系。对于这种纯经济交易行为，人们更多地考虑是否等价交换，交换者更多地以自身利益最大化为目标，交易双方的信用标准从社会伦理价值取向转到利益价值取向上。

无论是物物交换还是"一手交钱，一手交货"的买卖，其实现都离不开信用。随着交易形式的发展，交易在时间性上可以把交钱与交货分为两个阶段进行。这一分离，使交易范围、层次、数量得到扩大。原先因受"一手交钱，一手交货"局限及时间性、空间性及数量影响而不能进行的交易开始出现了（如期货交易）。在这里，信用的功能和作用得到更大的体现和发挥，同样，信用的内容和形式也随之得到不断的充实和扩大。从事这种交易的人在交换承诺或完成交易的时间之内，必须向他人做出他要做什么或不做什么的承诺，承诺意味着要求和约束立约人未来的某些行动。承诺者心甘情愿要求和约束自己未来的行动，是希望从信用行为中获得预期利益。

在瞬时交易下，你不给钱，我就不给货；你不给货，我就不给钱，信用容易得到执行。而"当交易行为不同时发生时，一方承诺在未来的某一天支付（或发送）货物。货物性能在交货时不是完全清楚的，卖方承诺货物符合合同规定，这又是一个有待未来检验的承诺。"① 在缓期交易的执行中，往往容易产生产品质量、转让权利、交易时间等问题。因为涉及未来，所以会出现不确定性，而一旦存在不确定性，就有风险。这种风险有来自客观偶然性或不可抗拒因素，也有来自主观上不履行诺言因素。因此，在缓期交易中，被延长了的权利能否实现完全取决于交易双方的所做承诺的履行，即信用。此时，最主要任务是订立合同，保证双方履行承诺和为偶然性分配责任，即保证双方信用关系。在信用机制正常情况下，这种时间分离与不分离对交易目的本身没有实质性的影响，影响的仅是过程，即获得权利和履行义务双方同时进行，变为一方先履行义务后获得权利，而另一方先获得权利后履行义务。而在非正常情况下，先获得权利一方，可能因为利益或能力原因不履行义务，信用得不到维护与执行。信用的缺失会导致交易成本增加、缩小交易的范围或交易失败。因此，缓期交易比瞬时交易更需要提供一种信用机制，否则很难进行。特别是期货交易，其最突出特征是：一是交易量大；二是交易延续时间长；三是容易出现投机性行为而影响信用。显然，这一交易过程是凭借经验与预测的判断进行的，且时间间隔较长，存在较大不确定因素，信用问题在交易中更具重要性。可见，信用问题是期货交易最终实现的关键，也是期货交易有序运作的"神经"。当然，它可以通过"套期保值"的利益补偿和风险分配机制和签订合同的信用补偿机制来保证交易实现。

随着商品货币经济的深入发展，货币的支付手段职能也得以扩展并超过了商品流通的范围。作为支付手段的货币（信用货币）本身也加入

---

① ［美］约瑟夫·斯蒂格利茨：《转轨经济中公司治理结构的失败》，《经济社会体制比较》2000 年第 3 期。

了交易的过程，出现了借贷活动。信用关系超越了实物借贷的局限性，超越商品流通而获得了普遍的发展。与货币的支付手段紧密相连的信用关系，不仅表现为商品的赊销赊购，而日益表现为货币的借贷。由于货币在人们之间的分布不均，一些人手中积累了货币或闲置有货币，需要寻找出路；而另一些人则因生产或生活急需货币，因此要求通过信用形式进行货币的调剂，这就使信用关系超出了直接的商品流通范围、渗透到社会生产和生活的各个方面。现在通行的纸币（信用货币）本身，也是在这种信用关系的基础上产生的。所以说，现代金融业就是信用关系发展的产物。在市场经济发展过程中，信用交易大大降低了交易成本，扩大了市场规模；市场的扩大也促进了信用的进一步发展。现代市场经济乃是一种建立在信用关系之上的经济。

二、信用在市场经济中的地位和意义

在现代市场经济活动中，由于信用在经济实践中的广泛运用，其地位和作用日显突出。已成为社会经济运行中必不可少的一环，维持和发展信用关系，是维护社会经济秩序的重要前提。信用作为一种商品交换主体之间的经济信赖关系，市场主体之间相互信赖和互为依存，决定市场经济在某种程度上就是信用经济，它集中反映了诚实信用原则已上升为市场经济宪法——民商法的一般"帝王规则"。

市场经济是信用经济，这既是一个价值判断，又是一个事实判断。作为价值判断，是指市场经济作为建立在高度分工合作基础上的经济形态，有较高的信用要求（虽然市场活动中并非每一个人都具有较高的信用水准）；作为事实判断，是指健全市场环境中的经济主体一般都自觉或不自觉地遵循各式信用准则（这既有信用伦理之功，而更取决于制度约束之效），否则，一旦信用关系、信用秩序被破坏，市场的运行秩序和正常的经济交易活动就会受阻。市场经济越发达，对信用的要求越高；而信用越普遍化，社会信用度越高，经济活动的成本就越低，所以，信用不仅是市场经济的行为规则，更是现代市场经济中的一种社会资源。信用是市场经济的灵魂，是现代文明的重要基础和标志。在现代市场经济活动中，信用是基本的经济活动，它体载着市场经济社会中基本经济关系，对于市场经济的健康运行具有十分重要的意义。

（一）信用在市场经济中的客观存在

1. 信用的客观存在性

无论是在何种经济制度或经济体制中，信用问题都是一种客观存在。信用的初始之意是反映人与人之间交往关系的伦理范畴，人类自有经济合作和交往开始，信用作为一种经济伦理存在，并被不同的经济主体所强调。孔子早就指出"人而无信，不知其可也"，[①] 任何发展水平的群体得以存在的必要条件之一，就是群体成员之间的最低限度的合作。"如果群体成员间的最低限度的合作与容忍是任何人类群体得以生存的必要条件，那么，诚实信用的概念从这一必然性得以产生便似乎不可避免的了。"[②]

合作的基础在于诚实守信。所谓"信任一个人"，指的是愿意同他一道做事，相信他会履行义务，愿意与他合作。"约定必须遵守"经常被用以表达这种信用行为的要求。也是在这种意义上，信用作为行为规则被接受并具有一定的约束力。人们由于对某种利益的预期，基于信任的基础上选择与他人合作；若你不信任任何人，或不被他人所信任，就会丧失掉许多选择的机会而享受不到合作的好处。在原始部落的经济活动中，正是依靠这种信用精神和关系，来相互调节劳动力、不同产品或相同产品在不同时间的余缺问题。自商品经济的出现，信用就发展为从属于商品和货币关系的一个经济范畴，在我国古代和西方的古希腊时期就已存在赊销、放款取息等市场信用行为及关系。

信用就其本质来说，是社会生活的不确定性和信息不对称造成的。在人类社会，天然地存在着信息不对称和不完备的弊端。而即使在严格

---

① 《论语·为政》。
② 郑强：《合同法诚实信用原则研究》，法律出版社2000年版，第39页。

的边界和小的场景中，具备了完备的信息，人的大脑也很难在一定的时间范围内找到最有效的途径，现实生活中复杂的博弈过程、时间本身所具有的变化性，更使得人们无法预知未来的风险。但现实生活又不能因未来的无法预测而放弃，人们就只能选择信任来增强对未来的信心、强化对现实的把握。"信任增加了对不确定的宽容，从而增加了人们行动的勇气。"①

信用又是社会的黏合剂，是"稳定社会关系的基本因素"。"没有人们相互间享有的普遍的信任，社会本身将瓦解，几乎没有一种关系是建立在对他人的确切了解之上的。"② 而相互之间的信任可以在不同的，特别是彼此陌生的主体之间建立一种行为的可预期性，消除社会生活的不稳定性，从而建立起社会秩序。所以说，信任是从过去、现在当中寻找未来的可预测性。当我们看到一个人的信用记录是优良的，就有理由去相信他。因为，如果不相信他，就没有办法进行交互性行为，如果社会不按照这样的路径去发展只会逐渐走向灭亡。

2. 信用是市场经济的固有内容

信用在人类经济生活中的出现，始于原始交换时期，商品经济时期开始广泛发生，但真正的发展则是在市场经济时期，并成为市场经济中的一个具体领域。从"市场经济"这一概念的内涵来看，在市场主体的行为及其行为关系中包含着信用关系。英国著名经济学家戴维·皮尔斯（David W. Pearce）主编的《现代经济学辞典》从理解基本制度范畴的角度出发，认为"市场经济"是"根据生产者、消费者、工人和生产要素所有者之间自愿交换而形成的价值来做出关于资源配置决策和生产决策的一种经济制度。这样的一种经济的决策是分散化的，即是独自地由

---

① 郑也夫：《信任的简化功能》，《北京社会科学》2000 年第 3 期。
② ［美］彼得·布劳：《社会生活中的交换和权力》，华夏出版社 1988 年版，第 99 页。

这种经济中的集团和个人而不是由中央计划工作者来作出决策。"① 萨缪尔森等指出："市场经济是一家精巧的机构，通过一系列的价格和市场，无意识地协调着人们的经济活动。它也是一具传达信息的机器，把千百万不同个人的知识和行动汇合在一起。虽然不具有统一的智力，它却解决着一种当今最大的计算机无能为力，牵涉到上百万未知数和关系的问题。"在市场机制中，"单个消费者和企业通过市场相互发生作用，来决定经济组织的三个中心问题"，即解决"生产什么、如何生产和为谁生产的问题"② 由此看来，市场经济至少具有这样一些内在的规定性：

其一，市场经济中的主体是独立的、自我决策的，是其经济行为的决定者，其经济活动是自由而自主的活动，通过生产和交易自愿发生合同关系，以形成对双方都有效的原则和规范。其中，信用是基本规范之一。

其二，市场经济系以市场供求关系和利益关系来调节人们之间的生产交换行为，从而成为资源配置的一种手段。在这里，市场经济主要表达一种机制和规则，即"市场经济体现的是一种交换规则或习惯。"③ 在市场机制和交易规则的保证和约束下，通过合理的资源配置所求得的，是交易成本的降低和效益的增加。而欲保证市场经济的效率，除了必要的资源、科技水平和制度外，还必须保证市场主体的积极性。这就需要借助一定的市场运作机制和行为规则，减少生产和交易等经济生活的外部性和不确定性，增加市场主体对经济活动利益的可预测性及信心，即市场经济必须有其特定的关系结构和规则机制。就关系结构来说，它要求特定的主客体间和主体间具有一定的互动关系；就规则机制来说，它

---

① 胡代光、周安军：《当代国外学者论市场经济》，商务印书馆 1996 年版，第 38 页。

② ［美］萨缪尔森、诺德豪森：《经济学》上，中国发展出版社 1992 年版，第 68—70 页。

③ 参见晏辉：《市场经济的伦理基础》，山西教育出版社 1999 年版，第 2—4 页。

有着特定的激励和约束要求。因此，在市场"游戏规则"中，必须包含行为规则的效率意义以及追求效率的市场行为界限或准则。其中，建立的信用机制就应该是这些准则之一。

其三，市场经济作为经济发展的一个重要形态，形成了其特有的文化积淀和价值观，如契约观、信用观。在市场经济活动中，由于主体的利益多元化、分散化、独立化，主体间的行为受市场利益的驱动和影响，其实质上是一种利益关系。经济主体订立契约和履行合同实际上都是为了保证交易活动的有效性，从而求得利益的最大化，然而，任何一种合同都必须由承诺构成，又都包含着诚实信用的原则，体现着权利和义务这一基本关系。在民法中就确立了诚实信用这一基本原则作为其至高无上的"帝王"条款，同时设立各种制度以保证当事人正确履行合同，由此成为建立信用机制的最有力保障。

（二）信用是市场经济的内在要求

信用作为一种经济概念，起源于原始交换时期，商品经济时期开始广泛发生，但真正的发展是在于市场经济时期，并成为市场经济中一个具体领域。市场经济的一个重要特点就是普遍交易。在交易普遍化条件下，要使交易正常进行，就得依赖于一定的交易规则或秩序、信用规则来规范引导人们的交易行为。否则，会出现无序与混乱现象，就会破坏交易正常进行和交易预期目标的实现，就会影响人们对市场经济的信任度和参与市场的信心。现实表明，一切商品包括服务在内只有经过交换方可能趋于最大价值的利用，因此，信用秩序是商品实现其价值和使用交换的必然要求，也是一切社会资源实现其最大限度增值的必由之路，是社会整体利益实现和增长的基本条件。现代市场经济是社会化大生产与专业分工细致化的经济，高度的社会分工必然伴随着广泛而频繁的交换，市场秩序得到深化和发展，不仅交换的范围越来越广泛，交换的内容、数量迅速增长，交换手段、方式日新月异，交易风险也不断增加，这决定了其较之以往经济更具复杂性。社会经济活动复杂性客观存在和经济利益的本质要求，提出维护市场经济有效运行的规则、秩序问题。

信用作为一种经济伦理或制度安排和秩序规范，成为市场经济的原则要求。

首先，现代市场经济依存于信用机制。随着交易的普遍发展，市场交易越来越依赖于交易规则和秩序，无论是商品交换、劳务交换，还是信息、服务交换，其交换的完成或实现，都存在一个时间和空间的差距。这个过程要靠制度安排来保障，否则，交换无法稳健进行。信用作为一种内在规定和制度安排，是各类经营主体之间彼此相连、互为制约所必不可少的链接条件。它有利于促进各类经济主体间长期的和较为稳定的经济关系，使市场主体保持对市场行为预测和交易目标的预期，从而维护和促进市场经济的正常运转、协调发展。一旦这种信用约定被破坏，或信用链中的一环受阻，都会使经济秩序出现紊乱现象，影响市场经济健康发展。可见，与现代市场经济广泛的社会依存性相适应，必然内在地提出信用关系的普遍化和信用秩序的客观化。

其次，信用是现代市场经济所必需的社会资本供给。在现实经济活动中，信用构成了社会资本的重要部分。从现代市场经济的实际发展看，市场经济并不单纯由经济资本驱动，还需要一种社会资本的投入，包括人力资本供应和信用资本支持。这种信用资本不单指传统个体化的伦理道德，更多的是公共化的社会规范，即每个人所承担的社会角色应有的行为规范和伦理要求。在比较规范和成熟的市场经济国家中，信用是企业无形资本和赖以生存与发展的基础，是经济活动个体的身份证明，也是政府管理和服务于经济的有效表现。

（三）信用是市场经济发展的基本保证和动力

信用交易方式的出现，更是打破了交易"一手交钱，一手交货"的时空限制，大大拓展了市场交易的空间与时序，出现电子商务带来"虚拟"市场等，促进了市场交易的极大发展。

首先，信用是维系合作从而满足市场主体理性预期需要的经济纽带。市场活动是不同生产者之间劳动分工的合作。合作的前提是相互信任，每一次合作的完成，都意味着一次按约行事的信用实施。正如前所述，当人情式的特殊主义信用难以满足人们多种利益所需的新交换及复杂交换时，人们选择了契约式的普遍主义信用来扩展分工合作，使交易深度和广度有了更大的前进，导致了市场的扩展。

其次，信用是市场活力的信心指数。约翰·穆勒在其《经济学原理》中曾指出：信用以信任心为根据，信任心的推广，使每个人藏在身边以备万一的最小额资本用在生产的用途上。他认为，如果没有信用，换言之，如果因为一般不安全，缺乏信任心，而不常有信用，则有资本但无职业或无必要知识技能而不能亲自营业的人，将不能从资本中获得任何利益：他们所有的资产或将歇着不用，或将浪费削减在不熟练的谋利尝试上。可见，如果没有信用可言，人们对市场缺乏信心，就不会发生借贷，资产也不会转为投资资本，市场就会处于非常低迷的状态。有感于此，有经济学家提出："市场疲软的原因是信用不足"。比如，当前我国转型期间如果失信行为扩大化和信用管理机制缺位，造成人们对信用交易的观念障碍和现实中信用交易的风险性，从而影响投资者对市场的信心，影响对市场所需资金的投入。从消费的角度看，假冒伪劣产品更是破坏了消费者的交易信心，由此阻滞了市场交易的纵横发展（如电子商务交易缓慢进行，期货市场也是举步维艰）。

（四）信用是市场经济成熟的主要标志

首先，信用是市场发育程度的主要参数。市场发育程度有许多种定义方式，这里所指市场发育程度是指市场交易演进程度。交易的演进取决于信用的发展。在传统理论中，交易是分工与专业化的必然结果，可是，如果只有技术的进步（专业细分）而没有一种制度保障，交易也将失去发展的动力。信用在人类社会发展关系中的确立及作用发挥，最终才形成我们今天见到的建立在等价交换基础上的、受法律制约的和跨越时空的各种高层次的交易形式。人们可以凭借信用暂不付钱而获得商品或服务，信用成为交易升级的手段和前提条件。其中，信用交易成为一种最具效率的交易方式，人们把大把的"观念"钞票变成银行轻便支票、汇票来偿付货款，用账面信用上的几组数字的增减完成支付过程。

在市场经济中，如果信用行为普遍化，信用关系持久和稳定，信用制度完善，那么，其信用度越高，市场发育也就越高。反之亦然。

其次，信用是现代市场经济的重要杠杆。随着商品经济发展，信用成为一种资本为社会广泛需求。信用成为一种资本，具有增值功能，引起人们追求的欲望，这种追求无形中起到规范市场行为的作用，形成一种诚实守信的经济交往关系，维护市场秩序。一个具有良好信用的企业，市场选择其产品，并与之交往机会增多；反之，信用差的就没人选择与之交往，严重者会被市场淘汰出局，信用成为市场规则。为了积极参与市场经济，并获得最大的利益，每个市场参与者必须注意规范经济行为，注重信用形象，不断提高自身的信誉，以获取更多市场交易机会，实现产品价值，以获得最大利益。利益原则决定了市场主体选择信用行为，而信用的本质约束并规范了市场主体行为表现，从而起到维护市场经济秩序的作用。信用行为是一切交易或整个市场所要求，信用关系则构成一种行为规则即信用秩序，一旦这种秩序赋予法律权威性，就成为市场秩序或市场法则。成熟的市场经济总是在一定市场秩序下追求效率，市场秩序是人在市场活动中表现出来并由人加以规定或约定的，是一种规范与约束体系。这种约束的内在性主要是道德与利益驱动使然。信用所具有的道德与利益双重要求，满足了这种市场秩序精神，也必然为市场秩序所接纳。信用秩序成了现代市场交易行为的制度背景，构成现代市场经济运行机制之一。

再次，信用推动市场经济良性循环。在商品交换中，商品的使用价值与交换价值出现了分离。由于交易对方有可能进行欺诈，所提供的商品与自己所认定的质和量不一致，所以交换的双方首先必须相信对方所提供的商品物有所值。因此，任何市场交易行为要得以实现，首先要有一定的信用基础。市场经济是以等价交换为特征的经济形态，是一种有各种利益需求的人（包括法人和自然人）为主体的实践活动与关系。互惠互利、诚实守信、公平竞争成为市场经济内在的道德律令和"游戏规则"，体现这种道德律令的社会信用是实现市场主体间商品、货币及劳务等价交换的保证。不难理解，在市场经济条件下，信用是市场行为的基本准则，信用秩序是市场秩序的关键，人们只有在按信用秩序这一"游戏规则"从事市场活动，市场竞争才能有序，才能发挥其配置资源的效率性。

（五）信用是经济全球化发展趋势的客观选择

经济全球化是社会化大生产发展的客观趋势，一国的经济日益融入世界经济中，本国市场日益成为国际市场的一个组成部分，许多原有国内经济规则逐渐被国际新经济规则所取代。全球化的经济就其外部而言，需要全球化的规则与协调；就其内部而言，需要遵守共同的规则，维护信用秩序，这样才能推进生产、交换、分配过程的顺利实现。从微观而言，要求政府、企业对外经济交往都必须遵循共同规则（包括信用规则）信用要求，按规则办事，否则将遭受起诉与制裁。

事实上，在经济全球化的潮流下，国家信用、企业信用、银行信用、个人信用以及中介机构信用是经济得以运行的基础条件。在现代市场经济活动中，信用是基本的经济活动，大部分交易活动都是以信用为中介的交易活动，交换双方以信用为守约条件构成互相信任的经济关系。因此，建立信用秩序和信用体系是现代市场经济运行的必备要素和工具。现代市场经济是一种高度发达的社会分工体系，社会分工和专业化极大地提高了劳动生产率，但同时，由于社会分工的不断发展以及产生的知识分工会使得绝大多数市场上交易双方信息不对称，市场交易双方对信息拥有量的不对称是市场经济的重要缺陷之一，由此会导致所谓的逆向选择和道德风险等商业不诚实行为的发生。为使市场经济得以有序有效地运行，除了具备完备的交易制度外，还需要一个与之相适应的道德秩序即社会信用。因此，现代信用关系是现代市场经济的核心和灵魂，其对于市场经济的健康运行具有十分重要的意义。

现代市场经济的一个重要特征是信用交易范围的扩大，并渗透到社会生活的每一个方面。如果说，在历史上一个较小社区范围内的信用交易，由于人们"抬头不见低头见"，还可以用宗族关系、邻里关系、社会舆论来支持和维护信用。那么，发生在国家之间，乃至全球化的市场上的现代信用交易，就必须以有切实保证的信用制度和信用体系作为中介。随着电子商务、电子货币、电子结算等高级交易方式，它们的交易活动更需要信用做保障。没有信用便会造成恶性的商业欺诈行为，就连投机性很强的期货交易，也同样强调信用，要求诚实履行契约，最后货真价实地实现交割。

当然，在认识信用对经济的积极作用时，也不能忽略信用的消极作用。如果脱离生产和流通的实际需要，任意扩大信用规模，或在信用支持下，掩盖生产经营中的问题，那么，信用不但对经济无益，而且有害。信用的消极作用主要表现在：第一，容易滋长过度投机和欺诈、赌博行为。第二，信用活动容易失控，出现信用膨胀，从而有可能导致社会经济活动的日益紊乱甚至危机。第三，少数人有可能利用信用关系非法牟取暴利。为了控制这种风险，现代社会都需要一整套严格的信用管理体系，只有在这一体系的基础上建立起稳定可靠的信用关系，现代市场经济才有可能健康发展。

三、商业信用的本质和意义

随着商品经济的发展和货币功能的延申，信用形式也日趋多样化。现代市场经济是商品生产的高级形式，是商品经济发展并高度完善的经济形态，与之相应，信用关系及形式也获得了极大的发展。笔者根据提供和接受信用的承担者不同、提供信用的方式不同，可分为商业信用、银行信用、消费信用及国家信用等形式，这些不同的信用形式各具其特点。其中，商业信用是信用制度的基础形式。

（一）商业信用及其特点

1. 商业信用与企业信用

人们对商业信用的理解不尽相同。一般意义上讲，商业信用是人们基于商业主体主观上的诚实和客观上对承诺的兑现，而产生的商业信赖和好评，它是商业活动主体所形成的综合可信度的一种外在体现。从狭义上讲，商业信用是指企业信用，即工商企业之间进行商品交易时，以延期支付或预付形式提供的信用。简单地说，是企业之间在商品交易中产生的一种直接信用，它是指企业与企业之间在商品交易中以赊销、预付方式提供的信用。商业信用一般以商品和劳动的交换为载体，是从事再生产的企业之间的经济活动，而且这种经济活动要承担一定责任，履行一定义务，有一定时间限制。买卖双方构成了授信方与受信方的信用关系。可见，商业信用是以商品生产经营者——企业为信用主体，是与特定的商品交易直接相联系的一种直接融资方式。马克思认为："商业信用，即从事再生产的资本家互相提供的信用。"[1] "在这里，借贷资本和生产资本是一个东西；贷出的资本就是商品资本"，[2] 所以，最典型的商业信用是指企业之间以赊销商品形式提供的信用。至于为购买商品而预付贷款，因企业预付的货币资金没有脱离再生产的总资金循环过程，是为企业再生产服务的，是与商品交易直接联系的，也应算商业信用。但是，企业之间的货币借贷，虽然是以企业为信用主体，可是，它与商品交易并没有直接的联系，作为借贷的货币资金是离开了企业再生产总资金的循环周转过程，"作为过剩的货币资本从循环中排除出来，并转化为借贷货币资本。"[3] 即处于闲置的可供借贷的货币资金。马克思称这种企业间的货币借贷为货币信用。马克思在讲商业信用与货币信用的区分时指出："除了这种商业信用外，现在还有真正的货币信用。产业资本家和商人互相的贷款。"[4] 可见，商业信用的概念不是只看"以企业为信用主体"，还要看是否"与商品交易直接联系"，这两个条件必须同时具备才是商业信用。

任何一种信用形式都与经济基础相适应，商业信用的经济基础是商品货币经济发展到一定阶段上的社会化大生产。与商品交易直接联系的

---

① 《马克思恩格斯全集》第 25 卷，人民出版社 1974 年版，第 542 页。
② 《马克思恩格斯全集》第 25 卷，人民出版社 1974 年版，第 545 页。
③ 《马克思恩格斯全集》第 25 卷，人民出版社 1974 年版，第 573 页。
④ 《马克思恩格斯全集》第 25 卷，人民出版社 1974 年版，第 548 页。

商业信用出现很早，但在自然经济占统治地位、商品经济不发达的社会中，商业信用并不是信用的主要形式。社会化大生产之所以是商业信用的基础，是由于在它使各个生产经营企业之间形成了相互依存、相互联系、共同发展的协作关系。一个企业不可能脱离其他企业单独存在，它为别家企业或社会提供商品，也需要其他企业的商品（原材料、服务、运输等）。这种分工协作、社会化大生产使每个企业成为社会再生产活动中的有机组成部分。但另一方面，出于各个企业的生产性质存在差异，因而引起生产周期、资金周转速度不尽相同，即使是生产性质相同的企业，也还存在产销条件和销售距离上的差别。这样，当某个企业有了待出售商品，而另一个需要购入此种商品的企业因商品未出售而缺乏现款时，如果企业之间采用赊购或延期付款的商业信用方式，就能保持生产的连续性，也能解决现款暂时不足的困难；反之，倘若要求商品买卖一律使用现金，就势必延缓商品的销售速度，影响再生产的顺利进行。因此，许多相互联系的生产经营企业直接运用商业信用来满足临时的资金需求。由此可见，商业信用在客观上已成为社会再生产的纽带和现代信用制度的基础。

2. 企业信用的影响因素

从广义上讲，企业信用是社会对企业履行符合当事人利益的承诺的可能性的稳定预期。这里的承诺包括基于法律的承诺，基于社会道德的承诺和基于契约的承诺。从这一意义上讲，如果把法律和道德看成是企业与社会的契约，则可把企业信用定义为社会对企业履行契约义务可能性大小的稳定预期。企业信用取决于企业对契约中承诺的履行，这一方面取决于企业履约的能力，另一方面取决于履约的意愿。企业通过一贯的履约表现，使得社会对其信用形成了共识，就对企业建立起了信任。在市场经济中，信任是促进合作的重要手段。由于市场的不确定性、信息的复杂性和人的有限理性，使得市场交易存在着高昂的交易费用，信任是降低交易费用的重要手段。企业信用形成以后，能够增进企业与契约方的信任关系，降低企业的交易费用，使企业获得利益。从这个意义上讲，信用是企业的无形资产。

企业信用的大小取决于社会对企业履行承诺可能性大小的预期，因此，能够对这种预期产生作用的因素就是企业信用的构成因素。理论上，企业信用的构成取决于四方面的因素：企业承诺的范围、企业履行承诺的能力、企业履行承诺的意愿和社会对企业信用的认知程度。

企业履行承诺的范围一般是由社会法律、道德或合同界定的。遵守法律、履行合同，是社会对企业的基本要求。企业对产品质量负责，按期交货，按时还贷，不进行不正当竞争，按时纳税，按期支付职工工资、保护环境等，都是法律赋予企业的义务，也是企业信用建立的基础。对企业的道德义务和社会责任范围，则一直存在着争论，不过，越来越多的企业已经认识到履行社会责任的重要性并开始承担广泛的社会义务。

企业的履约能力取决于企业的实力，企业实力可以通过静态指标和动态指标两类指标来反映。静态指标反映企业当前实力，如企业规模、企业资产质量、企业产品质量、企业财务状况（反映短期偿债能力的指标）、企业在行业中的地位等；动态指标反映企业发展能力，如企业技术水平、管理水平、经营能力、财务水平（反映中长期偿债能力的指标）、员工素质、所在行业前景等。对于不同类型的企业，反映企业能力的指标会有所不同。企业的履约意愿取决于企业的道德素养和失信的预期损失；企业的道德素养取决于企业员工的素质、企业文化和企业管理水平，其中最关键的是企业家的素质和品德。企业文化是企业员工共同价值观的体现，对企业员工的行为起指导作用。而企业家的道德准则对企业文化的形成和变革起着至关重要的作用，对员工的行为和态度也产生非常直接的影响。企业管理水平决定了企业行为的一致性程度，即企业的行为理性。失信的预期损失取决于损失的大小和损失的可能性。失信损失包括直接损失（根据法律或合同对失信行为的惩罚造成的损失）和间接损失（由于信用降低造成交易成本上升和交易量下降造成的损失），损失的可能性大小主要取决于监管力度和社会信息系统的有效性。社会监管理力度越大，企业失信被惩罚的可能性越高，失信的直接损失就越大；社会信息系统的有效性越高，一次失约对企业信用的损害会越大，失信的间接损失就越大。

社会认知是社会对企业信用的认可程度，主要取决于信息的有效传播，并与信息系统的完善程度、可靠性和信息成本有关系。在一个信息系统很不完善的社会里，不但企业失信的直接损失减小（惩罚的可能性变小），失信的间接损失（信用下降）也会减小。这样就不能对守信行为形成有效激励，会出现"守信吃亏，不守信得利"的现象，造成信用的逆淘汰。另外，通过抵押或担保，可以改变人们的预期，降低信用风险，从而达到提升企业信用的作用。

相对于个人信用，企业信用具有非人格化、积累性和稳定性等特点。企业是具有独立权利能力和行为能力的法人实体，其信用虽然与其员工行为有关，但作为一个整体，其信用主要通过企业整体形象为社会所感知，而不与具体的个人相联系，即具有非人格化的特点。按照现代企业理论，企业相对于其所有者具有相对独立性，所有者行为对企业信用的影响较小，对企业信用影响较大的是企业经营者。由于经营者与企业是一种雇佣关系，企业可以通过更换经营者来改变由于个人失信给企业带来的影响，因而企业信用对个人的依赖较小，有较强的稳定性。企业信用被社会认知的过程是一个不断积累的过程，社会成员与企业在一个长期、反复的互动过程中，形成对企业的共识，建立信任关系。

3. 商业信用（企业信用）的主要形式

在当代经济生活中，商业信用的具体形式很多，从事再生产的资本家除了以赊销商品的方式提供信用外，还有其他形式，如预付货款、分期付款、延期付款、经销、委托代销、补偿贸易等，归纳起来主要是赊销和预付两大类。

企业赊销是最常见的商业信用形式。所谓赊销，是指买方与卖方签订购货协议后，卖方让买方取走货物（或卖方送货），而买方按照协议在规定日期付款或以分期付款形式逐渐付清货款的过程。在激烈的市场竞争中，企业为了提高自身的竞争能力，往往凭借信用及采取赊销的交易方式。在卖方市场下，企业一般不会采取赊销行为出售商品，因为其产品供不应求，市场存在短缺。只有当一国或一个地区的市场经济发展到比较成熟阶段并出现买方市场时，企业才会采用赊销的售货方式，且一般发生在较大额的交易中。在赊销活动中，赊销者以商品形式授予赊购者的信用，也就是赊销者借信用关系把商品出卖给赊购者。按商品交换原则，赊购者应按商品价格支付货款，但是现在赊购者应付未付，这意味着赊销者将应收的货款贷给赊购者。所以，虽然信用的对象是商品，但仍然是以货币计量，将商品赊销给赊购者，既是买卖，也是借贷。

所谓预付货款，主要是卖方市场下的商业信用形式。这是一种由买方以货币形式的信用去订购卖方的商品，授予卖方以信用的方式，其信用的对象是货币资金，买方将货币资金预付给卖者，既是借贷，也是买卖。按商品交换原则，预付货款者应按订购的商品计价付款，但是，现在商品还未生产出来，只能以预付货款的形式交纳预购定金。预购定金具有提前支付货款的性质，在已交纳预购定金的情况下，销货方必须优先保证购货方的需要，由于多了这一层信用关系，所以预付货款不只是单纯地提前付款，而具有商业信用的性质。这种交易方式通常是在卖方市场下比较普遍。

4. 商业信用的特点

与社会化大生产相联系的商业信用具有如下特点：

其一，商业信用是商品生产经营者之间相互提供的信用，因而债权人和债务人都是生产经营企业。这种信用的前提是买方企业创造的债务要能为卖方企业所接受，这时，商品价值的转移无须借助货币充当流通媒介。只有在商业信用前提难以成立的条件下，银行信用才会介入。因此，商业信用始终是社会再生产活动中的首选信用方式。商业信用是处于生产、流通过程中提供的交易方式，企业之间以商品形态提供信用，信用关系的双方都是工商企业或商品交换者。信用的发生比较直接简单，无论买卖双方是自然人还是法人，只要有一定的经济能力或保证，达成一定的协议时，双方都可以提供商业信用。

其二，与商品交易紧密地结合在一起。在经济运行的各个阶段和周期，商业信用的动态与生产资本的动态相平行。经济繁荣阶段，生产增长，流通扩大，以信用方式出售的商品增加，商业信用随之扩大；反之，如果发生经济危机，生产下降，流通停滞，商业信用随之缩小。

其三，商业信用的对象是处在再生产过程中的商品资金，而不是从再生产过程中游离出来的货币资金。

其四，可以双向提供信用。通过甲给乙提供信用，提供生产资料，同样乙也可以给甲提供商品，它能够把多个债权债务关系联结起来，形成债权债务关系链，赊销商品、预付货款通常都是相互的，拖欠货款中的"三角债"、"线性债"更是如此。

其五。商业信用的建立和消除完全决定于信用关系双方的意志。也就是说，在多数场合，这种信用关系的建立和消除都由相同的当事者履行，不经过有关部门审批，不需要公布财务状况和评定信用等级。提供或接受商业信用是企业在一定程度上表明，它在社会公众中有实力、有信誉。换句话说，社会公众认为提供信用后拥有一定的资本实力，而接受信用能具有偿付能力和意愿。

商业信用的存在，为社会再生产的顺利进行提供了保证。但是，商业信用也存在一定的局限性。首先，商业信用的数额和规模受债权人拥有的资金额的限制。其次，商业借用还要受商品流归方向的限制。它只适用于有商品交易往来的企业，且只能向后一级商品生产经营企业提供信用，逆向提供则不行。再次，商业信用有期限限制，一般用做企业短期性融资。因此，在高度发达的信用经济社会，商业信用并不是信用的主要方式。

（二）商业信用存在和发展的基础

商业信用在信用发展史上是较早的信用交易方式。商业信用不仅存在于消费领域，而已普遍存在于流通领域，并进入生产领域，其形式包括预付货款、延期付款和赊买，其主客体包括民间向政府提供商业信用、政府向民间提供商业信用、民间相互提供商业信用。这表明，商业信用早已成为一种独立的信用交易方式进入经济领域。一般地说，商业信用都具有二重性，它既是借贷，也是买卖行为。

第一，商品货币关系发展是信用交易方式的存在的客观前提。正如马克思说：“随着商业和只是着眼于流通而进行生产的资本主义生产方式的发展，信用制度的这个自然基础也在扩大、普遍化和发展。”① “一手交钱，一手交货”的商品交易方式具有简便、快捷的特点，交换双方的信用体现为货币与物的等价上，只要货币和物能实际地被接受，交换双方的信用行为也随着交换过程中买或卖的结束而完成。但是，随着商品经济的发展，其局限期越来越突出，无法适应越来越普遍的跨地区、跨国家的交易和大额的贸易，这可以说是商业信用产生的客观缘由。

第二，社会再生产顺利进行提出对商业信用的现实要求。在社会再生产过程中，各个企业的生产经营活动是相互联系的，供、产、销相互衔接。从微观运行看，为保证社会生产的顺利进行，资金流、物质流、商品流都要求顺畅，生产资本必须能购买到生产资料、生产商品、销售商品、回笼资金，每一环节都要得到实现，社会再生产才不会阻滞，资本才能实现增值。在现实中，社会生产过程是由众多企业来完成的，企业之间必然要借助于信用来完成大额交易活动，才能保证社会再生产顺利进行。其一，购买设备和原材料。企业通过预付货款购买商品，是为了取得各种生产要素的连续供应，以保证企业生产和流通的连续进行。对于预付货款方来说，提供了商业信用，是预买者又是债权人，它通过预付货款，虽然资金被占用，但能保证及时购买到设备和原材料；而接受商业信用的企业，既是预卖者又是债务人，它通过预收货款，增加了资金占有，也为保证生产的连续进行、扩大再生产创造了条件。其二，实现商品销售。在商品经济条件下，买卖是商品的“惊险的跳跃”，只

---

① 《马克思恩格斯全集》第 25 卷，人民出版社 1974 年版，第 450 页。

有把商品卖出去，才能实现使用价值和价值，商业信用的交易方式为这一"跳跃"提供了踏板。对于接受商业信用的企业，既是买者，又是债务人，通过这种信用关系，既买到了商品，又解决了货币资金暂时不足的困难；对于提供商业信用的企业，既是卖者，又是债权人，它通过这种信用形式，既推销了商品，又融通了货币资金。

第三，买卖双方良好的信誉及相互信任，为商业信用的发生提供主观条件。对卖方来说，必须保证自己提供的商品在品种、数量、质量、规格、交货时间、交货地点等方面符合买方的要求，这样，买方在收到货物，经审核验证满意后才可能按协议规定支付货款。如果卖方未按合同规定的条款及时提供货物给买方，并最终给买方带来利益损失，这时买方无须按合同规定去支付货款。卖方能否履行合同，能否兑现销货合同中自己应当承担的义务和责任，是商业信用存在最终实现的主观前提。对买方来说，也同样需要具有良好的信誉，这样卖方才能为买方提供商业信用，如果买方根本不具备在一定期限内归还货款的起码条件，即便买方信誓旦旦，卖方情愿将产品积压在仓库，也不会将产品赊销出去。买方在获得卖方提供的商业信用以后，必须在约定的期限内，尽可能归还欠付的货款，这样，买方才能在卖方心中保持良好的信誉，为再次使用由对方提供的商业信用打下良好的基础。

第四，商品盈余和货币资金短缺的矛盾的存在，为商业信用发生提供可能性。经济发展表明，无论政府、企业、家庭还是个人，都不可能在任何时间内都处于收支恰好相等状态，必然存在盈余或短缺的矛盾。盈余与短缺矛盾的存在是产生商业信用的前提，赊销商品通常是赊购方缺乏货币资金的情况下发生的，在这种情况下，如果赊购方债务能被赊销方接受，则通过赊销方授予信用，就能解决货币资金不足的困难。无论是赊销方授予信用，还是预付货款方授予信用，都是对受信方提供了一笔资产，只不过前者以商品的形式存在，后者以货币的形式存在。当自己缺乏资产，而别人通过信用能够提供时，自然能解决货币资金不足的困难。

第五，竞争压力与利益的驱动，是商业信用扩展的动力。商品经济离不开竞争，要靠竞争去占领市场，提高声誉，争取顾客。赊销商品、预付货款等商业信用存在，不能仅仅从实现商品价值和取得使用价值的补偿去简单理解，它的重要效应在于建立健全商业和信用关系网络，扩大影响，提高效率和效益。

第六，相关的配套制度是商业信用发展的保障力。市场经济中，仅仅依靠市场机制、道德力量是无法达到完全约束债权债务双方的经济行为，而必须借助于制度外在强制力的保障，即有一套强制偿付履约的制度。如明晰的产权制度是维护正常信用关系的前提，企业不容易将自己的债务等转移给他人；健全的制度、法制，是维持信用关系良性运转的保障。

（三）商业信用在市场经济中的作用及意义

商业信用的广泛使用，加速社会再生产循环过程，提高了企业效率，扩大商品交易规范与范围，对市场经济发展起了极大促进作用。同时，它本身的发展也要求商品交易中买卖双方都必须具有良好的信用，容不得有任何欺诈行为。

1. 商业信用对企业的重要作用

在高度发达的市场经济社会中，一个企业的信誉越好，所能利用的商业信用越广泛，其资金周转越活，企业赢利的机会也就越多，企业在困境中的回旋余地也越大。如果企业发生临时性的支付困难，也可通过广泛的商业信用获得恢复生机所需的种种生产要素，获得发展机会。而那些信誉极差，无法获得商业信用的企业，即使出现很小的支付困难，就穷于应付，很难再生存下去。因此，每一个企业的信用程度如何，已成为企业的生命线和第二"生产力"，其作用不亚于资金、技术等生产因素。

其一，有利于企业促进产品销售。通过商业信用的交易方式，可以增加企业或消费者的购买能力，如果只采用现金交易，许多客户会因缺少现金而无力购贷。积极采用信用销售，能在客户或顾客中赢得比较高的声誉或信任，对减少库存，扩大销售，实现商品价值具有极其重要意义。

其二，有利于产品进入国际市场。国际交易中的时空差距和大额项目往来，如果用"钱货现交"的方式是很难进行的，信用销售方式无疑解决了这一困境，使产品顺利推向国际市场。在发达国家，信用销售是市场销售主导方法，如自 1996 年以来，美国年信用销售总额都在 2000 亿美元以上①。因此，要参与国际市场，必然要求使用信用销售手段，同时注重自身信用的培养。

其三，改进企业的市场形象。信用销售方式发展成熟，有利于培养企业和消费者间的信用关系。在我国，一个对北京地区公众问卷调查显示，对采取信用销售的企业或商店的看法是其资本必然雄厚，该企业具有社会背景或比较强大的经济实力等信用能力。

其四，有利于降低企业商品成本。在买方市场下，企业面对的主要问题之一是扩大销售，否则企业会由于销售不畅而产生产品的库存量增大、产品积压。信用销售在正常情况下，不仅有利于扩大销售，带来市场份额占有率和利润，且有利于减少产品库存量，降低库存费用，如仓储费、保险费、自然损耗等产品库存成本。

其五，有助于企业扩展市场。对于处于竞争激烈行业的生产厂家，无不想方设法地扩大交易，如果企业愿意向客户提供赊销，就可以使更多的客户愿意立即购买商品或劳务，由此，企业就可以实现扩大市场和吸引客户的目的。事实上，许多客户并不是没有消费的支付能力，只是需要从潜在支付能力向现实支付能力转化的过程。如果一个企业采取提供赊销等信用交易方式就会扩大市场份额和吸引更多消费者。

其六，促进企业不断加强自身信用管理。商业信用是企业家之间相互提供的信用，向别人提供商业信用时，不仅要考虑到资金的安全性、收益性，而且要考虑到资金的流动性，即什么时间付款或什么时间交

---

① 林均跃：《企业赊销与信用管理》，中国经济出版社 2000 年版，第 104 页

货，而这些又取决于受信者的实力和信誉。对受信者实力和信誉没有实在的了解，是不会提供信用的。在接受别人的商业信用时，不仅要考虑产品是否适销对路、适用，而且要考虑在价格上能不能得到补偿并获得一定收益，而这些又取决于受信者对生产状况、市场情况的考察，对生产状况、市场状况实在的了解，否则是不会轻易接受信用的。所以，企业家相互提供信用具有一定规范性和制约性，有利于他们都把商业信用的交易方式置于市场供求关系之中，而不完全凭自己的主观意志。企业通常也会利用供给商提供的信用销货来获得进行正常生产和经营所需要的存货，以缓解资金紧张，增强生产经营能力。

　　2. 商业信用在现代经济中的意义

　　商业信用在社会经济和金融活动中的意义具有积极一面，也存在消极一面。

　　首先，商业信用对市场经济的发展具有极大促进作用。一是有利于加速资金周转，促进社会再生产的顺利进行。商业信用是商品形态变化的媒介，它使商品使用价值形式的转移与价值形式（即货币）的转移在时间上分离开来，克服了"现钱现货"交易的局限性，有利于促使商品价值的实现和资金的回流，加速资金周转。二是从广度和深度上拓宽了交易领域。现实经济生活表明，商业信用带来交易方式的发展，弥补了现金交易在时间与空间上的局限性，拓宽了交易范围和内容，使市场交易具有了更大的灵活性，适应了人类生活多样性的需要。在一些现金交易难以作用的地方，商业信用的存在能够为商品交换充当媒介，促进经济国际化和全球化的发展。三是有利于宏观金融控制。商业信用票据是宏观金融控制的条件之一，因为中央银行的调控功能之一是再贴现，而再贴现必须以商业票据为基础。商业信用发展，商业票据应运产生，专业银行才有可能开展票据贴现业务。只有在专业银行开展票据贴现业务的基础上，中央银行的再贴现才有可能。在西方市场经济发达国家，中央银行靠再贴现利率的变动控制货币供给量，我国中央银行也借鉴了这一点，它有利于宏观金融控制。

其次，商业信用是整个信用制度的基础。马克思在考察资本主义信用制度时，首先考察了商业信用，因为"这是信用制度的基础"。[①] 商业信用关系的建立和发展，为信用制度的建立和发展奠定了基础。因为，商业信用是从事社会再生产的企业家之间发生的信用，直接服务于社会再生产过程，所以，在整个信用制度中，银行信用以它为基础。此外，商业信用关系普遍化和经常化，要求信用关系制度化，而信用关系制度化为银行信用的建立和发展创造了条件。商业信用的发展使企业间的信用关系作为一种制度形成起来，有利于规范人们在经济活动中的信用行为，促进人们遵守共同的信用活动准则。例如，以什么信用货币作为信用关系的物质承担者，取决于流通中大多数票据的信誉，信用关系制度化，这为银行信用的建立和发展创造了条件。

再次，商业信用的负面性。从理论和实践看，成熟的信用销售须具备三个基本条件：买方市场形成及卖方组织的销售过程；合理回报下的厂家或商业银行资本支持；强制购货客户如约付款的机制。在我国企业赊销发展的同时，由于最后一个条件的缺乏或不健全，出现了坏账、"三角债"、诈骗等反信用行为。商业信用也有负面性的一面，其一，制造虚假繁荣。它容易形成了一种不可忽视的虚假的购买力，推动市场经济的虚假繁荣。在我国社会主义市场经济中也存在这个问题。借助于商业信用的购买不能真正反映生产消费和生活消费的实际需要，反映的是虚假购买力。其二，造成不合理地占用他人资金，表现为"三角债"等拖欠他人的货款。不合理占用他人资金的结果是有碍资金周转，打乱了有计划地分配和使用资金，造成社会资源的浪费。这种负面性在我国商业信用活动中表现更为突出，主要是拖欠货款现象严重。

---

① 《马克思恩格斯全集》第 25 卷，人民出版社 1974 年版，第 542 页。

第二节 商业信用中介

信用中介是社会信用体系的重要组成部分，它在信用制度建设中起着重要作用。一个国家信用体系的建成，信用中介的发展起到了关键性的作用。在建立和完善我国社会主义市场经济体制过程中，培育和发展社会中介组织就具有特别重要的意义。

一、信用中介及其基本功能

中介一词的英文（intermediary 或 medium）、德文（Vermittelt）的含义，都有"媒介"、"居间"、"中间"的意思。就一般意义而言，中介表明事物和事物之间、过程和过程之间相互联系的中间环节，是事物联系和发展的媒介和桥梁。

所谓信用中介，是指在信用关系中充当中间环节、执行媒介和桥梁功能的中介机构。信用中介机构是社会信用体系的重要组成部分。从某种程度上说，离开了信用中介机构，信用体系就无从谈起。从国外现有的经验看，一个国家信用体系的建成，信用中介机构的发展起到了关键性的作用。信用中介主要包括从事信用评估、信用征集、信用调查、信用担保、信用咨询等的社会信用中介机构。

在社会生活中，信用中介组织的作用也是非常广泛的。其基本职能有四项：

服务。服务功能是市场信用中介组织的首要功能，因为，其主要任务就是向社会、企业提供服务，包括信息、咨询和法律等各个方面。其中，会计师事务所、审计事务所、资产评估中心等起了显著作用。

沟通。市场信用中介组织的协调功能，是指其作为处于国家与企业、政府与社会之间的中观协调层，起着桥梁、媒介作用。如各种行业协会、商会组成一个庞大的中观协调体系，在市场经济运行的过程中发挥着协调、联合、促进的作用，充当了政府管理经济的助手。

公证。市场经济条件下，信用中介组织的地位、性质决定了其在社会经济活动中，既要对政府负责，也要对企业、社会负责，在促进公平交易、维护市场秩序等方面充当"公证员"和"裁判员"的角色，使市场职能和政府职能得到更有效的发展。在这方面，市场公平交易委员会、公证仲裁机构等发挥了重要作用。

监督。在政府转变职能的过程中，市场信用中介组织作为政府与市场、企业之间的中介，要承担一部分不宜由政府，也不便由企业来承担的包括监督功能在内的一些任务。例如，对企业经济活动（尤其对某些企业的非正常经济活动）的监督，就需要信用中介组织（如计量、质量监督机构、审计事务所等）来完成，以弥补市场缺陷和政府缺陷。

二、发展商业信用中介的意义

信用中介组织是信用体系中的重要角色，是用市场的方式来解决市场局限的制度安排，它在信用制度建设中起着重要作用。在市场经济环境中，众多参与市场交易的主体最关心的事情莫过于追求自身收益、利润最大化，他们需要通过对各经济主体履行相应经济承诺的能力和可信程度作出判断，进行比较，进而作出经营决策。而当信息需由每个人去重复解析时，我们可以断定，这个市场的交易成本必定是很高的。对企业之间的业务交往来说，开始时彼此并不十分了解，委托专门的、利益中立的信用中介机构进行信用调查和评估，并提供真实、及时的相关信息，是降低和防范风险的有效手段。如今在发达国家，良好的信用中介组织已成为社会信用体系的重要组成部分。

鉴于社会中介组织具有上述这些不可替代的基本功能，在建立和完善我国社会主义市场经济体制过程中，加强培育和发展社会中介组织就具有特别重要的意义。

其一，发展市场信用中介组织是我国完善市场体系的需要。从根本上讲，健全和发展市场信用中介组织，是建立社会主义市场经济体制的客观要求。市场经济是以市场作为实现资源优化配置基本取向的经济体制和运行机制。在运用市场机制对社会资源进行优化配置，达到以最少的投入而获得最佳的产出的过程中，就需要社会中介组织提供全面的、及时的、准确的供求信息、价格信息和各种有效服务，通过市场的公平、平等竞争促进全社会的物质流、资金流、人才流、信息流在经济活动中形成较为完善的良性循环，实现社会资源的优化配置。因此，要发展社会主义市场经济，就必须大力推进市场体系的建设，而培育和发展市场中介组织恰恰是完善市场体系的关键问题之一。这是因为，在传统的计划经济体制下，生产要素的配置是通过行政手段来完成的。而在市场经济条件下，企业发展所需的生产要素必须要由企业自己到市场上去获取。为适应这种变化，客观上需要一些起中介作用的组织来沟通生产要素的供给与需求，这些中介组织为各类生产要素的公平、合法交易提供了场所，诸如证券交易所、期货交易所、房地产交易所、科技成果交流中心等，它们不仅为企业发展生产提供了便利，而且为完善市场体系创造了条件。

其二，发展市场信用中介组织是深化改革和政府部门转换职能的客观需要。随着我国体制改革的进一步深化和政府职能的转换，一些原来由政府承担的大量而又具体的政策执行职能、社会监督职能和行业管理职能逐步转移给社会中介组织，这就在客观上为中介组织的发展提供了广阔的空间。在政府与市场主体之间、企业与企业之间客观上需要有一个中间联结层，用以协调它们的关系。在这方面，包括信用中介在内的各种市场中介组织（如行业协会、商会）便可以发挥重要作用。

其三，发展市场信用中介组织是企业转换经营机制的客观需要。随着政府部门职能的转换，企业的经营自主权得到了进一步的落实，企业转变了经营机制，摆脱了对政府的依附关系。此时，企业也迫切需要一个为自己服务的行业组织来协调、沟通纵向和横向联系，传递相关信息，于是，信用中介、行业协会、商会之类的中介组织便成为加强企业间横向联系，强化企业与政府间纵向联系的结合点。同时，在建立现代企业制度过程中也离不开社会中介组织：产权要清晰，首先需要中介组织对产权进行界定、划分和量化. 清理企业的债权、债务，评估企业资产的价值量；权责要明确，就需要中介组织客观真实地对出资者对企业的注资额进行验证、鉴定；政企要分开，管理要科学，就需要中介组织承担行业管理职能和社会经济监督职能，促进企业经营机制的转变。

其四，发展市场信用中介组织是企业实现其自身利益的需要。在传统的计划经济体制下，企业作为政府主管部门的附属物，没有自己独立的经济利益，而在市场经济新体制下，企业与政府的关系发生了根本的改变，企业成为独立的商品生产者和经营者，拥有了独立的经济利益。这样，企业在经济活动中，就不可避免地与政府、其他企业及社会团体之间发生一些信用关系。企业为保证其利益不受损害，迫切需要处于中立的第三方中介机构为其提供必要的服务，如信用评估机构、信用咨询、律师事务所、公证仲裁机构、会计师事务所、审计事务所等在这方面起了很好的作用。

其五，发展市场信用中介还是进一步扩大对外开放的需要。境外投资者和其他利益主体为保护自身的利益，迫切要求建立有权威的信用公证、鉴定机构和社会信用体系，并按照国际惯例采取独立于政府之外的社会监督制度，在资信、评估、认证、投资、金融、证券、财务、税收等方面提供客观、公正的服务，并希望通过各种商会和行业协会对经贸活动进行沟通、协调、指导、咨询。信用中介组织是保证市场的公开、公平、公正竞争，促进经济健康、有序发展的一支重要力量。因此，发展社会中介组织是充分利用国内、国外两个市场、两种社会资源的重要渠道。

三、商业信用中介的规范与发展

（一）我国信用中介机构的发展状况

目前，我国信用中介机构的发展还处在"初级阶段"。从发展情况看，自20世纪80年代末、90年代初开始，先后成立了一些民营征信公司，一些外资征信机构也在国内开展业务，许多会计师事务所和信息咨询公司等中介机构实际从事征信业务。目前，在我国从事信用评估、信用征集、信用调查、信用担保、信用咨询等社会信用中介机构大约有500家左右，其中信用评估机构大约有40家左右，信用征集与调查机构大约50家左右，信用担保机构大约有400家左右。我国的征信机构大体可以分为三类：一是民营征信机构，如金诚国际信用管理公司、新华信公司、华夏国际信用咨询公司等；二是外资、合资征信机构，如邓白氏公司、Trans Union公司等；三是国家有关部门和地方政府推动建立的有关中介机构，如上海资信有限公司。总体上看，我国的信用中介机构尚处于起步阶段。目前，我国大多社会中介组织的发展很不规范，与市场经济的要求还不适应，还存在不少问题。这主要表现在以下几个方面：

一是性质不规范。社会中介组织应当是根据自愿原则兴办，符合国际惯例、符合市场经济体制原则的中间组织。但现阶段我国的社会中介组织大多是"官办"、"半官办"、"官民合办"的以政府权力为背景的社会中介组织。400家左右的担保机构，绝大多数又是政府"一肩挑的"，属于政府的政策性扶植机构。我国的市场中介组织在经营管理上普遍缺乏独立性、自主性，不能真正独立地面向社会、面向市场，市场中介组织的作用难以真正发挥。政府的推动固然有积极作用，但这种发展状况显然不符合市场经济的要求。

二是职能不规范。多数行业协会以及其他的社会中介组织习惯于像政府部门那样依靠权力处理问题，而不是以非行政权力方式解决公共事务，解决社会问题。目前，我国的信用中介机构数量发展很快，但大部分规模小，实力弱，竞争无序，作用与功效远未得到充分发挥。显然，靠数量的扩张将会带来许多问题。从信用中介机构的分布看，80%以上是信用担保机构，能提供征信等服务的为数很少。而从信用服务内容上看，发展很不平衡，商账追收行业基本上是空白，信用保险和国际保理等也才刚刚起步。与国外成熟的信用体系中的信用中介机构相比，我国的信用中介机构普遍规模不大，综合实力不强，缺乏竞争力；具有一定规模、运作规范、有广泛影响力信用中介机构很少，特别是没有具有国际影响力的中介机构。

从目前我国信用中介机构的发展和运行状况看，其服务市场规模偏小，经营分散，行业整体水平不高，市场竞争基本处于无序状态，没有建立起一套完整而科学的信用调查和评价体系，难以发挥对信用行为的奖惩作用。信用中介往往容易受到政府和业务对象要求的影响，运作不规范，业务稳定性差；而由于信用信息的使用缺乏明确规范，中介机构利用非市场因素开展不适当竞争的情况也屡见不鲜。而邓白氏、Trans Union、穆迪、标准普尔、菲奇等国外信用中介巨头都有自己强大的商业数据库，在数据库里有上千万甚至上亿条企业或个人信息，每天发出上百万份信用报告，能提供几种或十几种信用评级或调查咨询报告，满足不同的需求者，其客户也已经扩张到整个世界。并且，这些企业有很强的信用产品的制造能力，并不断进行信用产品创新。总起来说，我国信用中介机构专业化程度和社会影响都还远远不够，其作用与功效远未得到充分发挥。

三是信息渠道分割，信用中介机构发展缺乏基础支持。拥有强大的数据库，形成自己完整的信用记录，是信用中介机构发展的基础。事实上，我国信用行业的发展中，信息的分割与垄断，已经构成信用评估的巨大障碍，联合征信等的发展也面临诸多困难。目前，除个别小范围的试点地区和企业外，信用中介机构很难从有关部门得到所需的征信数据。政府各部门之间信息不能共享，社会信用信息不透明，很多的信用中介机构没有自己的信用资料数据库，建有数据库的规模也普遍偏小，信用信息不完整。这种情况下，信用中介机构很难开展正常的信用服务业务，无法对企业等的信用作出公正、客观、真实的评估，当然也谈不到自身的进一步发展。

具体看，目前我国除数量众多的社会信用中介机构（这些机构的设立背景也是非常复杂的）外，有中央和地方政府有关部门运作的一些信用信息系统，如银行企业信贷登记咨询系统、个人信用信息征集系统、工商企业行为警示系统、税务信用等级信息系统等以及新近成立的中国进出口信用保险公司等。可以说，我国可以起到信用中介作用的机构和渠道众多，但在资源利用上不尽科学合理。如我国对企业信用及其他经营行为的记录和监督分散在工商、税务、银行等不同部门中，数据是分割的，难以科学有效地利用和采集。再如，对银行系统来说，主要靠内部评级系统对贷款等业务进行风险控制，对社会信用中介的外部评级系统是不予考虑的。事实上，很多信用审核工作单靠目前的内部评级系统很难圆满完成，如对中小企业审核贷款工作量大、成本高、收益小，信用调查和判断就十分困难（而这也是我国当前中小企业贷款难的主要症结）。如果外部评级系统能有效起用，情况就会大为改观。这也从另一个角度说明了我国整个信用中介系统存在不规范和不科学的地方。

四是约束差，缺乏一定的制度和法律环境。信用制度的建设中一个健全的信用管理体系是非常必要的，这里既包括立法和执法，也包括政府对信用行业的监管，对全社会信用教育的研究开发等。我国在这些方面显然存在着严重不足。在立法方面，我国《民法通则》、《合同法》、《刑法》中虽都有诚实守信的法律规定，但这些仍不足以对社会的各种失信行为形成强有力的法律规范和约束，立法仍显滞后。在对一些失信和诈骗案件的处理中，还存在严重的地方保护主义倾向，失信行为得不到应有的经济惩罚和道德惩罚。

五是从业人员素质参差不齐。缺少专业人员，队伍的文化水平、政策水平都相对较低。相当一部分市场中介组织业务的专业知识性很强，具有知识密集型特征，因此，要求其从业人员必须具有较高的文化知识素质，精通专业业务，通晓国际惯例。而我国目前中介组织的工作人员大都未经过专业训练，人员素质整体不高，专业人员短缺，降低了中介组织的服务质量和效果。由于人员素质整体不高，加之有关部门监管不利，有的中介组织甚至无视职业道德，违规舞弊，破坏了公正、有效和规范的市场秩序，严重地影响了市场中介组织的声誉和健康发展。因此，把社会中介组织的管理纳入法制轨道，建立健全社会中介组织的行业自律机制，应是培育和发展社会中介组织的当务之急。

（二）发展我国市场信用中介组织的对策与建议

市场信用中介组织的建设是一项庞大的系统工程，涉及市场发育的各个方面以及政府职能转变这个难点问题。因此，它是一个渐进的、长期的发展过程，不可能一蹴而就。鉴于目前我国市场信用中介组织的现状，应采取以下对策：

一是对市场信用中介组织的发展进行统一规划，以使其有计划、有重点、有步骤地健康发展。市场中介组织队伍形成和发展，要以经济和社会发展为前提。为加速我国市场信用中介组织的发展，在积极借鉴境外市场信用中介组织的先进技术和管理经验的同时，政府在信用制度建设的过程中应发挥其积极作用。政府应采取必要的扶持政策，为信用中介组织的发展提供良好的外部环境。目前，市场信用中介组织在我国尚处于发展的起步阶段，需要政府在政策上给予必要的扶持。

二是明晰和规范政府与市场中介组织的关系，合理确定信用中介组织的定位。要想让中介组织充满活力和发挥作用，首先要解决的问题就是明晰和规范政府与市场中介组织的关系，使中介组织独立于政府。政府对中介组织的监管主要体现在：制定适合各类中介组织发展的政策和法规，并监督其执行情况；对中介组织及其构成人员的资格进行审核和确认等。一般情况下，政府不干预其具体的业务活动。政府应实现由唱主角到当配角、由包办到协办的角色转换，为中介组织的合理定位和独立运作创造良好的社会环境。与此同时，要充分发挥各类中介组织的自律性管理作用，建立起自律性运行机制，从而促进中介组织向独立运行方向转化。

三是强化市场信用中介组织的自身建设，加速其内部经营机制的转换。对信用中介机构自身来说，要在信用征集、信用调查、信用评估和信用担保等业务活动中结合国际惯例与我国国情，结合传统研究方法与现代先进科学技术和互联网技术，结合定性方法与定量方法，提高专业技术能力。同时，应加强内部管理，加强从业人员执业道德、执业纪律、执业胜任能力等方面的培养和教育，加强从业人员的培训工作，提高专业人员和整个中介组织的素质，培养一批过硬的专业队伍，以保证提供优良的服务。

四是尽快建立起一整套有关市场信用中介组织的法律、法规，依法对市场信用中介组织进行引导、监督和管理。信用体系是一种社会化机制，而信用管理是由信用运行、信用经营、信用立法、信用执法等子体系共同构成彼此交织的运行机制。法制是信用体系建设的保障。信用中介机构的发展离不开健全的法制环境的保障。设立全面具体的中介组织法律、法规是世界市场经济发达国家的普遍做法。目前，美国基本信用管理的相关法律共有 16 项，包括《公平信用报告法》、《平等信用机会法》、《公平债务催收作业法》、《公平信用结账法》、《诚实租借法》、《信用卡发行及公平信用和贷记卡公开法》、《电子资金转账法》等，形成了一个完整的规范社会信用体系的法律体系，构成了美国国家信用管理体系正常运转的法律环境，使政府、企业、银行、各类中介服务机构都能依照法律进行定位和活动。我国应借鉴国外经验，并结合我国国情，逐步制定和形成配套的、不同层次的法律、法规体系，用法律形式明确信用中介组织的性质、宗旨、地位、组成方式、权利和义务等，使市场信用中介组织合法化、规范化；依据法律对其进行规范、引导和监督，彻底扭转把市场信用中介组织当做行政机关或事业单位来管理的传统做法，使其运行和管理尽快走上法制化轨道。

第三节 商业信用制度

市场经济从本质上讲是一种信用经济，建立有序的信用制度在经济发展中就起着至关重要的作用。市场经济的发展离不开健全信用制度的支持，稳定可靠的社会信用体系是市场经济有效运行的重要基础条件之一。市场经济应是建立在稳定的信用关系基础上的法制经济，所有经济活动都应以信用为基础。它要求以完备的信用形式和发达的信用工具来构建完善的信用制度。通过制度选择和安排来建立和完善与市场经济体制相适宜的社会信用制度体系，是当前我国市场经济发展过程中的重要工作。党的十六届三中全会通过的《中共中央关于完善社会主义市场经济体制若干问题的决定》将建立健全社会信用体系作为完善社会主义市场经济体制的一项重要内容，提出形成以道德为支撑、产权为基础、法律为保障的社会信用制度是建设现代市场体系的必要条件，也是规范市场经济秩序的治本之策。

一、信用制度的形成与发展

信用制度是各种信用制度和关系的总和，有其广义和狭义之分。狭义的信用制度，是指国家管理信用活动的规章制度和行为规范；广义的信用制度则是由相互联系、相互制约的信用形式、信用工具及其流通方式、信用机构和信用管理体制有机结合的统一体。

信用制度既是商品经济运行矛盾的产物，同时也是推动商品经济矛盾运动发展的工具。随着社会生产力的发展，社会分工越来越复杂，商品经济运行的矛盾更加错综复杂，这客观上要求社会按照社会化规律组织生产。信用制度就是为了适应经济社会发展的要求而产生发展起来的。在欧美等发达国家，建立信用制度已有 150 多年的历史。1830 年，世界第一家征信公司创建于英国。此后，市场经济发达国家在其发展过程中，一般都逐步建立起了比较完善的社会信用制度。欧美等发达国家的社会信用制度一般包括企业信用制度和个人信用制度。由于无限责任形式的企业可以由个人独资或合伙建立，有限责任形式的企业法定代表人也是自然人，所以，社会信用制度和信用体系在以企业为主体的基础上也包含了个人信用。在欧美国家中，目前个人信用消费已占全社会消费总量的 10% 以上，企业间的信用支付方式已占到社会经营活动的 80% 以上，纯粹的现金交易方式已越来越少。即使在个人支付活动中，信用付款方式也已逐渐占据了主导地位。美国现有几百家资信公司，邓白氏、科法斯、穆迪等世界著名的信用公司均属于独立的社会中介机构，主要从事以企业为主的信用服务。美国环联公司拥有全美 3.4 亿个个人信用记录，每年出售 2 亿份咨询回复给全球 60 多个国家和地区。在美国，每个人都建立了专门的信用号码和由专业公司作出的信用报告，以供任何公司、银行和业务对象有偿查询。在个人消费过程中，可以凭信用进行借贷、零付款和透支等。若个人信用差就有可能被打入"黑册"，直接影响其经济与生活。

世界上除了欧美等社会信用制度发达的国家外，20 世纪 80 年代以来，以色列、西班牙、韩国及我国香港和台湾地区，也逐步进入"征信国家"或"征信地区"之列。目前，许多发展中国家也在着力建立本国的社会信用制度。

二、信用制度与市场经济

商业信用制度，有时又称做企业信用制度，它是社会信用制度的重要组成部分。企业作为最具活力的市场主体之一，其信用的构建就成为社会信用制度建设的关键。

（一）信用制度是市场经济的客观要求

信用制度是市场经济运行机制不可或缺的重要组成部分，若信用制度缺损，市场机制就不可能有效运行；信用机制扭曲，就会降低市场的有序性，从而市场经济就难以健康发展。然而，在市场经济活动中，每个活动主体并不会天然地讲信用。作为理性的"经济人"，总是在各种可能的情况下寻求最佳方案和行动，以实现自身利益最大化。如果遵守信用能实现利益的最大化，他们就选择遵守信用；反之，他们也可能会选择背信弃义。要建立一种有效的制度来鼓励诚信、惩戒失信者，讲信用才可能成为社会必然的现象。

在计划经济体制下，所有制关系的单一性，使各个社会主体间的经济交往形式非常简单，甚至许多市场交易行为都呈现出非经济化的倾向，整个社会对信用系统的需求有限。随着市场经济的发展，市场化程度不断提高，市场规模不断扩大，市场机制正逐步成为整个国民经济运行的基础性机制，多元化的经济活动主体之间的市场交易关系日益扩大，信用关系已成为维系各个市场主体间经济关系的重要纽带，整个社会对信用系统的需求急剧增长。随着经济全球化的发展，建立健全与国际规则相衔接的社会信用体系，更成为当务之急。目前，我国社会信用体系的发育程度仍然较低，远不能适应发展社会主义市场经济的需要。社会信用体系不健全、不完善，是市场交易活动中失信行为屡禁不止的主要原因。社会信用缺失，严重破坏了市场秩序，增加了市场交易成本，降低了交易效率，成为市场体系健康成长的重大障碍。在经济全球化的今天，金融日益具有了世界性，货币资本在世界范围内寻找利润，信用制度建设滞后、信用秩序失调都可能成为冒险家投机的良机，稍有不慎就足以引发全国以及整个地区或世界性的金融危机，给经济带来灾难性的后果。因此，建立健全社会信用体系的任务成为重要而紧迫的实践课题。

（二）信用制度是市场经济运行的基础

企业信用在通常情况下包括信用能力和信用行为记录两方面的含义。前者体现了一个企业的经济实力，后者反映了企业是否愿意遵守市场行为规则履行其合同义务。在市场经济发展国家，企业信用被定义为五个 C：character（品质、诚实），capacity（足够的现金流量偿还债务），capital（净资产），collateral（抵押物）和 condition（债务人和整个经济状况）。

现代市场经济是一种货币化、信用化的经济，在现代的货币和信用经济中，人们通过参与经济活动，交换和转移货币资金的所有权和使用权，达到交换和转移对商品和服务的购买权和享有权，这就是市场经济条件下建立和健全社会信用制度的客观经济基础。市场法制化就是把市场经济中的各种经济主体之间利益关系和行为准则用法律形式固定下来，使市场运行和管理规范化和制度化，这是市场主体行为的平等性和竞争性的内在要求。同时，现代市场经济又都是以相应的道德意识、道德习惯和价值观念为前提的。这种观念形态规范着人们的行为和价值取向，在潜移默化中使这种社会秩序为大多数人认同的自律准则，对保证市场运作起着十分重要的作用。信用制度则体现着市场经济这种法制与道德的统一，一方面，信用是社会各种责任主体的一种债务关系，这种债务关系从契约中反映出来，谁不按契约办，不仅受到社会舆论的谴责，同时要受到有关法律的制裁；另一方面，信用从整个社会层面讲，又是一种承诺的责任感，是行为人对自己行为后果负责的道德感。信用即是一个人的品行，表明人们的认同程度；同时也是社会的一种德性，反映一个社会的道德水平。

同时，建立健全信用制度是建立良好社会主义市场经济秩序的重要保证。当前，我国经济体制改革逐步向深层次推进，改革与发展过程中的矛盾越来越集中在具体制度层次上。现阶段，我国信用制度不健全等问题，就是经济体制改革引向深入的进程中市场经济矛盾在具体制度上的体现。一方面，在传统计划经济下形成的残缺不全的信用制度，在向市场体制过渡中不可避免地引起信用危机。传统计划经济体制下，银行和企业都属国家所有，银行与企业及企业之间产权界定不清晰，导致预算约束弱化，所以，企业之间（包括各种商业银行）资源调配实际上完全由国家在全社会调节，在改革过程中，当经济运行体制市场化改革目标确立后，体制和具体制度改革相对不协调导致了国企之间信用缺失，比较突出地表现在工商企业与银行企业之间信贷失信和债务链条等问题，这是造成国有经济运行困难的主要原因之一。

另一方面，在我国市场体制改革过程中，从所有制结构看，是沿着由单一国有制向国有为主体、多种所有制成分共同促进、共同发展趋势展开的，在市场化改革过程中，所有制结构的变动要求具体经济制度必须能够符合这一社会经济关系的变革。然而，由于改革的复杂性和艰巨性，导致认识和措施偏差，再加上政策措施本身的滞后性，使现存的信用制度难以全面满足各市场主体的需要，甚至仍然存在着差别对待各个不同主体的歧视政策等（比如，在私营企业与国企之间就有信贷差别政策）。由于制度建设的滞后，形成国家宏观调控政策的缝隙，影响了市场经济的正常运行。

（三）商业信用缺失及其危害

1. 商业信用缺失的表现

当前，在我国社会经济生活中一个不容忽视的问题，就是社会信用缺失以及经济秩序混乱的现象十分严重。我国当前商业信用缺失、信用秩序混乱的具体表现有：

其一，信用意识淡薄。虽然诚实守信是我国几千年传统文化的主流和备受推崇的美德，但我国目前市场经济发育还不充分，信用经济发展较晚，市场信用交易不发达，建国后长期实行计划经济，还未建立有真正意义上的社会信用体系，因此，无论企业还是消费者个人都普遍缺乏对现代市场经济条件下信用意识和信用道德观念的培养。人与人之间信用程度较低，失信现象严重存在。一些地方假冒伪劣商品泛滥，制假售假活动肆虐，骗税、骗汇和走私活动猖獗，逃、废、赖、骗债务情况时有发生。信用缺失严重的恶化了市场经济秩序乃至整个社会秩序，直接危害社会生活和人民的生命财产。

其二，企业之间失信和拖欠现象严重。经济活动主体之间相互拖欠货款，贷款方拖欠银行的贷款，经济活动主体偷、逃、骗税的现象在全国各地时有存在。据统计，1989 年底全国企业间相互拖欠的"三角债"总额约 1240 亿元，1991 年增加到 2000 亿元，1994 年增加到 7000 亿元。从全国各地受理的企业间相互拖欠的经济纠纷案件上升的现状来分析，目前经济活动主体之间尚未清偿的债务有增加的趋势。[①] 企业之间相互拖欠货款现象俗称"三角债"，这种现象是困扰不少企业的难题。一些企业由于大量资金被应收账款占用，连简单再生产的资金也要依靠借贷，增加了企业资金成本，甚至一些企业被"三角债"拖垮，陷入停产、半停产、破产的境地，降低了企业和全社会的资金运营效率。特别

---

① 参见万学忠：《为信用制度立法》，《法制日报》2002 年 3 月 9 日。

是国有企业对银行不履行偿债义务，导致银行不良债权大量增加，金融风险增加。银行是信用中介，信用是银行业生存的基础，银行对公众储蓄和企事业单位存款必须承担绝对的责任。但是，银行对其债务人发生的大量违约、违信行为却无能为力，使银行作为信用中介难以为继。一些企业借改制之机，通过不规范的破产、分立、合资、股份合作、承包租赁、拍卖出售等方式逃废债务，严重损害了银行等债权人的利益。

其三，随意违约，不兑现承诺。合同反映了当事人的真实意思和自由，应受到法律的保护。有效的合同就是当事人自己为自己所设立的"法律"，当事人应当遵守。但在现实社会生活中，随意不履行合同而导致的违约时有发生。市场经济是契约经济，合约能降低交易成本，有效约束交易双方的行为，从而促进市场交易活动正常有序地开展。目前，企业之间违约现象较严重，根据调查结果显示，企业经营者认为我国企业信用方面存在严重问题，其中，最突出的是拖欠贷款、货款、税款（比例为 76.2%）、违约（比例为 63.2%）等问题（见表 3-1）。

表 3-1 企业信用存在的主要问题

	总体	地 区			规 模		类 型	
		东部	中部	西部	大型	中小型	国有	非国有
拖欠贷款、货款、税款	76.2	75.7	76.2	77.4	75.7	76.5	77.8	75.6
违 约	63.2	63.5	63.0	62.8	65.2	62.5	63.4	63.1
制售假冒伪劣产品	42.4	42.3	41.2	43.9	40.7	42.9	41.6	42.7
披露虚假信息	27.3	27.0	27.5	27.8	34.0	25.3	27.0	27.4
质量欺诈	23.5	24.0	23.2	22.8	22.6	23.9	24.1	23.2
商标侵权，专利技术侵权	13.3	16.0	9.7	11.1	13.8	13.3	10.9	14.4
价格欺诈	11.1	11.0	11.6	10.6	10.2	11.4	11.2	10.9
其 他	1.0	1.3	0.5	0.9	0.6	1.1	0.9	1.1

＊资料来源：《2002 年中国企业家调查系统。企业信用：现状、问题及对策》，《管理世界》2002 年第 5 期。

其四，政府信用及法律威严受到考验。政府是一个社会公共事务的主要管理机关，法律是维护社会秩序和支持道德的最后一道防线。当社会成员之间因不讲信用而受到损害的时候，往往需要借助政府的力量乃至法律的途径来寻求保护。在政府转变职能和深化行政改革的过程中，制度的转接加上非法律因素的影响，使得不少生效的法律裁判文书得不到有效执行，本应给不讲道德者施以法律制裁，最后却因"执行难"而使不法者逍遥法外。于是，社会对政府的信用和法律的尊严产生了怀疑，不讲信用已经形成一股"黑流"，有泛滥的趋势，严重影响到整个国家社会经济的健康发展。

2. 商业信用缺失的危害

商业信用缺失给我国经济社会发展造成了很大的危害。

第一，商业信用缺失使经济秩序混乱。在商业信用缺失的情况下，往往出现"为富者不仁，为仁者不富"的悖反现象，遵守规则和讲商业信用可能会受到损失，而不讲商业信用者反而会获得更多的利益，这种现象一旦成为一种风气，则会导致企业的恶性竞争，产生一系列负面影响，从而将导致社会信用整体水平的下降，造成一种很难治愈的社会创伤。如果一个企业或社会普遍缺乏道德感和人文关怀意识，普遍缺乏对规律和秩序的尊重，普遍缺乏系统的敬业精神，那么，机体本身就存在着失败的基因，到一定程度就会造成市场经济秩序失范。当不讲商业信用的主体能够获得利益，而讲商业信用的主体却受到损失的时候，讲信用的主体也会背离信用，这也就是"二律背反"的现象。这种现象不断循环，那么，社会的经济秩序必然会陷入混乱，经济活动主体也就无疑要步入畸形发展的轨道。

第二，商业信用缺失使企业形象受损。市场经济的有序运行，必须是建立在以信用为基础的相互信任之上。由于商业信用缺失，造成整体信用环境恶化，人与人之间缺乏最起码的信任，使得社会中形成了"无商不奸"的错误认识，人人都以戒备的心态来对待别人，破坏了基本的市场交易秩序。然而，不讲商业信用只会骗得了一时，由此而产生的不良后果却是日后所难以弥补的。我国出口到俄罗斯的羽绒大衣开始在当地有很好的销路,但由于一些不讲道德的生产厂家以废次的填充物充当羽绒,尽管一时得逞,但却是以俄罗斯人不信任中国货的结果收场,严重影响了其他讲信用的企业的出口销售。南京"冠生园"食品厂以过期月饼馅料充当新鲜馅料坑骗顾客的做法被曝光后,其信任度一落千丈并导致其最终破产。

第三,商业信用缺失使国家蒙受巨大损失。商业信用缺失破坏了经济活动的正常秩序和基本准则,使得不少经济活动主体在开展业务的时候蒙受巨大的经济损失,并引发一系列不良影响。2001 年,我国国内生产总值中大概有将近 10%到 20%为信用的损失成本。[①] 国务院发展研究中心主任陈清泰曾经指出,我国一些企业因为信用不高乃至失信,导致直接和间接的经济损失约 6000 亿元人民币。[②]

第四,商业信用缺失导致社会相应制度的扭曲。商业信用缺失往往影响整个社会相关制度的正常运作,包括银行的借贷制度、商业的交往习惯、法律制度的构建、政府行政管理的运作乃至人们的日常生活都会受到影响。整个社会制度是基于信用所构建的,一旦信用被打破,则原有的平衡必然陷入混乱,相应的制度就会出现扭曲。我们反思今天的制度构建,往往最后会追根溯源至诚信这一最基本的话题。

(三) 商业信用缺失的原因

在现代市场经济运行中,在商业活动中,商业信用是一种基本的行为标准,商业信誉和诚实被认为是最基本的品质,各经济活动主体必须遵守合同、履行契约,行使权利和履行义务。为什么经济活动应有的商业信用却在我们这样一个道德传承几千年的国家有那么多人不奉行呢?造成商业信用缺失的原因是多方面的,概括而言,其中主要有以下几个方面:

---

① 参见傅刚:《低信誉让企业吃了大亏》,《经济日报》2002 年 4 月 16 日。
② 参见周汉华:《信用与法律》,《经济社会体制比较》2002 年第 3 期。

第一，经济活动主体片面追求利润。经济活动讲求投入和产出，追求利润。在制度的设计上，如果没有考虑到利益关系，没有加大对失信行为的惩罚力度，没有考虑到行为主体的心理因素的时候，就容易出现"不讲信用——秩序混乱——不讲信用"的恶性循环后果。市场经济的竞争和主体的独立性迫使经济活动主体注重经济效益。为了金钱，一些人不惜铤而走险，而把信用、诚实全都抛在了脑后。事实上，在社会转型时期以及市场经济发展的初期，由于制度的不完善，导致不能有效地规范人们的行为，这也是失信行为发生的客观原因。

第二，缺乏有效的法律惩治制度。在市场经济高度发达的当代社会，商业信用通过承诺的方式加以验证，人们相互交往中的失信行为实质上是不诚实和不兑现承诺。不守诚信而对市场秩序的破坏是对国家法律规范的背离。普遍的缺少诚信实质上是调整社会交往关系法律规则的无效或者未被遵守。① 改革开放以来，我国的立法不断增多，在一些法律中已经有关于诚实信用的规定。例如，《中华人民共和国民法通则》第四条中就明确规定"民事活动应当遵循自愿、公平、等价有偿、诚实信用的原则"；第七条又规定"民事活动应当尊重社会公德，不得损害社会公共利益，破坏国家经济计划，扰乱社会经济秩序"。但是，仅有原则性的规定是不够的，由于对不讲诚信的具体行为没有明确的惩罚性规定，很多失信行为得不到有效的法律制裁，即使通过司法程序确认，没有惩罚或惩处力度相当小，根本不足以起到对行为主体的警戒作用。当受到处罚的成本远远小于因失信而获得的效益时，市场主体便会很自然地选择逃避法律而选择失信。即使他们多次受到处罚，也会因利益的驱使而继续从事违法的交易活动，失信的行为也就很难杜绝了。

第三，"泛法律主义"错误思潮的影响。依法治国是社会发展的必然要求，但法制建设需要道德良知的保障。遗憾的是，近些年来，人们

---

① 参见陈洪隽：《我国失信损失占 GDP 比重高达 10%－20%》，《经济参考报》2002 年 4 月 10 日。

在强调"依法治国"、加强法制建设的过程中，却忽视了道德应有的作用和道德建设，甚至产生"泛法律主义"的思潮。于是，造成"泛法律主义"思潮中的道德失缺的现象，① 人们容易产生一种错觉：以为凡事均以法律为准绳来衡量和评判，凡事均可以通过法律途径解决，凡事必借助法律的强制力保障和实施。而另一个错误还在于对法律的片面理解，认为"法乃刑"，只要不触犯刑律就不是违法。因此，对于某些人来说欠债不还、开具空头支票等违法行为不是违法，只是一般的德行问题。

第四，商业信用制度很不完善，商业信用信息还不充分公开。由于我国的市场经济还处于起步阶段，市场经济秩序还不规范，法律不能起到有效的制约作用；行政主体的行为得不到有效监督，不能很好地引导和规范市场秩序。市场经济本身需要有一个与之相适应的商业信用制度，缺乏统一、可信的商业征信机构，有关的商业信用信息也没有统一的采信标准和评判机制，各行政部门掌握的商业信用信息相对封闭，社会商业信息网络还不完善，以及商业信用惩罚机制不完善等，是导致今天商业信用缺失的直接原因。特别是商业信用信息的公开化问题不解决，导致商事活动主体不了解对方的商业信用状况，交易活动存在"资信盲区"。一个国家的经济能否健康、迅速地发展，与有关的商业资信是否公开及公开的程度有相当大的关系。在一国范围内，能够快速、真实、完整、连续、合法、公开地获得有关商业资信资料，有助于经济活动主体进行全面的资信调查和作出正确的判断。在现行的商业信息管理体制下，目前经济活动主体主要是通过以下三种渠道获得相关企业商业信用数据：一是通过新闻媒介等公开渠道获得；二是通过自己调查或者委托调查获得；三是通过政府部门和有关机构获得。总体上说，我国企业商业资信数据基本上处于相对封闭的状态，这使商业资信判断时搜集

———————

① 参见李正华：《"泛法律主义"思潮中的道德失缺》，《当代法学》2002年第4期。

数据成本过高。因此，造成了很多企业因不能获得对方的商业资信资料而盲目行动导致利益受损，而有些不法分子也正是利用商业资信公开不充分进行诈骗等非法活动。

因此，我们要在发展市场经济过程中，整顿和规范市场经济秩序，加快建立健全信用制度的步伐，以保证我国社会经济稳定、健康、持续发展。

三、我国商业信用制度建设

市场经济从本质上讲是一种信用经济，市场经济的发展离不开健全的信用制度支持，建立有序的信用制度在经济发展中就起着至关重要的作用。

（一）强化信用意识和信用观念

道德有普适性和职业性之分，最基本的是公民道德教育。开展有关诚信的全民教育，树立全民、全社会讲诚信的良好风气，对于防止信用缺失具有重要的现实作用。只有提高全民的道德素质与法律意识，市场主体更多地知法守法，商业信用制度才能更好地建立起来。

当前，应强化信用观念、信用意识、信用道德的宣传和教育，使信用观念深入人心，明礼诚信成为社会经济生活的一种基本公德。在全社会应形成讲诚信、守信义的共识和理念，提高企业和全社会的信用意识，营造良好的社会信用氛围。使个人只有恪守信用方能为全社会所接纳，企业只有遵守信用准则方能立足社会，方能生存与发展。波特在《竞争战略》一书中从赢利能力角度解释了企业的成败。他认为，企业战略是否成功主要通过利润大小来判断，但企业最终的竞争力取决于其在一系列的价值中如何进行价值选择。只有价值——诚信的理念才是企业竞争的动力源，从这个意义上讲，企业理念才是最终意义上的第一核心竞争力，而企业伦理、企业信用、企业商誉是企业理念不可或缺的基本要素。如果一个企业从一开始就以圈钱为其核心价值观，把消费者的利益抛在一边，那么这个企业不可能维持长久生存，唯有诚信至上，企业才能百年不衰。

（二）明晰产权关系

信用关系是产权制度的延伸，明晰产权是建立健全社会信用体系和制度的前提。一个有序的信用体系是建立在一个有效产权制度的基础之上的，无论是一般理论分析还是实证分析的结果均表明，信用制度建设问题绝不能脱离产权制度的构建。信用本质上是一种产权关系，产权明晰，可以使经济主体意识到只有讲信用、积信誉，才能保证自身长远利益的实现，由此增强追求长远利益的动力。进一步推动产权制度改革，明晰经济主体间的产权关系，可以为建立健全社会信用体系提供必要的制度基础。好的信用关系意味着交易的各方对自己的资源有比较可靠、明晰的权利边界，交易当事人能尊重彼此之间的权利。在信用关系中，借债还钱是天经地义的。一个人对另一个人进行诈骗，实际上是不尊重、不承认对方的权利。所以，信用制度本质上是产权制度；好的信用制度意味着相对稳定、明晰的产权获得法律的保障。如果一个社会产权不牢靠，权利边界不稳定，甚至会使诈骗也变得合理。如果产权关系不清晰，甚至太混乱，大家认为你的不是你的，而可以是我的；今天是你的，明天就可以是我的。这样一个状态，信用关系怎么可以建立起来呢？在产权关系模糊的情况下，信用关系就会混乱，社会经济活动的交易成本会很高，对经济发展是一剂毒药。

事实上，信用关系只有也必须在两个具有独立财产关系的主体上才能建立信用关系，才能保护各方的利益，其核心是产权。但事实上，我们的产权制度还需进一步明确，法律中要真正体现保护什么样的合法利益。这要求信用人格化，即是说具体的个人要为守信和失信负责，惩罚要落实到个人头上，让个人对产权负责。同时，要有严格的惩罚和激励机制。对尊重市场交易规则的要有正向激励，对违反交易规则，破坏交易秩序的要有惩罚，要让他为之付出代价。

（三）强化法律制度对信用的保障作用

对于信用的保障不能仅仅停留在道德的层面，对于严重违反道德不讲商业信用的行为，应当在法律的范围内予以惩戒。《中华人民共和国合同法》第六条规定：当事人行使权利、履行义务应当遵循诚实信用原则。第四十二条规定，对不讲信用的"缔约过失"应追究法律责任；另外，还有对转移资产以逃避债务、合同履行后有意泄露他人商业秘密等失信行为的惩罚性规定。然而，仅有关于诚实信用的原则性法律规定是远远不够的，只有将信用保障上升到法律层面而不是仅仅停留在舆论监督的层面，商业信用的遵守才能得到真正的认可与保护。一些国家已将商业信用权明确规定于法律之中，《德国民法典》第 824 条规定：违背真相主张或传播适于妨害他人的信用或对他人的生计或前途造成其他不利的事实的人，即使其虽不明知但应知不真实，仍应向他人赔偿由此而发生的损害。这一条款已经将信用权作为一项独立的权利加以确认和保护。目前，我国已出台了《著作权法》、《商标法》及《专利法》，这些无形财产权均得到了法律的认可与保护，民事权利主体可以为对抗侵权行为寻找到合适的法律依据。相比之下，我国有关商业信用方面的法律、法规还不健全，人们往往将商业信用建立在道德和良心之上，仅借助于舆论的力量来保障，以"君子协定"代替制度规则。因此，应将信用权的确认、保护、侵犯商业信用权的惩处等一系列的问题法律化、明确化。这对于将商业信用制度化、法律化，对于保护信用主体，防止商业信用缺失具有十分重要的作用。这不仅有利于维护正常的经济和社会秩序，而且也符合公民道德建设的基本要求。

同时，还要增强执法力度，加大因失信而带来的成本。由于法律对不讲诚信的行为惩罚过轻，在利益比较之下会间接地起到鼓励人们失信的作用，客观上助长不讲诚信的社会风气之蔓延。在发达国家，民事主体因失信造成侵权所承担的赔偿责任相当重，我国应借鉴这些国家的做法，加大对失信主体的执法力度，明确其赔偿责任甚至实施惩罚性赔偿，增加失信成本，要让违法的失信者"得不偿失"。同时，要适当调整诉讼和仲裁程序，以便于及时制裁违法的失信行为。

事实上，现代信用是市场主体依据市场经济的基本规律在交易过程中确立的一种制度安排。市场经济是法治经济，法律体系可以为建立健全社会信用制度提供代表国家权威的强制性保障。建立完备的法律体系，可以用法律上的严格他律，促进道德上的自律；可以通过防范和惩治经济主体的不当行为，保证社会信用体系的有效运行。同时，法治不仅体现为法律条文的明确规定，而且还体现为人们交易活动中普遍遵守的行为准则和法治意识，这些制度和法治意识作为市场交易的行为规则构成信用的基本内容。因此，失信行为不仅仅表现为对社会道德准则的公然违反，实际上也是对国家法律规范和社会规范的背离。

从构建诚信机制的角度而言，只有最终实现立法的民主化和科学化，使法律制度真正反映市场经济和事物的法的本质要求，才可能真正树立法治权威，避免法律失范，营造良好的市场经济秩序。

（四）企业应加强内部的自律建设

由于我国目前的市场秩序还不完善，企业无论是在设立的形式上还是在实质运作方面仍存在着很多不规范的地方。不同形式的企业在从事生产经营的过程中往往因为没有相应的规范而出现违法操作，因此，除立法上应进一步完善企业公司法外，还要使我们的企业形式更加规范化、操作更加合理化，从而减少违法失信的可能性。

在企业内部，应当建立企业商业信用管理系统和企业商业信用评价系统，从 5C，即企业品格（character）、能力（capacity）、资本（capital）、担保（collateral）、环境（condition），这些信用要素来提高企业信用水平，实施 5C 管理制度。在 5C 中，企业品格是最核心的要素，它是指企业和管理者在经营活动中形成的企业伦理、企业品德、企业行为和企业作风，它在很大程度上决定了企业信用的好坏。[①] 市场经济需要法律制度来维护，也需要经济伦理来支持，仅仅依靠其中之一都是不可能建立起良好的市场秩序的。法律是履行契约的权力支柱，伦理是履行契约的精神支柱。如果市场经济缺乏信誉机制，其交易成本大到足以使

---

① 参见胡志英：《道德秩序与经济秩序》，《经济日报》2002 年 4 月 7 日。

交易双方望而却步，就会使契约难以履行。因此，企业最终的竞争力取决于其如何进行价值选择。共有价值——诚信的理念，才是企业竞争的动力源泉。与此同时，还要树立正确的企业理念与文化，狠抓企业商业信用体系建设，建立并强化全社会特别是企业经营者、经理人的商誉意识；注重权利与义务相统一的思想建设和制度建设；每个企业应从自身做起，积极营造公平竞争的市场经济秩序。

（五）建立和完善信用机制

第一，完善个人和企业的资信资料征集机制。建立信用档案的基础工作是征信，即收集、整理企业、中介机构和个人等信用主体方方面面的资讯，这些信息分布在全国各地许多职能部门。个人的资信资料主要包括：个人自然情况、个人税务情况、个人司法记录、个人社会保险、商业保险记录、个人储蓄和债务记录、个人信用历史及个人资产情况等。上述资料被输入电脑，记入个人信用档案，货币电子化进程为档案登记提供了很大的便利。实行存款实名制有助于了解存款人的负债、信用方面的信息。对于企业的信用，可依托信用评估机构、征信机构，将企业的资产情况以及在工商、税务、银行、海关、司法、财政、审计等部门以及在合作伙伴、消费者那里的信用资料收集起来，构成企业资信的重要部分。完成个人与企业的信用资料征集以后，依托中介机构，设置固定的编码，个人与企业所有的必要的资信都存储在该编码的资料中，当个人和企业进行商务活动时，只要出具其信用编码，对方便可以查询到所需要的资料。为了保证个人和企业信用资料发挥最大效应，需要有高效的电子信息网络作为硬件支持，以打破系统间、行业间相互封闭的状态，促进信息共享。利用先进的电脑系统和信息技术，在各商业银行联网的基础上，建立统一的客户信息数据库，同时接收信息中介机构通过网络传递的信用信息，最终建立信息的双向流通体系。

第二，建立商业信用公开和商业信用监督制度。我国已经建立了公民身分证管理制度和单位（法人）代码管理制度，可以在此制度的基础上建立公民社会代码和单位代码管理制度，将商业信用的有关信息纳入其中，并由专门的机关统一管理。这样就可以将有关缺乏商业信用的单位和个人的信息通过相应的途径备案乃至公布于众，让其无所遁形。商业信用公开对于商业信用制度的建立具有十分重要的作用，而现在我国的企业资信大多还处于封锁状态，个人资信更难以查实。有关工商管理、质检、劳动、金融机构、司法机关、公证等部门应联机形成一个检索平台，向社会开放有关企业和个人的资信信息，以便为建立良好的社会竞争秩序创造公平的条件。上海已经建立了"诚信档案"制度，各商家在工商、税务等部门都留有案底，有关部门随时抽查并依据一定的标准给其打分，一旦发现有诚信缺失现象，商家将会受到严厉的处罚。这种"诚信档案"制度已经起到一定的效果，今后应逐步推行。①

作为商业机构运营的信用中介公司是信用社会不可或缺的环节，中介公司为咨询者开出商业信用报告后，有责任保证其准确性。如果因报告内容虚假造成客户经济损失则要赔偿，这就给信息的真实性带来了一套制约机制。此外，民间的商会、协会等也要承担起自己在商业信用监督方面的责任。

第三，建立健全信用评估体系。信用评估机构在获取个人和企业完整的信用资料基础上，按照相关程序，运用科学的评估方法，严格依据国家制定的法律、法规确定个人和企业的信用等级。信用等级可分为A、B、C三级，A级中又分为AAA、AA、A，AAA表明信用等级最高，B级分为BBB、BB、B，C级分为CCC、CC、C，C表示信用等级最低。信用等级制的实施对于促进个人和企业的市场交易活动，特别是对于解决中小企业融资难，刺激消费信贷活动，扩大内需有着重要的推动作用。目前，美国的金融机构普遍应用"个人信用风险评分模型"，该模型理论基础是5C原则：品德（Character）、能力（Capacity）、资本（Capital）、担保（Collateral）和行业环境（Condition of Business）。信用评估的定量指标主要是还款意愿率和还款能力，通过建立数学模型，

---

① 参见万学忠：《为信用制度立法》，《法制日报》2002年3月9日。

评价出其信用等级。我国应该立足本国国情,借鉴发达国家的先进经验,确立科学的评价模型和评价指标。

第四,建立健全失信惩罚机制。在市场经济条件下,商业信用作为一种无形资产,是个人和企业良好社会形象的重要内涵和核心竞争力的构成要素。在规范的市场竞争过程中,商业信用好的企业胜出,商业信用差的企业退出,是自由竞争的重要规则和必然结果。

为维护市场经济秩序,立法机关应加快信用立法,加大对失信行为的惩治力度。失信惩罚机制的基本功能在于:一是依靠社会市场联防机制,以极低的成本处罚尚未构成刑事犯罪的经济合同违约行为,并以防患于未然的震慑作用为主;二是通过法制保障、政策倾斜,让守信的企业和消费者受益;三是惩罚失信行为,甚至使严重失信的企业无法生存,造成失信者"贬值";四是依靠社会力量和征信专业服务,无限加大失信的成本。

加快立法工作,尽早为信用中介机构的发展确定制度框架,为信用行业的管理确定制度框架,依靠法律规范来维护信用关系。同时要加大执法力度,改变"有法不依,执法不严"的现象,使失信者无处藏身,寸步难行。克服地方保护主义,一些地方为了短期利益、地方利益,不惜牺牲国家利益,破坏政府信用和金融信用,利用行政手段向金融机构施压以保护当地企业,为制假售假者充当保护伞,严重破坏了社会主义市场经济信用秩序。只有执法必严,才能提高失信的惩治成本,甚至让失信者倾家荡产,纠正目前失信行为中的成本——收益严重不对称的局面。对失信企业和个人,金融机构不再予以贷款,不给予信用卡透支额度并列入违约客户黑名单;终止其继续使用个人支票和信用卡消费;在主要媒体上公布违约者名单,对违约情节严重者应动用法律手段进行重点制裁,维持社会信用。如果我们建立起完善的信用档案和惩罚体系,显然就更能有效地进行监督,对失信行为实施更为有力的惩罚。

第五,构建企业信用激励和约束机制。企业是市场经济的微观基础,理应是信誉的载体,但企业作为信誉的载体必须满足三个条件:一是企业必须有真正的所有者。企业真正的剩余价值是它的信誉价值，企业的所有者就是企业信誉价值的索取者，如果没有真正的个人所有者，就不会有人积极地去维护企业的信誉。一些企业产权不明晰，没有真正的剩余索取者，这是一些企业产生"搭便车"的机会主义行为的原因，他们可以坐收不守信的好处是不用付出任何成本。二是企业的所有权必须能有偿转让。如果现在的所有者因某种原因不愿继续经营企业时，所有权不能转让，信誉的价值就没有办法实现，他就不会有积极性去维护企业的信誉。我国企业的无形资产不能自由交易，即使交易，也没有真正的受益人，交易价格难以反映企业的真实价值。三是企业的进入和退出必须自由。如果进入和退出没有自由，不讲信誉的企业不能被有信誉企业淘汰，新的企业就不能自由进入，就会形成垄断，他们就没有必要讲信誉了。政府有关部门对进入严格管制以及与此相关的地方保护主义，打造了畸高的进入壁垒。同时，市场发育程度低，优胜劣汰机制尚未形成，企业的市场退出机制尚未健全。正是因为我国企业生存的制度、体制环境不健全，企业寻求短期利益而不讲信誉遂成为常态。所以，要使企业成为信誉载体，必须进行体制创新，对企业制度进行创新，改革国有企业产权制度，使所有者真正到位。同时，要使企业的所有权能有偿转让、自由转让，构建激励约束机制。

此外，还要尽快建立信用制度的服务保障体系。信用保障体系主要包括信用中介和信用监督。信用中介是指信用活动在经济活动双方居于中间联系地位和起着某种媒介作用的组织，比如公证机关，律师事务所等。信用监督主要指社会对信用情况的监督，包括舆论监督和道德监督等。

总之，社会信用制度建设，应以道德为支撑，以产权为基础，以法律为保障。当前，推进社会信用体系的建设，应增强全社会的信用意识和信用观念，为建立健全社会信用体系奠定坚实的社会伦理基础；加快相关法律、法规的制定，使社会信用体系的建立与运行有法可依，有章可循；推动社会信用体系的商业化运作，以降低运行成本，提高服务水

平；完善信用监管和失信惩戒制度，形成有效的失信慑止机制；逐步开
放信用服务市场，增加国内信用机构的竞争压力和发展动力，以推动我
国社会信用制度和体系的建立和完善。

第四节　商业信用评估

随着市场经济的发展，交易的不确定性和风险性也随之加大，为了
降低市场交易成本和风险，商业信用评估逐渐发展起来，并发挥着重要
作用。商业信用评估一般是通过信用评级来实现的。限于篇幅所限，本
节重点介绍企业信用评级的内容。我国商业信用评估刚起步不久，应在
建立完善企业资信评估机构的基础上，积极完善商业信用评级，充分发
挥其作用。

一、信用评估的一般内容及特点

信用评估，是指对被评对象未来偿债风险的评价以及对所负债务能
否如约还本付息的能力和可信任程度的评估。从本质上讲，信用评估是
一种建立在客观基础上的定性判断。评级体系的合理性、评级分析与判
断的可靠性和评级工作的客观性是保证评级质量的三大因素。

（一）信用评估别的产生与发展

信用评估的产生是以信用交易为基础，信用交易是出于授信人对承
信人的信任。在简单的商业信用以及早期的银行信用中，这种信任大多
来自经验，是否授予信用取决于授信人对潜在承信人信用状况作出的主
观判断。这时的信用评价往往比较粗略，而且几乎无一例外地由授信人
自己完成，严格地讲，这只能看做是现代信用评级的萌芽状态。只有当
金融市场上出现了独立的专业从事信用评价工作的中介服务机构，当信
用评价方法从经验判断走向科学决策，当信用评级结果得到金融市场主
体的广泛认可并确立了相关的法律规范及行业准则之后，现代意义上的

信用评级制度才真正产生。

在西方，信用评估制度的发育很早，古罗马时代就已形成了一些信用分析的基本原则，如在放债之前对债务人的借款用途、财产状况、偿还能力等进行充分调查，以防范放贷风险的发生。当社会发展到近代资本主义时期，随着经济危机的出现，人们迫切需要一种准确客观地评估相关经济实体的信用情况及信用风险的体制，于是现代化的信用评估制度产生了。1837年，路易斯·塔班在纽约建立了第一个商业性信用评级机构。1849年，约翰·布拉斯特建立了自己的评级机构并于1857年出版了第一本《信用评级指南》。

信用评级制度的形成，首先从专业信用评级机构开始。专业信用评级机构的前身可以一直追溯到专门调查个人和企业信用并向委托者提供调查报告的征信机构。征信机构的最大贡献就是帮助经济主体克服交易中的信息不对称困难，从资本市场或商业市场上调查指定企业或个人的真实信用状况，为准确的信用评价提供有效证据，稳步地朝着科学评价的方向发展。另外，征信机构的实践也刺激了投资者对企业经营能力和企业信用状况等方面真实信息的需求。

现代意义上的信用评级是从专业信用评级机构开始，科学的信用评级是从美国人约翰·穆迪在1909年出版的《铁路公司投资分析手册》中开始的，用简单的符号表示各种不同铁路债券的优劣等级。信用评级最早产生于美国。20世纪初，美国进入工业化带来经济迅速增长的时期，货运的增长带动铁路的需求，因而需要筹集大笔资金来建设铁路。由于大部分投资者缺乏可靠的金融信息，通过发行债券来融资难度很大。1890年，约翰·穆迪看到这种情况，创办了穆迪评级公司，对发行铁路债券进行资信等级评级。穆迪的评级在投资者中很受欢迎，该公司的评级范围越来越广。面对巨大的投资者需求市场，美国又先后成立了一些评级公司。1923年，标准普尔公司开始评估发行债券的等级，很快进入了对公共领域债务的评级。此后，信用评级在美国迅速发展起来。从20世纪80年代开始。以穆迪、标准普尔为代表的美国信用评级机构在坚持国内的信用评级事业的同时，利用各种机会开拓国际市场信用评级并发展成为全球性的现象，评级范围由债券扩展到财务担保、共同基金、商业票据等领域。穆迪、标准普尔现已成为全球性评级机构，世界上很多国家的债券发行者利用这两大评级机构的评级结果在世界范围内发行债券。

现代信用评估在西方获得了广泛的发展，其业务领域不断扩大、种类日趋繁多、作用更加重要。从业务种类来看，现代西方信用评估的种类可分为六大体系：主权评估；企业评估；金融机构评估；保险公司评估；基金评估，主要是对货币市场基金、共同债券基金的评估；结构融资评估。西方信用评估主要由各种独立设置的中介机构依照相关法律规定按市场化规律进行运作，各种金融机构在其内部也建立了一些自己的内部评级系统。

西方信用评估的中介机构按其业务类别可分为公司信用评估机构、中小型工商企业信用评估机构与消费信用评估机构三大类。为保证这些社会中介评估机构信用评估结果的公正性与权威性，西方各国都规定了严格的管理制度。这些管理制度包括对获取准确资信信息的保障机制，对信用评估结果公正性的监督机制，对评估信息正当使用的管理机制，等等。以美国为例，为保障中介机构获取、使用真实准确的资信信息，《公正信用报告法》规定任何时候消费者由于信用报告的原因被拒绝提供贷款，签发信用报告的机构应将这一事实与报告者的名称、地址通知该消费者。消费者可以要求获得由某一信用报告机构发布的信息来源和任何报告者的身份；《诚实贷款法》则要求消费者与贷款者披露信用条件或贷款条件，以便购买者比较不同的条件从而做出最好的资金安排。为保障中介机构合法、公正地履行评估职责，美国建立了严格的监督机制，政府部门设置专门机构负责对这些中介机构评估结果的公正性进行监督；另外，行业自律组织也可依照行业规定对独立信用评估机构的评估活动进行自律性监督。为保障信用评估结果的正当使用，美国还通过充分有效的市场化运作，形成了信用评估信息的公开发布、有偿使用机制与违规惩罚机制，任何违规发布与使用信用评估结果的机构与个人将面临来自管理层的惩罚与来自受害者的损害赔偿诉讼。

我国信用评估制度建设目前刚起步，开始按照"统一管理、统一标准、统一程序、统一质量检查、统一公告登录"的原则组建社会中介信用评估机构，并取得较好成绩。但与国外先进经验相比，我国信用评估制度还很不成熟，存在许多不足，如信用法制不健全，信用评估主体市场化程度不高，信用评估结果正当使用原则没有建立起来，信用评估的配套法律也需要进一步完善等。

（二）信用评估及其特点

1. 信用评估与信用评级

（1）信用评估

一般而言，信用评估是以信用关系中的偿债能力及其可信程度为中心，对评估客体进行公正审查与评价的活动。它通常是由专业的机构或部门，根据"公正、客观、科学"原则，按照一定的方法和程序，在对企业进行全面了解、考察调研和分析的基础上，作出有关其信用行为的可靠性、安全性程度的评价，并以专用符号或简单的文字形式来表达的一种管理活动。信用评估机构，是指通过征集个人和企业信用信息，向个人和企业信用信息使用者提供个人和企业信用评估和查询服务公正、高效的第三方专门机构。

一般来讲，信用评估包括个人信用评分、企业信用评级和职业信用评价等。个人信用评分，是指信用评估机构利用信用评分模型对消费者个人信用信息进行量化分析，以分值形式表述。企业信用评级，是指信用评估机构对征集到的企业信用信息，依据一定指标进行信用等级评定的活动。职业信用评价，是指信用评估机构依据对应行业调查，对被评测的工作岗位的环境和经济价值进行评估，找出与在岗人员守信行为的联系，以对个人条件类似的人员在不同岗位上的经济行为进行预测。

（2）信用评级

信用评级是由专门从事信用评级的独立的社会中介机构，运用科学的指标体系、定量分析和定性分析相结合的方法，通过对企业、债券发行者、金融机构等市场参与主体的信用记录、企业素质、经营水平、外部环境、财务状况、发展前景以及可能出现的各种风险等进行客观、科学、公正的分析研究之后，就其信用能力（主要是偿还债务的能力及其可偿债程度）所作的综合评价，并用特定的等级符号标定其信用等级的一种制度。

信用评级有广义与狭义之分，狭义的信用评级是对企业的偿债能力、履约状况、守信程度的评价；广义则指各类市场的参与者（企业、金融机构和社会组织）及各类金融工具的发行主体履行各类经济承诺的能力及可信任程度。

信用评级判别方法和模型层出不穷，但迄今为止还没有公认的、有效的和统一的方法。国内外的评估机构在实践中常用的评估方法大致可以分为三类：

一是定性评估法。所谓定性评估法，就是评估机构（人员）根据其自身的知识、经验和综合分析判断能力，在对评价对象进行深入调查、了解的基础上，对照评价参考标准，对各项评价指标的内容进行分析判断，形成定性评价结论。这种方法的评估结果依赖于评估人员的经验和能力，主观性较强，结果的客观、公正性难以保证。

二是定量评估法，也称评估模型法，即以反映企业经营活动的实际数据为分析基础，通过数学模型来测定信用风险的大小。这种方法使用简便、成本低，曾一度被美国各商业银行广泛用于对客户的信用风险评估。但是，评估模型法的预测效果随时间的长短而不一样，时间越短，准确率越高，反之越低。而且这种方法的可靠性很大程度上依赖于企业财务数据的真实性，在将其用于评估财务管理相对较为混乱的企业时，就无法保证其准确性。

三是综合评估方法。它产生于 20 世纪 80 年代，此前的单纯以财务数据预测信用风险的方法已越来越不能适应市场变化的无常性，迫切要求加强对企业经营风险的定性经验判断。综合评估方法以定性分析为主、定量分析为辅，要求对评估对象作出全局性、整体性的评价。综合评估法的评估步骤是：首先确定评估对象系统，明确评估内容和方式；其次是建立合适的评价指标体系和评估模型；最后根据对评估内容所作的系统分析，并在信用评价数学模型的基础上对企业的未来经营业绩变化作出趋势的推测和测量的判断。这种预期能够更好地反映企业的未来信用风险大小，因此，该方法现已为世界各大评级公司所采用，它代表了当今信用风险评估方法发展的主流方向。

综观国内外关于信用评估方法的研究和实际应用情况，以对企业经营状况的定性分析为主和定量评估模型为参考的综合评估法更全面，也更为科学。为了较好地与国际惯例接轨，我国在设计企业信用评价方法体系的过程中，结合国情和资本及贸易市场特点，应特别注意借鉴国外企业信用评价的成功经验和先进的信用评估技术。

2. 信用评估特点

简洁性。信用评估以简洁的字母、数字组合成的符号揭示企业的资信状况，是一种对企业进行价值判断的一种简明工具。

可比性。各信用评估机构的评级体系使同行业受评企业处于同样的标准之下，从而昭示受评企业在同行业中的资信地位。

服务对象的广泛性。除了给评估对象自身对照加强改善经营管理外，主要服务对象有：投资者；商业银行、证券承销机构；社会公众与大众媒体；与受评对象有经济往来的商业客户；金融监管机构。

全面性。信用评估就受评企业的经营管理素质、财务结构、偿债能力、经营能力、经营效益、发展前景等方面全面揭示企业的发展状况，综合反映企业的整体状况，非其他单一的中介服务所能做到。

公正性。信用评估由独立的专业资信评估机构作出，评级机构秉持客观、独立的原则，较少受外来因素的干扰，能向社会提供客观、公正的资信信息。

监督性。一是投资者对其投资对象的选择与监督；二大众媒体的舆论监督；三是金融监管部门的监管。

形象性。信用评估是企业在资本市场的通行证，一个企业资信级别的高低，不但影响其融资渠道、规模和成本，更反映了企业在社会上的形象和生存与发展的机会，是企业综合经济实力的反映，是企业在经济活动中的"身份证"。

社会信用的基础性。通过信用评估，使社会逐步重视作为微观经济主体的企业的信用状况，从而带动个人、其他经济主体和政府的信用价值观的确立，进而建立起有效的社会信用管理体制。

二、商业信用评级的原则及内容

由于企业在经营过程中会出于本身经营不善以及遇到各种风险而发生不能及时归还贷款，甚至不能清偿自身债务的情况，并造成金融机构营运资金的损害。这种由于借款人（企业）不能偿还其债务而遭受损失的可能性，称为信用风险。因此，金融机构要对其所授信企业进行信用评估，对企业的经营状况和偿还债务的能力进行分析和预测，加强对其授信风险的控制。

（一）商业信用评级的内容

企业资信评级主要是指针对各种类型工商企业和金融企业的信用状况，由第三方来进行的一种公开的、公正的面向社会公众的评级业务。商业信用评估主要是指企业信用评估，起源于资信调查，资信调查一般是受第三方委托，由征信所进行的面向客户的业务，不具备社会公众性，而且也无级别判定。而信用评估则是由中介性的资信评估机构来进行的一种评定信用级别的社会咨询业务。信用评估是信用体系的一个重要组成部分，信用评估的一个重要任务就是确定一个企业的信用等级，评定一个企业的信用状况。

信用评级是对各类企业所负各种债务能否如约还本付息的能力和可信任程度的评估，是对债务偿还风险的评价。信用评级采用定性分析和定量分析相结合的方法，以定性分析为主，定量分析是定性分析的重要参考。信用评级是对被评对象未来偿债风险的评价，从本质上讲，信用评级是一种建立在客观基础上的定性判断。评级体系的合理性、评级分析与判断的可靠性和评级工作的客观性是保证评级质量的三大因素。投资者对评级结果的接受与信任程度是评级公司生存与发展的决定因素。信用评级仅是对信用风险的评价，信用风险仅是投资者在投资决策过程中考虑的因素之一，因此评级结果不能作为投资者投资决策的惟一依据。信用评级与投资决策之间没有直接的联系，评级机构不承担投资者采用评级结果后的法律责任。决定并公布被评对象的信用等级后，必须进行跟踪评级，适时作出变更或不变更被评对象信用等级的决定。

目前，各类信息评估机构出具的信用报告以及信用评级的结果大多采用国际通用的等级符号标记，实行四等 10 级制。按照评估目的的不同，大致可以分为：AAA、AA、A，BBB、BB、B，CCC、CC、C，D。从 AA 到 CCC 等级间的每一级别可以用"＋"或"－"号来修正已表示在主要等级内的相对高低。信用评级等级结果说明见表 3-2。

表 3-2　信用评级等级

信用等级	信用状况	含　义
AAA 级	信用极好	表示企业的信用程度高、债务风险小。该类企业具有优秀的信用记录，经营状况佳，盈利能力强，发展前景广阔，不确定性因素对其经营与发展的影响极小。资金实力雄厚，资产质量优良，各项指标先进，经济效益明显，清偿支付能力强，企业陷入财务困境的可能性极小。
AA 级	信用优良	表示企业的信用程度高、债务风险小。该类企业具有优秀的信用记录，经营状况佳，盈利能力强，发展前景广阔，不确定性因素对其经营与发展的影响极小。资金实力雄厚，资产质量优良，各项指标先进，经济效益明显，清偿支付能力强，企业陷入财务困境的可能性极小。
A 级	信用较好	表示企业的信用程度良好，在正常情况下偿还债务没有问题。该类企业具有良好的信用记录，经营处于良性循环状态，但是可能存在一些影响其未来经营与发展的不确定因素，进而削弱其盈利能力和偿债能力。企业资金实力、资产质量一般，有一定实力，各项经济指标处于中上等水平，经济效益不够稳定，清偿与支付能力尚可，受外部经济条件影响，偿债能力产生波动，但无大的风险。

信用等级	信用状况	含　义
BBB 级	信用一般	表示企业的信用程度一般，偿还债务的能力一般。该类企业的信用记录正常，但其经营状况、盈利水平及未来发展易受不确定因素的影响，偿债能力有波动。企业资产和财务状况一般，各项经济指标处于中等水平，可能受到不确定因素影响，有一定风险。
BB 级	信用欠佳	表示企业信用程度较差，偿债能力不足。企业资产和财务状况差，各项经济指标处于较低水平，清偿与支付能力不佳，容易受到不确定因素影响，有风险。该类企业具有较多不良信用记录，未来发展前景不明朗，含有投机性因素。
B 级	信用较差	表示企业的信用程度差，偿债能力较弱。企业一旦处于较为恶劣的经济环境下，有可能发生倒债，但目前尚有能力还本付息。
CCC 级	信用很差	表示企业信用很差，几乎没有偿债能力。企业盈利能力和偿债能力很弱，对投资者而言投资安全保障较小，存在重大风险和不稳定性。
CC 级	信用极差	表示企业信用级差，没有偿债能力。企业已处于亏损状态，对投资者而言具有高度的投机性。
C 级	没有信用	表示企业无信用。企业基本无力偿还债务本息，亏损严重，接近破产。
D 级	没有信用	表示企业已濒临破产。

2. 商业信用评级的类别

商业信用评级是一项十分复杂的活动，从评估对象来看，商业信用评级可以分为不同的类别（如表 3-3 所示）。

表 3-3　商业信用评级类别

1. 为金融机构提供			
	目　的	评级对象	评级控制
事前信用评级：	减少或化减金融机构的贷款风险，控制和减少金融机构的不良贷款。	欲贷款企业贷款前的信用评级；欲授信企业授信前的信用评级。	

事中信用评级:	监督受贷企业的信用状况,掌握受贷企业的还款能力和还款意愿,控制贷款风险。	已贷款企业的信用评级;已授信企业的信用评级。	
事后信用评级:	确定受贷或授信企业的资产价值,以便处置和置换资产,减少金融机构的损失。	受贷和授信企业的信用评级,同时提供对各类资产的价值评估。	
一般信用评级:	了解和明确金融机构与其有业务关系或欲建立业务关系的企业的信用状况。	金融机构欲了解或感兴趣的企业的信用评级。	金融级的评级级别,一般信用评级推荐次金融级或企业级评级级别。

2. 为非金融机构提供企业融资前的信用评级

目 的	评级对象	评级控制
事前信用评级:减少或化减非金融机构融资风险。	企业融资前的信用评级。	
事中信用评级:监督已融资企业的信用状况,掌握企业的还款能力和还款意愿,控制融资风险。	已融资企业的信用评级。	
事后信用评级:确定企业的资产价值,以便处置和置换资产,减少融资损失。	融资企业的信用评级,同时提供对各类资产的价值评估。	金融级的评级级别。

3. 对企业固定资产投资项目立项、其他特约投资项目进行信用评级

目 的	评级对象	评级控制
揭示企业固定资产投资项目立项、其他特约投资项目的风险和未来项目可能的赢利状况及对投资的偿还能力。	固定资产投资项目立项、其他特约投资项目的信用评级。	次金融级或企业级评级级别。

4. 对项目投资来源进行论证及信用评级		
目　的	评级对象	评级控制
确定项目投资来源的可能性、风险性及其对项目的影响。	项目投资来源的信用评级。	次金融级或企业级评级级别。
5. 对有价证券及其金融衍生工具进行论证、策划、设计和信用评级		
目　的	评级对象	评级控制
分析和揭示有价证券及其金融衍生工具的风险性、收益性及对投资的影响。	对有价证券及其金融衍生工具的信用评级。	非金融级或企业级评级级别。
6. 对各类工商企业及商业银行、证券公司、保险公司、信托投资公司等进行信用评级		
目　的	评级对象	评级控制
分析和揭示受评对象的风险性。	对有价证券及其金融衍生工具的信用评级。	次金融级或企业级评级级别。

3. 信用评级的原则

信用评级应遵循以下原则：

真实性原则。在评级过程中，必须保障评级基础数据和基础资料的真实、准确，采取一定的方法核实评级基础数据和基础资料的真实性。

一致性原则。所采用的评级基础数据、指标口径、评级方法、评级标准要前后一致。

独立性原则。评级人员在评级过程中要保持独立性，不能受评级对象及其他外来因素的影响，要根据基础数据和基础资料独立作出评判，运用自己的知识和经验客观、公正、公平地实施评级。

三、商业信用评级的意义

在现代市场经济活动中，为防范信用风险，维护正常的经济秩序，信用评级的重要性日趋明显。信用评级有利于促进企业提高信誉、稳定金融运行环境，对于信用交易主体、金融市场以及监管者都具有重要的意义。

(一) 防范商业风险

信用评级有助于企业防范商业风险，为现代企业制度的建设提供良好的条件。信用评级的基本作用在于揭示信用风险，将被评企业或其所发行证券的信用状况用简单符号形式公之于众，使投资者快速、方便地得到客观、简明的信用信息，为投资者的决策提供参考，帮助投资者理解并控制信用风险。对于投资者来说，客观、公正、准确的信用评级结果可以在一定程度上缓解投资者与市场主体（或者不大熟悉的交易对象）之间、授信人与承信人之间的信息不对称，从而保护了信息需求一方的利益。对于评级结果的使用者来说，专业评级机构的工作不仅替他们节省了昂贵的信用调查费用，而且是专业人士以专业眼光对评级对象的信用状况进行的综合考察，是在科学分析基础上得出评级对象的违约概率以及是否有能力并愿意及时全部履行经济契约的相对风险信息，完全可以作为投资者或授信人进行经济决策时参考。同时，随着金融市场的发展，各种金融工具的日益增多，投资渠道十分广阔，信用评级可广泛应用各种投资组合，如某些机构投资者（基金公司、保险公司等）为控制整个投资组合的风险，以一定的信用等级作为投资的界限。

建立现代企业制度的最终目标：使企业成为依法自主经营、自负盈亏、自我发展、自我约束的市场竞争主体。企业成为独立利益主体的同时，也将独立承担经营风险，信用评级将有助于企业实现最大的有效经济利益。这是因为，任何一个企业都必须与外界发生联系，努力发展自己的客户。这些客户是企业利益实现的载体，也是企业最大的风险所在。随着市场竞争的日益激烈，最大限度地确定对客户的信用政策，成为企业竞争的有效手段之一。这些信用政策包括信用形式、期限金额等的确定，必须建立在对客户信用状况的科学评估分析基础上，才能达到既从客户的交易中获取最大收益，又将客户信用风险控制在最低限度的目的。由于未充分关注对方的信用状况，一味追求客户订单，而造成坏账损失的教训，对广大企业都不可谓不深刻。另外，由于信用评级是对企业内在质量的全面检验和考核，而且信用等级高的企业在经济交往中可以获得更多的信用政策，可以降低筹资成本，既有利于及时发现企业经营管理中的薄弱环节，也为企业改善经营管理提供了压力和动力。

（二）维护资本市场的公平与公正

信用评级有利于资本市场的公平、公正、诚信。信用评级机构作为一个独立的、不参与信用交易活动的第三方专业性机构，对金融市场上参与信用活动的企业本身进行信用等级评价。信用评级本质上属一种经济信用的评价和咨询行为，它通过专门的技术、技能和工作方法，对相关经济组织履行经济承诺的能力进行分析判断，并以简明的符号表征优劣程度，公告社会，为其他经济组织提供决策支持，是形成正确投资决策的主要信息基础之一。现代信用评级已不局限于为经济组织服务，政府部门为了全面掌握有关经济信息，也都在程度不同地利用信用评级业的工作成果。对于一般投资者来说，随着金融市场的发展，各类有价证券发行日益增多，广大投资者迫切需要了解发行主体的信息情况，以优化投资选择，实现投资安全性，取得可靠收益。而信用评级可以为投资者提供公正、客观的信息，从而起到保护投资者利益的作用；可以作为资本市场管理部门审查决策的依据，保持资本市场的秩序稳定。因为，信用等级是政府主管部门审批债券发行的前提条件，可以使发行主体限制在偿债能力较强、信用程度较高的企业。信用评级也有利于企业低成本地筹集资金。企业的经营状况需要得到合理的分析和恰当的评价，以利于银行和社会公众投资者按照自己的经营管理水平和信用状况给予资金支持，并促使企业通过不断改善经营管理，提高自己的信用级别，降低筹贷成本，最大限度地享受相应的权益。以资本市场为例，美国摩根斯坦利公司在给我国三峡工程总公司提供的外债发行方案中指出，如果发债信用等级为 A－，则 10 年期债券利率为 8.3%～8.4%，如信用级为 BBB＋，同期发行利率为 9.05%～9.3%。因信用等级不同的利率差为 0.75%～0.9%，发行 10 年期三峡美元债券，利息差额达 1.7 亿美元，利益得失约合 14 亿元人民币。

（三）保障商业信用权人的合法利益

商业信用权人可以获得相应的资信利益。比如，债券评级是企业获准发行债券的先决条件；贷款企业资信评级是一定贷款规模以上的企业通过贷款卡年审、获取银行贷款的必需条件。高等级的信用可以帮助企业较方便的取得金融机构的支持，得到投资者的信任，能够扩大融资规模，降低融资成本方面。债券资信级别在很大程度上与其发行利率挂钩，如中国人民银行上海市分行要求辖内各商业银行对 AA 级以上贷款企业优先给予信贷支持，贷款利率可不上浮，对其商业承兑汇票可优先办理贴现，人民银行优先办理再贴现。特别是在利率实行市场化实行后，资信等级高的企业的融资成本将大为降低。

商业信用是社会对特定主体的肯定评价，它对树立民事主体尤其是企业法人的良好形象，获得社会公众的信赖具有重要的意义。民事主体可以利用商业信用获得诸如投资、贷款、赊购等方面的便捷条件，从而获得由此带来的资信利益。权利人可依商业信用权的排他效力对抗其他民事主体的侵害而从事正常的生产经营活动。任何人均不得恶意损害民事主体的商业信用权；商业信用权人的利益如果受到侵害，可以向司法或行政机关申请救济。

（四）保障了交易安全，提高交易效率

商业信用保障了交易安全，提高了交易效率。交易的发生多是一种双方合同，如果一方没有商业信用，即一方不能履行相应的债务，则交易无法正常进行。因此，只有在商业信用存在的前提下，才能确保交易的安全。由于商业信用代表一种信赖，在交易过程中，当事人基于彼此的信任易于达成协议与谅解，这对于促使交易达成，提高交易效率也是十分重要的。比如，信用评级是商业银行确定贷款风险程度的依据和信贷资产风险管理的基础。企业作为经济活动的主体单位，与银行有着密切的信用往来关系，银行信贷是其生产发展的重要资金来源之一，其生产经营活动状况的好坏、行为的规范与否，直接关系到银行信贷资金使用好坏和效益高低。这就要求银行对企业的经营活动、经营成果、获利

能力、偿债能力等给予科学的评价，以确定信贷资产损失的不确定程度，最大限度地防范贷款风险。现阶段，随着国有银行向商业银行的转化，对信贷资产的安全性、效益性的要求日益增高，信用评级对银行信贷的积极作用也将日趋明显。

（五）市场经济中的"身份证"

信用评级是企业经济交往中的"通行证"。企业在经济交往中，不仅要了解别人的信用情况，同时自己的信用情况也要让别人了解，信用评估在企业经济中起到重要的作用。信用评级结果和相应的信用分析报告有助于增进对评级对象的了解，消除信息不对称和经济活动不确定性所造成的负面影响，因而即使其他情况相同，经过评级的主体也更容易获得投资者或授信人的信任。信用等级越高，评级对象可以获得的信用额度越高，而为相同信用额度所支付的费用越低。信用评估能塑造企业整体形象，提高企业知名度。现在，企业广告宣传主要是自我宣传，即"自卖自夸"，如果经过权威评估机构对企业进行信用评估，并通过互联网向社会公告信用等级，突出宣传企业的综合实力，便塑造了企业的整体形象。在资本市场上，信用等级可以作为投资者风险补偿的重要因素之一。信用评级客观上实现了促进企业提高信誉、稳定金融运行的良好的社会效益，对于信用交易主体、金融市场以及监管者都具有十分重要的意义。

此外，信用评级为政府管理部门提供管理依据与参考的资料。借助于此，一方面使政府管理部门缓解了不能全面、及时地深入实际调查了解情况的矛盾；另一方面可以把政府管理部门从日常、烦琐的事务性工作中解脱出来。在社会化专业信用评级的基础之上，政府管理部门可以进行重点的、事前的、预警性的监管与调控；工商管理部门可以规定，达到一定信用等级和连续保持一定信用等级的企业，可以免年检；税务部门可以利用企业信用评估结果，进行重点稽查。金融监管部门往往利用独立的信用评级对其所负责的银行、保险公司和公用事业公司进行监管，以保证其有健康的财务状况；许多资本市场管理者都把信用评级作为衡量债券发行人是否具有发行新债能力的重要标准，从而控制债券发行的信用风险。

应当指出的是，建立现代信用评估制度的最终目的是为社会经济生活提供一个风险防范的基础，为各经济活动主体进行风险防范与管理提供科学的依据，这有赖于相关制度的完善。现代化的信用评估制度是市场化、法制化、系统化程度很高的一种制度。现代化的信用评估制度建设的关键问题是信用评估机构的建设。在西方市场经济发达国家，信用评估机构都是市场化运作的社会中介信用评估机构，这些社会中介机构采用公司制组织形式，为金融机构或企事业单位提供有偿信用评估服务。他们这种社会中介机构已经有一百多年的发展历史，其信用评估服务在现代经济生活中发挥着越来越重要的作用。据美国一项调查显示，美国金融机构中的 92％使用了社会中介信用评估系统，其中 30％完全依赖于该信用评估系统进行决策。

与此同时，还应建立一套行之有效的信用评估监管机制。根据西方市场经济发达国家成功的经验，信用评估监管机制应包括两个方面：其一是主管机构与行业协会实施的对信用评估的监管，这其中既有行政方面的，也有司法方面的，诸如资格审查、定期业务指导、违规处罚，对严重的渎职犯罪行为提起公诉，等等；其二是来自市场方面的监管，当客户由于信用评估机构出具失真信用报告而被拒绝提供贷款（客户为借贷方），或不能回收贷款（客户为金融机构）时，客户有权要求签发信用报告的机构作出解释。如发现有恶意存在，应该允许客户通过诉讼程序索赔，信用评估机构应以其资产承担有限民事责任。

第四章 商业合作与竞争

在现代市场经济中，竞争不可避免，合作势在必行，竞争与合作共同缔造了市场交易活动的秩序。在新的形势下，竞争与合作并非完全冲突，商业的竞争与合作被赋予了新的涵义，出现了合作竞争的新关系。企业间通过一定程度的合作和共享资源来寻求竞争优势已成为一种趋势。

在这里，笔者有必要明确所谓商业的涵义。商业，是指以买卖方式使商品流通的经济活动。广义上讲，商业活动的主体除了流通领域的商业企业，还包括商品生产等领域中以买卖方式进行商品流通活动的商品生产者和经营者。因此，商业合作与竞争不仅存在于商业企业之间，也发生于以买卖方式进行商品流通活动的生产企业和服务企业之间。

第一节 由对抗竞争到合作竞争

竞争是市场经济永恒的话题，在不确定的市场竞争环境中，市场经济的形态变化，市场竞争的方式也在不断变化。在现代市场经济活动中，企业的竞争日趋激烈，为了降低市场竞争的不确定性以及相应的市场风险，更好地实现利润，企业间的竞争关系发生了新的变化，逐渐由对抗竞争走向合作竞争。

一、合作竞争——企业竞争新趋势

市场经济在某种意义上讲，乃是一种人类合作竞争的扩展秩序，随着现代市场经济的发展，商业的竞争与合作被赋予了全新的释义。竞争不再是利益互相冲突的对手间你死我活的简单拼杀，也不再是一种损人利己、得失对斥的行为，而更像是强者、勇者、智者之间的一场高水平、高质量的追求共生、共存、双赢的较量。企业间通过一定程度的合作和共享资源来寻求竞争优势已成为一种趋势，这种趋势不可避免地冲击着传统的竞争理论、观念、策略和方法，迫使企业从单纯竞争型向合作竞争型转变。

（一）合作竞争：竞争新概念

合作竞争（co-opetition）一词首次出现在 1996 年由美国耶鲁管理学院的拜瑞·J·内勒巴夫和哈佛商学院的亚当·M·布兰登勃格合著的《合作竞争》①一书中。在该书中，两位作者指出了商业游戏应该是竞争与合作的结合体，并分别对商业游戏的参与者及他们中间竞争与合作元素进行了分析，通过其间的相互关联定位价值链，显示其内部相关性，提出了如何与包括竞争对手在内的参与者进行合作，共同去创造一个更大的市场。作者在书中写到，合作竞争是一种超越了过去的合作以及竞争的规则，并且结合了两者优势的一种方法。合作竞争意味着在创造更大的商业市场时合作。他们提出了既竞争又合作的互补性思考：其方法是设法将饼做大一点，思考如何发展或改善互补品，而不是和竞争者争夺固定大小的饼。该书一出版，立即受到广泛关注和普遍好评，并迅速成为美国《商业周刊》评出的最畅销图书。

1996 年，美国剑桥战略咨询公司董事长兼总裁詹姆斯·穆尔提出了企业竞争管理不是击败竞争对手而是要建立与发展商业生态系统的最新竞争管理理论。该理论认为，企业是市场环境系统中的一个参与者，欲实现企业目标，扩大市场占有率，开拓新市场，必须与相关企业运用战略联盟形式以集中有限资源，更好地满足顾客需求。这种联盟形式既包

---

① ［美］拜瑞·J·内勒巴夫、亚当·M·布兰登勒格：《合作竞争》，安徽人民出版社 2000 年版。

括生产企业、供应商、客户，还包括金融机构、行业协会、科研机构、政府职能部门，以形成相互补充、相互完善、联合竞争、共同分享利益、共同发展的新的市场体系。1997 年，Maria Bengtsson 和 Soren Kock 也将既包含竞争又包含合作的现象称为合作竞争。他们共同研究了企业网络的合作竞争。① Deutsch 的合作和竞争理论将利益主体的目标依存关系分为合作、竞争和独立三种，各合作方对目标关系的认识影响他们相互作用的结果，因而直接影响他们的行动策略。② 1997 年，Loebbecke 等研究了基于合作竞争的知识转移及合作竞争组织间的知识分配理论。③ Kjell Hausken 研究了团队间的合作竞争，认为利益主体间的竞争有利于利益主体内部成员积极性的提高，其他利益主体内的合作竞争情况也影响该利益主体内部的合作竞争程度。④ Marc 等认为：合作中利益主体把其他利益群体的活动视为正外部条件，竞争中利益主体则将其他活动视为负外部条件。⑤ 1997 年，普瑞斯、歌德曼、内格尔合著

---

① Maria Bengtsson, Soren Kock. Coopetition and competition among horizontal actors in business networks. Paper persented at the 6th work-shop on Interorganizational Research, 1996. 23-25; And Maria Benggsson, Soren Kock. "Coopetition" in business networks to cooperate and compete simultaneously. Industrial Marketing Managemet, 2000. 29：411—426.

② Deutsch M. The relation of conflict. New Haven, CT：Yale University Press, 1973. And Deutsch M. Over fifty years of conflict research ［A］. in Festinger. L. （ED）. Four Decades of Social Psychology ［M］. New York：Oxford University Press, 1980. 46—47.

③ Loebbecke C, van Fenema P. C, Powell P. Knowledge trasfer under coopetition ［J］. American Management System, 1997, （2）：215 — 229. And Loebbecke C, van Feneam P. C, Towards a theory of interorgonizational knowledge sharing during coopetition ［C］. Proceeding of Europen Conference on Information Systems, France：Aix-en-Provence, www. di. no/dep2/informgt/wg82 — 86/proceedings, 1998. 1632—1639.

④ Kjell Hausken. Coopetition and between group competition ［J］. Journal of Economic Behavior & Organization, 2000, 42：417—425.

⑤ Marc W, Athony Z. Farming and coopetition in public games：An experiment with an interior solution ［J］. Economic Letters, 1999, 65：322—328.

的《以合作求竞争》一书提出，新型企业没有明确的界线划分，其作业过程、运行系统、操作及全体职工都应与顾客、供应商、合作伙伴竞争对手相互作用和有机联系在一起。只有这样，企业才能走出孤立交易的小圈子，进入相互联合的王国，获取竞争优势。其竞争优势表现在通过建立联系实现互利而创造的价值上。

（二）合作竞争：一种新型的竞争关系

竞争是普遍的社会现象，作为经济学的核心内容的竞争理论，其发展几乎贯穿了整个经济学历史演变的全过程。主流经济学认为，只有完全竞争市场才是有效率的，不完全竞争市场会限制产量，降低效率。因此，主流经济学的分析前提就是认为竞争的效率要高于合作，市场是为竞争而存在的，只有竞争才能充分发挥市场的效力，这种观点有失偏颇。现代市场经济的发展赋予了商业竞争与合作新的涵义。以合作求竞争逐渐成为企业发展的主流，在竞争中合作，在合作中竞争，这已成为现代企业必须面对的新格局。

合作竞争实际上是一种新型的竞争关系，它是有别于竞争和合作的一种博弈关系。合作的目的是为了竞争，竞争以合作为主要方式，合作与竞争为同一关系的两个方面，独立的竞争者通过合作强化竞争优势。合作竞争一般被简称为"竞合"，竞合理论的基本观点是：为了竞争而学会必要的妥协与合作，建立互利互惠的合作竞争关系；在竞争中寻找一切合作机会，通过联合，赋予成员企业更大的市场竞争能力，进而起到在合作过程中强化竞争的作用。合作竞争作为一种新型的竞争关系，具有其自身的特点，如何有效地管理和控制合作竞争过程中出现的风险是关系到合作竞争成败的重要环节。

美国管理学家彼得·德鲁克在1995年指出，工商业正在发生的最伟大的变革，不是以所有权为基础的企业关系的出现，而是以合作伙伴关系为基础的企业关系的加速度增加，企业间的合作经营成为最近20年来世界企业管理的四大发展趋势之一。

美国勒海大学亚科卡学院向美国国会提交的《21世纪工业企业研究

报告》中提出了一种新的生产模式，即以战略联盟为基础的灵捷生产。其目的是为了适应日益激烈的全球竞争的新形势。由于产品生产周期不断缩短，顾客需求日趋个性化、多样化，企业很难仅靠自身力量生产经营越来越复杂的产品及服务来满足目标市场需要，而必须与其他企业建立战略联盟，整合每个企业的资源，不断提高企业核心竞争能力，达到双赢之目的。战略联盟就是这种能够在新环境中成功应战的灵捷系统，它通过与顾客、供应商、合作者建立新的关系，并不断调整这些关系，来参与市场竞争。

　　企业独立经营的时代已经过去，现在的合作伙伴和合作领域超越了单纯的竞争界限，过去曾是竞争对手，现在可以成为合作伙伴。在这个领域里是竞争对手，在另一个领域里可能成为合作伙伴。这个时代，合作竞争充分体现着各自利益最大化及最优化。众所周知，在过去的 20 多年中，微软与 SUN 之间从市场竞争、技术产品的竞争到两个总裁之间的口水战，明争暗斗，从来就没有停止过。然而，2004 年 4 月 2 日，微软首席执行官斯蒂夫·巴尔默和 SUN 公司首席执行官兼主席斯科特·麦克利尼尔向全世界宣布：微软和 SUN 将为产业合作新框架的设置达成一个 10 年协议。当人们看到曾经是一对冤家的两个巨人亲密地坐在一起时，就知道这两者间开始进入合作竞争的新阶段。

二、合作竞争关系产生的背景及原因

　　现代竞争已不同于过去传统的你死我活的竞争，企业间通过一定程度的合作和共享资源来寻求竞争优势已成为一种趋势，合作竞争关系逐渐形成。

（一）企业经营环境的变化

　　在当代，企业经营环境发生了很大变化，单个公司仅凭自身之力，难以应对快速多变的市场竞争，走合作竞争之路无疑是企业的一种明智选择，这也是企业适应市场变化的客观要求。20 世纪 90 年代以来，技术创新突飞猛进，以美国的发明专利为例，美国从有专利批准制度开始到第 100 万个专利申请整整花了 85 年时间，而从第 500 万个专利增长到第 600 万个专利，仅用了 8 年。伴随着科学技术的快速变革，产品的市场寿命周期正变得越来越短，20 世纪 90 年代之前美国产品的生命周期平均为 3 年，到 1995 年已经缩短为不到两年。最短的是计算机行业的产品，根据穆尔规律，计算机芯片的处理速度每 18 个月就要提高一倍。在技术进步步伐不断加快的同时，整个市场竞争也进一步加剧。以我国彩电行业为例，就呈现出产品供大于求、产品同质化程度高、价格竞争不断等特点。统计数字显示，2001 年彩电全行业保持着 600 万台左右的平均库存水平，占用流动资金 80 多亿元人民币。由于产量严重过剩，价格竞争不断，持续不断的价格竞争已使彩电行业进入微利时代。在这样的经营环境中，企业依靠自身单一的力量生产经营越来越复杂的产品和服务以及依靠自身单一的力量建立和保持竞争优势已越来越困难。

（二）行业内竞争的负面效应

在传统意义上，竞争就是要通过多种方式和手段击败竞争对手。然而，在经历了那种残酷的具有排他性、对抗性竞争之后，许多伤痕累累的企业经营者不得不回过头来对竞争进行重新审视和深刻反思。他们已经认识到，与其在对抗性竞争中拼个你死我活，弄得两败俱伤，不如依据系统整体性原理，通过改善与竞争主体之间的关系，实现企业与企业之间的结盟，共同把市场做大。于是，一种全新的经营理念——合作竞争便随之出现。合作竞争的经营理念和经营模式好就好在它不仅是整合传统资源、有效利用或开发新资源的重要手段，而且也是规避风险、减少交易成本、不断聚合企业市场竞争能力的战略手段，还是企业与企业之间优势互补、实现双赢目标的有效手段。正因为合作竞争有如此多的优点，许多世界著名企业如可口可乐与百事可乐、柯达与富士、通用公司与本田公司等竞争对手纷纷转换思路，谋求相互合作，共同发展。这似乎令人不可思议，但这又是毋庸置疑的事实，他们之间既是最大的竞争对手，同时又是不可或缺的、相互依存的伙伴。通过联合、合作、协作等方式与国内外的竞争对手建立相对稳定的、长期的战略伙伴关系，结为利益共同体，在合作中不断增强各自竞争力，在竞争中实现双赢或多赢的目标，从而在相互促进中创造了新的竞争优势。

哈佛大学商学院迈克尔·波特教授在《竞争战略》中提出了"行业结构分析模型"。在这个模型中，波特认为，一个行业的竞争激烈程度及行业中的潜在赢利能力的大小，取决于行业结构中的五种竞争力量，即行业现有的竞争状况、供应商的议价能力、客户的议价能力、替代产品或服务的威胁，新进入者的威胁。一个行业中的从业者与这五种竞争力量之间的关系是一种个体对抗关系，也正是这种个体对抗关系，影响着一个行业的竞争激烈程度及行业的潜在赢利能力。实际上，行业结构分析模型所揭示的是一种单纯的竞争对抗关系：一个行业中的从业者与同行业中的其他参与者相争，是为了在一定的市场中为本企业产品和服务谋取更多的市场份额；与顾客、供应方的讨价还价之争，是为了在一定的利润中为本企业争得更多的利益；而对潜在进入者和替代品威胁的提防、抵制则是为了保卫自己的市场份额。这种企业间单纯的竞争对抗关系曾是许多企业制定竞争战略的基础，然而，这种竞争规则正日益暴露出其自身的负面效应。具体表现为：

第一，产业中的个体难以抗拒潜在巨人入侵者和替代品的威胁。当潜在的入侵者是那些资本实力雄厚、技术实力强、有一定市场美誉度的巨型企业时，则产业中的现有分散从业者很难抵御其战略性入侵，特别是当这些巨人实施多角化经营战略并通过并购、合资、联盟等方式入侵一个产业时。因为，潜在的入侵巨人有充裕的资源，包括资本雄厚、技术实力强、市场美誉度高、市场链完善等，来清除由拟入侵产业中分散个体建立起来的入侵障碍，也有资源和能力抗击拟入侵产业中分散个体可能会采取的报复措施。替代品或以产品性能更优或以产品价格较低而给所替代产业中的从业者构成威胁。假若这种替代品由某个大的企业集团生产供给，其威胁力将十分大。被替代产业中的分散个体若不紧密合作、联手抗击，则所在产业处境将难以得到改善。

第二，同行业个体对抗的负面效应。同行业现有参与者之间的竞争最常见的形式是价格竞争与广告竞争。除少数几个垄断行业以外的大多数行业都可见到狼烟四起的战火，特别是家电、啤酒等行业。竞争的结果，一方面是参与企业两败俱伤，企业获利减少；另一方面则可能是消费者享受的利益减少，包括商品品质的降低和服务项目的减少。同时，这种经常不断的价格竞争还恶化了市场环境，不利于市场稳定秩序的形成。而企业的微利则必然限制企业的发展，使企业科技开发与创新投入不足，其结果可能是一个行业的各个参与者缺乏核心技术，产品存在严重的同质同构现象。产品的同质同构现象不仅有悖于消费者需求的个性化和多样化，而且也给潜在入侵者和替代品提供了进入和替代的机会。

第三，行业价值链中个体对抗的负面效应。企业同行业价值链中的顾客，包括经销商、代理商、最终消费者，以及供应方的竞争，一方面表现为利的争夺，由于受利益驱动，企业与顾客、供应方之间的业务关系经常变更，很不稳固，为此，企业需要花费一定的时间、精力和财力在市场比较中为自己寻找合适的顾客和供应方，从而增加了市场交易成本；另一方面表现为相互间的不够信任与合作，主要是由于业务关系的不够稳固和受利益驱动的影响。例如，经销商向最终消费者推销商品不够积极，提供服务不够理想，也不注重从最终消费者那里收集反馈意见，可能导致企业失去一些重要的市场信息，进而影响企业的产品开发和技术创新。供应方不能结合生产企业的经营战略调整自己的经营活动，致使生产企业的经营战略因缺乏供应方的合作而实施不畅。为此，企业同样需要花费一定的时间、精力和财力用以管理、协调与顾客、供应方之间的关系。

（三）企业自身资源和能力的有限性

企业通常存在两种性质的资源，物质性有形资源和非物质性无形资源。企业的无形资源包括知识产权资源、人力资源、市场客户资源、文化资源等。能力是指企业综合运用所拥有或控制的资源以实现企业目的的能力。企业能力可以表现为研究与开发、生产制造、市场营销、人力资源管理、财务管理等多项职能的能力，也可以表现为一种综合的能力。企业战略目的与目标的不同，建立和保持竞争优势所需要的资源和能力也不同。传统企业通过纵向一体化实现对资源的直接控制，适合于市场环境相对稳定的情况，企业通过规模效益得到发展。但是，在强调快速满足顾客需求的今天，拥有大量子公司、设备或雇用大量的员工并不一定能达到此目的；相反，这种对"原材料—制造—分销—销售"整个产业价值链控制的管理模式已经不再具有吸引力。

一个企业的资源和能力总是有限的，它不可能也没有必要在整个产业价值链的所有环节都建立竞争优势，因而必须将有限的资源集中在自身的核心业务上。否则，当一个企业加大对其劣势环节的投入时，必然减少对具有相对优势环节的投入，由此必然影响已有竞争优势的保持。以我国家电行业为例，经过十几年的发展，家电企业的规模日益庞大，不仅包括大规模的科研、生产体系，而且还有庞大的营销、服务体系及其他一些经营机构。但是，一个企业的资源和能力总是有限的，它不可能把各项工作都做到最好，哪怕是世界上最强大的公司也如此。每个企业的资源和能力总有其优势和劣势，而劣势就成了企业发展的障碍。这就像木桶理论，一个木桶能够装多少水不取决于最长的那块木板，而取决于最短的那块。企业自身资源和能力的有限性同样使得企业依靠自身单一的力量生产和经营越来越复杂的产品和营销、服务体系以及依靠自身单一的力量建立和保持竞争优势变得困难起来。

（四）合作竞争战略的必然性

在这样的背景下，企业与同行参与者之间的关系、企业与供应方以及企业与顾客的关系已经并正在发生着深刻的变化，由单纯的竞争、对抗转变为既有竞争、对抗又有协同、合作，即合作竞争关系，或称之为竞合关系。供应方关系管理（Supplier Relationship Management，SRM）、顾客关系管理（Customer Relationship Management，CRM）、战略联盟（Strategic Alliance）等合作竞争模式受到越来越多企业的重视。正如合作竞争理论的主要代表人物乔尔·布利克和戴维·厄恩斯特在《协作型竞争》一书的开篇中写道：对于多数全球性企业来说，完全损人利己的竞争时代已经结束。驱动一家公司与同行业其他公司竞争，驱动供应商之间、经销商之间在业务方面不断竞争的传统力量，已不可能再确保赢家在竞争中获得最大的优势和利益。实际上，结果恰恰相反。在制药、喷气式飞机发动机、银行、计算机等行业，经理们已经明白，长期势均力敌的争斗，结果只会使自己的财力枯竭，难以应付下一轮的竞争和创新。很多跨国公司日渐明白，为了竞争必须合作，以此取代损人利己的行为……跨国公司可以通过有选择地与同行参与者，以及与供应商分享和交换控制权、资本、进入市场机会、信息和技术，为顾客和股东创造最高价值。① 美国学者格兰特强调："一个参与者可能会承担多个角色"，"微软和网景为了浏览器的市场支配权而争得你死我活，而与此同时，这两家公司又互相合作，以建立一些安全阀门来保护隐私和预防网上信用卡恶性透支。同样，就顾客和供应商关系而言，虽然这些参与者在创造价值方面本质上是一种伙伴关系，但他们在分享价值时也会讨价还价。"② 面对竞合新局面，合作竞争战略将成为企业的必然选择。

总之，20 世纪 90 年代以来，全球市场经济的格局随着信息技术的迅猛发展发生了巨大变化，竞争日益复杂和激烈，对商业的竞争发展提出更高要求，合作已成为许多企业发展战略的核心内容之一。合作竞争不仅成为一种新的生产方式，其更为深远的意义则还在于对企业组织和管理以及对人的经济行为的影响。当今世界，没有任何公司可以靠单干保持竞争优势，无论是财力雄厚的跨国集团、业绩辉煌的"百年老店"，还是异军突起的高科技企业。在市场经济浪潮中，企业不但需要竞争对手，更需要合作伙伴。企业合作与竞争的新的发展态势及其在经济活动和社会资源配置方面作用的日益加大，使企业合作关系尤其是在新的竞

---

① 参见［美］乔尔·布利克、戴维·厄恩斯特：《协作型竞争》，中国大百科全书出版社 1998 年版。

② Robert M. Grant. Contemporary strategy analysis: concepts, techniques, applications. Basil Blackwell, 1991, p79.

争条件下的合作关系模式的研究具有重要的理论价值和实践的指导意义。

三、适应合作竞争新格局

传统的企业竞争通常是采取一切可能的手段击败竞争对手，将其逐出市场；企业的成功是以竞争对手的失败和消失为基础，"有你无我，势不两立"是传统市场竞争通行的竞争规则。合作竞争关系的出现使传统的竞争方式发生了根本变化，企业为了自身的生存和发展，需要与竞争对手进行合作，即为竞争而合作，靠合作来竞争。

（一）合作竞争的新优势

1. 合作竞争兼具合作与竞争的优点

合作是群体中的个体为了达到共同的目标而齐心协力、相互配合的一种协作性行为。合作是一种与竞争相对立的社会相互作用的方式。合作产生的群体力量也就是社会力量，是单独个体的力量所无法比拟的，也不等于个体力量的简单相加。合作必须具备以下条件：一是双方有一致的目标；二是活动结果不仅有利于自己而且有利于对方。在合作关系中，基于双方利益一致，合作成员有较高的活动动机，在活动中感到安全，降低对失败的恐惧，增强成功的信心。合作成员之间相互信任、接受、支持，由于合作成员考虑的都是"如何解决问题"，无心理障碍，可以坦诚地进行大量有效的信息交流与沟通。同时，合作成员的活动有分工，且具有可替代性。合作的积极作用是可以调动合作成员的各自优势，共同完成任务，这是合作不可缺少的。它的消极作用是在合作的情况下有可能出现责任分散和"偷懒"现象，有的可能不负责任，不努力工作。

竞争是群体中的个体努力使自身胜过对方而表现出来的一种对抗性行为。在竞争中，成员的积极性、自尊心被极大地激活，表现为动机强烈，精力充沛，活动效率高，能充分发挥自身潜能；但是，同时也增加了的对失败的恐惧，可能对能力的发挥起抑制作用。在对抗性竞争中，双方之间往往缺乏有效的信息沟通，双方考虑的是"输或赢"的问题，相互之间难以达成信息交流，甚至会发生欺骗性的或威胁性的信息。同时，竞争对手之间互不信任、不支持、不喜爱，容易产生消极的情绪体验。竞争的积极作用是，鼓励双方充分发挥自己的能力，往往可以创造好成绩，可以使成绩较低者向成绩较高者学习和自我改进。竞争的消极作用是，当竞争双方成绩相差悬殊时，成绩低的一方有可能放弃竞争而失去动力或压力，或因缺乏有效的信息交流而得不到可以比较的参照，只能按照原来的标准继续活动。而成绩高的一方因为没有潜在的对手也会失去竞争意识。

实际上，合作与竞争，也就是协作与对抗，是主体关系中相辅相成的两种行为；完全的、绝对纯粹的合作或竞争几乎不存在。长期以来，人们凭经验总是认为合作是一种社会美德，而竞争则似乎是一种自私的、反社会的行为。到 20 世纪 40 年代后期、50 年代早期，随着社会科学家不再从个体的愤懑、偏见，而是从个人利益上的差异和相互作用的角度来考察人际冲突，合作与竞争便成为被认真加以探讨和深入研究的一个课题。

美国社会心理学家 M. 多伊奇（1950）最早指出，从严格的意义上讲，纯粹的合作是指只有在群体中其他成员也实现了他们的目标时一个人才能达到自己的目的；而纯粹的竞争是只有在对方或群体中其他成员达不到他（们）的目标时的一个人才能达到自己的目的。前者如木工和瓦匠只有通过合作才能达到完成建造房屋的目的，后者如玩扑克游戏、体育比赛、劳动竞赛等。不过，完全的、绝对纯粹的合作与竞争几乎不存在，在绝大多数情况下，两者常常同时并存，或至少有着某种联系。例如，扑克游戏中各方激烈竞争，但深入分析就不难发现，各方均须认同并遵循扑克游戏的规则，没有这一层次上的合作就无法达到娱乐的共同目的。又如，在几乎完全是竞争性的你死我活的战争中，双方在诸如不使用化学武器、如何对待红十字会战地救护和双方战俘等方面也能发现存在着某种程度的合作。心理学研究已表明，当相互作用的各方有着共同的目标而达到该目标的共同途径时，就最可能出现合作的活动；当各自的标志或达到目标的途径彼此不能相容时就最可能发生竞争。多伊奇于 1973 年提出一种解释产生竞争与合作不同关系的理论，即目标手段相互依赖理论。这种理论认为，个人的行为目标或手段与他人的行为目标或手段之间如果存在相互依赖的关系，那么他们之间就会发生相互作用。当不同个人的目标手段之间存在的是积极的或肯定性的依赖关系时，即只有与自己有关的他人实现了目标或采取某种手段时，自己的目标或手段才能得以实现，他们之间就是合作的关系。当不同个人的目标手段之间存在的是消极的或否定性的依赖关系时，即只有与自己有关的他人不能达到目标或采取其手段时，自己的目标或手段才有可能实现，他们之间就是竞争的关系。

　　不同的活动主体对合作或竞争的选择，总是基于特定的背景和实际需要。多伊奇认为，在个体的社会相互作用中有合作的和竞争的两种基本的目标结构，它们支配着个体采取合作行为还是竞争。这种选择取决于多种因素的影响和制约。J. V. 纽曼和 O. 摩根斯顿在《游戏理论和经济行为》（1947）一书中，从数学角度考察了游戏中的合作与竞争，描述了相互依存的游戏情境中理性个性的各种行为模式。合作与竞争中的理性个性，是指能充分理解人际关系的相互依存的本质，但受自身利益所推动、不顾及他人而去追求最大的个人利益并尽可能减少个人的损失。心理学家还就游戏情境进行实验室研究，主要探讨了情境变量（相互依存的性质、有何交往等）、预置变量（年龄、性别、文化背景等）对个体行为的交互作用的影响，试图类推个体真正的行为和理性行为的接近程度。

　　在当今世界飞速发展的背景下，现代市场经济充满着机遇，同时在我们身边出现的竞争对手越来越多。那么，在这样的情况下，我们是一味地追求竞争，将每一个对手作为敌人，抑或是在竞争的同时与之合作，创造更闪耀的辉煌呢？竞争和合作构成企业生存和发展的两股力量。对于企业发展而言，竞争与合作不应被分离。无论何种竞争都离不开合作，竞争的基础在于合作。合作是以不同活动主体之间的分工为前提，不同利益主体之间必然存在矛盾与竞争。商业活动中的合作是为了更好地竞争，合作越好，力量越强，自然成功的可能性也就越大。无论是竞争还是合作，都是为了最大限度的发展自己。

2. 合作竞争可以创造新的竞争优势

随着现代市场经济的发展，企业之间的竞争日趋激烈，在新的形势下竞争不可避免，合作势在必行，于是，传统的竞争模式发生了演变。20 世纪 80 年代后期西方提出一个概念——竞合，意思是说竞争中有合作，合作中有竞争。处于同一个行业的两家或几家公司通常存在着竞争关系，为什么又合作呢？

企业间的竞争与合作是不可避免的，如果放弃竞争，那无异于自绝活路；如果单打独斗、处处与对手为敌，企业也很难发展下去。于是，出现了合作竞争这一新的竞争形式。比如，如果哪个企业硬要关起门来造车，推行惟一标准，那它的发展速度是会非常慢，想要把标准推广到全国，乃至全球化的国际市场，投入就特别大。反之，如果几家公司合作共同开发，情况就会大不一样了。例如，软件行业为了跟上整个行业的高速发展，几家软件公司可以联合起来共同推出一个统一标准，在这个标准的开发上它们必须去合作。因为，如果每家都开发各自的标准，那谁的标准都推广不起来。比如移动通信行业，用手持终端读电子邮件，这个电子邮件的平台全球就有两个：一个是以微软领头的"Window CE"，它是一个可以用于掌上电脑、笔记本电脑，甚至手机上面的文字处理和看电子邮件的操作平台；另一个是由几大通信巨头如诺基亚、摩托罗拉、爱立信等就联合起来在欧洲推出的"Epoch"，性能上完全可以与"WindowCE"抗衡，目的就要打破微软的垄断。所以，在这个标准的推出上它们形成了一个合作小组叫做"Symbian"。从这个角度来讲，业内存在竞争关系的几家企业在某些方面如果能够联手起来进行合作的话，是会非常有助于整个行业的发展，进而推动企业自身的发展。竞合现象在传统行业也是常见的，如美国三大汽车公司通用、福特、戴姆-勒克莱斯勒联合起来共同建立的 B2B 电子商务平台，使汽车零部件供应商获得了与汽车公司直接进行网上商务交易的机会，减少了中间环节，既降低了成本又拓宽了业务渠道，在价格上可以作更大的让步。同时，电子商务平台也整合了三大汽车公司原来各自为阵的零部件供应系统，公开竞价又使得汽车公司总能拿到最低的价格和最优质的服务，减少了生产成本。这一合作方式改变了三大汽车公司的成本结构，使各汽车公司乃至零部件供应商都获益匪浅。

美国俄亥俄州每年都举办南瓜品种大赛，农夫汤姆的成绩相当优异，经常获最奖或优等奖。他得奖后，毫不吝惜地将获奖的南瓜种子分送给街坊邻居。有一位邻居惊讶地问他：你投入大量的时间和精力来做品种改良，为什么还这么慷慨地把种子送给我们？难道你不怕我们的南瓜品种会因此超过你吗？汤姆则回答，我把种子送给大家，其实就是帮助我自己！原来，汤姆所居住的乡村家家户户的田地比邻相连，汤姆把得奖的南瓜种子送给邻居，邻居们就能改良他们的品种，这样就可以避免蜜蜂在传递花粉的过程中将邻近较差品种的花粉传播到自己优良的品种上，汤姆也才能专心致力于品种的改良。相反，若汤姆将良种私藏，而邻居在品种改良方面跟不上，他就必须在防范外来花粉上费尽周折。在传统意义上的竞争中，同行是冤家，生产者为了占据市场主动，往往保守技术秘密。但在生产社会化的今天，整个世界已形成一个统一的整体，汤姆和其邻居既处于互相竞争中，又处在微妙的合作中，这种既竞争又合作的关系在当代日益明显。

（二）走出传统对抗性竞争之"泥潭"

在传统的观点看来，商场如战场，人们通常把商业竞争理解为你死我活的争斗。商业竞争的方式无非就是企业用更高明的竞争手段获取市场份额，击败竞争对手，取得品牌优势，控制供应商，紧紧抓住顾客。在这种博弈论规则下，不是赢家便是输家。实际上，商业运作是统一体，在有的时候需要尽力击败你的竞争对手，而在其他时候应该和包括竞争对手在内的参与者共享利益。

经济学意义上的竞争是指利益主体在市场上为实现自身的经济利益和既定目标而不断进行的角逐过程。凡是各行为主体力图取得并非每一方都能如愿地获得的东西或利益时，就必然会产生竞争。基于竞争在社会经济领域的重要性，从亚当·斯密以其《国民财富性质和原因研究》为经济学奠基开始，经济学家对竞争的研究就一直没有停止过，并且竞争一直都是经济学研究的主线。竞争理论是从古典经济学那里产生的，从某种意义上说，古典经济学家正是在竞争中找到了经济活动规律性和科学性的源泉。传统竞争理论提出了许多我们至今还认可的观点，但因为其研究主要是规范性的，并没有在方法论上提出了竞争研究的分析框架。同时，由于其对竞争的研究是基于对当时重商主义思想和封建残余的批判，所以，它不可避免的带有历史局限性。

实际上，传统对抗性竞争理论所揭示的是一种基于"零和"思维模式下的企业个体间的对抗性竞争关系：一个产业中的从业者与同行业中的其他竞争者相争，是为了在一定的市场中为本企业产品和服务谋取更多的市场份额；与买方、供应方的讨价还价之争，是为了在一定的利润中为本企业争得更多的利益；而对潜在入侵者和替代品威胁的提防、抵制则是为了保卫自己的市场份额。这种企业间的对抗性竞争关系曾是 20世纪 70 年代和 80 年代初世界许多企业制定竞争战略（总成本领先战略、差异化战略和集中化战略）的基础。自 20 世纪 80 年代中期以来，企业间的对抗性竞争关系作为一种竞争规则日益暴露出其自身的不足与缺陷，甚至是负面效应。

从西方发达国家（尤其是美国和日本）的经济发展历程中我们可以发现，在这些国家的市场经济发展初期的自由竞争阶段，对抗性竞争是一个很典型的特征。经过了一个很长时期的发展和"净化"，对抗性竞争才为有效竞争或垄断竞争所取代。现代经济学的新分支博弈论已经证明了对抗性竞争是可以稳定和长期存在的。因为，理性"经济人"在决定产量和价格时会发现，当社会总产量、价格处于社会总体最佳效率水平时，单个个体可以通过单独破坏上述最佳水平，如扩大产量、降低价格等做法来获取利益。虽然这样做会使其他个体的利益受到损害，并会损害社会的整体利益，但单个个体出于自身利益的考虑，这种做法是符合理性的。其他个体出于同样的原因也会主动或者被动地采取增产、降价的策略，这样所有个体都无法得到最大的利益。

在我国计划经济时期，生产部门生产什么产品、生产多少都是由国家计划部门制定，生产的产品由国家统一购销，各企业按计划生产，不存在竞争，因此就更不可能出现对抗性竞争。随着我国社会主义市场经济的发展，在构架合理的市场组织结构过程中难免要经历对抗性竞争这一过程。我国工业布局"大而全"、"小而全"，企业数量众多，规模较小，同质化程度高，市场集中度低，有限的市场竞争就很容易引起对抗性竞争。在对抗性竞争的条件下，将对手淘汰以求生存几乎是企业的自觉行为。在强化自己、挤垮对手的这种合力之下，造成了过度竞争的低效率均衡。我国竞争性行业市场容量大，不存在市场上占绝对地位或主导地位的企业，进入企业过多过小直接加剧了竞争的激烈程度。马克思认为："竞争的激烈程度同互相竞争的资本的多少成正比，同互相竞争的资本的大小成反比。"[①]

随着我国社会主义市场经济的发展，各种竞争也多了起来，对抗性竞争就是其中一种比较特殊的竞争形式。它的存在对经济发展产生的消极影响有以下几方面：

一是对抗性竞争往往造成大量的资源的消耗或浪费，经济效益降低和生产质量下降。对市场份额的激烈争夺，不得不降低产品销售价格，利润率低于平均利润率，多数企业不能得到足够的利润甚至亏损，这给少数实力雄厚的大企业对该行业的控制创造了有利条件。市场垄断一旦形成，也就是一种低效率代替了另一种低效率。

二是生产企业不能获得足够的利润，其结果要么退出该行业，要么采取一些不正当的竞争手段。而众多企业之间的过度竞争，降低了市场

---

① 《马克思恩格斯全集》第 23 卷，人民出版社 1972 年版，第 687 页。

透明度，在客观上又为不正当竞争提供了滋生的土壤。偷工减料、以次充优、假冒伪劣、虚假广告、倾销、贿赂等行为将对市场环境产生很大的破坏，对我国正在完善的市场体系而言尤其如此。虽然政府有关部门不断加强对不正当竞争行为的打击力度，以维护良好的市场秩序，但是，我们不能忽视纠正这些不正当的行为所要耗费的巨大社会代价。

三是对抗性竞争不利于我国产业发展和竞争力提高。我国竞争性行业市场容量大，不存在市场上占绝对地位或主导地位的企业，经过较长时期的消耗战之后，无论在广告投入与市场营销网建设上，还是在研发投入上，都缺乏足够财力，严重制约了企业的长远发展。国内企业为了摆脱困境，纷纷借助于外资合作，甚至不惜让渡大量股权。这种合资结果常常使国有资产大量流失，还使一些战略产业主导权被控制在外商手中，影响了经济安全。

四是对抗性竞争严重扭曲市场价格信号，破坏市场运行机制，使企业行为受到错误的引导，并进而引发经济波动。

五是在对抗性竞争的条件下，企业面临着巨大的竞争压力对创新却常常无能为力。对抗性竞争又使市场竞争达不到竞争强度。所谓竞争强度，是指在竞争过程中创新企业获得超额利润被重新拉平的速度。速度越快，竞争强度越大。处于对抗性竞争的企业，对先进企业创新的反应和适应性都比较慢，当然，创新企业的超额利润拉平速度也慢，因此，竞争强度难以达到最佳状态。为了确保对市场的占有，企业会投入更多的广告费用和以更低的价格销售产品，这样投入科研创新的资金会因为利润的极度减少而减少，创新的停滞又反作用于产品的竞争力，当受到外界的冲击时就可能造成全行业的衰退。如我国技术更新很快的彩电行业因对抗性竞争及其引起的降价大战，虽然让消费者得到好处并使进口彩电市场占有率大为降低，但国内彩电企业无力投资科研创新，势必使未来的发展后劲不足。

因此，走出传统对抗性竞争的"泥潭"，由单纯的对抗性竞争走向合作竞争是大势所趋。随着我国社会主义市场经济体系的逐步建立和发展，特别是在加入世贸组织后和在国际贸易的大背景下，合作竞争的引进与发展无法回避。能否正确地认识合作竞争，能否恰当地利用合作竞争提高企业竞争力，可能直接关系企业的兴衰。在我国企业独特环境下，如何走合作竞争这条双赢道路，尤其是如何正确认识和解决合作竞争中的风险问题尚没有完善的答案。开展企业合作竞争研究，探讨企业在合作竞争中出现的新的矛盾与问题、新的理论与实践，对我国企业改革与经济发展有着积极的意义。

第二节　构建合作竞争新关系

从某种意义上说，商业社会的发展史就是一部人类合作竞争的历史。商业活动中不同主体之间的合作竞争形式是在不同层面、不同领域、不同地域范围内展开。良好的合作竞争关系规定了人们的经济行为，包括竞争的界限，从而形成一种健康的合作竞争秩序和关系。

一、商业竞争的合作博弈

合作一词源于拉丁文，其原意是指成员之间的共同行动或协作行动的意思。一般地理解，合作，即人们彼此之间相互协作、互助互利。合作以分工为前提，分工蕴育着合作；合作指导着分工，分工即合作。分工与合作是一个事物的两面，随着分工的发展、深化，合作的形式、范围也不断变化和扩展。由家庭生活中的男耕女织，企业内部的分工合作，到家族间、企业间的合作生产、合作经营；由地区内部的分工合作到地区间联合；可以说，合作深入到社会经济生活的各个层面、各个领域、各个地域。

建立在以获取共同利益为目基础上的合作会产生一种合力。正如马克思指出：通过合作或协作，不仅提高了个人生产力，而且创造了一种生产力，这种生产力本身必然是集体力。合作对于人类而言如此重要，以至于"一个人尽毕生之力,亦难博得几个人的好感,而他在文明社会中,随时有取得多数人的协作和援助的必要。"[①] 亚当·斯密在《国民财富性质和原因研究》中除了用制造扣针的例子来说明分工之外,还用了一个简单的例子来表达合作的重要意义。如"日工所穿的粗劣呢绒上衣,就是许多劳动者联合劳动的产物。为完成这种朴素的产物,势须有牧羊者、拣羊毛者、梳羊毛者、染工、粗疏工、纺工、织工、漂白工、裁缝工以及其他许多人联合起来工作。"[②] 合作对于增进人类的福祉具有不可替代的作用。

在现代复杂的市场经济中,尽管合作广泛存在,但经济主体,包括个人、企业和国家,为了达成双边和多边合作协议却不是件简单的事。合作竞争关系的建立在很大程度上取决于外部环境和企业对于竞争与合作的认识。在绝大多数产业中,一个企业竞争行为的后果至少在某种程度上依赖于其竞争对手的反应行动。那么,一个企业应如何面对另一个企业的反应呢? 应遵循怎样的行为模式才能赢得其他企业的合作呢? 一个企业为什么要合作呢? 博弈理论对此作出了有益解释。

(一) 合作博弈与非合作博弈

在博弈模型中,根据局中人是否合作,分为合作博弈和非合作博弈。合作博弈与非合作博弈之间的主要区别就在于博弈方的行为相互作用时,博弈方能否达成一个具有约束力的协议。如果能,就是合作博弈,否则就是非合作博弈。比如说,现有两个寡头企业(市场中两个同行业垄断企业),如果它们之间达成一个协议,联合最大化垄断利润,并且各自按这个协议生产,就是合作博弈。它们面临的问题就是如何分享合作带来的利润。但是,如果这两个企业间的协议不具有约束力,就是说,没有哪一方能强制另一方遵守这个协议,每个企业都只选择自己

---

① [英]亚当·斯密:《国民财富性质和原因研究》上卷,商务印书馆1972年版,第13页。

② [英]亚当·斯密:《国民财富性质和原因研究》上卷,商务印书馆1972年版,第11页。

的最优产量（或价格），则是非合作博弈。由此可知，非合作博弈强调的是个人理性、个人最优决策，其结果往往是低效率的甚至是无效率的。而合作博弈强调的是团体理性，强调的是效率、公正、公平。合作博弈实际上就是一种共赢策略，它通常能获得较高的效益。

在博弈论中，有一个著名的"囚犯困境"行为模型。假定有两个人因偷窃罪被捕入狱，并且这两人还被怀疑有抢劫行为，但尚无找到足够的证据来证实，除非他们中间有一人或两人都供认抢劫事实。如果被证实犯有抢劫罪，依法应判刑5年（两罪并罚）；如果两个人都不供认，则只能定为盗窃罪判2年徒刑；若只有一个人坦白招供，另一个人抗拒抵赖，则根据"坦白从宽，抗拒从严"原则，招供者将免于刑事处分，而抗拒者受到严惩被判10年徒刑。此模型的策略矩阵表达式见表4-1。

表4-1　囚犯困境

囚犯1 ＼ 囚犯2	坦白	抵赖
坦白	−5，−5	0，−10
低赖	−10，0	−2，−2

我们从表4-1中可看出，每人都有两种选择："坦白"和"抵赖"。在严禁互通消息的情况下，每人只能独立地在招供与不招供两者之间作出选择。若两人都不招供，每人最多被判2年徒刑，这对两人来说都是一种好的选择。然而，从个人理性角度来考虑这一问题时，每一囚犯都有这样一种心理：如果我不招供的话，对方若要招供岂不讨个大便宜；自己招供也许会无罪释放。于是，两个人都招供，则形成了一种纳什均衡。可见，在完全信息静态博弈中，两个囚徒都将"坦白"确定为他们的最优选择。但如果在动态博弈中，由于博弈具有重复和多阶段性，而且双方有可能进行合作，可互通信息，那么两人都采取"抵赖"的态度，才能使他们付出的代价最小。这是合作博弈的一个典型例子。

（二）企业竞争的合作博弈

在"囚犯困境"中，两囚徒决策时都以自己的最大利益为目标，结果是无法实现最大利益甚至较大利益。类似情况在现实生活中具有相当的普遍性，在市场竞争、环境问题、公共资源开发利用中屡见不鲜。由于企业之间的竞争不可能是静态的，因此笔者用动态合作博弈来讨论两个企业之间的竞争过程。

在市场中，企业的理性使其在最大化效用时，需要相互之间的合作。而合作中又存在着冲突，在达到均衡情况下，企业经常面临着进退两难的境地。这种情况类似于上面的"囚犯困境"。此时，这些企业也往往面临着两种战略选择：竞争或合作。在此，竞争的含义不同于一般意义上的市场竞争，而是特指竞争的一方运用有利的资源和能力条件迫使结果有利于己方，即依靠优势的资源来打击对方的威胁行为；而合作则是指企业之间的非竞争倾向，即无威胁的行为。表 4-2 给出了"企业囚犯困境"的策略式表述。

表 4-2　企业囚犯困境

企业2 企业1	合作	竞争
合作	R, R	S, T
竞争	T, S	P, P

注：表中每一格中的两个字母代表对应策略集下两个具有竞争关系的企业的支付。R表示对博弈双方合作的奖励；T表示博弈中对背叛的疑惑；S表示博弈中因对方选择背叛而自身选择合作的支付；P表示对博弈双方背叛的惩罚支付。

在"企业囚犯困境"中，"困境"则是指如果双方都背叛，其结果比双方都合作要糟。对每一个局中人（企业）来说，削弱竞争对手的实力对自己是应该有利的，这样就导致了双方竞争要比单方合作有利（即 P>S）的局面，而单方面竞争要比双方合作更有利（即 T>R）。但是，由于双方竞争都会遭到来自对方的报复，造成双方的损失而非收益，这样，双方合作所得到的收益要比双方竞争所遭到的损失更为有利（即 R>P）。由此，企业双方关系同样满足"囚犯困境"的一些基本不等式：T>R>P>S。同时，在"囚犯困境"中博弈双方不能通过轮流背叛对方来摆脱困境，这意味着彼此背叛对方和被对方背叛的收益小于双方合作的收益。即"对双方合作的奖励"大于"对背叛的诱惑"与"对方背叛而自己合作"的平均值（即 R＞（T＋S）/2）。类似地，由于市场中企业关系的性质也决定了企业不可能交替地采取竞争行为，即得 R＞（T＋S）/2。而且，企业间的互存关系长期存在的现实，决定了他们将会不断地在市场中相遇。在有限次的重复博弈中，双方一开始会选择背叛；但在无穷多次的博弈中，博弈双方的企业则会选择合作。

从实际来看，企业间对抗性竞争就是一种非合作博弈，造成对抗性恶性竞争。比如，价格战通常是最强大的"杀手锏"，有些企业为了争夺市场，采取低价倾销的手段，以达到打垮对手的目的。在过度竞争的压力下，价格战不仅使利润率下降，企业收益受损，而且也使得企业没有精力去改善产品和服务。这使企业原有的资源和规模优势不能给企业带来更多的附加值，产品科技含量不足成为限制企业进一步发展的瓶颈。我国一些企业还把国内低价竞争的手段运用到了出口市场，采取低价恶性竞争策略，"窝里斗"现象严重，相互攀比降价。结果，低价竞争非但未能赚来外汇和带来国外市场的扩大，反而给人留下了倾销的把柄，引起了进口国的反倾销调查和诉讼，甚至被迫退出了已占领的国外市场。我国彩电和自行车在欧洲遭遇反倾销而丢失了欧洲市场，就是我国出口企业内部恶性竞争所导致的。这是我国成了国际反倾销的最大受害国的一大原因。价格机制是市场机制的主要内容，市场配置资源的功能很大程度上是通过价格的指示器来发挥作用的。适度的价格竞争是市场的活跃剂，而非理性的价格竞争则是抑制剂，不仅增加市场的交易费，而且使供需失衡，产品比价体系遭到破坏，从而弱化市场价格机制配置资源的功能。从较长时间看，任何降价竞争方式的选择都必须以成本的降低为前提。也许在短期条件下，一些企业为能占领市场甚至控制更大的市场，宁肯选择低于成本的销售价格，但打败竞争对手以后，倘不能推出新产品，就会把价格恢复到原先有利可图的水平，或者为了维持低价而过度降低成本，使产品质量难以保证。这样，消费者的长远利益肯定会受损，也使企业处于无序发展状态，导致市场无序竞争局面的出现。其结果使得大家拥有的利润愈发变小，最终使所有企业的经济效益都下降。这种自相残杀的市场行为根本不是一种健康的市场竞争。

上述分析表明，个体对抗作为一种竞争规则，因其自身的不足和缺陷将越来越失宠于现代产业中的企业。以紧密的合作代替个体对抗将是时代发展的主流趋势。必须通过与其他企业紧密合作，使不同企业间的资本、人才、技术以及信息资源得以有效灵活地组合，以充分利用市场机会，通过双赢策略在合作竞争中为企业创造更大的利润空间，营造更持久有力的竞争优势。这就要求现代产业中的企业必须更新观念，抛弃旧有的"零和"个体对抗竞争思维模式，并接受双赢合作竞争思维模式，扩大自己的竞争视野，辩证地处理竞争与合作的关系。

二、合作竞争关系的现实基础

面对竞争形势的新变化，合作竞争战略成为企业的必然选择。当今商业的竞争环境已经发生了很大变化，顾客的需求越来越个性化，越来越挑剔，期望值也越来越高，而在企业中，全球化市场以及普及的信息和技术使得产品的差别性越来越小，同质性越来越高。这些变化正在消除传统竞争战略所带来的竞争优势。企业本身经过多年的内部整合也变得越来越雷同，大家都在提高企业内部效率和在成本、质量、服务上下功夫，使得企业内部改善的空间也越来越小，产生的效果越来越有限，企业间竞争对双方的杀伤力也越来越大。所有这些使企业面临空前的压力和危机感。面对着急剧变化的不确定的市场，为求得高度的柔性和快速反应能力，企业间的合作日益频繁，这些都为企业的合作竞争奠定了基础。总体来说，当前孕育企业合作竞争的时代特征主要有：

（一）不稳定性及其带来的高风险

以前企业面临的基本上是一个稳定的、可预测的环境：国界限定了企业之间不受控制的活动，竞争主要在本产业内的国内竞争对手之间展开，产业立法限制了竞争者的加入；产业实践界定了产业内的经营规则。但是，自20世纪80年代末、90年代初以来，在信息经济、网络经济和知识经济日益明显的作用下，有利于环境稳定的国界、规则与控制等因素正趋于瓦解，企业的经营环境正从以前相对稳定的静态环境转向日益复杂多变和充满不确定性的动态环境。在当今的市场环境中，企业间的竞争达到了空前激烈的程度，市场的变化莫测带来了极大的风险。由于传统企业的竞争理念缺陷的积累和显现，市场竞争范围的扩大和程度的深化，市场根本态势的转变，商品生产和开发权利的转移以及消费者个性化需求的强化和稳定性的弱化等诸多因素的影响，给传统企业造成了许多新情况，提出了新问题。

（二）产品研究与开发费用日益庞大

巨额的研发费用及失败风险的增大逐渐成为企业的第一压力。无论从技术角度还是从成本上考虑，单个企业依靠自己的能力越来越无法应对科技发展的变化。许多新技术、新产品、新项目的开发费用非常巨大，要求技术高、人力多、规模大，这使得许多企业甚至是大型企业都无法独立承担，必须求助于外部环境甚至是竞争对手。为了分担风险，合作利益常常会超过彼此对抗的收益，企业之间必须摒弃前嫌，携手合作，充分整合外部资源，通过共同开发、共享成果来达到共同发展的目的。

（三）科技与知识的创新进步

近几十年来，日新月异的科学发现和技术发明正促使各学科领域不断交叉融合，科学技术带来的最新成果不断地将产品推向高科技化，从而使得新产品的问世往往需要涉及越来越多的技术领域。从产品的构思、策划、研究、开发直到批量生产和投入市场，其规模越来越大，涉及的部门和地区越来越多。为了推动新技术的开发和应用，及时开拓新市场，企业间的合作势在必行。这主要因为，知识的非线性扩张性和协同效应使企业发现单靠自身的积累很难跟上技术进步的步伐，必须不断地学习，甚至只有通过合作才能高效地获取并利用企业经营所需要的知识资源。要获得利润，单凭善于发现机会是不够的，企业的经营优势在很大程度上还来源于从新产品构想到推向市场的时间、速度，以及企业从内部建构所有的知识资源。企业需要外部知识资源的配合，这就需要企业间的合作。另外的原因是，建立在知识智能密集基础上的产业正在摆脱传统的 U 型成本曲线的困扰，实现收益递增，从而改变企业经营的落脚点。如软件产业中生产第一个新程序时，在包括开发、验证、销售等的每一个环节都要花费巨额费用，但此后每复制一份，单位成本就会随着分摊而有所降低。而且一旦某一软件程序取得足够的市场份额，兼容的重要性将使程序的使用者纷纷向其靠拢，从而发展新的用户，企业将由此实现持续的增长。其他企业进入时，在兼容基础上的革新将比另起炉灶更为有利。

（四）买方市场的客观要求

随着人们生活水平日益提高，人们对生活质量的要求也越来越高，人们根据自己的工作、生活的要求和经济可承受能力，对产品的要求越来越呈现出个性化趋势。而且这种个性化和多样化越来越不稳定，并带有明显的时代特征。消费者对产品性能质量、安全可靠性的要求越来越高，同时要求交货方式日趋灵活，交货时间日趋缩短，等等。因此，消费者拥有了越来越大的指导整个市场运作的权利。消费者的"空前苛刻"和"见异思迁"的主动权和特权、市场的"买方性"，使企业的任何研发投资甚至营销进程都面临巨大的潜在威胁。企业要想有长远发展，就必须清醒地认识到，随着买方市场特征的日益加剧，企业只有以最快的反应速度将满意的产品和服务提供给消费者，才能在激烈的竞争环境中拥有自己的立足之地和发展空间。而在买方市场上能够具有竞争力和生存能力的企业必定是那些同消费者和合作伙伴走得最近的、具有快速反应能力和广泛应对能力的企业。

（五）现代商品生产的客观要求

现代商品生产需要多种不同的能力：市场调研、研究与开发、产品设计、生产管理、市场营销以及机械设计、微电子技术、程序设计等专业化技术。然而，随着对企业各种能力要求的不断提高，机遇的把握能力正在逐渐增加。随着市场竞争的加剧，产品要在市场上具有竞争力并得以生存必须具有优秀的品质和独特的特性。相应的企业取得成功的关键因素就是具有一系列的这些优秀的能力，而这一系列的核心能力对于孤立的单个企业而言通常是难以做到的，即使能做到其中的某些方面，但有的方面也是顾此失彼。

（六）经济全球化的发展趋势

世界各国之间日益紧密的经济联系首先表现在国际贸易和国际投资的规模上，全世界贸易额占世界国民生产总值的比重在 20 世纪 90 年代已经增长到 20％以上。20 世纪 70 年代和 80 年代世界国民生产总值的年平均增长率为 3.7％左右，而同期国际贸易增长速度为 5.7％，高出了近两个百分点，可见世界经济全球化的发展趋势是非常明显的。随着国际分工越来越细化，国家与国家、地区与地区之间生产和流通的相互依赖和协作关系日益密切。在世界经济全球化的趋势和区域经济整合的推动下，各种类型的国家都在不同程度上实施了改革开放，使得国别经济和区域经济乃至世界经济逐渐融合在一起。商品、服务、人员、货币、信息和技能以及思想的跨国自由流动已成为大势所趋，全球信息网络的形成和世界贸易组织的运作，更进一步促进了国际间经济交往与贸易的自由化，许多跨国公司的国籍特征已经非常模糊。经济全球化的大环境的根本变化要求分工协作不再限于企业内、组织内或小范围内封闭进行，而被扩展到企业外、组织外，延伸到大范围、行业内外甚至全社会层面。当今世界的显著特点是跨国公司和发达国家力求在全球范围进行生产开发，寻求资本、人力和技术等资源的全球的合理配置和充分利用，使得国际市场呈"国内市场国际化，国际市场国内化"的宏观态势，任何企业和国家都很难而且也不应该和不可能置身其外而能独善其身。

诸多事实已证明，从来没有一个企业能单独成功，任何企业要想闭门造车，必定只有死路一条，最终落得被时代淘汰出局的命运。在这种压力面前，各公司不得不积极寻找新的更为有效的经营方式，合作竞争正是在这种大背景下愈来愈受到跨国公司的注意。国际经济全球化还改变了企业经营的基本形式。在这种经营格局中，企业所拥有的经营能力已经不再仅仅是单个企业的能力，单个企业的经营优势将表现为企业在合作网络中的层次、地位以及它利用合作网络的能力。同时，企业间合作的发展也造成企业经营活动的进一步国际化。

（七）信息技术的发展和推动

在现代高科技环境中，即时信息和全球通信技术彻底改变了人们的思维方式，改变了旧的社会和经济秩序，为使企业更有效地协调市场业务、加快决策与反应速度提供了可能。通过网络，企业可以一种前所未有的方式继承传统经营活动中的物流、资金和信息流，并把对企业竞争实力至关重要的利益相关者和企业的合作伙伴结合在一起。因此，越来越多的拥有各种不同的核心竞争力的企业通过各种协议结合在一起，计算机的应用和信息技术的飞速发展为这种结合提供技术上的可能性和便利性，大量的合作伙伴通过网络和信息技术连接在一起，这种连接对于全球竞争力的快速增长是十分必要的。

首先，网络具有独特的资源集聚性。通常，存在于相近或关联产业领域的较弱企业通过网络可以获得强大的竞争力，合作的胜利得益于网络起到的资源集聚作用，这种资源集聚有时完全是非正式的。在随时准备合作的方式上，从事知识产品生产的企业网可能延伸到全球范围。计算机化企业网一旦建立并逐渐扩大重整，其自身也可以看做是一个巨大的资源整合体。计算机化企业网是由一些就如下问题达成协议的企业组成的群体：通过集聚和共享资源，能够在某个市场机会出现时迅速组建起一个合竞组织，来自不同企业的资源能力被重新整合，当市场机遇消失或目标完成时合竞组织可以迅速分解。

其次，网络的外部性使其具有世界性。国际互联网使其用户具有可以从世界各地搜寻信息的非凡能力。在艾柯卡研究所的一份研究报告《21世纪的制造业战略：一种主导工业的观点》中构想了一个北美工厂网络（FAW），这一网络可以使用户迅速获知关于成千上万个企业的详细信息，包括企业的能力、技术专长、组织结构以及可参与合作的期限等。信息技术工业研究联合会通过对微电子和计算机技术企业（MCC）联合体的研究，开发了一个企业一体化网络。这是一个在互联网上进行类似商业目录服务的平台，同时带有货币汇付功能。除了企业一体化网络，其他网络系统也正在飞速发展，这些系统有助于企业间合作关系的建立和维护。

再次，网络创造了虚拟世界。信息技术的快速发展创造了另一个与有形世界不同的虚拟世界，使企业不仅需要关注有形世界的价值创造，即实体供应链，还必须强调虚拟价值链在企业竞争中的重要价值。通过在网络上操作，虚拟价值链不仅可以用于实体价值链的各个阶段，实现价值增值，而且可以为企业创造价值或开辟新市场。当今世界，以 Internet 信息技术为支撑，越来越多的企业已经被织进一张遍布全球、无处不在的网中，当今时代也在飞速向信息社会迈进，企业正在凭借基于计算机这个虚拟平台，采用合作竞争的思维方式进行虚拟生产和经营。

（八）产品技术标准的趋同

在新产品的演进过程中，新的标准在市场力的作用下会逐渐确立起来，而这种产业标准又会对市场演进和企业竞争的成败产生举足轻重的影响。如果对 Internet 中的通信标准和电子商务中的安全标准进行分析，就不难发现标准的战略价值。新的市场挑战促使竞争对手摒弃以自我为中心的传统思想，共同合作建立产品标准并努力使其变成通用的产业标准。只有在市场中居于主导地位时，某种标准才有可能成为产业标准。因此，竞争对手往往通过组建合作组织来支持有利于自己的标准，对抗其他联盟所倡导的标准。在一段时间里，产业内可能同时存在多种标准，但在某项标准成为通用的产业标准之前，这种多种标准共存的现象会给消费者和企业带来不确定性和巨大的成本。

综上所述，随着信息技术的发展、全球化进程的加快、政府管制的放松、不同领域的技术相互交叉渗透，传统产业边界的模糊交融日益成为一种不可阻挡的趋势。国家之间、产业之间、企业之间的壁垒正在逐步消失，合作竞争关系正在逐步成为企业经营中的普遍现象。为了消除更好地服务消费者的障碍，企业间合作的战略价值逐步增大，许多企业突破组织边界和产业边界的束缚，并力争把自己的优势与他人的优势结合起来，为顾客提供独特的系列产品与服务。

三、合作竞争的意义

（一）合作竞争的伦理意义

1. 合作竞争是一种新的利益关系协调方式

竞争贯穿于自人类社会产生以来的整个历史进程中，也贯穿于个体或群体的生存和发展过程中，它是人类实践生活中相互作用的基本形式之一。在人类实践活动中，不同主体的各方面的需要或利益不可能同时均衡地得到满足，因而势必使某些有限的社会资源成为人们共同追求和争夺的目标，从而相互之间形成竞争。竞争的结果往往是优胜劣汰。

合作是人类实践活动中相互作用的另一种基本形式。人是合作的动物，没有合作，就没有人类社会的存在和发展，就没有个体或群体的生存和发展。在人类实践活动中，当个体或群体依靠自身的力量达不到一定目标时，就需相互配合协调，共同采取行动，从而形成合作。合作的结果是共享其利或各得其利。作为人类在实践生活中相互作用的两种基本形式，竞争与合作是既对立又统一，既相互区别又相互依赖、相互促进，辩证统一。

竞争离不开合作，表现在以下三个方面：一是竞争蕴涵合作。竞争实际上是在特定的时空范围内把不同主体的同类活动相对集中起来形成横向对比，在动态的活动过程中加以较量、对抗、竞长争高，最后由活动的结果分出胜负高下。这就蕴涵着这样一个前提：如果没有不同主体共同配合活动，无合作也无竞相争夺，独立主体的单独活动就无法形成竞争。二是竞争要求合作。竞争是不同主体对共求目标的角逐、争夺，也是竞争对手之间的"取与予"的交换活动，若要达成交换协议，就要求取予、各方共同遵守一些基本规则和程序，即彼此合作，否则交换难以成功，竞争无法开展，更难认定竞争结果。三是竞争以合作为基础。不同主体的竞争都是建立在合作基础之上的。就社会而言，其竞争能力是在人类合作的长期历史发展中产生的，又是在参与人类合作的实践中锻炼培养、逐步增强的。个体的合作能力越强，其竞争能力也就越大。就社会群体而言，其竞争是建立在内部合作基础上的，是合作的竞争。没有内部团结合作的任何社会群体，在竞争中是难以取胜的。

合作也离不开竞争，也表现在三个方面：一是合作以竞争为前提。优胜劣汰的竞争结果不能满足不同主体的共同利益，在此前提下，以共享利益或各自得利为结果的合作才有必要产生。二是合作要求和蕴涵竞争。合作中要求不同主体都争取最大限度地发挥自己的能力，获得最好的效益，才能促成合作目标的实现。合作机会的多少与合作成功的可能性大小在很大程度上受制于不同主体竞争力的强弱。三是合作以竞争为动力。竞争能增强人的生存和发展能力，调动人的积极性和创造性，强化人不断追求更高目标的活动，从而能够打破合作系统旧的已经过时的合作格局，促进新的更高程度的合作格局的形成，从而推动合作向更高层次更大范围发展。

总之，竞争与合作是相互联系、辩证统一的。竞争存在于合作之中，合作以竞争为前提，没有合作的竞争是软弱无力的或是破坏性的；而没有竞争激励的合作，是没有活力和生命力的。我们不能重竞争而轻合作，也不能重合作而排斥竞争。

2. 合作竞争是一种新的企业伦理关系

竞争与合作的统一有助于改变将竞争与合作绝对对立的思维定式，形成正常的企业合作竞争理念。在"以和为贵"的中国传统中，人们是将竞争与合作绝对对立起来的。中国传统的儒家文化提倡合作，至少与合作的观念是相通的。与西方文化重分别和对立不同，中国文化重和谐与统一。从西周末年的史伯开始，中国文化就逐渐形成了"重和去同"的思想，主张以广阔的胸襟、海纳百川的气概容纳不同思想和文化。《易传》高度赞美并极力提倡和谐思想，提出了"大和"观念。"大和"

即至高无上的和谐，最佳的和谐状态。中国传统文化不仅重视宇宙自然的和谐、人与自然的和谐，还特别重视人与人之间的和谐，主张以和谐为最高准则来处理人与人之间的关系。如孟子提出了"天时不如地利，地利不如人和"的观点。

当我们走出传统，开始公开竞争时，竞争的法则和现实又使人们感到：他得到的就是我所失去的，他人是对手而不是伙伴，竞争意味着获得，竞争与合作被视为是不可并存的。因此，只有坚持竞争与合作的统一，才能改变这种思维定式，既认同竞争，又认可合作；既正视企业关系中因竞争而形成的合理的利益冲突，又重视共同利益一致基础上的企业和谐，从而形成正常的企业之间的关系。

在市场经济条件下，由于市场机制的运作、价值规律的作用，使竞争变成商品生产者的基本交往形式，竞争已渗透到社会的各个领域。同时社会化大生产的发展，也使合作变得更重要，范围更广阔。这样，竞争与合作都普遍化、公开化。为了保证竞争与合作的正常有序进行，各方利益得到保证，各种规则、程序更清晰明确，并以法律形式加以保证，那么，竞争与合作便是公平、合理、合法。为了谋求更大的利益和更大的发展，竞争与合作的形式也呈现多样化趋势，竞争与合作的相互依赖、相互促进更加明显。

在市场经济条件下，竞争是人们生存与发展的基本途径，竞争力是社会最一般、最公正的"通行证"。竞争中的成败往往意味着人的活动价值是否得到社会的承认，因而竞争在不同的层面上展开和加剧。同时，人们更重视合作。没有合作的竞争，则各方利益最终也难以保证，竞争中的合作则可保证获得更大的利益，越激烈的竞争则要求更高层次的合作，越善于合作则竞争力越强。经济生活中各企业、组织的横向联合、规模经营、跨国公司联手、大集团的合并等，都是竞争促使合作的直接表现。正是通过这些更高形式的合作，可以促进竞争力在更高程度上得到加强。当今世界，合作已打破了狭隘的血缘、地域界限而具有普遍性，跨越国度、地区、民族的合作以及行业或个人之间的合作在宏观与微观的层面上广泛地展开，经济、政治、军事、科技、文化等领域的合作，生产、生活、学习工作等方面的合作，都在不断深入地进行。合作的实践精神已经成为人们的思维方式与行为方式。脱离合作，竞争就是无力的，人们无法解决自身所面临的各种复杂问题，都无法保证取得成功与利益。既是竞争对手，又是合作伙伴，竞争中合作，合作中竞争，已逐步成为人们的共识。

（二）合作竞争的实践意义

在新的历史背景下，合作竞争具有积极的意义，企业合作竞争顺应了时代的要求，能创造巨大的、独特的价值。

一是降低交易成本。交易成本是完成交易所付出的代价，包括信息搜集、谈判、签约、监督实施及对策等各方面的费用。企业之间一旦建立起合竞关系，双方沟通、谈判的成本自然会减少，成本也将随之降低。事实上，不合作而存在的高昂交易成本是企业寻求合作的动力之一。

二是降低风险。由于现代企业环境要比过去复杂得多，单一企业面对多变的市场，其挑战难度都比过去大得多。企业搞合作可以减低风险，减少环境的不确定性。尤其是企业的研究与开发风险越来越大，激烈变动的市场环境对企业研发提出了新要求。缩短研发时间，降低研发成本，分散研发风险。对于一个企业来讲，单独研究与开发一项新产品、新技术需要花费很高的代价，而且还要受到自身能力、信息不完全等因素的制约。而企业间结成合作联盟后，通过集中双方的人力、物力、财力，扩大信息传递渠道的密度和速度，可避免单个企业在研发中的盲目性，实现更大范围内的资源最优配置和相当规模的生产，从而使合作双方都能在以单位成本为基础的竞争中获胜。

三是实现优势互补，产生协同效应。通过同业合作的模式可以整合各个企业资源，提高市场竞争力。资源在各个企业之间的配置是不均衡的，通过合作，企业围绕共同的目标，发挥各自的优势，弥补各自的劣势，可以产生 $1+1>2$ 的效果。除了资金、机器、厂房、设备等有形的资源，合作伙伴还可以在通过共享无形资源获得协同效应。主要的无形资源协同有：技术互补、营销网络和信息共享。随着产品技术日益分化，已经没有哪一个企业能够在所有的技术环节上拥有优势，也没有哪一个企业能够长期垄断某项技术，企业依靠自身力量维持长期竞争主动权的难度越来越大。为此，企业必须借助外部资源，不断弥补自身不足，不断创新，以寻求新的竞争优势。通过与合作伙伴彼此交换核心技术，相互取长补短，可以不断改进和提高产品技术，拓展新的技术领域。而通过营销网络的共享，合竞伙伴则可以克服资金不足的困难，顺利进入市场和扩大市场占有率，在跨国市场中还可以超越各种贸易和非贸易壁垒，实现全球营销。由于共同营销网络的建立，可以共用或组建共同的品牌商标，建立品牌联盟，联合发布广告和开展促销活动，增强品牌形象和声誉，这已经成为现代市场经济中开拓市场的一个重要手段。再者，信息是企业的一种十分重要的资源，在企业经营所涉及的活动中，不完全信息是不可避免的，是经济生活中的常态，企业之间的合作可以克服单打独斗的信息闭塞障碍，达到共享信息。

四是防止过度竞争，变单赢为双赢。当今时代，合作竞争能使竞争向更宽广的领域拓展，能为企业赢来更多的消费群体，能形成单个企业孤军作战所起不到的一种新的规模效益，能产生 1+1＞2 的效果。采取双赢竞争，在使别的企业更加发展的同时，自己企业的需要也得到了更多的满足，这正是人们孜孜以求的一种最理想的竞争结果。随着企业市场渗透力的加大和市场占有率的提高，一定容量的市场分割最终在企业之间告一段落。这时，如果企业之间继续展开恶性竞争，不仅会降低各自的盈利能力和水平，而且容易造成两败俱伤。因此，为避免丧失企业在将来的竞争能力和地位，避免诸如在竞争、成本、价格等方面引起矛盾和纠纷，就必须进行合作竞争。企业间的合作竞争可以理顺市场关系，形成有序竞争的市场环境，使双方均受益，并维护消费者的长远利益。

五是相互学习、共同提高。合作竞争是一个学习的机会，通过学习加速创新。合竞中的日常接触是获得复杂背景知识的最好途径。合竞的过程是学习的过程，合竞组织是各成员先进知识的汇总地，由于知识的传递性，合竞组织内企业可以通过学习获取对方先进的管理知识、营销经验、生产技能。合竞组织内学习效率更高、学习周期更短，可以达到事半功倍的效果。知识是创新的源泉，各个企业通过学习加速了获取知识的速度，从而加速了创新。

六是提高竞争水平。合作竞争并不意味着单纯的合作，在合作中同样存在竞争，合作的最终目的仍然是竞争，而且是更高水平的竞争。美国企业界有一句名言："如果你不能战胜对手就加入到他们中间。"企业合作组织的出现使企业为了生存和发展，不仅展开必要的正面竞争，还从防御的角度同其他企业合作，为竞争而合作，靠合作而竞争，从而增强了企业的竞争力。

市场竞争是有层次的，我们平常看到的价格大战可谓是最原始、最低级的，不正当的"贬"、"损"、"抵"、"毁"等都是最恶劣的竞争。这些竞争方式用多了，最终会使消费者对产品的质量、企业的信誉产生怀疑，正常的经济秩序被扰乱，价格规律原则遭到破坏，使企业发展之路越走越窄。这种为利己必损人，或以为惟有损人才可利己的竞争方式，其结果只能是"搬起石头砸自己的脚"。

早在两千多年前《孙子兵法》就说过："不战而屈人之兵者，善之善者也"。合作竞争就是竞争方式中的"善之善者"，是一种最高层次、最高境界的竞争。合作竞争将竞争对手由"冤家对头"变为"合作者与竞争者"，为企业拓展市场营造一种和谐、宽松、良性的竞争环境。同时，更注重企业内部环境的改进，如加强成本核算，降低产品成本，为消费者提供质量可靠、服务周全的服务，从而为自己赢得竞争制胜的主动权，增加竞争制胜的筹码。合作竞争的过程实际上也是不断自我改造、自我完善的过程。人们的思想在竞争中走向成熟，企业的精神在竞争中得以升华，职工的道德在竞争中日趋高尚，员工的素质在竞争中日趋提高。所以，从这个意思上讲，合作竞争也是一种美和善，因而它必将成为现代市场经济条件下一种生命力最强的竞争方式。

第三节 合作竞争风险及伦理调节

无论是长期还是短期的合作竞争都基于一定的伦理关系，因此，伦理因素是影响企业间合作竞争的一个重要变量。现代市场经济秩序固然需要依靠强有力的法律制度来保障，但由于法律的不完备性，人们之间的合作契约依靠第三方监督执行有时成本过高，这就为伦理道德机制发挥作用提供了广阔的空间。

一、合作竞争的风险

任何企业生存和发展的过程都伴随着不确定性和风险，尤其是在动态变化环境中的现代企业，它们面临着更大的风险。通过合作竞争，固然可以降低经营风险、减少不确定性因素，获得更大的竞争优势，但合作竞争本身也存在各种风险，它是导致企业合作竞争关系失败的重要原因之一。合竞风险，是指在合作竞争的特殊关系下，由于成员企业的个体差异与合竞组织之间的矛盾导致管理协作复杂化而产生的一种合竞组织所特有的风险。合竞风险主要可以分为以下几个方面：

（一）准备不足和合作方案不完善风险

准备不足风险，是指企业在合作竞争之前缺乏充分的认识、分析和准备，从而存在合竞关系失败的可能。首先是企业对自身的认识不足，其次是对合作伙伴了解不够。对合作伙伴的分析、评测、选择将直接影响到合作的绩效和成败。因此，企业必须在对自身实力以及周围环境作出客观的评价之后，才能根据自身需要和外部环境选择合适的合作伙伴，从而避免合作关系建立后的风险。不同企业合竞关系的建立和维持必须有完善的方案及一系列的协议。合作之前企业应该对实施方案作充分的利弊分析，尤其是应对可能的问题作周密的考虑。其中，有些问题是在合竞之前就可以预见到的，但对可能出现的问题没有制定对应的配套措施。例如，尽管在谈判时双方对可能出现的异议达成共识，在实施任何协议中都存在一方违约的可能，而出于对对方的信任，没有以合同等规范的形式加以确定，以致在问题发生时，对方从自身利益出发，不认可口头协议，造成双方的矛盾。还有一些问题是在方案制定时，合竞各方对实施合竞可能出现的问题没有考虑周全，进而不可能对这些问题制定相应的配套措施，一旦这些问题发生，就有可能导致合竞失败。

（二）信任危机风险

不同经济主体之间的交易及合作是以相互信任为基础而逐渐建立起来的，成员之间的相互信任是合竞关系形成和发展的基础。但是，企业之间的合竞关系同时也是基于一种对未来行为的承诺，而这种承诺既可以是公开的，也可以是隐含的。由于合竞组织间存在一定的利益冲突，各个企业出于自身利益的考虑组成合竞关系，一旦出现信任风险，必然会影响合竞关系的维系，甚至危及其生存。因此，合作信任危机成为合竞关系风险的重要部分。合竞关系的破裂大多数也归结为合竞组织内部缺乏足够的信任。

（三）收益风险不对称导致的机会主义风险

合作所取得的收益一般有特定的分配结构，其中一部分是共享的，其他部分则必须加以分配。同时，合竞的主要目的就是降低风险，风险在各个企业内的分担也直接影响合竞的成功与否。有的企业受短期利益影响，不惜损害共同利益而实现个人利润最大化，从而破坏了合作的融洽关系。由于各个参与企业面临的竞争条件不同，特别是属于不同国家或不同行业的企业面临的竞争强度、外部环境都存在差异，因而导致各自优先考虑的问题不同，意见难以统一，由此导致的机会主义严重威胁合竞关系。机会主义倾向是指行为主体借助于不正当手段谋取自身利益的行为倾向，它源于人们追逐自身利益最大化的经济动机。机会主义行为是企业合竞生产中常发生的现象，主要表现为某个成员企业降低投入资源的数量、质量和效率。机会主义倾向造成了行为实体相互关系的不稳定性。

（四）核心能力丧失防范风险

核心能力丧失防范风险，是指各方在参与合竞过程中为了保守各自商业机密，即保持自身的核心能力，致使合作面临巨大困难的可能。形成合竞关系的基本动机，一是获得市场和技术，二是确保资源供应。如果合竞各方在这两方面能够向对方提供对方不具有或不充分拥有的资源，合作就具备了良好运转所需要的基本前提。但合竞组织建立起来后，组织边界便有了可渗透性，这种渗透性为双方提供了了解对方的一个窗口。借助这个窗口，双方可以彼此学习对方的知识与技能。随着合作的深入和发展，双方投入资源的重要性会发生变化，如在合作中，如果甲公司学到了乙公司的技术，那么乙公司的这些技术投入在合竞关系中的重要性就会下降；相反，如果乙公司已经十分了解甲公司的市场，并建立了自己的关系网络，甲公司的重要性也会下降。这种互补性资源的贬值会给合竞关系的继续运转造成困难。即使双方提供的资源没有贬值，随着合作时间的推移，双方的战略目标也会发生变化，当一方不再需要合竞关系的资源时，就会选择退出，这往往给另一方带来很大风险。因此，合竞各方都希望对方能够毫无保留地进行合作，以使自己能够从合作中获取最大效益。但事实上，它们彼此也担心由于合作而将企业机密全部暴露给对手，导致自身在未来的市场竞争中处于劣势。正是出于这种考虑，在合竞关系中各方都有所保留地进行合作，合作效果受到极大抑制。特别是当合作双方互为同行业竞争对手时，双方在竞争中需要合作，合作时又存在竞争，它们在合作时不可能将过多的商业机密泄露给对方，甚至对于一些合同明文规定需提供的技术都可能会有所保留，这些都会使合作处于一种艰难的境地中。

（五）运作障碍风险

在合竞关系中，企业间并非真正合成一个统一的整体，它们仍然保持一定的独立性，因此，在信息流动、经营决策、人事安排、工作分配等各项工作都容易因为跨企业运作而出现运行上的障碍，并由此导致各种合作风险。

（六）竞争地位失衡风险

企业合竞关系得以维持的一个重要因素就是各方竞争地位的平衡，然而，随着各方技术、资源、能力的交换与更新，又可能导致一方的竞争地位上升，而另一方的竞争优势衰退，竞争地位的平衡格局逐渐被打破，强大的一方往往视盟友为累赘，从而造成彼此间沟通与合作的困难，使合竞面临分裂的危险。

（七）企业文化差异的风险

合竞的参与企业通常拥有自己独特的管理风格和企业文化，职业道德、劳动生产和决策风格上的碰撞容易引发争端，况且合作伙伴常常处于不同的国家或地区，在文化背景和管理实践方面有着很大的差异。管理风格和文化的差异对合作最深刻、最直接的影响表现在合作伙伴解决问题和矛盾的方式之中。在某一类文化中，经营者往往以积极进取的态度来影响环境并制定战略方针，矛盾被视为组织结构和相互关系中不可回避的现实；而在另一类文化中，人们却竭力避免尖锐矛盾和公开对立，若处理不好，合作伙伴企业文化的差异则可能扩大以致成为难以解决的问题，甚至可能导致合竞关系的破裂；有时无论合竞双方合作愿意多么强烈，但要真正处理好这种差异也不是很容易的事情，特别是双方面临很困难的市场条件时，可能很少有时间来消除双方的差异。

二、合作竞争风险的防范

随着合作竞争的不断扩大和国际经营环境的日益复杂化，内部和外部环境存在极大的不确定性。成员企业如何适应这种变化的环境往往决定着合作竞争的沉浮兴衰，没有一个合竞组织能够事先预测和计划所有可能的未知变量。对于合作企业来说，关键是要防范及规避合竞风险。防范合竞风险可以从以下三个方面入手：

（一）建立牢固的信任基础

1. 相互信任

在合竞关系中，企业所面对的不确定性有两种类型：一是未来未知事件的不确定性；二是成员伙伴对这些未来事件可能做出反应的不确定性。正是在这样的双重不确定的环境中，相互信任就成为维系合竞关系的关键原则。相互信任能比事先预测、依靠权威或进行谈判等手段可以更快、更经济地减少合竞关系的复杂性与不确定性，并能因此改善合竞的绩效。

　　企业合竞关系中的相互信任应包括下列几层含义：一是相互信任是合作各方在面向不确定的未来时所表现出的彼此间的信赖。正是由于未来的太多不确定性而使成员间的相互信任显得弥足珍贵。二是建立在相互信任基础上的合竞关系实际上也意味着合作是相当脆弱的，也即合作各方以有限理性代替完全的理性，以默契代替合约，以感情代替程序。一旦合竞中出现不诚实的行为，其所带来的损失将远远超过彼此信赖时所能带来的收益。三是相互信任意味着放弃对他方的控制，从而决定了成员企业对合竞关系的产出结果影响甚微。

　　相互信任是防范合竞风险的前提，也是合作成功和稳定发展的关键因素。信任能降低双方的交易成本，为双方创造额外价值，提高生产、交换的频率。关系中的信任因素，可以减少合作伙伴的机会主义行为，促使彼此交换保密信息，为了解彼此的业务而投资，使其信息系统更能针对对方或为对方服务投入更好的人员或资源。在既有竞争又有合作关系的合竞关系中，各成员企业要想灵活地适应环境，就必须在相互依赖与各自的独立之间找到平衡。彼此的依赖要求成员企业相互信任、彼此忠诚、信守承诺，从而为合竞关系的长久生存和成员企业的共同发展打下坚实的基础；而成员企业必须在面对变化的环境所带来的不确定性时，根据本企业的实际情况及时作出降低本企业风险的决策和保护自身。因此，它们又需要独立的自主权。当然，这种自主不能毫无约束，否则就会给对方提供欺骗的机会和诱因，进而降低彼此间的依赖。总之，相互信任机制已成为企业合作竞争关系成功运作和发展不可缺少的润滑剂和动力。

2. 完善信任机制

在合竞关系中，建立可靠的相互信任机制，成为关系合竞成败的关键因素。在一个既竞争又合作的合竞关系中，与竞争对手和谐相处并不是一件容易的事情。要建立起成员间的相互信任关系，首先要建立起能够促进相互信任的产生机制，以确保整个合作竞争形成协同效应。长期持续、可靠的相互关系往往会进一步强化为相互间的信任和依赖。而一旦结盟各方预期相互关系的进一步发展可带来更大的互惠时，合作竞争内的相互信任关系也就随合作竞争的拓展而不断得以强化。这种过程型的相互信任意味着相互信任关系可以通过合作竞争本身来创建、成长和成熟。

一般而言，在合作竞争关系形成初期，由于双方彼此间信息了解不足，合竞成员间的相互猜疑、窥探情报、试探行动等现象在所难免。但是，随着时间的推移，合作伙伴根据对各方在合作竞争中的实际表现与所期望的行为之间比较对照，会不断地增强对合作竞争的信心和对合作伙伴的信赖。但仅仅建立在相互信任基础上的企业合作竞争关系毕竟是脆弱的，因此需要管理人员的精心维护，尤其是在合作竞争诞生之初，各方要充分表现出对他方的信任以及让对方了解自己的可信度。另外，管理人员还要坚持"积累经验重复强化"的原则，不断地增强相互间的信任。为此，合作竞争双方必须在他们的彼此交往中，通过正式和非正式的沟通渠道提高行为的透明度。这样做有双重目的：一是使双方都了解其他各方各项策略行为的时间进度，并参照其他方面行为和能力来确定自己在合作竞争中的地位和作用；二是由此降低对对方行为的不理解程度，保证快速而友好地处理由行为的不一致给合作竞争带来的不确定性和脆弱性等问题。只要合作竞争各方长期持续地关注沟通的改善，关注高级管理层在生产和计划等职能上的相互合作，以及随之确立起密切的个人关系，那么，合作竞争就会随时间的推移而变得越来越紧密，成员间的相互信任度也会越来越高。

3. 强化文化交融

合竞企业的不同背景特征和不同特性（如企业的公司文化）往往会对合竞关系产生重要影响。合竞关系各方的社会背景和公司文化越接近，其思维和行为模式的一致性也就越高，从而形成能够涵盖各方共享利益和策略并被各方接受合作竞争文化的可能性也就越大。这种共同的文化能减少成员企业间的矛盾和冲突，强化成员企业行为的连续性和一贯性，保证相互间的信任受到最小的干扰和破坏。为此，就需要使合作竞争成员具有相同的社会和文化背景，从而在短时间内形成统一的合作竞争文化。然而，这在经济一体化和全球化的今天却难以做到。如今的合作竞争随着企业的国际化进程而在区域空间上有了巨大扩展，其中国际合作竞争己成为合作竞争中一种极其重要且日趋普遍的形式。因此，有效的方法应是在不同背景文化的成员企业间进行良好的沟通，这需要合竞企业间的管理人员敏锐地意识到合竞企业间存在的文化差异。由于这种差异会对企业观念、行为以及绩效产生影响，必须通过跨文化的管理培训、鼓励非正式接触、提高行为和策略的透明度等措施来努力消除彼此的隔阂和陌生，使各种文化在合作竞争中相互渗透和相互交融，最终通过相互学习，取长补短，形成成员企业都能接受的既融合各种文化特色又有鲜明的合作竞争特征的处事原则和方法，从而确保合作竞争成员有一个统一的并为各方所信任的文化基础。

4. 建立规范机制

在合作竞争关系中，对于任何一家企业而言，如果确信合作竞争的其他成员会信守诺言，那么它也必须表现出很强的可信度。而要使每个成员的行为理性化，尤其要抵抗住外部的巨大诱惑，就需要在合作竞争内建立一套阻止相互欺骗和防止机会主义行为的规范机制，而这套机制的重点是要提高欺骗的成本。为此，首先必须提高退出壁垒，即如果企业放弃合竞关系，那么，其某些资产，如场所资产、人力资本资产和商誉资产都将受到很大的损失。换句话说，这些资产绝大部分具有沉没成本，一旦企业发生机会主义行为，将不能逃避其他成员的惩罚。其次，为提高欺骗成本，合作竞争可以通过成员企业相互间的不可撤回性投资来"锁住"对方，"一荣俱荣，一败俱败"，竞合企业必须像关心自己的利益一样来关心其他成员和整个合作竞争关系的兴败盛衰，从根本上消除通过欺骗可得益的可能性。此外，还可通过保护性合同或合法的契约来阻止其机会主义行为，即对于不合作的行为或违约行为进行惩治。这样的合约条款可使成员企业清楚行为预期，根除投机心理，同时也可提高对其他成员的行为信任度。

建立规范机制的另一个重要方面是增加合作的收益，其中一个重要内容就是合作竞争为成员提供隐性"担保"。这如同五星级宾馆在消费者心目中具有一定能为旅客提供良好的一流服务的形象一样，当合作竞争拥有一定的无形资产（如商誉、商标等），尤其当合作竞争在整个行业中占有特殊的地位（如其技术指标已成为整个行业的技术标准）时，合作的收益性就显而易见。参与合作竞争的成员企业由于合作竞争本身所具有的声誉和影响力，而可在消费者心目中轻而易举地树立起良好的商誉和品牌形象，这使得合作比单干更有效。合作竞争为成员企业所提供的"担保"是吸引合作、稳固合作竞争的重要基础。

（二）选择恰当的合作伙伴

选择合适的合作伙伴是建立合作竞争关系的首要任务。如同现在择业时要考虑工资、福利、前途等因素一样，在选择合竞伙伴时也必须对合竞伙伴的过去、现在和未来等一系列要素进行综合评估。关于合作伙伴的选择标准，早在 1987 年就有学者归纳出了"3C"原则，即兼容（Compatibility）、能力（Capacity）和承诺（Commitment），并被许多合作组织的实践所证实。兼容体现在诸如企业间的经营战略、生产规模、营销网络、财务状况、经营哲学、企业文化等许多方面，如果缺乏兼容性，合作将很难经受时间的考验，也很难适应环境和市场的变化。因此，组建合竞关系时，对双方兼容性进行测试是保证合作运转良好的重要一环。同时，合作伙伴要有对合竞关系投入互补性资源的能力，使企业能够借助合作实现优势相长，加快创新速度。此外，合作伙伴还要在组织中承担一定的责任和义务，即作出相应承诺，以弥补合作伙伴在内部资源与经营目标方面的差距。在选择合作伙伴方面，不要为弥补自身的不足而合作，否则会过分依赖对方而陷入被动；不要与试图通过合作弥补自身弱点的企业合作。合作的基础是各方都有特定优势；不要与只为获得本企业独有技术的企业合作，这样的企业会对本企业的生存造成重大威胁。因此，确定合适的、有竞争力的合作伙伴是企业合竞关系形成过程中一项很重要的活动，它直接关系到合竞企业的市场反应速度及合作的绩效和成败。

关系理论给出了企业选择合作伙伴时所使用的五个维度，即持续时间、交互联系频率、多样性、对称性及合作关系的共同促进等。持续时间，是指合作关系已经存在的时间，合作关系的紧密性同持续时间成正比。在灵捷环境下，需要采集和考虑的信息包括合作伙伴关系已经持续多久、打算持续多长，企业间合竞关系的形成是为了满足短期的需要还是满足较长期的需要。如果是短期的，是否能满足预期的产品生命周期。联系的频率，是指单位时间内合作伙伴之间联系的次数。在灵捷环境下，需要采集的信息包括：多长时间交互联系一次，多长时间需通讯一次，需通讯数据和信息的类型，通讯时需要什么类型的技术硬件/软件，是否能实现。联系的多样性是交互联系方式的多少。企业在合竞关系中要实现跨组织的活动有许多形式，如快速原型程序、商业数据、计划等。在灵捷环境下，需要采集的信息包括应该完成的任务及是否能灵捷地执行。对称性，是指从一个企业到另一企业的联系与从另一企业到这一企业的联系应该相似。为此，企业之间的文化、业务过程、技术特征需要彼此匹配。企业间集成的深度越深，则对称性越高。合作关系的共同促进，是指信息交流是否建立在信任、合作、开放、忠诚的基础上，既影响企业间共享知识的程度，也关系核心能力的相互了解和发挥。

（三）建立完善的合作机制

对合作机制的研究由来已久，国外学者相继提出了多种观点。Smith 等人（1995）将他们归为五大类别，即交换理论、吸引理论、实力和冲突理论、模仿理论和社会结构理论，其中以交换理论的影响最大，并成为其他合作理论的基础之一。

合作的交换理论认为，合作是参与合作者为最大化经济收益或心理收益而进行的交换过程。合作形成的条件是所有参与者从合作中所获的收益均大于其所付的成本。企业合作关系的建立是参与合作者权衡其投入与收益的理性抉择，而企业合作关系的维系则取决于对合作中的机会主义倾向的有效防范。企业的合作竞争是以利益为驱动的，合竞关系能否合理地制定利益风险分配方案是其成功运作的关键。风险收益分配机制对合作竞争关系的成败起着关键作用。企业在合作竞争关系中，风险与收益并存，风险和利益如何在各合作伙伴间分担和分配直接影响合作关系的稳定性。这个问题解决得好，各合作伙伴都会觉得合作对自己有利，就会乐于继续并肩作战，积极性也会很高，进而使合作关系融洽，健康稳定地发展，各伙伴都能获得较长期的利益。反之，如果这个问题解决得不好，即使事先有契约作为法律保障，某些伙伴也会因为自己负担了较多的风险而得到的收益较少而丧失合作的积极性和愿望，甚至在市场机会消失以前就退出合作关系，延误了市场机会，导致其他合作伙伴也蒙受相当大的损失。

对于单个企业而言，合作成功的基石是合作参与者从合作中所获得的收益大于其投入；对机会主义行为的有效防范，即保证合作伙伴的资源投入在数量上不得减少，在质量上应逐步改善。因此，企业的投入与产出和合作关系的建立与维系密切相关。企业间的合作需要两个条件：一是在投入资源相同的情况下，合作生产的总收益必须大于或等于各成员企业单独生产所获收益的总和；二是成员企业对合作生产总收益的分享，依据其在单独生产时的获益能力（受合作者主观努力和生产客观实际的共同制约，这取决于合作契约的公平合理性）。若收益的分享不合理，会引起不公平感，进而危及合作的前景。

此外，还有合作中的机会主义问题。机会主义行为是企业合作生产中常发生的现象，主要表现为某个成员企业降低投入资源的数量、质量和效率。机会主义倾向造成了行为主体相互关系的不稳定性，在企业合作关系中既不能用价格机制（如在市场交易关系中），也不能用权威手段予以抑制和克服。所以，如何有效防范机会主义倾向就成为企业间合作的基本问题。为了预防在运作过程中出现不必要的麻烦，规避合作风险，必须事先建立完善的合竞机制，保证合竞的正常运行。在合作关系中，任何一方的机会主义行为会导致其他成员企业无端受损，从而引起受损企业的不满和报复。受损的企业可采用其他方式如联合排斥和相应减少资源投入，对实施机会主义的企业进行威慑、报复和惩罚。

在实际合作关系中，对机会主义行为的控制可从以下几方面着手：

一是提高合竞成员的辨识能力，这对合作的持续性是必要的。通过回报遵守约定者，惩罚背叛者，使得基于回报的遵守约定的成员能够收益，而机会主义行为不会得到更多的收益，这是对遵守约定的一个激励措施。

二是增大合竞成员对未来收益的期望值，这会加大合竞成员采取其他策略的风险代价和机会成本，进而实现集体的稳定性。

三是增大未来的影响。如果未来相对于现在是足够重要的话，合竞成员合作将是稳定的，对于看重未来利益的合竞成员也愿意选择遵守约定。因为，每个合竞成员都可以用隐含的报复来威胁对方，而且由于各方持续接触足够长使得这种威胁能够奏效。在这种情况下，合竞成员间更愿意遵守协定，而不是违约。

四是改变收益值。收益结构的变化能够改变参与方之间的相互作用，从而改变"囚徒困境"情况。如果收益值改变了，就可以从不稳定的合竞关系转变为稳定的合竞关系，合竞成员都会遵守约定而非违约。

五是掌握促进合作的准则与技能。在社会和经济关系中，促进合竞关系稳定的一个较好的办法是关心他人的利益。此外，适时的给予遵守约定方回报是巩固合竞关系的有效途径，坚持公平是许多基于回报策略的基本特征。这种策略不仅帮助自己，也通过惩罚损人利己的策略而帮助别人。由于确保了对不遵守约定的惩罚，那些违约的策略就得不到好处，所以一个基于回报的策略能让对方从共同遵守约定得到奖励，从而实现合竞组织的自我控制，增强合竞关系的稳定性。

六是使合竞组织内决策的程序公平。在知识经济时代，合竞组织面临的核心挑战是如何获得合竞组织成员积极、自愿的合作。当人们感到合竞关系中的战略决策程序公平时，他们在信任和承诺态度的基础上显示出高度的自愿遵守约定。相反，当他们觉得程序不公平时，他们就用隐藏思想、拖延构思和违背约定来拒绝合作。

虽然通过上述措施可以防范风险，但并不能完全规避和消除风险。各项措施虽然可抑制机会主义倾向，但不能完全有效地消除它，而信任被认为是防范机会主义倾向最有效的机制。基于信任的合作不仅能避免为签订契约及监督其履行而引起的交易费用，更重要的是通过理论导向，促使合竞成员建立起积极合作意识，使得他们都以积极主动的姿态，增加投入，积极配合，互相关心，实现利益共享。

（四）完善竞争的各项规则和秩序

竞争是商品经济的必然产物，优胜劣汰的竞争规律形成了企业积极开展竞争的外在压力和内在动力，并促进生产力的不断发展。但是，竞争也会导致企业为一己之私所诱或眼前利益所蔽，偏废公平诚信的竞争道德，偏离增进社会整体福利、促进人类文明进步这一经济发展的终极目标而陷入恶性竞争的泥潭。即使从经济的角度来考察，恶性竞争对市场秩序的破坏，往往导致两败俱伤，有时还会危及所在行业的发展，甚至损害民族、国家的利益，因而也不利于竞争主体自身的长远利益。所以，竞争需要规则和秩序。随着市场经济的发展，商业竞争日趋加剧，相应的法治、制度的重要性以及商业道德问题日益凸显。

尽管每个经济活动主体都有自己特有的目标追求，但其行为一般仍要服从一定的基本价值取向，如追求平等、自由、和平与利益等。这些基本价值一方面激励着人们追求各自的生活目标，从而不可避免地产生冲突、形成竞争。另一方面这些基本价值又为人们进行共同合作提供了价值基础。"只有人类的价值目标才有助于协调人"，"支撑着社会的结合"。[1] 竞争就是"力图获得别人也在力图获得的东西的行为"[2]。换句话

---

① 柯武刚、史漫飞：《制度经济学》，商务印书馆 2000 年版，第 83 页。

② ［美］哈耶克：《个人主义与经济秩序》，贾湛、文跃然译，北京经济学院出版社 1989 年版，第 91 页。

说，竞争就是双方或多方为了夺取同一目标而相互超越的行为，常表现为对于共同期望的稀缺资源而展开的竞赛和角逐。竞争是市场经济合理配置资源的核心动力机制。在"经济人"自利动机的驱使下，消费者或厂商为了获取顾客或商品，在对产品或服务的质量、价格、数量、性能等各方面提供更令人满意的结果。在现代市场经济条件下，由于技术、服务、经营方式等多数是可以学习模仿的，竞争的焦点逐渐转向信誉竞争。人们对于各种名牌产品如耐克鞋、索尼电视、菲利浦电器等的追逐，实际上是对这些商家信誉的追捧。麦当劳能以连锁经营模式风靡全球靠的不是技术、管理，而更多靠的是一种质量上的信誉保证。因此，"竞争在很大程度上是信誉和善意的竞争"①。

现代市场经济中，纯粹理性"经济人"的"利益至上主义"的效用最大化行为，并没有导致肮脏、野蛮、残杀的所谓"霍布斯敌对社会"。这要归功于合作为人类无限膨胀的竞争提供了界限，从而消减竞争无休止的扩张的趋势。既然人人都有追求平等、自由、安全、和平、幸福的权利和自由，这种权利和自由只有在不损害他人的权利和自由的基础上才能称得上真正意义上的权利和自由。因此，竞争蕴涵着合作的要求，竞争越激烈，合作的愿望就越强烈。在竞争中合作，在合作下竞争，这就规定了人们在相互交往过程中必须遵循一定的规则。最基本的规则就是相互尊重对方的权益，相互提供可靠的信誉，即竞争导致了一种秩序，我们姑且称之为竞争秩序。秩序鼓励着信赖和信任，并减少合作的成本。当秩序占据主导地位时，人们就可以预见未来，从而能更好地与他人合作。反之，在一个秩序混乱的社会里，人们之间相互交往必然代价高昂、风险极高，信任与合作也必然趋于瓦解，而作为经济福祉主要源泉的劳动分工则将变得不可能。

西方市场经济产生和发展已有较长的历史了，对市场经济秩序的形

---

① ［美］哈耶克：《个人主义与经济秩序》，贾湛、文跃然译，北京经济学院出版社 1989 年版，第 91 页。

成和建立的理解却存在着两种截然不同的观点，即自发秩序论和理性秩序论。

自发秩序论思想最早可以追溯到亚当·斯密，他认为，在自由竞争的市场中那貌似错综复杂的表象背后，存在着某种规则性的秩序。这种秩序是经济人在市场上交互作用的产物，是市场本身固有的一种"自发秩序"（spontaneous order）。新古典主义经济学家借助规范的一般均衡理论来描述竞争秩序，则将自发秩序论引向极端。他们认为，生产者为取得最大利润所作的选择和消费者为实现效用最大化所作的选择，通过竞争最终会达到一个均衡价格和均衡数量。这种思想对于经济秩序的理解更深刻了一些，但却脱离社会历史人文背景，是不完全的。在当代经济学家中，哈耶克是倡导"自发秩序"最有力的学者。他认为，人类并不具备高度的智慧和完备的理性，每一个人的知识和认知能力都是有限的，各种知识是以不完整的分散的形式存在于各个不同的个体间的。因此，通过彼此间自利的交换过程，人们不仅传播着需求和供给的信息，而且传递着相互认为是"好"的想法，进而分享某种共同的"好处"，从而形成一种竞争秩序。这种秩序不是一群智者预先设计的结果，而是自发市场的信息交流的产物。①自发秩序论强调，只要个人的行为能够通过市场的力量来协调，那么就无须用政治力量来直接协调。政府只要提供法律的保护伞，保持公平的、自由竞争的社会环境，那么市场就会通过交换的作用自动地协调经济主体的行为，形成一种自发的经济秩序。

理性秩序论认为，市场经济秩序不是产生于市场活动过程之中的，而是来自于理性的设计，而这种理性设计是建立在对市场交易活动及其变化的充分认识的基础上。理性秩序的作用在于为市场行为者的活动提供事先必须明确的规则，主要通过法律、政策等手段来规范分散的市场行为者。布坎南对那种以"自发秩序"的先天优越性为理由来怀疑社会改革的可能性思想倾向持批评态度。在他看来，自发秩序原理是理解人

① 杨春学：《经济人与社会秩序分析》，上海人民出版社 1998 年版，第 253 页。

们彼此之间的社会相互作用的必要根据，但是不能依此就认定这种秩序天然地符合全面的效率标准。只有在适宜的法律和制度的环境中，市场上分散化的个人自利行为才可能产生一种能反映参与者的价值最大化的自发秩序。无政府状态的自发秩序不可能使个人价值最大化，极可能倒是趋向于使这种价值最小化。就这种意义上来说，法律——政府的秩序在逻辑上比人们之间关于市场相互作用过程的任何有意义的讨论更重要。

笔者认为在现代市场经济中，市场经济秩序的形成既不是纯粹自发形成的，也不是完全由理性主义建构的，而是经济内在的自然因素和外在的人为努力共同耦合的产物。市场竞争秩序的维护既需要政府借助法律强制力量进行适当的干预和调节，又需要充分发挥市场经济本身内在的信誉机制作用。在这里，也许涉及如何处理政府与市场的关系这一更为深刻的问题。鉴于本章篇幅的限制对此不予过多地讨论，笔者需要强调的是由于契约的不完备性完全借助于第三方、法律或政府的监督执行是不够的。同法律保障契约履行的效率比较起来，信誉机制在维护交易安全方面更有成本优势。

三、我国商业合作竞争关系的形成与调节

由于受到各种调节和环境的影响，以及企业内外环境的不断变化，我国企业在合作竞争上面临着诸多困难和各种风险，威胁着企业间合竞关系的形成与发展。

（一）影响商业合竞关系形成发展的主要因素

由于受我国特殊国情、市场经济体制尚不完善以及企业现状的影响，使我国企业的合竞风险具有其独特性。阻碍我国企业合竞关系发展的主要因素有：

第一，企业诚信意识有待加强。在企业合作竞争关系的构建中，基于信任的合作是最根本的理念。讲求诚信，善于合作成为企业合作竞争有效运作的关键。由于受长期封建意识的束缚，我国企业的诚信意识薄

弱，尤其是近些年来，由于受多种因素的影响，整个社会的信任度下降，制假售假、商业欺诈屡屡发生。这直接导致合作的信任基础不牢，增大了建立合作竞争关系的难度，也容易在合作竞争关系建立后，产生信任危机，从而影响整个合竞关系的正常运行。

第二，本位主义思想严重。我国企业中传统的本位主义思想始终根深蒂固，各部门以自我为中心，以部门目标为主，片面追求部门利益。供、产、销等企业的基本活动在传统的生产方式下基本上是各自为政，相互脱节，没有形成相互协作关系，物流、信息流经常扭曲、变形，管理信息及处理手段落后。本位主义导致的结果阻碍了合竞组织建立后的正常运行，增大了合竞风险。

第三，企业文化建设落后。我国企业的文化建设起步较晚，一直以来追求产量和市场等一些硬性指标，而忽视了员工和企业文化等一些软性指标，没有充分意识到企业文化对一个企业发展的重要性，导致企业合作竞争的文化磨合难度较大。另外，我国企业由于存在对市场经济的理解问题，对合作与竞争的认识也有偏差。要么只知合作，一味迁就对方；要么只知竞争，非拼个鱼死网破不可，导致无法准确定位合作竞争的作用。这些都在很大程度上增加了企业合竞的风险。

第四，市场环境混乱。处于向市场经济转型的中国，由于分权制的行政式经济管理体制和不尽合理的混合经济结构的存在，人为地造成了以行政区划和所有制为标准的市场分割，如地方保护主义。由于长期以来计划经济体制的影响，资源的配置受到企业部门所有、地方所有等地区经济、部门经济的影响，地区及部门壁垒一直伴生着地方保护主义、部门封闭等不利于资源流动、优化结合的因素，特别是跨部门、跨地区的企业合作。在一些地方，甚至是一些经济发达的地区，至今也是打着"中华牌"，实际上却奉行非常强硬的地方保护主义。在这种条件下，企业要按照经济规律进行跨区域、跨所有制的合理分工和协作，必然面临着由于非经济因素所造成的高昂的外部交易成本，合竞风险大大增加。

第五，企业管理水平落后，企业制度、组织结构不完善。合作竞争要求企业面对急剧变化的不确定的市场,针对市场和顾客的需要和要求,对业务工作的开展过程进行重新改造和"再造"。而现阶段,我国企业管理水平仍然比较落后,企业整体战略管理水平较低,无法从整个产业全局的竞争地位与竞争能力角度来考虑企业发展战略。企业组织结构普遍采取金字塔式的模式,这在平衡的管理环境中具有较高的效率,但对外界环境变化响应相对迟缓,反应较慢,无疑增加了合竞的风险。企业制度的不完善更增加了合作竞争的不确定性,同时,由于企业整体的管理水平落后,造成了合作伙伴选择的难度较高。

(二)我国企业合竞关系的维系

鉴于我国企业合竞关系所面临的现状,应着力解决好以下几个方面的问题,以促进企业合作竞争关系的形成与发展。

第一,深化改革,创造良好的外部条件和环境。良好的商业竞合关系需要良好的社会条件和环境来保障。社会环境是由经济、政治、教育、法律、伦理道德、文化等因素构成的一个非常复杂的系统,每一个因素都是社会环境系统中的子系统,它们构成了社会的经济环境、政治环境、教育环境、文化环境及伦理道德环境,等等。构建良好的社会环境是一个错综复杂的社会系统工程,需要各方面齐抓共管,协调配合,形成合力。目前,要深化改革,完善市场经济体制以及相应的制度、规范和秩序,为各经济主体提供行之有效的法律、伦理规范和制度保障。

第二,强化企业的合作和诚信意识。合作和诚信意识的重要性不仅仅限于企业的合作竞争,在社会生活的各个方面都发挥着重要的作用。合作与诚信意识的强化并非一朝一夕可以完成,这需要整个社会共同努力,也需要时间。但是,只有各个企业自身以诚信为本的思想指导企业行为,整个经济社会的合作与诚信意识才可能提高,企业合作竞争的信任基础才可能建立,企业自身的合竞风险才得以降低。

第三,以灵活的方式突破体制障碍。由于我国计划经济体制中条块分割、各自为政的局面尚未完全改变,现阶段我国不同所有制、不同地区的企业分属不同政府部门和各级地方政府管理。因此,企业间的经济技术联系被隔断，提高了企业间的合竞风险。为此，企业应该采取灵活多变的方式，努力突破各种体制的障碍。比如，由产业自发组建的产业协会，取代政府条块管理，借用"俱乐部"的形式，由产业协会或组织对产业中的竞争行为进行管理，可以为企业的合作竞争扫除体制障碍，尤其是扫除地方保护主义的障碍，降低合竞风险。

第四，加强企业组织创新和管理创新。完善企业组织结构和管理结构，形成与企业合作竞争相适应的新型企业组织和管理结构，是企业防范合作竞争风险的重要任务。将企业组织结构从高耸型构筑在职能部门之上的金字塔模式转向扁平型、网络式和柔性化的企业组织结构。相应地，企业组织的构成单位也从专业化的职能部门向以任务为导向的充分发挥各职能部门能动性和创造性的方向发展。企业管理技术创新应将重点放在将电子商务、互联网等信息技术发展与企业生产、管理结合上，与企业组织结构的调整和生产经营方式的创新结合起来，发挥这些技术在企业经营中的作用，提高企业运作的灵捷性，降低合作竞争运作中由于信息流、物流等不畅造成的合竞风险。

第五，积极寻找并认真选择合作伙伴。正如前面所述，合适的合作伙伴是防范合竞风险的关键。我国企业的整体管理水平比较落后，组织制度尚不完善，这些为合适合作伙伴的选择增加了难度。对于企业来讲，首先要认清自己。目前，我国许多企业自身定位模糊，不能对自身作出客观评价。如果连自身都没有认识清楚，更谈不上去选择合适的合作伙伴了。其次要认清伙伴，全方位地选择伙伴，不能仅凭硬件因素确定伙伴，还要从企业的管理水平、文化融合等各方面综合考虑；同时，还要用科学的方法选择合作伙伴。只有这样，才可能找到合适的合作伙伴，有效地防范合竞风险。

第六，完善企业合作竞争的内部运行机制。首先，要培育和提高企业核心竞争力。核心竞争力是企业独具的、使企业能在一系列产品和服务取得领先地位所必须依赖的关键性能力。核心竞争力通常是企业在一个领域中从事经营与管理长期积累的结果。缺少这种能力，一个企业就不可能与其他企业形成合作竞争关系，即使勉强形成，也不会持久。其次，要完善企业文化建设。这需要注意以下几方面：一是强调团队精神。这种文化精神不是以牺牲合作伙伴利益来服从整体目标，而是讲求局部利益与整体利益的统一。在选择合作伙伴时，要充分利用各方面的信息，从中选择信誉好，技术过硬，具有良好合作意愿的参与方；还要在大项目实施过程中充分沟通信息，加强协调，促进团队精神的形成。二是建立信任关系。由于加入合作的企业来自不同的背景，在合作中自觉或不自觉地会产生习惯性的防卫心理和行为，并有可能损耗企业精力，使得合作难以为继。因此，应通过充分的沟通与尊重，消除习惯性防卫，建立信任关系。三是促进企业信息化和知识化，及时进行信息交流和沟通。企业合作竞争是为发挥各成员企业的优势而组建的，在合作过程中出现一些纠纷是不可避免的，信息技术架起了各企业相互联系、相互沟通的桥梁。经常沟通信息，能在纠纷出现之前使之得以解决。同时，通过信息网络可以沟通各成员企业之间的业务联系，供需情况，保证合作的顺利运行，降低合竞风险。

第七，强化合作竞争企业的自我约束。合作竞争中存在着机会主义倾向，参与合作竞争的企业必须从自身做起，自我约束，不能受眼前蝇头小利的诱惑，而导致整个合竞关系的瓦解，损失更大的利益。为了共同的利益，也为了自身更大的利益，合作企业应该眼光长远，恪守合同，履行义务，遵守规范。只有这样，才能有效地防范机会主义风险，提高自身的长远的、更大的利益。

第五章 商业营销伦理

商业营销是市场营销观念指导下的现实交易活动，这一活动经历了从伦理缺失到伦理兼容再到伦理共生的过程。在这一过程中，营销主体通过反复的策略选择和不断的经验总结，从纯粹的"经济人"转变为注重伦理价值、并借助道德理性之手对经营行为进行规范。对于现代商业而言，商业营销伦理不只是外在于企业和经营者的道德律令，而且是其内在的组成部分。

第一节 商业营销的伦理意义

商业营销是针对流行的市场营销而提出的。商业营销是在一定经营理念指导下的现实行为，它不仅受到商业的经营理念的影响，而且受到营销主体自身的道德修养和社会伦理道德的规范以及相应的道德经营环境的制约。

一、伦理——现代商业营销的重要维度

营销活动决不仅仅是经济效益问题，从根本上说，它是体现人的价值追求和价值实现的问题。马克思在《资本论》中指出，商品交换表面上是物与物的交换，商品与货币的交换，本质上却体现了人与人之间的关系，是一种掩盖于物质外壳下的关系，是人与人之间的物质关系和物与物之间的社会关系。商业营销行为的直接目标和动机是利益和对利益的追求，而对利益的追求需要在人际关系，尤其在利益关系的协调过程

中才能实现。这种协调离不开伦理原则和道德规范。

现代商业营销是以顾客为中心，满足顾客和社会需要，实现企业目标的商务活动。它不是简单商品交易的生意经，也不是单纯推销商品的代名词。它虽然是以满足消费者的需要和维护社会利益为前提，但在努力实现企业目标的同时，必须遵循必要的行为规范，注意维护社会公众利益，如不污染环境、不危害人们的健康、不违背社会伦理原则和道德规范等。商业营销活动内在地包含着伦理要求。事实上，营销活动中的市场预测、策略制定、目标选择、商品促销、广告宣传等，无不体现一定的伦理观念和道德原则。任何一项营销活动应当包括道德性和技术性两方面内容，而营销活动正确与否的标准也应该是经济指标和道德评价的有机结合。

商业营销活动具有趋利性特点，它促使营销活动者采取各种手段实现自身利益的最大化。在营销活动中，既要追求企业利益，又要兼顾社会利益和消费者利益，这不仅取决于营销水平、营销艺术，还会受到营销道德的考量。另外，在营销具体行动中，也同样存在遵循什么伦理准则的问题，比如，收取回扣是否符合道德？广告宣传如何既实事求是又有吸引力？凡此种种，都涉及许多伦理问题。在复杂的营销活动中，只有清醒地意识到自己的道德责任，遵循正确的伦理准则，才能保证营销活动的健康发展。作为现代社会最重要的组织形式，企业必须对消费者、雇员、股东、竞争者、供应商、社区、政府等承担不可推卸的责任。如今，众多企业已经认识到，应该将利益相关者的利益和期望更明确地融入到企业的政策、条例和战略中。他们还认为，衡量一个企业经营的成败得失，不仅要看其经济绩效，还要看其对利益相关者的期望的满足程度。因此，讲求营销伦理将是今后企业管理的一个重要特征。

伦理是现代商业营销的一个重要维度。一方面营销主体都是围绕销售商品实现赢利这一共同目标而进行的。在这一目标下，各营销主体基于利益而形成复杂的利益关系，因而不同的营销主体就需要对应的道德规范来协调相互之间的利益关系，从而产生相互的道德关系：制造商与中间代理商的信任与忠诚的伦理关系，制造商与中间经销商的合作互利伦理关系，中间商之间的竞争伦理关系等。另一方面各营销主体在销售商品时又有着共同的特点，即都要经历定价、促销、销售服务、售后服务诸环节，在这些环节当中对诸销售主体提出了共同的道德要求：公道互利的定价道德，健康诚实的促销道德，顾客至上的服务道德等。从而在纵向上和横向上都对销售者提出了具体的道德规范。在现代商业营销中，企业和经营者除了按照必要的道德和律令行事之外，还必须营造一个保障商业营销的道德经营环境。在一个充满欺诈、背信弃义的"败德"环境中，道德风险巨大，必然导致资本安全的大问题，交易秩序混乱不堪，交易成本奇高，恐怕连正常的基本商业活动都难以开展，更勿论成功的商业营销活动了。而良好的道德环境不仅需要主体自身的道德修养，而且也离不开经济、法律和伦理道德等方面的保证。

从实践来看，伦理因素已成为影响现代商业营销以及市场营销的成败的一个重要因素。在《大败局》①一书中，作者通过对我国多家企业之败局的分析，得出了他们共同的三大失败原因：普遍缺乏道德感和人文关怀意识，普遍缺乏对规律和秩序的尊重；普遍缺乏系统的职业精神。而这三大失败原因多与企业伦理有关。其中作者讲到：草创型的中国企业家群体，在某种意义上算得上是"功利的、不择手段的理想主义者"的俱乐部，在这个特殊的群体中蔓延着一种病态的道德观。这些企业家绝大多数就他们个人品质和道德而言算得上无可挑剔，可是，当我们考察其市场行为的时候，我们又看到另一番景象：他们对民众智商极度蔑视，在营销和推广上无不夸大其词，随心所欲，他们对市场游戏规则十分漠然，对待竞争对手冷酷无情，兵行诡异。这可以说是对当时某些企业的伦理现状真实的写照。目前，我国商业营销中大量存在的虚假广告、盗版、回扣、贿赂等伦理问题极大地困扰着市场经济的有序运作。实践证明，市场通行的准则不仅包括经济规则，也包括伦理规则。

---

① 吴晓波：《大败局》，浙江人民出版社 2001 年版。

违背经济规则，必然招致经济损失；而践踏伦理规则，也必将陷于混乱和失衡。正如西方学者艾克顿所说，并非所有的资本主义社会的邪恶都来源于追求利润和获取利润，那些邪恶还可能是道德教育的失误、缺乏公共精神和个人道德修养的结果。市场经济的伦理状况取决于市场中"经济人"各自的伦理道德状况，健全有序的市场必定是社会经济、制度、法制、文化共同提升的结果。

人类社会的生活秩序，除了法律、制度等因素外，更基本的因素是社会伦理道德。在实际生活中，人们动用各种手段对企业营销活动进行调节，如行政、法律、经济等手段。而道德手段则是超越行政、法律、经济调节的一种特殊方式，有其不可替代的优点。从其作用方式和效果看，行政、法律是一种强制性方式，而道德是以内心信念、社会舆论、传统习惯等方式，规范人们的营销行为，维护社会稳定，促进社会发展。它主要通过教育方式，逐步使人从思想上认识到在营销活动中什么是善与恶、美与丑、崇高与卑鄙，从而把道德规范变成内心信念，自觉抵制各种非法营销活动，使营销行为合理化、规范化，收到"持久性效应"。另外，从调节范围上看，道德的功能比法律、行政广泛得多，在营销活动中有许多法律、行政手段囊括不到的领域，需要用道德手段来调节，如买卖双方要诚实守信、服务态度热情周到等。

二、商业营销价值维度的二重性

所谓商业营销的价值维度，就是商业营销的价值内涵及其价值考量问题。这里主要涉及两个基本方面：一是商业营销行为本身的价值，即作为经济生活中的商业行为、商业营销是否具有其内在的道德意义和价值底蕴；二是如果我们确认商业营销具有一定的道德价值意义，那么一个符合逻辑的推论是，商业营销活动除了经济学上的价值考量和经济行为的规范外，商业营销也应该有道德考量与道德规范。对于商业营销的价值理解，问题的根本点可归结为商业营销价值的维度问题。也就是说，它是只具有经济价值，还是内涵有多种价值，如道德价值和政治价值等。长期以来，受古典经济学的影响，人们只承认和执著于商业经营的经济性，普遍认为商业的意义在于赚取利润，把商业的经营活动看做是单纯的经济活动，轻视商业企业作为社会主体存在的其他意义。在这种认识的影响下，不少商家和企业专注于对利润或经济利益的追求，背离了经济发展的人道主义初衷，引发了一系列社会问题。这就迫使人们从多角度、多层次对商业营销行为进行审视，重新界定其价值内涵问题。

从伦理学的角度来分析商业营销行为的价值内涵，实质上是对这一经济行为的人文反思。笔者认为，商业营销主体不仅是经济主体，同时也是社会主体。它所从事的经济活动既需要物质的经济成本，又需要无形的道德成本；活动的结果既要有经济利益，又不违背伦理原则；活动的终极目标不仅包含了经济价值目标，同时也包含了伦理价值目标。因而，商业的营销价值体现了经济性与伦理性的统一。

（一）商业营销活动中的经济关系与伦理关系

从营销行为所体现的社会关系而言，商业营销活动中既有经济关系又有伦理关系。营销活动总是通过具体的个人或组织来实施，而任何个人或组织都处在社会关系的网络之中，如经济关系、法权关系、行政关系，等等。对商业营销而言，最基本的关系则是经济关系，经济关系又包括了利益关系、契约关系、责任关系三个层面。

利益关系是经济关系的基础。利益是能给主体带来某种需求和满足的属性，其重要的特点是差异性，正是这种差异性使得经济组织成立得以可能，使商业销售变为现实。销售就是在不同的经济主体之间实现利益互换，商家是消费品的制造者和供应者。商家必须不断地提供消费者满意的产品或服务，不断地在"为他"的前提下实现自身的利益。除了商家与消费者的利益关系之外，商业组织内部也存在着一系列的利益关系，如商业股东、经理人员和职工之间的关系，如何协调和处理好他们之间的关系，对于提高经营效率具有重要的意义。

契约关系是经济关系的具体体现，也是利益关系的法律形式。企业的利益关系决定了利益相关者必须实现各种各样的交易，才能实现利益的互置和转换。交易的双方为了保证自己的投入不会被对方毫无回报的使用掉，需要通过契约的方式明确各自的责任和权利，以确保各自利益能够实现。契约关系是法权关系的一种，如同所有法权关系一样，其基础和前提必须以伦理做保证，这就是信用。即在契约签订前，交易的双方都基于这一信念：相信对方是值得信任的，相信对方是会遵守契约的，相信契约是会受到社会保护的。契约执行的过程，其本质是签约各方所持伦理原则的实践，反映的是签约各方的道德水准。从这个意义上说，契约也是伦理关系。此外，企业契约关系折射出人们在现实世界中的基本道德信念，如"人无信不立"、"人而无信，不知其可也"，等等。

责任关系是经济活动中的最高层面。为了保证利益相关者的利益互置平等地实现，人们选择了契约来界定契约双方的责任和权利。但是，受信息不对称的制约，以及企业内、外部市场具有一定的不确定性，在签订各种契约的过程中往往暗含着许多缺陷，紧接着便在履约过程不断变化，会给已签订的契约的执行造成更多的不完善因素，使通过契约所确定的责任与权利的边界变得模糊，造成"契约失灵"。通过契约确定的责任与权利以保证双方利益得以实现的目标就会落空，任何一方都有可能采取"搭便车"的方式来缩小自己的责任而扩大自己的权利，以最小的投入获得最大的收益，使对方的利益流失。因此，仅仅通过契约来界定权利与责任是远远不够的，还需要诉诸于人的义务感和良心，使企业与内外公众、企业与社会、企业与生态环境之间建立一种主动的互动责任关系。这种责任关系又有两个层次：一是主动忠实于契约的规则责任；二是发自良心与义务的道德责任。规则责任基于信，道德责任基于善。① 这种责任关系在企业中也以两种方式存在：一种是因为部分企业人的自觉而存在；一种是通过企业的文化教育逐渐培养而存在。当企业

---

① ［德］彼得·科斯洛夫斯基：《伦理经济学原理》，中国社会科学出版社1997年版，第40—50页。

普遍建立起这种责任关系时，企业的个人和集体行为能够规范在符合契约各方和社会整体利益的范围之中，最大限度地减少道德风险对契约各方的伤害，从而为企业的发展创造良好的内部环境和外部环境。

从以上分析可以看出，商业营销是一种经济关系，但又内涵了伦理关系。由利益关系、契约关系、责任关系所构成的经济关系，实际上是受一定的道德意识、道德原则支配的，是以利益互置方式而存在的相对稳定的社会关系的总和，是一种伦理关系。

（二）商业营销的经济价值目标与伦理价值目标

商业营销的目标既包含了经济价值目标，又包含了伦理价值目标。商业营销作为经济活动中的一部分，也面临着终极价值的追问，它的一切活动是为了谋求利润还是另有其他追求？对于这一问题，现代经济学家和企业家已经认识到除了经济目标之外，还需要伦理目标。企业追求单纯经济目标会带来一些负面作用，一味追求经济效益反而有损于经济效益的实现。二者的关系并非相互矛盾，而是可以有机结合在一起的。商业活动的伦理目标是经济目标的调节器。商业的伦理目标，是如何全面而周到地服务消费者，从而促进人类的全面发展和社会普遍福利的价值取向。伦理目标强调企业的任何行为都必须具有伦理价值，而不仅仅是经济价值，与经济目标相比，其根本的不同之处在于利他与利己的关系。企业经济目标的利己是主观动机，利他是为实现利己的手段，是利己结果的伴生物。企业的伦理目标以公正价值为最后防线，要求其动机不单纯利己，而且应当把尊重他人的正当利益也作为自身利益追求的界限之一。也就是说，对对方正当利益的满足不仅是达到自身利益的一种手段，同时也是一种内在约束，如平等服务、回报社会是企业行为中不可缺少的利他价值成分。伦理目标体现了利己与利他的统一，反对任何不正当的损人利己行为，反对一切为满足自身和对方利益而损害了第三方利益的行为。

应当指出，伦理目标对经济目标加以限制和约束，其目的不是限制经济本身，而是限制经济活动中潜在的缺陷和可能的风险，规范人们的经济活动，使其成本尽可能经济合理，从而使真正意义上的经济目标得以实现。而这个深远意义则在于始终保持人类政治、经济和文化之生活世界的完整和统一，确保人类道德理想与经济理想的完整统一。这样，对商业营销价值维度的考察也就是对人类幸福生活意义的追问。

（三）商业营销中的物质资本与道德资本

商业营销既需要有形的物质资本，又要有无形的道德资本。资本是经济活动得以开展的基本条件。经济活动中需要一定的有形资本，如设备、货币等，这是从事经济活动所必需的。此外，还需要相应的无形资本参与其中。以往对无形的道德资本并不为广大经营者所重视，事实上，道德资本是商业资本中的重要资本，它影响着商家经营的效率乃至决定经营的成败。任何东西只要不与人结合起来投入生产，那就无所谓资本，至多是作为资产或资源而存在。在商业营销活动中，人并非仅仅作为实物资本投入运作过程，而是作为能动的主体主导着整个活动。一切活动都是通过人的组织而实现的，商业活动也不例外。以劳动者身份投入商业经济活动的人，并不只是单纯的"经济人"，而是融入了社会责任感的社会人。人在商业营销中是受到一定的意识支配和价值导向的，人的道德觉悟直接影响和制约着人的劳动积极性和人的劳动能量的释放。另外，实物资本在生产过程中发挥多大效益，获得多少利润，往往取决于劳动者的价值取向是否一致，从而决定企业和个人之间是否存在着力量的消耗。

当然，道德资本并不是一种独立形态的资本，它渗透于实物资本，引导和制约着实物资本。道德资本通过商品和服务活动体现出来。道德资本是"精神资本"或"知识资本"的一种，其特殊性就在于道德具有超前性和导向性，它作为资本投入销售行为中必然会形成一种其他资本无法替代的"力"。这种力能吸引广大消费者来购买本产品。同时，道德资本在商业活动中起着协调和制约作用。在商业行为中，商家不仅要考虑自己的经济效益，同时还要考虑消费者的利益；不仅要保证当代人的利益，还要兼顾后代人的利益。这就要求商家在销售商品时，要考虑环境和社会效益，实施绿色营销策略，对销售的手段要有合理的限制。

道德资本能提高市场占有率，这是道德资本在商业活动中的最大体现。商业信誉能赚钱，这是许多商家已认识到的真理。马克斯·韦伯指出："切记，信誉就是金钱。如果有人把钱借给我，到期之后又不收回，那么，他就是把利息给了我，或者说是把我在这段时间里可用这笔钱获得的利息给了我。如果一个人信用好，借贷的多并善于利用这些钱，那么他就会由此得来相当数目的钱。""善待钱者是别人钱袋的主人。谁若被公认是一贯准时付钱的人，他便可以在任何时候任何场合聚集起他的朋友们所用不着的所有的钱。"① 这一观点用于商业行为中更为明显，人们相信某种企业的产品并乐于购买就等于向该企业"送钱"。在这个意义上讲，商业营销不仅靠硬件条件支撑，还有赖于软件环境保障。商业经营的不仅仅是产品，而且是信誉，甚至可以说信誉比卖产品更重要。因为，失去信誉等于丧失了企业的生存条件和生存理由。

三、营销理念发展的趋势

营销是市场经济发展到一定阶段的产物。从早期的简单营销观念到今天的社会营销理论，其形态和指导思想已经数度演变：从传统的产品营销到市场营销再到社会营销。在这一变换过程中，除了深刻的社会历史和经济利益的原因外，一种关注人的价值、注重经营道德的指导思想逐渐渗入营销理论的发展过程中，成为其理论演变的动力之一。

营销是企业经济活动的有机组成部分，营销总是在一定的经营观念支配下进行的，"正确的经营观念是企业生存和发展的根底"。② 所谓经营观念，是指企业生产、经营活动的指导思想和价值原则，其核心是以什么为中心来开展企业的生产和销售。一般地说，经营观念是一个企业

---

① ［德］马克斯·韦伯：《经济与社会》下，商务印书馆 1997 年版，第 226 页。

② 参见［日］松下幸之助：《经营人生的智慧》，延边大学出版社 1996 年版，第 8 页。

经营态度和思维方式的概括，反映着生产者和经营者的商业观，直接关系着企业在什么思想指导下谋求利润以及通过什么方式获取利润。可以说，经营观念是企业经济活动的灵魂，企业在社会经济发展的不同历史时期受着不同经营观念的支配。

（一）产品营销阶段：利益为上

产品营销观念是早期简单的营销观念。所谓产品营销，是指围绕产品这个核心，以提高企业生产能力，降低产品价格，引导消费者购买和多买产品为主要内容的营销理论。产品营销是与自由竞争资本主义时期的生产力低下，企业生产的产品处在供不应求的状况下相适应的。产品营销是三种经营观念指导下的产物：一是生产观念。这种观念认为，消费者喜欢那些随处可买到价格低廉的产品，企业应致力于提高生产效率和分销效率，不断降低成本和扩展生产，简言之，是"以产定销"。二是产品观念。这种观念认为，消费者欢迎那些质量好、价格合理的产品，企业应致力于提高产品质量，只要价廉物美，顾客必然会找上门来，而不必担心销售问题。"好酒不怕巷子深"就是这种观念的体现。三是推销观念。这种观念是前两种观念的延伸和发展，它认为消费者通常表现出一种购买的惰性或抗衡心理，如果听其自然，消费者一般不会足量购买某一企业的产品。因此，企业必须重视和加强促销工作，千方百计使消费者对企业的产品发生兴趣，以扩大销售，提高市场占有率。

产品营销实质上是一种以企业为主体，以生产为中心的指导思想。企业生产什么，消费者就购买什么，它是以卖方的需要为出发点，把实现企业自身利益视为营销活动的惟一尺度。因而这一观念必然造成企业与消费者关系的失衡，以及利益实现过程中的偏差，体现出这一营销阶段的伦理缺失。这里的伦理缺失，是指在营销过程中缺乏伦理性，或伦理性没有得到体现。表现在两个方面：一是企业与消费者关系的失衡，使得营销行为缺乏尊重人的基本道德。产品营销是以企业为中心的营销，企业只关心自己，把注意力全部放在产品的数量和质量上。而消费者对产品样式与审美的要求，企业无从得知，也无法得到满足，从而使得企业缺乏对消费者应有的人道关怀。如福特汽车公司总裁福特曾不无傲慢地说：不管消费者喜欢什么颜色的汽车，我的汽车就是黑色的。同时，由于生产力水平低，商品处于供不应求状态，企业和商家只须把产品从柜台递给消费者，而无须到外面去兜售自己的产品。这种纯粹的卖方市场在服务方面必然缺乏热情、平等的道德要求。二是以企业为中心，必然导致生产的盲目性，造成大量资源被浪费，违背节约的伦理原则。市场不仅是经济活动进行的场所，同时还是引导资源配置的一只"看不见的手"。而在产品观念的指导下，商品生产的依据不是市场，而是企业的已有技术和以往经验。这种无视消费者需求的变化和竞争者存在的做法，必然造成资源的极大浪费。

造成这种伦理缺失的原因是多方面的，一是生产力水平低，产品供不应求，企业即使在伦理缺失的情况下也能实现赢利目的，这是它的根本原因。因此，这种情况下企业考虑的是如何扩大生产，如何满足消费者的现实需要，而不是他们的潜在需求。事实上，这时的企业没有必要也没有能力去关注消费者的潜在需求。二是从消费者而言，初涉市场的消费者难以使自己的消费要求个性化，他们只是被动地消费社会提供的现成消费品。三是从整个消费的社会环境看，法律制度不完备，即使企业和商家出现不道德行为，消费者也不知道如何去保护自己的权益。可见，产品营销思想植根于生产力不高的社会土壤中，生长于法制、道德不完善的环境下，是特定社会阶段的产物。但随着工业革命的发展，经济迅速增长，企业的生产能力不断提高，社会物质产品不断丰富，再加上消费者的角色意识和权利意识不断加强，在这种情况下，以企业为中心的产品营销观念已显过时，客观上呼唤着一种关心消费者利益的新的营销理念。

（二）市场营销阶段：顾客至上

市场营销是与传统的产品营销相对应的营销观念。按照菲利普·科特勒的概括，市场营销观念是一种以顾客的需要和欲望为导向的经营哲学。它是以企业的目标顾客及其需要为中心，以集中企业的一切资源和力量，适当安排市场营销组合的手段，从而达到满足目标顾客的需要，以此扩大销售取得利润，实现企业目标的一种基本经营指导思想。因此，市场营销的核心思想是：企业必须面向市场，面向消费者，顾客需求就是企业生产、经营的目标。市场营销观念的出现是商业营销史上的一次革命。与传统的产品营销以企业生产为中心，着眼于把已经生产出来的产品变成货币不同，市场营销有着鲜明而新颖的特点。一要瞄准消费者需求，了解、研究、分析消费者的需要与欲求（既有现实的需求，又包括潜在的需求），而不是先考虑企业能生产什么产品。二要了解消费者所愿意支付的成本，而不是先给产品定价，即向消费者要多少钱。三要满足消费者的便利要求，考虑顾客购物等交易过程如何给顾客方便，而不是先考虑销售渠道的选择和策略。四要加强与消费者沟通，认识到以消费者为中心实施营销策略的重要性。通过互动、沟通等方式，将企业内外营销不断进行整合，把顾客和企业双方的利益整合在一起。从这些特点可看出，市场营销阶段的"市场"已经嬗变为单一的买方，买方即市场，顾客即市场，需求即市场，从而找到了新的营销中心。

营销观念的这种转向具有深刻的伦理意蕴，体现了经济与伦理的共容性。首先，市场营销以消费者为中心，贯彻顾客至上的经营原则，反映了尊重人的道德精神。产品营销观念与市场营销观念的一个重要区别在于，产品营销观念以企业为中心，以物（产品）为起点又以物（获利）为终点。而市场营销观念则以顾客需要为中心，以人为起点，以获利为终点。认识到只有先满足顾客的需要才能实现企业自己的利益。因此，市场营销使得一切经济活动都围绕着满足消费者的需要而展开，不但企业的产品开发、设计、生产要依顾客的品味及消费心理和习惯而定，就是产品的生产、产品质量或推销方法也都是要自觉地统一到满足消费者需要的目的上。这种用户至上的思想也就是尊重人的伦理原则在经济领域中的体现。

其次，市场营销把企业的经济效益和利益完全依托在顾客的满足需要上，不但体现了尊重人、与人为善和成人之美的伦理要求，同时在自我利益实现的过程中贯彻了诚实守信的道德原则。市场营销要求企业在抓住顾客消费心理的基础上，提高产品质量，打出产品品牌，做好售前、售中、售后服务，以商品的质量赢得信任，以周到、热情的服务博得顾客的满意，认真履行对顾客的各种承诺，维护企业的形象，实际上就是为人之道的诚信原则在经济活动中的践行。

再次，市场营销以消费者需求为中心，内涵了勤俭、节约原则的道德精神。与产品营销观念以企业为中心而进行的盲目生产不同，市场营销观念要求企业以消费者需求为指向安排生产经营活动，使生产出来的产品能够符合市场的需要，就是在实现企业优势与市场需求的最佳结合。企业能够有效地利用自身的技术、资源和实力生产和经营特定消费者的需要，避免企业的盲目投资和生产，无疑是社会有限资源的合理利用，实际上也是最好的勤俭节约。①

市场营销观念较之产品营销观念有了明显的伦理进步，这个观念被提出，适应了市场经济的要求，推动了经济的进步。但随着经济的进一步发展，其伦理局限也开始显露出来。一方面一切以顾客为中心存在着一个限度的问题。顾客总是希望质量好、价格低的商品，特别是在价格的要求上，只看到满足顾客需要的一面，企业必然付出更大的成本，久而久之，会影响企业的发展。从长远看，企业经营要遵循双赢的原则。因此，片面地强调对消费者的满足，对企业来说将是一种负担，一种不公正。另一方面顾客在需求上也有一个合理性问题。消费者在消费某种产品时，有时对自己不利，如对香烟的消费；有时对自己有利，但对他人和社会不利，如一次性使用的木筷等易对环境造成破坏的产品。在这种情况下，企业是否应该满足消费者的需要，或如何满足消费者的需要，将是每一个企业所面对的伦理难题。正是由于存在这些缺陷，市场营销的指导思想在现代经济环境中已无法适应新的形势的需要，迫切呼唤新的指导思想的诞生。

---

① 参见王淑芹：《论企业市场营销伦理》，《社会科学期刊》1998年第5期。

（三）社会营销：和谐发展

针对市场营销观念内在的伦理缺陷，近来，美国 Don E. Schultz 提出了 4Rs 营销理论，使企业营销进入到社会营销的观念时代。所谓社会营销，就是营销者不仅要满足消费者的需要和欲望，并由此获得企业的利润，而且要符合消费者自身和整个社会的长远利益，要求正确处理消费者欲望、消费者的近期利益和社会的长远利益。可见，社会营销的核心在于处理好企业与顾客、投入与回报、当前利益与长远利益的关系，注意将企业利润、消费者需要和社会利益统一起来。

社会营销理论首先强调与顾客建立稳定而持久的关系，因为顾客具有动态性，其忠诚度是变化的，他们会转移到其他企业，这就要求企业采取有效方式，在业务、需求等方面与顾客建立联系，形成一种互助、互求、互需的关系，减少顾客流失的可能性，从而与顾客形成长久而稳定的关系。其次，重视投入与回报的平衡关系。市场营销的真正价值在于为企业创造长期和短期的利润能力。要获取回报，企业就必须满足顾客，为顾客服务。但企业在满足和服务顾客的过程中，不能只做市场的"仆人"，而必须遵循双赢原则，使企业与顾客的利益都能实现。再次，提出处理好眼前利益与长远利益关系的绿色营销。绿色营销，是指企业在整个营销过程中充分体现环保意识和社会意识，向消费者提供科学、无污染、有利于节约资源使用和保持生态平衡的商品和服务，采取无污染或少污染的生产和销售方式，引导并满足消费者的有利于环保及身心健康的消费需求。绿色营销其实质是追求企业的经济效益、社会效益和环境效益的有机结合，是可持续发展战略的内在要求。

社会营销的伦理特性在于贯彻了平等与爱人的道德原则。首先，社会营销观念认为，企业和消费者都是市场的主体，改变了产品营销观念以企业为主体和市场营销观念以顾客为主体的片面做法，人是平等的这一道德原则在经济活动中得以体现。因为，营销只是企业为实现赢利而采取的一种策略，而赢利也不是经济活动的最终目的。社会营销观念正好体现这一要求，充分体现了"人是目的"这一伦理原则。其次，基于企业和顾客都是市场主体这一前提，实施的是关注企业、消费者和利益相关者利益统一的营销策略，体现人文关系的伦理美德。如果说市场营销中有了对消费者利益的重视，开始了对顾客的尊重，还不如说这只是企业为了实现盈利而采取的一项策略。社会营销观中已经超越了市场营销中的尊重人的基本道德，上升到"爱人"的高尚美德的境界。因为，它不只是简单地满足消费者的需要，而是在正确处理消费者欲望的前提下满足其需要；它不仅要求满足当代人的利益，还要考虑到我们子孙后代的利益要求。所谓的绿色营销，透过其关注环保和消费者身心健康的背后，体现出的是营销者的"爱心"。所以，从这个意义上说，绿色营销就是"爱心营销"。

营销理论发展过程表明，经济和伦理的关系经历了一个从缺失到兼容再到共生的过程。这一道德形成的过程表明：（1）经济的伦理性要求并非"先验的"或"先天"的，而是"验后"的。企业和商家作为"经济人"，其所从事经济活动的目的是最大可能地追求利润，只是当到了以自我为中心谋取利润难以实现的时候，才开始把目光转向他人，采取一些利他的措施，即所谓的道德行为。开始由纯粹的"经济人"向"道德人"转变。（2）价值观念的变化是企业或商家从"经济人"向"道德人"转变的重要原因。这里的价值观念主要是企业对经营目的和获利手段的考虑，它植根于特定时期的现实经济活动中。（3）伦理道德应成为营销活动中的一项资源。从伦理道德缺乏的产品营销到经济与伦理共容共生的社会营销，经济伦理的"验后"性表明，伦理道德在经济活动中的地位和作用越来越重要，成为当代经济发展中的一项不可缺少的人文资源。

第二节　商业营销伦理的价值与功能

商业营销就其价值维度和价值内涵而言，是经济性与伦理性共存的。其中，经济性价值是不言而喻的，而伦理性价值则值得探讨。商业营销伦理的本质乃是营销道德问题，它服从于整个社会伦理，也是企业管理伦理的一部分。

一、商业营销伦理的内涵及特征

商业营销不仅是一种经济活动，而且也是一种社会活动。因此，商业营销活动的"游戏规则"不仅包括市场规则，也包括伦理规则。

（一）营销伦理释义

企业与消费者和社会的关系，最主要的是经济关系，直接表现为某种利益关系。协调这种关系，除依靠法律外，还需要一定的伦理观念指导和道德规范的调节。营销伦理就是营销主体在从事营销活动中所应具有的基本关系及行为规范。营销伦理是经济伦理的一部分，归属于应用伦理学范畴，当然，它也服从于整个社会的伦理。

营销伦理涉及企业组织伦理和个人伦理两个层次。一方面从企业这个总体看，现代企业处于一个复杂的社会大系统中，企业经营行为在相当程度上是通过产品销售或提供劳务服务活动表现出来；另一方面从营销人员的行为来看，他们在营销活动中，更是直接代表了企业行为，即营销伦理由营销活动中的个体表现出来。反过来，消费者及社会公众则是通过企业销售产品或服务时的行为来判断其是否符合法律规定和社会道德要求的。

在实践中，企业的营销伦理与社会责任是密切联系的。社会责任则通常关注企业作为一个生产组织时，其政策和程序所形成的伦理后果。但营销伦理和社会责任的区分是相对的。通常，企业有关社会责任的政策、程序等反映了高层管理群体的伦理价值观和决策。企业的社会责任，是指企业对社会福利的关心，这种关心通过企业的决策表现出来，既考虑企业长期的最佳利益，也考虑企业与社会之间的关系。几位学者提出企业的全部社会责任由四个部分组成：经济的、法律的、伦理的、慈善的。[①] 即：（1）经济责任：盈利、利润是所有其他责任的基础；（2）

① 参见［美］查尔斯. W. 小兰姆、约瑟夫·F·小海尔、卡尔·麦克丹尼尔：《营销学精要》，杨洁、李丽等译，东北财经大学出版社2000年版。

法律责任：是遵守法律，依法经营；（3）伦理责任：做合乎伦理的事，做正确、公正、公平的事，避免危害。（4）慈善责任：做一个优秀的企业"公民"，为社会做出贡献，努力改善人民生活质量。

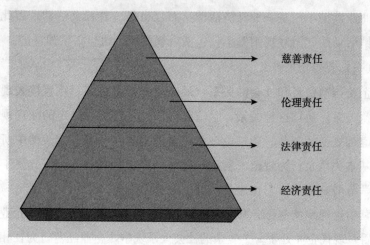

图 5-1　企业社会责任

如图 5-1 所示的企业社会责任说明了经济业绩是其余三个责任的基础。在追求利润的同时，企业还要遵守法律，做正确、公正、公平的事情，做一个优秀的企业"公民"。这四个部分截然不同，但又一起构成一个整体。当然，企业的首要责任是经济责任，即要盈利，如果不能盈利，那么其他三个责任也就没有实际意义了。

（二）营销伦理的特点

从商业营销的实践来看，营销伦理有其特点，主要表现在：（1）外现性。企业要想实现自己的目的，获得收益，必须通过营销活动向外输出产品或服务。但能否得到社会承认，不仅是营销技巧问题，而且还是营销伦理问题。（2）广泛性。任何企业的产品都具有一定范围的消费者或中间商。企业规模越大，产品越多，市场占有率越高，其营销伦理的影响面也就越广。（3）直接性。消费者一旦购买某种商品或服务，或经销商经销某种商品，便与该商品的生产者构成了一种权利与责任的关系，即形成了直接的利益共同体，企业的营销伦理就直接维护着这一利

益共同体。(4) 互动性。由于消费者或中间商与企业间有着直接的利益
关系，因此，营销伦理的作用不是单向的，而是双向的，表现出一种典
型的互动性。这种互动的结果要么产生共鸣，要么此消彼长，要么互相
抵消。(5) 持久性。一般情况下，企业都会按照一定的营销伦理水平来
培养一定层面的消费者或中间商，并极力维护这一既有的利益共同体，
保持或扩大市场占有率，实现利润的稳定增长。实践表明，较高的伦理
水平能给消费者带来超值的享受，并使消费者或中间商产生一种长期的
由衷的信赖感。

此外，就社会伦理的角度来看，商业营销伦理又有如下几个特点：
(1) 商业营销伦理是社会伦理体系的一部分，是文化的一个组成部分；
(2) 商业营销伦理的实质就是商业营销的职业道德。所谓"童叟无欺"、
"诚信为本"、"诚招天下客，义纳八方财"等提法都反映了商业营销的
伦理要求和道德规范；(3) 商业营销伦理的最基本准则是用法律规范出
来的，如广告法中的伦理条款和反暴利法等都属于这一类型。法律法规
是营销伦理的道德底线。随着市场经济法制体系的完善，涉及营销伦理
的法律法规就会逐步完整；(4) 不同社会的商业营销伦理标准不一。比
如，在一些国家性广告被严格禁止，而另一些国家则有不同程度地开
放；(5) 利与义在商业营销活动中关系密切且又关系紧张，"在商言
商"，利益自在其中，虽不可背信弃义，但利益当头，"义"难以单独存
在。见利思义、以义制利，常常造成义与利之间的矛盾和紧张关系。比
如，促销中常用的"扬长避短"手法是不是非伦理行为，健康的竞争与
"大鱼吃小鱼"之间的界线怎么划定等，这说明营销伦理行为（伦理营
销）和非伦理行为（非伦理营销）之间在很多情况下很难划分清楚。

二、商业营销伦理的价值

商业营销活动不仅是营销技巧问题，而且还是营销伦理的水平问
题。营销伦理对企业具有一定的约束规范作用，能够使企业行为趋向完
善，对企业的生存和发展具有重要意义。

（一）伦理：商业活动的内在因素

1. 商业活动需要伦理调节

任何社会都是经济—生态环境与社会—人文环境的统一。在这个"主体—客体"结构中，除了自然法则、经济规律、法律、制度等因素外，还有一个重要因素，即伦理道德力量。商业活动中的"经济人"本质上是一个社会人，市场中"经济人"各自的伦理道德状况决定了市场经济的伦理状况。健全有序的市场必定是社会经济、制度、法制、道德、文化共同提升的结果。

伦理是影响商业活动的重要因素，伦理的缺失必然带来大量"败德现象"、"缺德行为"。当一个不良商家为使自己摆脱经济上的困境而违约，拖欠供应商货款或银行信贷及商业信贷偿付时，那么其他厂商会因此而蒙受拮据之苦。如果一个不幸的厂商面对数家不肯重视履行契约的合作者，那么由于必要的周转资金得不到回收，其生产和再生产将面临危机；如果每一个厂商都会偶尔不忠实履行契约，当它面对着和自己打着同样"如意算盘"的目光短浅者时，除了必然产生的"三角债"之外，"看不见的手"也将失灵。"经济人"对伦理道德标准的践踏会使市场陷于混乱和失衡。

现今中国正处在一种特殊的不完全竞争的市场结构中，改革使得原有的经济关系及其相应的法律、伦理规范和价值观念发生改变；而新的法律关系、伦理原则和价值观念尚未建立与健全。这首先表现在制度层面上的伦理秩序缺乏，使整体经济生态被破坏污染。比如，当法律和制度不能及时约束、制裁逍遥在外的毁约者时，对整个社会就起了"逼良为娼"的副作用。其次，在企业伦理层面上，面临着观念的转变和作为法人机构道德上因享有特定权力及承担相应义务范围的厘定。一方面，企业借钱由国家偿还的现象已成为历史；另一方面，旧的政府管理监督减少了、放松了，而新的法律约束还没有健全起来，企业就更有机会为自己的经济利益而进行商业欺诈。再次，经济参与者的道德层面正处在新旧价值观念碰撞、抉择的时期，难免在不健全、不完善的市场行为中，为追求自身利益而做出损人利己的选择。竞争的市场本身既不是促使人行恶的地方，也不是让人行善的地方，市场通行的准则是"利人利己"。市场经济的伦理状况取决于市场中经济人各自的伦理道德状况。

从实践来看，经济活动中的伦理问题已受到大多数国家的重视，许多企业把伦理融合到日常管理之中，主要措施是制定伦理守则。20 世纪 90 年代中期，《财富》杂志排名 500 强企业中，90％以上的企业制定了成文的伦理守则来规范员工的行为。如日本企业非常重视营销伦理实践，它们把忠诚、仁义、明朗观念等融进企业的经营活动之中，目的在于在企业和顾客之间以及企业和企业内部员工之间形成融洽的关系，使企业文化充满生机和活力。日本企业通过很多具体的、具有较强可操作性的措施，推动企业伦理建设，使企业伦理真正发挥作用。韩国企业界为了强化自我约束，促进文明经营，有企业界的民间联合组织"全国经济人联合会"于 1996 年 2 月代表企业界向政府和国民公布了《企业伦理宪章》，内容包括：正确认识企业的地位、作用，树立社会责任感；通过创造和革新，追求正当的利润；提倡公平、正当的竞争，尊重竞争对手，遵守公正交易的竞争秩序；实行大企业和中小企业的密切合作，实现共同、协调的发展；树立与顾客的共存意识，保护和增进消费者权益；实行按个人努力和业绩进行公平分配，保障企业成员的利益；树立环保意识，推行与环境协调的经营；尊重地区传统文化，为地方经济和社会发展做贡献。我国企业界也已经积极地行动起来了。1999 年 7 月 15 日，我国 33 位非公有制经济企业法人代表发表《信誉宣言》：在社会主义市场经济活动的各个环节中，从自己做起，带头做到守信用、讲信誉、重信义；做到爱国敬业、照章纳税、关心职工；做到重质量、树品牌、守合同、重服务。

2. 伦理：商业活动中不可替代的因素

人们常说"市场经济是法治经济"。这话是对的，但还不全面。现代市场经济固然是建立在法治基础之上的，但同样也应建立在良好的伦理基础之上的。在这里有必要厘清法律基础和伦理基础的关系问题。

　　有些人推论说，在现代法治社会，商业活动有法律保驾护航足已，法律允许范围内的行为就是合乎伦理标准的，并且是完全合理的。其实，这种观点忽略了一个基本事实，即法律只囊括部分伦理标准，这些伦理标准是社会已经强烈的感受到并愿意用有形的力量来予以确证的。除此之外还有一些标准没有包含在法律规定之中，这就要靠道德规范来调节。

　　法律调控难以取代道德手段，这是因为：

　　第一，法律所要规范的行为有限。法律是人们所必须共同遵守的最起码的行为规范，它只能对触犯了"最起码的行为规范"的行为予以追究，对一般的不道德行为并不追究。比如，在招聘、提升和报酬上的不公正、不安全或有损健康的工作条件、不完全真实的广告宣传等，法律难以完全准确地给予规范。

　　第二，法律只能惩恶，不能劝善。法律只规定什么是不应该的、禁止的，而没有说明什么是应该的、鼓励的。显然，我们不能说除了"不应该的"都是"应该的"。

　　第三，立法相对滞后。一般而言，法律反映的是昨天的道德准则，不一定符合今天或明天的社会期望，常常是在某些不道德行为频繁出现后，社会危害严重时才制定法律来加以约束。

　　第四，法律并非完善无缺，总是留下漏洞。有些法律条文并不够清晰，同样的案件，不同的法院可能会作出完全不同的判决。

　　第五，实施上有难度。由于多方面的原因，即使有了法律，在实施上也会遇到困难。法律、法规数目繁多、专业性强，普通人并不很清楚有关法律、法规的规定。这就很难让他们拿起法律武器来保护自己，打击违法行为。而完全靠执法机关，限于人力物力，不大可能对所有的违法行为都予以追究，这就使得一些不道德经营者有机可乘。

　　第六，地方保护主义加大了执法难度。为了维护地方的局部利益，有些地方政府对当地的制假售假企业进行暗中保护，或者实行"绥靖"政策，这就对维护他人的知识产权利益，维护消费者的合法权益带来了难度。

（二）商业营销伦理的功能

在商业营销中，伦理具有多方面的功能。

第一，约束功能，这是营销伦理的最主要功能之一。承担相应的道德义务和社会责任应该成为市场营销者的行为准则。在营销活动中，对于诸如违法、破坏环境、剥夺他人权利、不正当竞争以及造成他人人身伤害等问题，各活动主体很清楚对社会负责的或者合乎伦理的答案是什么。法律的约束是企业皆知的。通常，法律有助于明确基本的社会责任和道德义务，但法律仅仅规定了个人行动的基本规范和道德的基本标准。有些行为也许并不违法，但这并不意味着该行为合乎道德标准。合乎道德标准的经营行为一般应该大大超出法律规定的最低标准。道德标准或原则可以帮助营销者在一定程度上分清对错，确定该做什么或不该做什么，以及判断行为及后果是否合乎道德标准，是否对社会负责。因此，对于营销者来说，其行为不仅要承担责任，又要合乎伦理规范。营销伦理使营销人员能够在没有规章的约束或专人监督、检查的情况下，仍能够为企业、为顾客尽心尽力。忠诚可信、认真负责、顾全大局、顾客至上的营销伦理，不仅能增加企业营销力、竞争力，而且还能培养一批具有自我约束能力的高素质营销人员。

第二，拓市功能。商业营销离不开人，营销人员是以企业代表的身份与消费者（或中间商）打交道，透过营销人员的外显行为可以看到企业整体水平。营销人员的伦理道德越高，其产品越能为消费者所认可和接受。很显然，这对企业积极开拓市场是极为有利的。

第三，维系功能。企业绝非是孤立的经济实体，它的存在和发展离不开其他企业和广大消费者（或中间商）。营销伦理有助于维持企业与企业之间、企业与消费者（或中间商）之间已经形成的利益共同体，有助于维护正常的交易秩序，减少摩擦，降低交易成本。在营销活动中，人们通常想到的是各种契约，即通过法律途径来维护企业与消费者（或中间商）的交易关系。然而，法律维护是一个重要的外部条件，其作用毕竟有限，况且，企业与消费者（或中间商）之间订立契约本身是一项复杂而专业的工作，双方都很难做到万无一失。因此，企业与消费者（或中间商）之间的关系，除了凭借法律途径来维护外，营销伦理就很自然地发挥了其维系作用。

第四，补充功能。任何事物未来发展都带有一定的不确定性，营销活动更是如此。主要是因为消费市场是在不断变化的，再周密的策划也可能出现纰漏，事前订立的契约内容是不可能涵盖事情的全部，所以契约的履行还须有非契约的精神来支持。换言之，隐含于企业、消费者和社会之间的不成文的社会道德规范——营销伦理能弥补契约的不足。我们很容易发现，许多企业往往能在没有严格的有形契约的情况下进行着正常的、友好的业务往来，这是因为大家都在遵守着共有的"行规"，其本质就是尊称营销伦理准则。当然，在此绝不是提倡无契约的经济往来，而是强调营销伦理对营销活动能起到补充作用。

第五，塑造功能。营销伦理有利于塑造企业形象，这已被众多的企业营销实践所证实。良好的企业形象是企业的"形"与"神"的统一。优质产品、华丽包装、合理价格至多是企业形象的外在表现形式，而企业精神、营销伦理则是企业形象的真正内涵所在。营销伦理贯穿于整个营销活动中，营销人员不仅仅是销售产品，服务顾客，而且还通过自己言行传播企业精神，实现营销伦理的升华，从而塑造出良好的企业形象，让顾客确实体验到企业存在和发展的价值。如果不在一定的营销伦理观念指导下进行营销活动，而仅仅是以"我"为中心地向消费者（或中间商）推销"形式产品"，是投机主义的表现，不可能维持长期关系，更谈不上塑造企业形象了。

三、商业营销伦理的现实作用

从商业营销的实践来看，伦理规范并非一种外在的道德律令，而是其运行过中的一个重要组成部分。商业营销伦理在其中起着重要的作用。

（一）降低交易成本

"伦理学在市场中的经济上的重要性，表现在使交易双方在降低合同中的成本时具有可信性和互相信赖……交易双方相互信赖，可以起到降低经济交换成本的作用。"① 所有的经济交换行为，如生产方与供货方的交易、雇主与雇员之间的关系，均包含着不确定性和不安全性的因素，交易双方相互信赖，可以降低交易成本。伦理手段是调节市场交易的一种措施，它可以降低制裁和监督的费用。伦理在市场经济中的重要性，表现在使交易双方在降低合同中成本时具有可信性和相互信赖性，使经营者在确定价格和履行购货合同或劳动合同中的义务时，特别是在供求双方的认识不同时，以及在供应方或需求方具有独特地位的时候，在市场中具有自由决策的余地。信任、忠诚等都是以经营者的道德为前提的，这已超出了单纯追求最大利益的模式。因为，这些道德行为降低了交易支出费用，所以提高了市场有效运行的能力，减少了市场失灵的概率。

（二）树立良好的企业信誉和形象

讲究营销伦理，有助于树立良好的信誉。而信誉能产生效益，一个企业信誉的好坏与企业获利能力的强弱存在着明显的正相关关系。企业信誉是指企业及其产品与服务在社会公众中的受信任程度。一个企业信誉高，说明企业在社会公众心目中具有良好的形象，它的产品及服务对公众就有巨大的吸引力；反之，企业就会丧失对公众的吸引，从而削弱其获利能力。

（三）与利益相关者建立良好的信任关系

伦理观念有助于公司与顾客、投资者、员工、供应商、社区、政府等利益相关者建立起牢固的关系。今天，越来越多的消费者不仅对他们所购买的产品和服务感兴趣，而且对提供这些产品和服务的公司的行为感兴趣。不正当行径会影响顾客的抉择，并将对企业产品的市场份额产

---

① ［德］彼得·科斯洛夫斯基：《伦理经济学原理》，孙瑜译，中国社会科学出版社 1997 年版，第 21 页。

生巨大的、难以挽回的损害。许多公司已经从这些痛苦的经历中认识到，一旦动摇了消费者的信心，再想挽回十分困难。

坚持合理的伦理原则，着眼于利害关系者的需要，企业就可以减少这方面的损失，进一步构筑与核心利害关系群体的牢固关系。良好的关系本身是有价值的，同样也是组织优势的源泉。赢得了顾客、员工和供应商的信任，公司也就赢得了收益、效率和灵活性，同时也降低了控制成本和交易成本。此外，如果利害关系各方都相信自己在将来能够得到公平的对待，就没有必要签订详尽的契约来预防未来可能发生的意外事件；如果员工都工作在环境安全、稳定，受到公平对待，获得如实的工作评价，有机会在错中改过，员工的权益得到了保障，那么，企业的生产效率自然也就能提高。条例和规章制度也可以尽量减少。

当然，在许多情况下，欺诈、违背承诺、半途而废、泄密以及滥用职权等都可能发生。如果受害者十分软弱或愚昧，或者没有第三者愿意出面干预，不讲伦理的行为事实上可能是有利可图的。但是，对于企业领导者来说，关键问题不是这些行为是否可行，也不是这些行为在某些特殊情况下是否仍然有利可图，而是这些行为是否是获得长期杰出业绩的基础。要想在当今的市场环境中赢得成功，企业领导者必须理解利害关系群体的需求和利益，在战略导向上必须定位于创造价值和赢得共同利益，而不是通过利用别人来谋取自我价值。简而言之，必须坚持伦理的观点去处理市场活动。

（四）提高企业竞争能力

道德和竞争力是不可分离的。如果一个团体的人互相侵害，互不信任，任何一点儿信息都需要公证，任何争端都要靠起诉解决，或者必须靠政府的法规来保持诚信，那么；这个团体不可能进行长久的竞争并取得成功。不道德是烦恼、低效和浪费的根源。历史已经证明，一个企业或社会中的人们对道德的信任和信心越强，其经济实力也就会越强。商务关系在很大程度上是建立在相互信任和企业声誉基础之上的，建立在贪婪和不良道德基础上的短期决策会毁掉他人对自己的信任。越来越多的企业相信，道德教育与道德文化会创造战略上的优势。再者，企业开拓市场，销售产品离不开营销人员的努力，营销人员是以企业代表的身份与消费者或中间商打交道的，透过营销人员的外显行为可以看到企业整体素质的高低。如果企业营销人员处处为顾客着想，承担相应的社会责任，体现出的伦理水平越高，企业的产品也就越能为消费者所认可和接受。可见，忠诚可信、认真负责、顾全大局、顾客至上的营销伦理大大增强了企业的竞争力。

第三节　商业营销的道德要求

就商业营销的道德考量和道德规范问题而言，主要涉及两个层面：一是营销道德的根本标准，即商业营销行为的道德原则问题；二是在道德原则之下的具体道德规范，即解决商业营销道德的可操作性问题。后者从属于前者，从前者引申而来，受前者的指导。在经济伦理当中有很多的道德原则，诸如公平、互利、信用等，这些道德原则在商业营销行为中自然应当得到贯彻。事实上，在销售中表现出来的众多不道德现象，都可以看做是损害他人利益的行为，这种损害他人利益的行为就在于违背了平等互利的原则。因而可以说，平等互利和不得损害他人利益的原则便是商业营销中基本的道德原则。在这一道德原则指导下，可以引申出具体的营销道德要求。

一、商业营销的通路结构与环节

商业营销的道德规范源于平等互利和不得损害他人利益的道德原则，当这一原则贯彻到具体的营销活动中时，因销售主体的殊异与环节的不同，营销道德又表现出不同的特点。基于这一考虑，笔者主要从营销环节和营销主体两方面来考察营销的具体道德要求。

商业营销的通路是分析商业营销道德规范的前提。所谓营销通路就是把产品从制造商手中传至消费者手中所经过的各中间环节联结起来的通道。在商品销售中，产品或劳务传递所必须经过和要送达的一系列组织或机构，如代理商、经销商、零售商等，以及由其组织的通路和通路的各项内容等非常复杂。因此，由于各种批发商、代理商、零售商的存在，各种商品或同一种商品的分销通路会大不相同。但只要是从制造商到最终用户或消费者之间，任何一组直接或间接与商品所有权的转移活动有关的营销机构均可称做一条分销通路。

通常我们按照通路层级的多少进行分类。所谓通路层级，是指产品从制造商转移到消费者的过程中，任何一个对产品拥有所有权或负有经营责任的机构。各个层级成为商品销售活动的组织者。根据通路层级的组织方式和数量的多少，笔者将销售通路分为零级通路、一级通路、二级通路和多级通路几种形式。其结构见图 5-2：

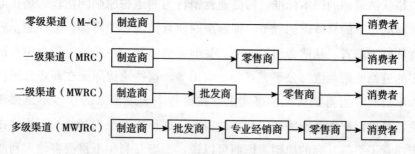

图5-2　分销通路结构

零级通路通常叫做直接分销通路，指产品从制造商直接流向终端消费者而不经过任何中间商的通路结构。直接分销通路是制造商与消费者之间进行的面对面交易，这有利于制造商直接通过交易而获取市场需求信息，不断地调适生产。但另一方面，厂家既作为生产者，又作为销售的组织者，这就要求制造商具备足够的资金和丰富的管理经验。

一级通路包括一个中间商。这个中间商可能是零售商（如在消费品市场），也可能是代理商或佣金商（如在工业品市场）。由于一级通路商是连接制造商和消费者的中间环节，其基本任务是为制造商寻找买者，为消费者寻求卖者。同时，他在商品销售的经营中不断地向制造商反馈市场信息，向消费者介绍商品信息。

二级通路包括两个中间商。在消费品市场上，通常是批发商和零售商；在工业品市场上，他们可能是工业品批发商和销售代理。当还有层级通路存在的时候，便是多级通路，如在批发商和零售商之间通常还有中间商或专业批发商，服务于一些小型零售商，而这些小零售商一般不是大型批发商的服务对象。例如，荷兰万客隆商业公司就是这种介于大批发商与小型零售业者或其他小批量需求企业间的中间商。肉类食品及包装类产品的制造商通常采用这种通路结构销售产品。在这类行业中，通常有一专业批发商处于批发商与零售商之间，该专业批发商从批发商进货，再转卖给无法从批发商进货的零售商。在二级通路或多级通路中，各中间商共同完成商品的流通和信息的传递，各自承担其应有的责任。

商业销售的层级组成了销售的通路，而通路中的节点就是商品销售的主体。这些主体在销售商品中既有共同的经营特点，又有自身的具体道德要求。前者是指在销售商品的行为中都有定价、促销、交易、售后服务等环节，在这些环节中各营销主体都要有一定的道德要求。首先，定价环节。在这一环节中，商品所有者（厂商、经销商、零售商）对商品制定一个合理的价格。在定价过程中是否考虑到厂家、商家和消费者三者的利益，是否对商品进行如实的标价，标价是否有差别对待。这些行为不单是经营的策略问题，更是道德水准的体现。其次是促销环节。促销是商家通过一定的手段以扩大商品的销售，促销也是营销的手段问题，这种手段通常包括广告、推销等形式。促销的目的是为实现赢利的经营目标，而正是这一手段体现了商业营销的道德。再次是销售服务环节。这里的销售指的是现场交易，在现场交易服务中，能直接体现商家的商业道德，包括是否平等地尊重顾客，是否礼貌周到地服务顾客，是否诚实地对待顾客，等等。最后是售后服务环节。售后服务是销售的延续，它包括相关性服务和补偿性服务，前者实质上就是交易服务的延续，如空调销售商承诺售后免费安装。后者则是指消费者购买商品得到的意外结果，如商品的质量有问题，或商品对消费者产生某种财产和人身的损害。商家对此问题采取什么样的解决方式，则体现其售后服务道德。整个商业营销伦理要求都必须从营销主体和营销环节两个方面来理解，二者又是一个相互交错的整体，从两方面结合起来便能全面地把握商业营销的伦理要求。

二、商业营销主体的道德要求

商业营销的主体就是商品销售的组织者，包括制造商和中间商，他们组成了商业销售链条中的节点。一般说来，他们所从事的经济活动都是围绕商品销售而展开的，具有商业伦理的共同特点。但作为一个经济实体，他们在销售商品为消费者服务的过程当中又要考虑自己的利益，这样在实现利益的过程中又要对这些主体进行协调，从而在诸营销主体之间形成各种道德关系。

（一）信任与忠诚：制造商与中间代理商①的道德要求

制造商，也叫厂商，是商品的终端提供者。制造商在经济活动中是一个特殊的经营者。一方面作为生产者，它的经营行为要遵循一定的生产伦理要求；另一方面作为商业营销的组织者，在进行商品销售时，又要遵循一定的销售道德规范。从销售通路图中，我们可以看出，制造商既通过代理商来代理商品的销售，又加强与批发商的密切合作，还与诸多的零售商相处，近年来兴起的直接营销又使厂家直接面对消费者组织产品销售。当面对不同的对象，其经营行为中便有了不同的要求。一般说来，在企业没有强大的经济实力去组织商品销售时，都委托代理商去组织商品销售。

---

① 这里的制造商是从商业流通领域考察的企业，又叫厂商，也兼做供应商；这里所说的中间代理商包括代理商、经纪商、信托商等，他们一个共同的特点是对商品没有所有权，与制造商是一种代理关系，根据交易额的多少提取佣金。

经济活动中的代理，是指企业（包括工、商企业）委托国内外商人（包括自然人、法人及合作企业）销售商品或完成其他行为，以及国外企业委托国内商人销售商品或完成其他行为。其中受委托方就相应地称为代理商。代理商通常有三种类型：一是独家代理商。它指在一定地区和一定时期内，享有某种或某些商品专营权的代理。所谓专营权意为独家代理具有行使专卖的权利，即协议有效期内，所有代理商品在该地区只能通过该独家代理商经营。它与一般代理商不同在于，一旦被代理人授予代理商独家代理权，被代理人便不能在授权合同涉及的范围内再与他人缔结合同。除双方另有约定外，无论是独家代理商与他人达成交易，还是由被代理人直接与他人达成交易，独家代理商可按照成交额提取佣金。二是一般代理商。一般代理商是指不享有专营权的代理，即被代理人可以在同一市场上同时建立多家代理关系，也可以超越代理商直接进行销售，无须向代理商支付佣金。一般代理商通常仅为被代理人在当地招揽生意，或根据被代理人的要求与他人洽谈生意，以及安排被代理人与他人洽谈生意，交易最终要有被代理人与他人签订合同，代理商只按成交额比例收取佣金。三是总代理商。即指被代理人在指定地区的全权代表，不仅享有专营权，还可以代表被代理人从事签订合同、处理货物等商务活动，而且还有权代表被代理人从事非商业性活动。

尽管代理商分成以上诸种类型，但作为代理商他们又具有共同的特点：（1）代理商在指定的销售区域内只能销售其代理的商品，不能再销售其他有竞争性的商品，如销售大米的代理商，不能再销售面粉，但代理商仍可以自由经营或再代理与其他代理的制造商没有竞争关系的其他商品。（2）代理商要严格执行制造商的商品定价。制造商为了保持现有市场或开拓新市场，商品定价至关重要，稍有不慎就会从市场上败下阵来。因此，代理商一般不能随行就市任意浮动价格，任意浮动价格是代理商的大忌。（3）除极少数具有商品所有权的代理商外，代理商对其他所代理销售的商品一般不具有法律上的所有权。代理商只是作为制造商的代理人执行任务，不能对所代理销售的商品进行加工、包装、拆散、储存、修补等业务之外的活动。代理商按照销售额的固定百分比提取佣金。

从以上代理商的特征可看出，代理商的权力来源、权力阈限以及收入来源都依靠制造商，他执行的是制造商的意志，代表的是制造商的行为。就内在地决定了代理商要忠实地行使代理商的权力，维持代理商的利益。从制造商方来看，代理商是自己的替身，行使的是自己的权力，维护的是自己的利益，这就应该相信代理商并支持他。这样便在制造商和代理商之间形成了信任和忠诚的道德关系。制造商在选定代理商的前提下，就要坚持用人不疑的原则，要大力支持代理商开展商业销售工作。如果制造商对代理商选择不信任，那么合作不会出现，双方的收益均为零，信任道德不会出现，整个商业销售活动就无法继续下去。所以，制造商在挑选代理商时固然要非常谨慎，一旦确定下来，就要相信代理商，这样才能取得代理商的努力回报。否则，不断变更代理商反而得不到忠实的代理商。

从代理商角度而言，在制造商信任的前提下，就应该忠实地维护制造商的利益。这就要求代理商承担以下道德义务，一是严格执行厂家制定的经营策略，如价格策略、营销计划等，代理商在代行厂家进行商品销售时，绝不能违背厂家的整体经营策略。二是要尽自己最大的努力为厂家扩大销售业绩，绝不可借厂家的品牌而销售其他的假冒伪劣产品。三是代理商不仅要为厂家扩大销售业绩，同时要捍卫厂家的已有声誉和为厂家声誉建立和提高做出应有的努力。四是要迅速地把市场中的信息及时反馈给厂家，帮助厂家生产适销对路的产品。企业应为维持公司的良好声誉做出应有的努力，坚持良好的道德经营风格，形成良好的声誉，实现赢利目标。总之，代理商对制造商负有忠实的道德义务，是由于其在经济活动中所扮演的角色决定的。

　　（二）合作互利：制造商与中间经销商①的道德要求

　　中间经销商与代理商是属于不同性质的两类经营者，经销商是以自己的资金购进商品，取得商品所有权后再出卖，须承担全部经营风险。因而，他与制造商是一种买卖关系。与代理商相比较，其区别在于：一是所有权占有关系不同。批发商、经销商拥有商品所有权，直接占有商品；代理商一般不拥有商品所有权，也不直接占有商品。二是获取利益性质不同。批发商、经销商依靠其销售商品赚取利润，获取利益；代理商则按代理商品销售额比例收取佣金，获取利益。三是所办手续不同。批发商、经销商与生产商为买卖关系，一般无须签订合同，办理合同手续；代理商与生产商为代理关系，须签订代理合同，办理合同手续。

　　正是由于中间经销商在商品销售中自出资金，承担经营风险，是独立的利益经营者，这一身份决定其与生产商是一种合作互利的道德关系。制造商与经销商关系是建立在各自利益基础上的，这个"利"一个是远利，一个是近利，企业不仅要关心眼前利益能否实现，还要考虑长远利益。而经销商通常只看重近期利益，经常不稳定地从多处选择货源，一旦企业的产品价格比市场上同类产品价格高，就毫不犹豫地从其他企业进货；一旦企业的品牌不能为经销商带来直接和间接的利益，也就毫不犹豫地抛弃企业。针对经销商的这一特性，要使生产商与经销商紧密地联系起来，实现企业长远的发展战略目标，这就要求企业在满足经销商需求的前提下，实现自己的经营目标，最终形成双赢局面。

　　满足经销商的需求是实现制造商与经销商利益双赢的重要途径。要满足经销商的需求，就必须明确经销商到底需要什么。经销商的需求多种多样，归纳起来大抵有如下五类：（1）获取利润的需求，这是经销商赖以生存的前提。为此，他们会追求尽可能大的销售量和市场占有率；愿意弥补市场上的空白，获取更多的利润；希望企业能给予优惠价格、

---

　　①　这里所说的中间经销商包括批发商、经销商、零售商等，他们共同的特点是与制造商保持一种买卖关系。

奖励与折扣，以维持一定的利润空间。（2）维持顾客的需求。对于大多数经销商而言，他们都希望不但眼前能获利，而且以后长期内也能获利。他们渴望企业能生产有吸引力的产品，并提供尽可能齐全的品种以满足各类消费者。同时，他们也期望能赢得新顾客，保持老顾客，使企业的效益更好。（3）对企业支持服务的需求。目前，大部分经销商的力量还比较薄弱，他们的许多工作仅仅依靠自身难以完成。因此，他们希望企业能为他们提供市场信息、经营知识、销售建议以及业务培训等服务与支持。同时，他们对企业是否能够及时送货，是否有良好的售后服务等也满怀期望。（4）对企业保证的需求。只有无后顾之忧，经销商才能放开手脚，奋勇向前。所以，每一个经销商都希望企业能为其保证一个稳定的后方，如企业的名气、品牌知名度、信用状况、企业对渠道的控制力，长期稳定的政策，等等。（5）归属感的需求。经销商渴望与企业建立良好的关系，渴望把自己归属于一个知名企业或品牌之下，这一点对企业来说也不能忽视。

正是由于经销商具有以上的需求，所以企业在与经销商发展伙伴关系时，要充分认识到他们的需求，并把满足他们的需求当做企业的重要任务。因此，企业要尽可能地满足经销商的需求，履行如下的道德义务：

一是提供质优价廉的产品，创造知名的品牌，这样才能给企业自身和经销商带来利润，同时也只有这样才能使两者形成一个巩固的联盟。

二是加强对经销商的培训工作。由于种种原因，经销商缺乏广泛的市场信息、系统的营销知识、丰富的产品售后服务经验。制造商应利用自身的优势，定期对经销商进行关于企业、产品、品牌及销售政策的宣传教育，以增强经销商对企业的了解、信任和忠诚度；同时，企业还应有针对性地对经销商进行诸如营销知识、专业技能、技术维护、人事管理的培训，以提高经销商的素质。

三是要加强对经销商的服务支持。制造商应该给经销商提供货源支持、销售支持、广告支持以及售后服务和维修服务支持等。在有条件的前提下，还应建立网络管理系统，随时对经销商进行追踪访问，以便及时发现问题、解决问题。

四是加强对价格政策和渠道秩序的控制。没有稳定合理的价格政策，没有适当的利润空间，不是造成市场的混乱，就是激发不起经销商们的兴趣。因而，加强管理工作，保证经销商们的利润空间也是制造商的责任。

五是要巩固与经销商良好的客情关系。定期访问客户，巩固与厂商之间的良好关系也极为重要。在访问过程中应让经销商感到与制造商如同一家人或一个联盟，使其有一种归属感，这样使经销商自觉自愿地同制造商保持忠实的伙伴关系。

当然，强调制造商满足经销商的需求，并不是要求制造商一味地迁就经销商，而是必须在不损害企业整体和长远利益的基础上满足经销商的需求。制造商满足经销商的需求是使其与自己形成联盟，最终还是为了自己有持续和稳定的利益；而经销商在得到制造商的帮助下也要考虑厂家的利益，给厂家以支持，以最终形成双赢的局面。

经销商与制造商的合作是双方的共同利益和市场竞争的趋势决定的。首先，经销商与制造商合作是零售商取得稳定货源的需要。经销商的生存离不开制造商的支持。作为规模化、现代化流通渠道的连锁经营企业，在其发展过程中更是离不开制造商的支持。经销商必须考虑与制造商建立长期稳定的交易关系，如果不在这方面下功夫，就不能使制造商感到方便、放心。其结果必然是：无法保证稳定畅销的商品货源，从而影响经销商的销售、利润甚至生存。

其次，经销商与制造商合作也是双方取得竞争优势的需要。顾客真正需要的是称心如意的商品，随着竞争的加剧，越来越多的经销商开始站到消费者的立场上考虑问题，提出"顾客就是上帝"之类的口号，并在行动上有所表现。他们在改善服务态度，提高服务质量，美化购物环境，改变经营方式等方面做了不少努力，并取得了巨大进步。但我们更应清醒地看到，尽管人们对购物过程中的休闲、娱乐方面的追求越来越普遍，但购买到价廉物美、质价相当的商品，永远是对经销商最根本的要求。因此，要更好地为顾客服务，大量生产和大量零售必须有机地联系起来，相互合作，才能增强双方的竞争力。这就不能单方面要求制造商满足经销商的需要，还要求经销商对制造商进行帮助和指导。

当今国外的一些大型经销商已经意识到这一问题的重要性，并做得极为出色，他们越过经销商的极限，帮助制造商发展新产品，并为他们采购原料、提供意见，还会替他们解决困难。他们不受传统的"成本/效益"框框左右，招聘并维持一批技术人员，在专门技术上对制造商大量投资。他们坚信这种投资将会为企业带来长期的利益。因为只有这样，制造商才能稳步成长，才能有能力并愿意向经销商提供质优价廉的商品。正如英国马狮公司的董事约翰·沙理斯所说："生产品质高超、销路畅活和物有所值的商品，供应商是责无旁贷的。然而我们对供应商的责任亦属不轻。我们必须确保他们若能卓然完事，就必须都有利可图。供应商一定要赚钱后才能再投资，添置新机器，支付合理工资，推行完善福利计划，导入最新生产技术和扩展厂房设施，以配合我们的不断发展，并为他们的股东带来收益。"① 正是马狮公司坚持了这种不同寻常的合作，才使得它建立了令其竞争对手望尘莫及的竞争优势，成为世界著名的连锁商。

（三）公平竞争：中间商之间竞争的道德要求

在销售通路中，各中间商既要争取与制造商合作，以获得优质畅销的货物来源，又要使出招数招揽顾客以扩大销售业绩，这一过程主要是通过各级中间商的竞争来实现的。市场竞争是商品经济的客观要求，优胜劣汰是竞争的必然结果，所以竞争构成了市场经济的灵魂，凭借"看不见的手"，引导社会资源重新分配。但是，市场配置资源是通过公平合理的竞争环境实现的，那种建立在不平等基础上的，以种种不正当甚至违法手段搞竞争，不但不能起到优胜劣汰、有效配置资源的作用，而

---

① 谢家驹：《经营管理的典范》，三联书店1988年版，第108页。

且会适得其反，造成市场配置资源的失败。因而，在竞争中必须倡导竞争道德，反对不道德竞争。

中间商在拓展业务时应遵循一定的竞争道德，具体说来，就是各中间商应承担如下的道德义务：

第一，坚持公平合理。对于竞争者来说，公平是最重要的道德，它又表现为，所有参加竞争的竞争者都拥有平等的权利和均等的机会，任何竞争者都不应利用其对信息、原材料等方面的垄断来伤害竞争对手，反对搞地方封锁和地方保护主义的不道德行为；所有竞争者都应使用正当的手段，反对使用不正当的竞争手段。正当手段包括不仿冒他人企业名称、不侵犯他人企业商业秘密、不压价排挤对手、不损害他人企业信誉等；竞争者有获得与其贡献相当的利益的权利，竞争者所获利润多少应与其所做贡献大小相当，反对任何竞争者的巧取豪夺行为。商场如战场但又不同于战场，商场的获胜取决于自己的营销策略、过硬商品等，对手的失败不是自己胜利的必要条件，竞争应是公平的较量。

第二，严守契约合同。遵守契约的实质就是重誉守信。重合同、守信誉是市场交易的基本准则。不履行合同、不讲信用的竞争只会造成市场秩序的混乱，成为经济发展的阻力。

第三，诚实守信。诚实是人类最古老、最基本的一种道德规范。"诚招天下客"是大多数商人总结的成功之道。要想在持久的竞争中保持胜利，只有依靠诚实的美德。所谓"名牌"、"信誉"、"回头客"，没有一样不是靠诚实取得的，违背了这一基本道德要求，不仅破坏企业的信誉，还会损害企业的长远利益。

第四，倡导利他主义。在市场经济当中，追求利益是天经地义的，但我们不能把追求利益建立在损害他人利益的基础之上，而是要践行一种合理的利己主义。同时，还应该提倡"人人为我，我为人人"，在竞争中做到不伤害对手，并能在平等竞争中尽量给对方以帮助，特别在对方落后情况下更应如此。

第五，经常进行良心反省。良心，是指人对自己的言行作出自我评价时产生的善恶感，它是竞争者的内在道德法庭，对商业竞争者起着重要的调节作用。在商业决策中引导竞争者作出符合善的决策；在竞争行为中起着监督的作用，对竞争者的行为进行调整；在行为后起着审判的作用，对不道德的经营行为进行反省，从而终止不良的竞争行为。

三、商业营销环节及其道德贯通

商业营销主体的道德是相对于各个营销主体不同的身份、职能特征而提出的，其目的在于协调各营销主体之间的利益关系。在商业营销中，各营销主体围绕商品销售这一活动而具有共同的特点，即他们在销售商品时都有定价、促销、销售服务诸环节，在这些环节中也相应地有道德要求。这些道德要求是所有的营销主体都必须遵守的，从而表现出道德要求对营销主体的贯通性。商业营销主体的道德要求主要是协调营销主体与消费者之间的利益关系。

（一）公道互利的定价道德

商品的价格是商品价值的货币表现，是人们进行交换的量的依据，明码标价是商业长期发展的结果。在最初的面对面的物物交换时期，生产者和消费者之间了解较多，有关相互交换的商品和交换过程的信息比较公开，生产者受到的道德约束力较强，产生的伦理问题较少。当货币成为交换的媒介，极大地便利了生产者衡量消费者的交换物。而且生产者专门从事一种或一类商品的制造，在现实的非完全市场竞争情况下，他们对这一产品（服务）的质量、销售渠道和定价等各方面的信息的掌握得比较全面、可靠。通常，企业和商家为销售商品而主动了解消费者的情况，而消费者在多数情况下只能通过广告等媒介被动地获得由企业主动展露的信息。现代交换过程中企业或商家与消费者的这种信息不对称的事实造成了二者事实上的不平等关系。在此情况下，企业或商家如何向消费者真实地披露商品的有关信息及如何对商品定下一个合理的价格，便体现了商家经营中的定价道德。

商家对商品定价时，应当遵守公道互利的道德要求。这一要求的依

据依然是经济伦理中的平等互利的道德原则。因为，价格是价值的货币
表现，通过货币符号的背后，体现的是无差别的人类劳动，人们之间的
商品交换实质上也就是人们的劳动交换。等量的劳动应该得到等量劳动
的回报才符合社会公正的原则，否则就是对另一方的剥削，是一种不道
德的行为。给商品定价实质上就是如何通过价格来实现利润和实现多少
利润的问题。一个理性的企业追求的是长期的利益，而非一锤子买卖。
因而，反对一切非道德定价。优质优价恰是遵循了这一规律，体现了企
业的道德经营行为。反之，当商品的价格远远高于或低于商品的价值
时，则是非道德定价。非道德定价主要表现为：

价格垄断：即企业凭借其产品或服务在市场上的垄断地位而制定的
远远高出其商品本身价值的价格，从而获取高额利润。实行价格垄断的
企业不是通过提高经营效率而带来超额利润，而是凭借特有的地位优势
获取不正当的利润，是一种不道德的经营。

价格欺诈：即商家对商品价格进行降价、送礼、打折而玩弄花招来
销售商品的行为。商家先提价再打折的做法，实质上是对消费者的价格
欺诈。

暴利行为：即商家通过向消费者索取超过所提供的产品和服务合理
价格的货币或实物偿付，获取超额的、不正常的利润。这种暴利行为严
重损害了消费者的经济利益，有悖于不得损害他人利益的道德原则。此
外，这种暴利行为还败坏社会风气，扰乱经济秩序，是一种不道德的经
营行为。

畸形降价：这是一种畸形的低价策略。与价格高于价值的不道德定
价一样，不合理的低价策略也是一种不道德的经营行为。不管是价格垄
断和价格欺诈，还是暴利行为，本质上都是价格远远高于价值的定价方
法，这种过高的定价是对消费者的剥削行为；与此相反的畸形低价则是
企业自身的不正当竞争行为。

（二）健康诚实的促销道德

商家不仅对商品要制定一个公平合理的价格，而且要通过不同的途

径和办法让消费者了解和接受，这就是商品的促销。一般来说，促销的手段有广告宣传、人员推销和销售促进等形式。商家在促销活动中的道德要求主要是真实健康与诚实不欺。

广告宣传是商家促销的重要手段，广告的目的是为了宣传商品和树立品牌，恰当的广告宣传能提高商家的销售业绩，这也是各商家争相大打广告的原因。但是，不当的广告宣传不仅起不到提高销售业绩的目的，反而会损害商家或企业的形象。因为，广告不仅是商品信息的载体，而且是商家或企业人格的载体。当商家向消费者传递的是虚假的信息，则会导致消费者的不信任，这种不信任实质上是对商家人格的怀疑。因而，明智的商家在进行广告宣传时会遵循一定的广告道德规则。广告道德，是指广告参与者（包括广告主、广告制造者、广告发布者、消费者）在广告活动中所发生的人与人之间的行为规范和准则，其中最主要的是广告发布者与消费者关系的行为准则与规范。[①]

商家在进行广告促销时所承担的道德义务首先便是宣传的真实性和可靠性，这是衡量商品宣传是否向顾客尽到道义责任的标志。它要求商家在宣传商品时不夸大不缩小，不故弄玄虚，不哗众取宠，而是实事求是地向顾客介绍商品的有关信息。违背这一原则的行为便是散布虚假广告，是不道德的行为，严重损害了消费者的利益。人们之所以对虚假广告深恶痛绝，是因为人们总是把目光投向那些忠实于事物本质和具有审美价值的广告，反感那些弄虚作假，低级趣味的广告，尤其是反感与伦理道德背道而驰的广告。《中华人民共和国广告法》第三条规定：广告应当真实、合法，符合社会主义精神文明建设的要求。第四条规定：广告不得含有虚假的内容，不得欺骗和误导消费者。从一定意义上说，广告的真实性不仅反映了企业的道德标准，还反映了广告经营者、广告发布者的道德标准。商业广告除了遵循真实的道德原则外，还必须遵守健康的道德原则。《中华人民共和国广告法》第七条规定：广告内容应当

---

① 甘碧群：《企业营销道德》，湖北人民出版社1997年版，第199页。

有利于人民的身心健康，遵守社会公德和职业道德，维护国家的利益和尊严，不得含有淫秽、迷信、恐怖、暴力、丑恶的内容，不得含有民族、种族、宗教、性别歧视的内容，不得妨碍环境和自然资源保护。

人员推销也是常见的促销手段。根据美国市场营销协会权威解释，人员推销是指企业通过派出推销人员与一个或一个以上可能成为购买者的人交谈，作口头陈述，以推销商品，促进和扩大销售。人员推销具有双向沟通、反映及时、建立关系的特性。所以，虽然人员推销经历了悠久的历史，但现在依然保持着旺盛的生命力。但是，人员推销往往是单兵作战，没有固定的经营场所，这为推销假冒伪劣产品创造了条件。此外，当推销员采取欺骗、诱惑、操纵或强制等方法迫使消费者去购买他们并不需要也不想买的商品时，就产生了不道德问题。这些不道德问题的成因就在于推销人员背离了诚实不欺的道德准则。如强调如果不购买某种产品，消费者就会失去什么；为达到推销目的而对消费者纠缠不休；隐瞒商品的真实情况而误导消费者购买商品等。

商品促销的主要手段，是指企业或商家运用各种短期诱因、鼓励购买或销售企业产品或服务的促销活动。促销范围广泛，形式多样，包括了除人员推销和广告宣传外的一切促销措施，如赠送优待券、折价优待、付费赠送、集体优待、陈列、展览、演示等形式。如果说广告宣传是树立品牌而吸引消费者的话，那么促销则是打着品牌效应，通过低廉价格、形式多样的奖励来吸引消费者。促销中的不道德行为常表现为赠券、抽奖和竞赛、贿赂等形式。赠券的道德问题是商家把赠券发送出去，而一些零售商为避免麻烦，拒绝接受消费者在购物时出示赠券。这不仅是一种不诚实的行为，而且是一种欺骗行为。抽奖的道德问题主要表现在不公正的运作，如操纵奖品的发放、许诺的奖励不兑现、打着一些慈善机构的旗号以吸引更多的人参与，等等。贿赂就是企业采取私下付酬金、送礼或提供其他好处而取得销售额的行为。贿赂的道德危害主要表现在它不仅损害了企业的长期利益，还扰乱了市场的竞争秩序，是导致经营者、国家公职人员腐败堕落的根源之一。

(三) 顾客至上的服务理念

从总体上说，整个销售过程就是商家向消费者提供服务的过程。商家只有向消费者提供周到而满意的服务，商品才会销售出去，（如果商品被某一家或少数几家销售商垄断则是例外）才会实现赢利的经营动机。文明的服务道德是由等价交换原则引申出来的必然结果。我们知道，等价交换原则是市场经济活动的最基本的规则，它所体现的是追求自我利益的自主主体之间的相互人格的尊重。在市场经济活动中，大量的日常性交易活动如果没有人格互尊的伦理是不能进行的。商品的交易是在追求自我利益的人之间进行的等价交换活动，但是，绝对追求自我利益或毫不考虑他人利益而追求自我利益的人，并不是想以等价方式来获取利益，而是在对他人利益进行否定的方式下满足自我利益，即损害或要挟对方，征服、利用、威逼对方来夺取利益，或者以欺诈手段来骗取对方钱财。等价交换只是在对对方人格尊重的前提下，把对方看做是与自己有着同样的主体性、同样人格的人时，才得以进行交易。在这里已经不是原始的本能的贪婪，即不是否定除自己以外的任何人的主体性，而是把他人看做是与自己有着同样人格的人给予尊重。在这样对对方人格尊重的前提下，商家要想实现其经济目标，即从消费者身上实现其生产和服务的价值，就必须与消费者站在同一高度，进行相互协作。

商业经营者对消费者提供的服务，首先是售前服务，包括提供质量优良的商品，对商品进行实事求是的介绍和宣传，从而尽可能地让消费者了解商品的信息。其次是售中服务，这是企业与消费者交流的过程，包括热情、周到、礼貌、文明等内容。再者便是售后服务。售后服务，是指商家对商品所许下的服务诺言而遵照执行。良好的售后服务不能仅停留在老生常谈的"三包"上。建立用户档案，设立质量跟踪卡，定期回访用户，举行用户座谈会，建立健全产品信息反馈系统等，都是现代企业或商家采用的服务方式。

第四节　商业营销中的道德问题

商业营销中普遍存在着诸多道德问题，面临着一系列道德问题的挑战，如在商业活动中贿赂、逃税、欺诈、侵犯职工权利、环境污染以及在营销过程中违背道德行为等，这不仅引起了人们对营销道德问题的研究，而且提出了加强商业营销伦理建设的现实任务。

一、商业营销中的败德现象

在商业营销实践活动中，由于其复杂性和人们伦理道德观念的变动性，往往会发生道德风险，存在诸多"失德或缺德"、"无德或丧德"的现象和问题。

商业营销道德问题并非现时的新话题，在我国历史上，自古就有诸多为商之道，并形成了具有中华民族特色的营销道德观念，例如，"先义后利"、"以义求利"、"仁中取利"、"义内求财"、"货真价实，童叟无欺"、"以德为本，本固枝荣"等都是营销道德观念的简要概括。

目前，商业营销活动中存在的诸多道德缺陷问题，很难一一罗列，概括地讲，比较突出的问题主要有以下几个方面：

（一）商业欺骗

商业欺骗，是指故意误导他人，使他人陷入错误判断的行为。这种不诚实行为是违反商业伦理的最常见形式。欺骗还包括对研究数据或会计数据进行歪曲或作假，做误导性广告宣传，不真实地描述产品的性能和质量；窜改花销报告，盗窃其他产品的性能鉴定书，以及不真实地描述财务状况等。欺骗的范围从可能不产生危害或产生极小危害的谎言到产生严重经济危害或人身伤害的欺骗性阴谋。

（二）商业贿赂

商业贿赂，是指通过购买上的影响力而操纵别人。贿赂被定义为提供、给予、接受或要求有价值之物，以达到影响国家公职人员履行公共或法律职责时所做行为的目的。有价值之物可以是现金或其他财物，也可以是交易完成后的回扣。贿赂使受贿人与其所在的组织之间产生利益冲突，受贿人对其所在的组织有一种受托义务。而贿赂产生的个人利益很可能与组织利益冲突，最常见的贿赂目的是增加销售、进入新市场、改变或规避公共政策等。支付现金很容易被判定为贿赂，而送礼的意图有时则很难辨别。送礼可能只是在某种场合表示敬意的一种普通行为，也可能是以将来能影响商业决策为目的。关键问题是送礼的意图和期望的结果。如果送礼的意图是为了影响行为，那就是贿赂。只要礼物在事实上影响了行为，无论是否是蓄意的，礼物都起到了贿赂的作用。

（三）胁迫交易

胁迫交易，是指用暴力或威胁控制他人，迫使某人做违背其意愿的行为。这既可以是实际的、直接的或明确的，诸如用武力强迫他人做违背其意愿的事；也可以是暗示的、合法的或推定的，诸如一方受另一方压制，迫使其做本人不愿做的事。受胁迫的对象并不仅仅局限于某一个人，也可以是一个公司，如强迫一个零售商销售某种特定的产品后，这个零售商才能得到其想要的产品。勒索是一种特殊形式的胁迫。如果一个雇员向公司外部的人索取报酬作为他代表公司交易时提供给对方好处的条件，那么他就进行了商业勒索。勒索还包括通过行贿收买不同种类的产品和服务的威胁。蓄意威胁往往用于保证公司在某一时期内继续经营、躲避威胁性的竞争或防止其他种类的危害降临在公司头上。

（四）商业偷窃

商业偷窃包括在内部交易中把内部信息当做自己的来使用，以及制造假冒伪劣产品和价格欺诈，还包括未经允许使用一个公司的专有信息而使另一个公司达到目的。价格串通也构成偷窃。因为，串通价格要比正常价格高，买方要多付更多的钱。在签订和履行合同的时候作假也构成偷窃，因为，被侵害方在不知情的情况下就被侵害了利益。同样，欺骗顾客、过度推销以及不正当定价都是在未经财产所有人同意的情况下取得其财产，它同样可以被视为是偷窃。

（五）其他败德现象

为利害义，违法经营。商业营销最起码的条件是以正当经营为前提，在经营活动中遵纪守法，不损害其他利益相关者的合法权益。我国《反不正当竞争法》中所列举的各项不正当竞争行为，在现实生活中屡见不鲜。例如，该法第十二条规定：经营者销售商品，不得违背购买者的意愿搭售商品或者附加其他不合理的条件。又如，第十四条规定：经营者不得捏造、散布虚伪事实，损害竞争对手的商业信誉、商品声誉。义利并重也意味着企业赚钱的同时要为利益相关者带来好处，并以某种方式回报社会，承担相应的社会责任。

不守诚信。诚信原则是企业经营之本，除非只想做"一锤子"买卖。因为，企业的生存与发展有赖于与企业利益相关者长期、可靠的合作。诚信原则要求讲真话，不欺诈。例如，不做虚假广告，产品质量和数量上不以次充好，不缺斤短两、漫天要价，不偷税漏税，不做假账，不虚报统计数字，等等。诚信原则还要求一诺千金，遵守契约，说话算数。譬如，签订的合同要千方百计地履行，对消费者的许诺和服务应不折不扣地做到等。可以说，每一项营销伦理问题的存在都与违背诚信原则有关。例如，在市场营销调研的幌子下对不定型产品搞促销、夸大产品的功能、产品安全性、做虚假广告等，都是我们经常见到的存在诚信问题的市场营销行为。

违背公平原则。公平原则要求机会平等，如消费者应该有均等的获得产品和服务的机会，商家应享有均等的提供商品货源的机会，等等。任人唯亲、性别歧视、种族歧视、不按供货顺序供货、同一产品对不同的顾客实行差别待遇等都属于违反这一原则的行为。公平原则也要求公平竞争，这是机会均等原则内在的要求。操纵价格、恶意损害竞争、产品倾销、不公平交易、限制性供应、排外交易等，这些都违反了公平竞争原则的要求。

违背互利互惠原则。互利互惠原则的最低要求是"不损害他人利益"。例如，若是通过欺骗性广告，窃取商业秘密等不正当手段搞垮竞争对手，就损害了竞争者的正当权益。互利互惠原则的体现更重要的在于，企业应该考虑与利益相关者之间利益的分享，在自己获利的同时也要让利益相关者获利。不安全的产品、虚假的包装、欺骗性定价、误导性广告等是对消费者利益的损害；操纵价格、掠夺性定价、产品倾销等是对竞争对手利益严重的侵害；货位津贴是对供应商利益的剥夺；污染环境、对社会价值观造成不利影响等是对社会利益严重的侵害。这些都违背了互利互惠的原则。

不尊重他人。尊重人就是尊重每个人的尊严、权利和价值。尊重人就是要承认人的差别，承认他们的合法权益，尊重他们的愿望。尊重人就是要把其他人看做是目的，而不是实现自身目的的手段，即认真地对待他们，承认他们的合法权益，尊重他们的愿望。尊重人不囿于对企业内员工的尊重，还应扩展到对其他利益相关者的尊重。而市场营销人员在营销调研中，在直接市场营销中和网络营销中，却经常侵犯他人的隐私权。例如，直接调查消费者年龄、职业、收入等数据。再如，消费者常常抱怨促销电话扰乱他们的正常生活，等等。

二、商业营销中败德现象产生的原因

商业营销中的败德现象产生的原因是多方面的。企业营销伦理是在企业长期营销活动中逐渐形成的，它内受企业本身条件如企业文化、组织结构、组织制度等影响，外受宏观环境制约，尤其还受到个人本身的道德素质的影响。

（一）宏观环境原因

市场经济的负效应。从某种意义上说，市场经济也是一种利益经济，商业营销中求利行为具有正当性、合理性，但市场经济并非完美无缺，也存在负效应。市场经济的求利性，容易诱发利己主义和拜金主义现象；市场经济的竞争性，容易引诱一些人弄虚作假、损人利己现象；市场经济的等价交换原则，容易侵入政治生活，导致金钱与良心、尊严与权力的交易，也导致公共权力被破坏、践踏伦理道德和人格的现象滋生。在市场交换中对利益最大化的追求强化了企业和个人的利益主体地位，导致企业把个体利益无限放大，斤斤计较、唯利是图、见利忘义、不择手段地掠取黑色利润。市场经济肯定功利价值追求的合理性，并将其提升至社会的主导性观念之一。而功利价值观念注重利益和效率，主张在实际活动中权衡利害得失，获取最大的物质利益。这种观念在推动经济和科技迅速发展的同时，客观上也将人与人之间的关系功利化，使个人的趋利动机与他应有的良心、义务、责任相对立，导致道德失范和伦理价值在社会生活中遭到贬抑。市场机制在配置资源时有灵活性、自由性和灵敏性的优点，但是，它同时也有盲目性缺点。当这种盲目性与利益原则结合时，就会使人们的活动仅仅围绕着自身的利益而进行，外在的社会利益和他人利益处在他们视野之外，因此，容易导致民众缺乏社会责任意识，对他人利益和社会利益采取一种冷漠的态度，片面追求个人狭隘的、即时的幸福与享乐。

市场机制不完善。经济学家研究表明，一定社会经济发展水平条件下，市场体系与市场机制发育的程度在很大程度上影响社会整体营销道德水平。我国曾长期实行计划经济体制，而且从计划经济向市场经济的转变也只有短短的几年时间，市场经济体制只是初步建立，市场机制还很不成熟；市场规则不完善，市场法规不健全，适应市场经济的道德规范也尚未真正建立。于是，新旧体制交替时出现了空当，这使某些企业钻空子、巧取豪夺，采取一些非经济手段参与市场竞争，谋取企业利益，而很少考虑社会及消费者的利益。

市场法律、法规还不健全。实行社会主义市场经济体制以来，虽然我国已制定了一系列经济方面的法律、法规，如《合同法》、《广告法》、《商标法》、《消费者权益保护法》、《反不正当竞争法》、《产品质量法》等，但与市场经济发达国家相比还存在着较大的差距。这主要表现为：法律建设不配套，不完备，原则性条款较多，操作起来弹性较大，容易导致一些营销者钻法律的空子，从事违法营销活动等。

市场管理不善，执法不严。市场管理部门存在分工不明，职责重叠现象，且缺乏有效的监督机制。遇到有利可图的事情，相互插手，而遇到棘手的事，就相互推诿。同时，部分市场执法人员政治思想及业务素质不高，执法不严，办事讲人情关系，有的甚至知法犯法，营私舞弊等，助长了部分企业的不道德营销行为。

社会文化复杂。文化因素是制约企业道德水平的重要外部因素。首先，我国除了以社会主义文化作为主流文化外，还存在着渗透下来的封建文化和资产阶级文化，这些文化交融在一起，对企业营销哲学及企业文化产生复杂的影响。目前，"人为财死，鸟为食亡"，"人不为己，天诛地灭"等封建主义和资本主义腐朽落后思想，还毒化着社会风气，腐蚀着一些人的灵魂。其次，我国非公有制经济的存在和发展也容易使个人主义、拜金主义、享乐主义蔓延、滋长。再次，我国实行全方位的对外开放，国外资本主义腐朽的生活方式及价值观念一起涌入我国，更使我国企业道德受到严峻挑战。

地方保护主义。现在，还有相当多地方政府官员缺乏整体观念，地方本位观念严重，把地方利益看得高于国家利益，搞地方保护主义。对本地企业的非法或不道德的经营行为不是采取相应的惩罚措施，反而却帮助掩饰、隐瞒或暗中支持，甚至是与企业进行权钱交易、内外勾结。地方保护主义成为一些企业进行违法和不道德经营活动的避风港，使得他们的违法和不道德经营行为更加猖狂，有恃无恐。

重物质文明，轻精神文明。伦理道德属于上层建筑，不能随经济基础的产生而自发地产生。改革开放以后，为了更快地改变我国贫穷落后的面貌，坚持以经济建设为中心，大力发展生产力，这是很必要的。但是，在实践中由于强大的力图尽快改变贫穷落后面貌的愿望和物质利益的驱动，形成强大的思维定势，容易产生重利轻义，重才轻德的倾向，重物质文明而忽视了精神文明，重视经济效益而轻视社会效益，只顾物质利益而不顾思想道德建设，一手硬，一手软，导致经济快速发展，而道德建设滑坡，沉渣泛起。企业在这样一种大环境下必然会受其影响。

（二）企业内部原因

导致企业竞争力弱的原因很多，主要有产权不清晰，企业缺乏战略或战略失误，企业管理不善，研发创新能力不强，产品质量差、品种少、档次不高，领导者及员工素质低，没有建立强大的市场营销网络，售后服务网络跟不上，国有企业特有的历史负担，如债务负担、富裕人员负担、企业办社会负担等。在这种情况下，某些企业不是从机制、管理和技术创新上下功夫，不是从产品结构、技术结构和市场结构的调整上下功夫，去增强企业实力和盈利能力，反而采取仿制名牌产品、盗用他人注册商标、生产劣质品等一系列反伦理、反社会的方式进行不正当竞争，企图谋取利润。于是，在利益面前，一些人经营道德败落，失去了自我价值。

企业管理缺陷。营销中出现的不道德现象常常是管理存在缺陷的外在表现，因为，在不负责任的行为背后常常隐含着低水准的组织价值观念、不恰当的战略计划、不充分的工作培训、短缺的资源、有缺陷的企业制度、不适宜的组织结构或者不当的沟通等。这些问题的存在导致企业生产的组织和市场营销人员在作出是否符合伦理的决策时不知所措，或者为自己不符合伦理道德的行为进行辩解，从而逃避责任。

急功近利，过分强调业绩。在很多企业，升职和提薪取决于是否获得更高的利润额和销售额，不仅对每一个员工和经理如此，而且对职能部门、分公司及整个公司都是如此。公司股东、投资商、债权人和供应商对公司的支持在很大程度上都取决于企业的发展。而企业发展的表现就是日渐增长的销售额和利润，增长幅度越大，企业从投资商和债权人那里获得的更大发展所需的资金就越多，供应商和经销商就越愿意与之做生意，也会更容易吸引到高素质的职员和经营者。然而，这种对企业业绩进行量化的评判过分强调的正是产生负面后果的潜在因素，因为评判的基础不是对社会做出的道德贡献。这样，人们就会陷入一种非人性道德标准或常常低于人性道德标准的制度中。对于商家来说，总是受到利益诱惑去拼命干，尽管对市场游戏规则有所违反。

缺乏健康规范的企业文化导向。企业文化是外显于厂风厂貌、内显于员工心灵中的以价值观为核心的一种意识形态，其内容包括企业价值观念、道德标准、企业传统、企业目标、企业制度、企业风格习惯、企业营销哲学及其战略等。企业文化是企业潜在的精神追求和价值取向，对企业领导者和员工都会产生潜移默化的影响，健康规范的企业文化会使企业诚实、合法经营，正当求利。反之，则会把企业引向另一个极端。比如，一些企业宣扬唯利是图的经营哲学，只要能赚钱而不择手段，对企业员工的培养产生了很大的不良影响。

（三）活动主体个人原因

素质不高。一个人的科技文化知识、道德素质的高低直接影响其价值判断和认知水平。一般而言，科学技术越发展，越有利于人们认识能力和道德文化认知程度的提高。因此，文化知识水平是影响道德认知程度的最重要的相关因素。一个人的文化知识水平低，其价值判断和道德认知程度也就比较低，这样，个人对自己的行为就很难形成自律。而我们的某些营销人员在科学技术知识方面相当欠缺，从而影响了他们营销实践中的伦理判断。

道德发展阶段的局限。科尔伯格的道德发展阶段理论为正确的道德行为提供了理论基础。研究表明，道德发展存在三个水平，每一个水平包含两个阶段。第一个水平称为前惯例水平，在这个水平上，个人仅在物质惩罚、报酬或互相帮助等个人后果卷入时，才对正确或错误的概念作出反应。当演进到惯例水平时，表明道德价值存在于维护传统秩序和他人的期望之中。在原则水平上，个人做出明确的努力，摆脱他们所属的团体或一般社会的权威，确定自己的道德原则。通过对道德发展阶段的研究可以得出几个结论。第一，人们以前后衔接的方式通过六个阶段。他们逐渐按照顺序向前移动，一个阶段接着一个阶段地移动，而不是跳跃式前进。第二，不存在道德水平持续发展的保障，发展可能会停止在任何一个阶段上。第三，大部分成年人处于第四个阶段上，他们被束缚于遵守社会准则和法律。第四，一个管理者达到的阶段越高，他就越倾向于采取符合道德的行为。例如，处于第三阶段上的一位管理者，可能制定得到其周围的人支持的决策；处于第四阶段上的管理者，将寻求制定尊重公司规则和程序的决策；处于第五阶段上的管理者，更有可能对其认为错误的组织行为提出挑战。

表 5-1　道德发展阶段

水平	阶段描述
前惯例 仅受个人利益的影响。按怎样对自己有利制定决策，并按照什么行为方式会导致奖赏或惩罚来确定自己的利益。	1. 严格遵守规则以避免物质惩罚； 2. 仅当符合其直接利益时方遵守规则；
惯例 受他人期望的影响。包括遵守法律，对重要人物的期望做出反映，并保持对人们的期望的一般感觉。	3. 做你周围的人所期望的事情； 4. 通过履行你所赞同的准则的义务来维护传统秩序；
原则 受自己认为什么是正确的个人道德原则的影响。它们可以与社会的准则和法律一致，也可以不一致。	5. 尊重他人的权利，支持不相关的价值观和权利，不管其是否符合大多数人的意见； 6. 遵循自己选择的道德原则，即使他们违背了法律。

价值观方面的原因。价值观对行人的为具有向导作用，价值观成为影响伦理决策的重要因素。比如，目的论（结果论）者看来，只要目的是正当的，手段可以不考虑是否符合道德。手段论（义务论）者则只注重行为本身的善恶好坏，而不考虑其结果如何。在现实生活中，许多人却经常以目的论的态度来处理一些事情，而以结果论的态度来处理另一些事情，甚至是这两种价值观的综合。于是，在道德生活实践中常有这样的情形：为了某种道德的目的，却采取了不道德的手段；或者是为了某种不道德的目的，而冠冕堂皇地采用了某种道德手段。每个人在进入

社会组织，都有一套相对稳定的价值准则。这些准则是个人早年从父母、老师、朋友和其他人那里逐渐形成的，即关于什么是对、什么是错的基本信念。社会组织的管理者通常有着非常不同的个人准则。需要注意的是，尽管价值准则和道德发展阶段看起来相似，但其实不一样，前者牵涉面广，包括很多问题，而后者是专门用来度量独立于外部影响的程度。

个人特征。除了价值观外，人们还发现有两种个性变量影响着个人行为，这些行为的依据是个人的是非观念。这两种个性变量是自我强度和控制中心。自我强度用来度量一个人的信念强度。一个人的自我强度越高，克制冲动并遵守其信念的可能性越大。这就是说，自我强度高的人更可能做他们认为正确的事。我们可以推断，对于自我强度高的营销者，其道德判断和道德行为会更加一致。控制中心用来度量人们在多大程度上是自己命运的主宰。具有内在控制中心的人认为他们掌握着自己的命运，而具有外在控制中心的人则认为他们生命中发生什么事都是由运气或机会决定的。从道德角度看，具有外在控制中心的人不大可能对其行为后果负责，更可能依赖外部力量。相反，具有内在控制中心的人则更可能对自己的行为后果负责并依赖自己内在的是非标准来指导其行为。与具有外在控制中心的营销者相比，具有内在控制中心的营销者的道德判断和道德行为可能更加一致。

问题强度。影响营销者道德行为的另一个因素是道德问题本身的强度，它取决于以下六个因素：某种伦理行为对受害者的伤害有多大或对受益者的利益有多大？多少舆论认为这种行为是邪恶的（或善良的）？行为实际发生和将会引起可预见的危害（或利益）的可能性有多大？在该行为和所期望的结果之间持续的时间有多久？你觉得行为受害者或收益者与你在社会上、心理上或身体上的距离有多近？道德行为对有关人员的影响的集中程度有多大？概言之，一种行为受伤害者的人数越多，越多的人也就认为这种行为是邪恶的，行为发生并造成实际伤害的可能性就越高；行为的后果出现越早，观测者感到行为的受害者与自己离得越近，问题强度就越大。这六个因素决定了道德问题的重要性。道德问题越重要，营销者就越有可能采取有道德的营销行为。

三、商业营销行为的道德调控

制约和影响营销道德行为有内部因素和外部因素，内部因素主要有营销行为主体的个人道德修养和企业的企业文化、企业诚信观念。外部因素主要有社会、经济、文化、教育等社会环境因素、监督因素及政府和法律调控因素等（道德环境）。加强对营销行为的道德调控，主要通过优化道德环境（外部环境因素）、创建优良企业文化（企业内部环境因素）、提高营销行为者个人道德素质（内部个人因素），发挥道德在营销中的调控作用。

所谓道德调控，是指借助道德的力量来调节个体与社会的非对抗性利益矛盾的一种社会管理。它通过各种传播、舆论形式把社会的目标、规范和准则转化为个体的道德认识、情感、信念和意志，从而经由个体的道德实践，达到对社会整体利益的认同和维护。道德调控最基本和首要功能是教育功能，以及由道德教育直接衍生所决定的道德调控的评价和激励功能，这些功能在企业市场营销中发挥着巨大的作用。市场经济本身内在地包含一种伦理目的，具有一定的道德性，从这个角度上说，它是一种伦理道德经济，这正是道德调控之所以发挥作用的基础。道德调控作为一种文化价值，它在市场经济运行秩序中调整规范的过程，实际是市场经济逐步走向稳定、成熟的过程。它的作用就在于通过道德调控的教育、评价、激励的功能使市场经济的规范内化于人们内在的需要。道德调控在企业市场营销中最根本的作用，是要求人们正确处理"义"和"利"的关系。通过加强道德调控，教育人们树立正确的义利观，摆正国家、集体、个人三者的利益关系，正确履行自己的权利和义务。道德调控在企业市场营销中起到追求公平的作用，公平是一种社会分配原则，是经济关系中的伦理问题。它的实现是以自由竞争为表征，以价值规律为基础的市场经济运行机制本身无法制约的。企业在营销过程中要讲公平，不能为了达到销售的目的而不择手段。

（一）优化道德环境：对营销行为进行道德调控的基础

营销行为的发生必然受到道德环境的影响，而道德环境是营销行为发生的大环境，是对营销行为进行道德调控的基础。所谓道德环境，是指影响制约道德发展变化的社会因素的总和，它是人们进行道德活动的基础、氛围和条件。其主要因素包括：政治、经济、文化、科技及社会风气、习俗氛围、社会舆论、传统、习惯、教育等。道德环境是社会环境的一部分。道德环境是一种人文环境，它通过人的道德观念和道德行为影响他人和社会，为人们提供了一定的观念模式和行为模式。

优化市场经济条件下道德环境的途径主要有：

1、优化社会环境中的政治、经济、文化和教育环境

马克思曾说过：人创造环境，同样，环境也创造人。人总是在与环境的相互作用中改变着自己的生活方式、文化心理、道德风尚和理想选择。良好的道德环境一旦产生和稳固下来，就会在一定时期内形成相对稳定的价值观念、道德情操、行为方式、风尚习俗等，成为人们的行为和活动的精神文化氛围，从而对人们的心理、观念、行为和活动产生直接的或潜移默化的感染作用，并进一步影响和塑造人们的道德品质，对社会的稳定、发展起积极作用。因此，要优化道德环境就必须优化社会环境，使社会的政治环境、经济环境、文化环境和教育环境成为我们形成良好的道德环境的外因。这是一项错综复杂的社会系统工程，要做好这项工作，需要各方面齐抓共管，协调配合。

首先，优化政治环境。如果社会上存在严重的特权、腐败、投机和混乱无序的情况，存在法制不健全、社会动荡不稳定的情况，是很难形成良好的道德环境的。商品是天然的"民主派"，企业营销需要一个好的民主政治环境。目前，我国仍存在着以权谋私、专制作风、拉帮结派、地方保护、行业不正之风、小生产观念等弊端，这已成为阻碍改革开放进一步深化、进一步发展社会主义市场经济、影响企业营销的重要障碍。为此，必须破除这些障碍。其关键在于：完善政治制度，深化政

治体制改革，加强法制建设，在民主监督和法律约束下，建立一个高效、廉洁、透明、公正的政府。同时，加强党风廉政建设，彻底克服国家机关工作人员的官僚主义和各种不正之风及腐败现象的发生，促进政风、党风的根本好转。

其次，整治经济环境。调整利益分配关系，解决利益分配中的严重不合理现象，协调国家、企业、个人三者利益的关系是治理经济环境的根本性问题。利益是道德的基础，利益关系混乱必然导致道德关系混乱和冲突，最终影响人们积极性的发挥，特别是要严惩腐败。腐败是一种政治现象，也表现为一种经济现象。要根除腐败，一是加快政府职能转变，消除政府对企业生产经营的行政干预，实现政府机构与企业彻底脱钩。二是加快民主建设，强化各种监督机制的作用，强化法律权威，切实做到有法必依，有令必行，严厉制裁一切腐败分子。

再次改善文化环境。文化环境是物质文化和精神文化构成的综合体，它直接影响着经济活动主体的素质和能力以及活动的方式和水平。一定的文化环境必然要熔铸出人们的文化心理势态，使人们形成相对稳定的价值观念、审美意识、道德情操、思维方式、风尚习俗，最后导致人们的行为习惯，形成具有较稳定特征的道德品质。当然，文化环境对主体的实践——认识活动也是具有正负两种功能，要发展良好的、削弱不良的文化环境，是非常重要的。目前，文化市场中的低级趣味、功利主义、迎合俗流、拜金主义还不同程度地存在，这些文化垃圾严重污染着人们的心灵，必须加以根治。为此，要加强文化建设，提高全民族的科学文化水平，创造一种崭新的科学文化体系，营造一种在新的价值观念引导下的文化氛围，增强人们对道德行为的文化认知程度，从而形成有利于提高全民族道德水平的文化环境，这是创造良好道德环境的一个非常重要的方面。

最后，优化教育环境。道德教育是培养人的良知、信念，使道德规范成为人们内在约束力和推动力的重要途径，也是优化教育环境的重要途径。一种新型的道德规范不可能在人们心目中自发形成，而只能靠家庭、学校、社会教育对人们进行外部灌输，才能使人认识这种道德规范，进而认同这种道德规范，为形成良好的道德环境创造条件。为此，要进一步加强道德教育在学校教育、社会教育和家庭教育中的地位。

2. 加强法律和道德建设

首先要完善相关的法律、法规，建设制度保障体系，使商业营销有法可依。法律、法规不仅为治理企业的营销道德失范行为提供依据，而且使企业有了参照的底线。我国目前在法律上还存在一些空白或模糊之处，为不法企业钻漏洞、打擦边球提供了机会。违法成本低也鼓励了一些企业的败德行为。目前，在社会主义市场经济条件下的利益主体呈现多元化和多层次特征，这决定了人们的价值追求也随之出现多元倾向。要维护社会正常运行和市场经济健康有序发展，就必须要有一套完善的人们共同认可的、共同遵守的最基本的行为规范。

其次要加强商业伦理制度建设。商业伦理制度就是以各种明确的形式对各种商业营销活动有约束作用的各种规范，它既有政治、经济和法律的规范，也有道德的规范。营销伦理建设必须有相关的制度建设做保障。要提高营销主体的道德水平，营造良好的道德经营环境，必须把道德建设与制度建设，特别是与法制建设结合起来，让制度建设强有力地保证商业活动顺利地进行。通过商业伦理制度建设，建立明确的道德规则，以此来规范企业的营销行为。西方许多国家都制定了有关企业伦理方面的规范，尤其是在广告宣传、市场竞争方面，有很详细的道德立法。如韩国企业界推出了《企业伦理宪章》，得到企业界的积极响应，一个时期以来，"道德经营'、"正道经营"、"透明经营"等口号在韩国企业界广为流行，各企业纷纷将《企业伦理宪章》中的规定付诸于行动，强化自我约束，促进了文明经营。我国企业界也应根据国情和企业实际，积极行动起来，尽快制定自己的《企业经营道德规则》以及其他专门行业的道德规则，作为企业开展市场营销活动的行为准则，由此推动"文明经营"和"道德营销"等良好风气的形成。

3. 强化商业营销的监督力量

有了经济、法律制度和完善的道德规范外，还必须建设道德监督系统。一个完善的道德建设体系必然包括完整的道德监督系统，否则再完美的道德规范也难以发挥应有的道德效力。在商业道德建设时，必须重视道德监督体系的建设。根据商业行业的特点，笔者认为商业道德监督包括法律监督、新闻舆论监督和行业监督。

首先，以法律监督为手段实施道德建设，其意义重大。第一，可以提高道德的权威性，发挥其自身难以发挥的效力，道德的规范只是"应该"，而不是"必须"，因而其作用极为有限，只有通过法律的赋予，道德才能获得社会的普遍认同，才能起到对营销主体的制裁作用。第二，可以增强道德的规范性。一般说来，道德规范比较抽象，像不得损害他人利益、公正平等、诚实守信等道德原则在实际中难以操作，只有把它具体化为法律规范，才能加强其约束力。所以说，法律是最低的道德，道德是最高的法律。第三，可以强化道德的监督性。道德固然以扬善为基本特征，但治恶也是不可缺少的一个方面。法律监督以强制为特征，更是治恶的有效手段。以法律来监督道德行为对各种非道德行为无疑会起到震慑作用，对非道德行为的惩罚也就是对道德行为的褒扬。

法律监督是借助于强制力来实现的。法律的功能就在于保障守德人的权益，避免不讲道德的商家占便宜的行为发生。经济学家盛洪指出，一个社会要成为讲道德的社会，其前提是讲道德的收益必须大于不讲道德的收益。[①] 如果商家讲道德，得不到应得的收益，反而增加了成本，久而久之，便会放弃讲道德。不讲道德的商家之所以屡屡得手，是因为没有外在力量的制裁，从而出现了一种不正常的道德寻租现象。

其次，新闻舆论监督，这是一种有效的监督力量。所谓新闻舆论监督，是指利用报刊、杂志、广播、电视、互联网等新闻媒介传播，对社会生活中出现的违反社会公共道德或违反法律、法规的行为进行揭露和批判，以引起社会公众的注意，形成社会普遍性的看法，借助舆论的压力使其不良行为得以终止。与法律监督相比，新闻舆论监督具有自身的

① 盛洪：《道德·功利及其他》，《读书》1998年第6期。

优势：一是范围广。舆论监督常借助媒体进行传播，因而能在较大的范围内甚至在整个社会产生效力。一旦不道德行为被全社会所知，企业的生命便走到了终点。二是速度快。现代社会科技的发展为舆论传播提供了条件，它能使发生在遥远地方的不道德事件很快传播到其他地方，被广泛知晓。三是公开性。舆论就是要将不道德行为向全社会揭露。四是低成本。舆论监督所耗费的成本要比法律监督的成本低得多。正因为舆论监督具有这些优势，所以加强新闻舆论监督是商业道德建设的一个重要手段。

再次，行业监督。各个商业企业分属于不同的行业，建立科学而有效的行业监督机制可以发挥巨大的监督作用和效果。

最后，要建立赏罚分明的商业奖惩机制。奖惩机制是商业道德建设又一重要制度保障。奖惩制度就是要有一套完整的制度来保证遵守道德的企业得利，不遵守道德的企业失利或遭受惩罚，这样引导广大商业销售者进行道德经营，终止不道德经营行为的发生。在商业领域内，假冒伪劣问题是个老大难问题。假冒伪劣产品层出不穷，屡禁不止，其中一个重要的原因就是缺乏一套完善的奖惩机制。按照我国有关法律的规定，消费者购买到假冒伪劣产品可向商家索赔，但赔赏金额不得高于原商品价格的 2 倍。事实上，这一规定根本起不到对经营者的惩罚作用，相反还会纵容伪劣产品的盛行。一个购买到假冒伪劣商品的消费者，一般不会耗费大量时间、精力和财力去诉讼，而这恰好又纵容了不道德经营行为的发生。所以，建立一套有效的处罚机制是必不可少的。

4. 加强国家对市场的监管，建立严厉处罚机制

国家要通过对企业营销活动的行政执法和法律监督，切实保护合法经营，打击非法经营，维护公平交易，促进公正竞争，保护广大消费者权益，促进市场经济的有序运行和健康发展。因此，国家要加快现有市场管理体制的改革，建立有权威的、统一的市场监管机构。要加强国家对市场的监管力度，对违法行为要进行严厉打击、严厉处罚，不仅要使犯规者倾家荡产，而且要加重刑罚的制裁。这样，就能对其他经营者起

到震慑作用，使之不敢效尤，从而实现扬善抑恶、保障社会主义市场经济道德建设和保障市场经济健康发展的目的。只有建立了良好的道德环境，营销道德的形成才有一个好的基础，道德在商品流通（营销）中才能发挥"护栏"（调控）作用。

（二）创建优秀的企业文化：对营销行为进行道德调控的重要保证

企业文化，是指处在一定社会背景下的企业在长期生产经营过程中逐步形成的独特的企业价值观、企业精神，以及以此为基础而产生的行为规范、道德标准、企业风格习惯及传统，经营哲学和经营战略。企业文化是企业伦理道德建设中必不可少的依托和载体，它有利于形成企业营销道德建设的氛围，扩大市场道德教育的范围，增强道德因素在企业中的活力，把道德教育逐步引向深入。同时，通过企业文化建设，能逐步形成企业员工统一的价值观，养成高尚的生活方式和情感定势，在客观上帮助企业员工尽快接受市场道德的基本观念和道德规范。企业文化与营销道德的关系极为密切，优秀的企业文化可以生成优秀的营销道德，而营销道德是企业文化的核心——价值观的直接反映。因此，企业应注重企业文化建设，实施营销道德战略建设。企业文化可以使无色彩的营销道德准则变为具有生命力的企业文化活动，得以在企业中实施。因此，创建优秀的企业文化，促使企业营销道德的形成与提高是对营销行为进行道德调控的重要保证。

企业文化集中地反映着企业内部员工们所形成的某些共同的信念、价值观、作风和行为准则。建立优秀的企业文化，就能生成良好的营销道德，同时更能将良好的营销道德体现于企业文化中，形成良性互动。加强以营销道德为主导的企业文化建设，就是强调企业对顾客和合作者的真诚，强调交易中的高尚道德原则，强调对社会责任的承担，使正确的营销道德观成为企业全体员工的共有价值观。

（三）营销行为主体的良好道德素质：道德调控的关键

人的道德素质是企业营销道德伦理的决定性因素，企业行为实质上就是企业职工或企业人员的行为，企业社会形象如何，实质上也就是社会对企业员工的行为、素质的综合评价。这就表明，企业员工的道德素养直接关系企业营销道德水准的高低和道德形象的好坏。因此，塑造营销行为主体个人的良好道德素质是道德调控的关键。

1. 加强营销个体道德的塑造

个体道德是经过后天的教育、修养与实践而形成的内心道德准则与道德行为倾向的总和，就其本质来说，是社会道德在个体身上的具体化，体现了道德的社会性与个体性的有机统一。个体道德的塑造要把外部道德调控和内部道德修养结合起来。个体道德的发生过程，实质上就是一个从他律到自律的过程，他律与自律在个体道德的发生过程中缺一不可。

外部道德教育属于他律机制的范畴，是借助社会舆论及各种利益机制，以他律性的外在手段引导或诱导道德主体遵守和实行道德规范的形式。外部道德调控能够强化人们在实践中对道德规范接受和实行的程度，是社会道德向个体道德转化的前提和必要条件。在企业营销道德建设中，应当加强企业职业道德教育，提高企业职工、营销人员的道德素质。要把职业道德规范尽量纳入到法律体系的建设中，融入到管理制度中，融入各种守则、公约的制定中，对那些严重违背职业道德的行为和现象，都应该有相应的惩罚措施。当前，企业职业道德教育的主要内容应包括：忠于职守，工作负责；满腔热忱，态度和蔼；技能精湛，精益求精；廉洁奉公，努力奉献。营销行为主体的企业道德主要包括诚实经营、公平交易、讲究信用、童叟无欺、价廉物美、优质服务等市场营销道德。职业道德教育对企业营销道德的形成起着巨大的促进作用。从企业职业道德教育的形式来说，可以灵活多样，如在岗培训、参观学习以及开展各种企业文化活动等，便于企业员工接受，并收到好效果。在市场营销领域，营销者必须坚持如下的基本价值观念：以义生利的获利观，以仁待客的顾客观，以人为本的管理观，服务顾客的销售观，尊重平等的竞争观。

但是，道德从本质上讲是一种自律的东西，是人内心中对自我的自觉要求，是灵魂的善。外部道德调控虽然在个体道德发生中不可缺少，但毕竟是建立在他律基础上的。单靠道德的外部调控，不可能使社会道德规范内化为主体稳固的道德信念，也很难培养出具有健全道德人格的个体。要使个体达到道德自律的境界，从根本上说，尚需采取各种途径培养和完善个体自身的内部道德机制，提高个体的道德认知，必须提高道德文化认知水平。文化知识水平是影响道德认知程度的最重要的因素。加强教育，提高人素质是提高人的道德文化认知水平的基础和前提。教育对道德文化认知起着继承、传播、发展的巨大作用。发展普及科学知识是提高道德文化认知程度的依托，它为道德文化认知提供了科学依据。大力发展教育和普及科学知识是提高个体道德形成的关键。

2. 着力搞好企业经营者的道德修养

在企业营销道德问题上，企业领导者起着关键的作用，他们的道德品质、道德意识和行为表现以及对周围人的道德意识和行为的影响和作用上是至关重要的。那些优秀的企业之所以能够讲求道德，关键是因为这些企业的领导者重视自身的道德修养，注重良好的企业伦理，而且把这种良好的伦理道德标准贯彻到企业的经营管理中。因此，在他们的带领下，这些企业才有良好的营销道德。这些企业领导者在带领企业从事商业活动的时候，往往考虑到商业行为将会产生的社会影响，体现出良好的社会责任感。而那些弄虚作假、不讲营销道德的企业，其问题也往往是出在企业领导者身上。一些企业经营者为片面追求所谓的经济效益和私利，不讲营销道德，违法经营、坑蒙拐骗，生产假冒伪劣产品、恶意拖欠货款，用种种不正当手段来为企业获取利润，甚至制造虚假利润来欺骗投资者和社会公众。因此，必须切实加强对企业经营者的道德教育，这是提高营销道德水平的重要保证。成功的企业家往往用正确的观念，引导员工正确的行为。美国通用汽车公司老板韦尔奇，明确提出全体员工要以正义为师。他认为，只有员工有了卓越的表现，企业才会走向辉煌。因而，企业家会运用行为规范、防范机制等方法，规范员工个人的行为。美国约80％的大公司制定了正规的伦理规则，其中44％的公司还为员工提供道德培训。企业家还要对个人行为有连续性反馈，发现违背商业伦理的行为要及时纠正，以免贻害社会。

企业经营者是影响营销道德的决定性因素。这是因为：其一，企业领导者是企业法人代表，是企业经营决策的最终决定者。企业经营者还肩负着企业发展及不断提高职工生活水平的责任、社会的经济责任、法律责任、道德责任及社会慈善责任等。其二，企业经营者具有企业的人格化的特点，其个人道德哲学必然会融入企业的经营决策中。从某种意义上讲，企业哲学、企业价值、企业精神、企业目标、企业民主、企业道德等是企业领导者道德哲学和行为的折射和扩大。其三，企业领导者的道德哲学及个人道德素质决定着企业的发展方向。企业如何进一步发展，主要取决于企业领导者道德哲学及其个人道德素质。

企业领导者个人道德哲学影响企业的营销道德，一方面是通过企业领导者的经营理念去影响营销决策的制定和实施。在企业经营活动中，技术力量、销售力量、资金及人员等因素起着重要的作用，其中企业领导者的经营理念是最根本的因素。正确的经营理念是以社会与广大消费者利益为前提，并将企业利益、消费者利益及社会利益结合起来。这种正确的经营理念会融入企业产品、定价、分销及促销决策的制定与实施中，从而保证营销行为的道德性。另一方面通过企业领导者的权威和感召力向广大员工传播其经营理念，进而影响营销决策的制定与实施。当企业领导者的经营理念是正确的，而且为广大员工所认同和接受时，这对营销决策会产生积极作用。反之，会产生消极的副作用，使营销行为违背道德原则。只有重视企业领导者道德素质的提高，才能使营销道德建设落到实处。

总之，营销伦理是现代商业营销活动的一个重要因素。好的营销伦理有助于商业经营者遵循道德规范，促进商业经营的良性运行；不好的营销伦理则会纵容不道德行为盛行，造成商业经营的混乱。因此必须强调营销道德建设。一方面要充分发挥和利用伦理道德因素对商业营销活动的积极作用，防止、削弱其消极作用；另一方面改善和创设一个优良的道德环境，以保障商业营销健康有序地进行。目前，我国商业营销活动以及市场经济活动中所表现出来的种种不良现象表明，加强商业伦理道德建设势在必行。

第六章 电子商务伦理

随着信息技术的飞速发展，互联网的日益普及，一种新的商务方式——电子商务迅速崛起，并正日益成为一种重要的经济交易形式。电子商务看似是一个虚拟空间，但它却是一个真实的社会活动系统，并且存在于或表现为一个真实的社会关系网络。从本质上讲，电子商务所处的网络空间并不是与现实社会相对立的，更不是对现实社会的超越或分离，相反，它不过是现实中的人借助现代网络技术而创造或生成的一个新的活动空间和活动形式而已。电子商务在本质上仍然是人们从事的一种社会经济活动，它不仅需要先进的物质技术基础，还需要良好的法律保障、伦理秩序和道德规范。在电子商务发展过程中，电子商务伦理具有重要的作用和意义。

第一节 商业模式与电子商务

自 20 世纪 90 年代 Internet 实现商业应用后，电子商务突飞猛进。电子商务模式不断创新，其市场规模也日益扩大。电子商务这一新型的交易方式日益突显其巨大的发展潜力，并已经开始改变商务活动和创造价值的方式。

一、电子商务——一种新的商务方式

以互联网为载体和交往工具的电子商务正日益成为一种重要的经济交易形式。

（一）电子商务：一种新的交易方式的兴起

电子商务是建立在 Internet 上的，是 Internet 上最大的应用平台。电子商务的最初形式——电子数据交换（Electronic Data Interchange，EDI）起源于 20 世纪 60 年代。20 世纪 80 年代末，发达国家的电子数据交换已形成规模，向商业数据的无纸化处理迈出了重要一步。其后，随着网络技术的发展，特别是互联网在全球日益普及，电子商务迅速发展起来。

电子商务的完整概念形成于 20 世纪 90 年代初。自 1991 年美国允许利用互联网从事商务活动以来，到 1993 年 WWW 网出现，商业网站的数目很快就超过了其他类型网站。1995 年，网上商务信息量首次超过科学教育信息量，这意味着商务活动逐步成为互联网上的主导活动。正是由于电子商务的巨大潜力，引起了人们的高度重视。有人说它将彻底改变企业的运作流程；有人说整个世界都会网网相连，人们的生活会发生革命性的改变，"数字化生存"将会成为人类新的生存模式；也有人说电子商务会带来无限的商机。

严格地说，全球电子商务无论从体系上、模式上，还是法律上、技术上来说，迄今尚未完全成熟，但电子商务发展之快、推动力之大，已势不可当。Internet 与电子商务在我国的应用和推广，其历史虽然短暂，但其发展势头很强。

（二）电子商务的内涵

究竟什么是电子商务？到目前为止，它还没有一个统一的、具有权威性的定义。电子商务源于英文 Electronic Commerce（E-commerce 或 E-business），顾名思义，其内容包含两个方面：一是电子方式；二是商贸活动。电子商务指的是利用简单、快捷、低成本的电子通讯方式，进行各种商贸活动。电子商务的技术基础是计算机技术、网络技术以及数据库为依托的信息技术；其商业运作的经济条件主要依靠以银行支付、结算为主的信用方式。它是一种全新的商务模式。现在的电子商务主要是以 EDI（电子数据交换）和 Internet 来完成的，尤其是随着 Internet

技术的日益成熟，电子商务真正的发展将是建立在 Internet 技术上的，所以也有人把电子商务简称为 IC（Internet Commerce）。

简单地讲，电子商务是指利用电子网络进行的商务活动。但电子商务的定义至今仍不统一。如 IT（信息技术）行业，认为电子商务是利用现有的计算机硬件设备、软件设备和网络基础设施，通过一定的协议连接起来的电子网络环境进行各种各样商务活动的方式。国际商会于 1997 年 11 月 6～7 日在法国巴黎举行了世界电子商务会议（The World Business Agenda For Electronic），对电子商务作了权威的概念阐述：电子商务（Electronic Commerce）是指对整个贸易活动实现电子化。从涵盖范围方面可以定义为：交易各方以电子交易方式而不是通过当面交换或直接面谈方式进行的任何形式的商业交易；从技术方面可以定义为：电子商务是一种多技术的集合体，包括交换数据（如电子数据交换、电子邮件）、获得数据（共享数据库、电子公告牌）以及自动捕获数据（条形码）等。此外，还有其他一些具有代表性的说法。比较这些定义，有助于我们更全面的了解电子商务。

表 6-1   电子商务的不同定义一览表

定义主体	定义
加拿大电子商务协会	电子商务是通过数字通信商品和服务的买卖以及资金的转账，它还包括公司间和公司内利用电子邮件（E-mail）、电子数据交换（EDI）、文件传输、传真、电视会议、远程计算机联网所能实现的全部功能（如市场营销、金融结算、销售以及商务谈判）。
联合国经济合作与发展组织（OECD）	电子商务是发生在开放网络上的包含企业之间（business to business）、企业和消费者之间（business to consumer）的商务交易。
欧洲经济委员会	电子商务是各参与方之间，以电子方式而不是以物理交换或直接物理接触方式完成任何形式的业务交易。这里的电子商务包括电子资料交换（EDI）、电子支付手段、电子定货系统、电子邮件、传真、网络、电子公告系统、条形码、图像处理、智能卡等。一次完整的商业贸易过程是复杂的，包括交易前的了解商情、询价、报价、发送订单、应答订单、发送接收送货通知、取货凭证、支付汇兑过程等，涉及资金流、物流、信息流的流动。

续表

定义主体	定义
欧洲议会	电子商务是通过电子方式进行的商务活动，它通过电子方式处理和传递数据，包括文本、声音和图像。它涉及许多方面的活动，包括货物电子贸易和服务、在线数据传递、电子资金划拨、电子证券交易、电子货运单证、商业拍卖、合作设计和工程、在线资料、公共产品获得。它包括了产品（如消费品、专门设备）和服务（如信息服务、金融和法律服务）、传统活动（如健身、体育）和新型活动（如虚拟购物、虚拟训练）。
美国政府	电子商务是通过 Internet 进行的各项商务活动，包括广告、交易、支付、服务等活动，全球电子商务将涉及世界各国（《全球电子商务纲要》）。
IBM 公司	电子商务＝Web＋企业业务，它所强调的是在网络环境下的商业化应用，是把买方、卖方、厂商及其合作伙伴在互联网（Internet）、企业内部网（Intranet）和企业外部网（Extranet）结合起来的应用。
上海市电子商务安全证书管理中心	电子商务，是指采用数字化电子方式进行商务数据交换和开展商务业务活动。电子商务（EC）主要包括利用电子数据交换（EDI）、电子邮件（E-MAIL）、电子资金转账（EFT）及 INTERNET 的主要技术在个人间、企业间和国家间进行无纸化的业务信息的交换。

电子商务的定义虽不尽相同，但最基本的定义仍是一致的，即：电子商务是指采用电子形式开展商务活动。虽然范畴有大有小，有几点则是共同的：首先，"电子"不仅仅指的是互联网，其他各种电子工具均包括在内（EDI，电子证券交易及电子资金转账等）；其次，"商务"主要指的是产品及服务的销售、贸易和交易活动；再次，是交易双方（或多方）主体之间的、以信息为依托的活动。概括地讲，电子商务是指应用电子手段从事各种商业活动，包括企业间的日常业务往来、商品购销、信息共享以及消费者凭借互联网查询、定购商品或服务。它是以信息技术的基础设施和解决方案装备起来的关键业务系统，通过内联网（Intranet）、外联网（Extranet）及互联网（Internet）与它们的组成部门（如客户、雇员、供应商、业务伙伴、各种联络渠道及影响者等）直接连接起来的各种业务活动。

我国电子商务学者李琪将电子商务定义为：电子商务是指系统化地利用电子工具，高效率、低成本地从事以商品交换为中心的各种活动全过程。(a) 它以人为中心建立关系网；(b) 以网络为媒体的 EDI、POS、MIS 和 DSS 统；(c) 以商贸易为中心的各种事务活动。

　　应该指出的是，不要把互联网和电子商务仅仅看做是一个工具，它同样可能对营销模式和管理模式带来变革。同时，电子商务是一个复杂的系统工程，从贸易活动的角度分析，电子商务可以在多个环节实现，较低层次的电子商务如电子商情、电子贸易、电子合同等；最高级的电子商务应该是利用 Internet 网络能够进行全部的贸易活动，即在网上将信息流、商流、资金流和部分物流完整地实现。也就是说，你可以从寻找客户开始，一直到洽谈、订货、在线付 (收) 款、开据电子发票以致到电子报关、电子纳税等通过 Internet 一气呵成。要实现完整的电子商务还会涉及很多方面，除了买家、卖家外，还要有银行或金融机构、政府机构、认证机构、配送中心等机构的参与才行。由于参与电子商务中的各方在物理上是互不谋面的，因此整个电子商务过程并不是物理世界商务活动的翻版，网上银行、在线电子支付等条件和数据加密、电子签名等技术在电子商务中发挥着重要的不可或缺的作用。

　　(三) 电子商务的商业模式

　　对于电子商务的商业模式存在着诸多不同的理解。一般地是把参与商务活动的对象——企业与消费者作为两个维度进行组合，产生出四类电子商务的商业模式，即 B2B、B2C、C2B 和 C2C 四种模式。这四种模式有时候在一个公司可以同时出现，如戴尔①的电子商务模式，即包括了 B2B (面向供应商或协作方)，同时又包括 B2C (面向消费者) 两种模式。

----

　　① 戴尔 (DELL) 是传统企业成功向互联网和电子商务转型最成功的例子。戴尔一开始还只是一家通过电话直销电脑的公司，尽管也很成功，但当互联网革命开始之时，它毫不犹豫地抓住机遇，将自己的全部业务搬到了网上，并按照互联网的要求对自己原有的组织和流程进行梳理，开发了包括销售、生产、采购、服务全过程的电子商务系统，并充分利用了互联网手段，为用户提供个性化定制和配送服务，大大提高了客户的满意度，奇迹般地保持了多年 50% 以上的增长，成为今天世界最大的电脑商之一。

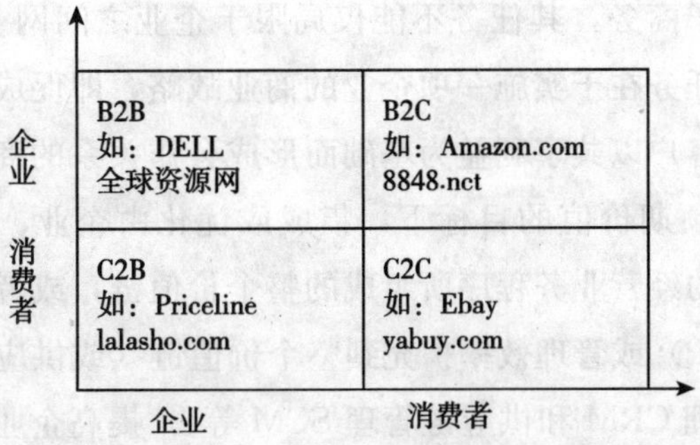

	企业	消费者
企业	B2B 如：DELL 全球资源网	B2C 如：Amazon.com 8848.nct
消费者	C2B 如：Priceline lalasho.com	C2C 如：Ebay yabuy.com

图 6-1　电子商务基本商业模式示意图

在电子商务的商业模式中，最典型的是企业（Business）对终端客户（Customer）的电子商务（B2C）和企业对企业的电子商务（B2B）两种主要模式。电子商务 B2C 模式最为人们所熟悉，它是从企业到终端客户（包括个人消费者和组织消费者）的业务模式。目前电子商务的 B2C 是通过电子化、信息化手段，尤其是互联网技术把本企业或其他企业提供的产品和服务不经任何渠道，直接传递给消费者的新型商务模式。电子商务 B2B 是企业与企业之间的业务模式，其内涵是企业通过内部信息系统平台和外部网站将面向上游的供应商的采购业务和下游代理商的销售业务有机地联系在一起，从而降低彼此之间的交易成本，提高满意度。实际上，面向企业间交易的 B2B，无论在交易额和交易领域的覆盖上，其规模比起 B2C 来更为可观，对电子商务发展的意义也更深远。

对于电子商务的四种基本商业模式，不同的研究机构或厂家有着不同的理解。事实上，电子商务并没有固定的、一成不变的统一模式。在实际运作中，必然会存在并不断发展各种具体的商业模式，随着 Internet 技术的不断发展和广泛应用，必将进一步开创、发展或电子商务的新观念、新模式或新业务。

应当指出的是，对于企业而言，真正电子商务的实质其实是企业经营各个环节的信息化过程，并且不是简单地将过去的工作流程和规范信息化，而是按照新的手段和条件面对旧有的流程进行变革的过程。不管什么模式的电子商务，其任务不能仅局限于企业之间网上交易的范畴，应该说其主要任务在于实施一项企业的商业战略，即促成企业与其分销商、供应商、客户以共享利益为基础而形成合作关系的商业联盟。在提高最终用户的预期价值的目标下，集成或优化由企业、分销商、供应商、用户共同的经营业务程序所组成的整个价值链，或者把企业内部的资源计划（ERP）或管理效率扩充到整个价值链（或供应链）上（扩大到客户关系管理 CRM 和供应链管理 SCM 等），提高企业与其商业联盟的市场竞争力，从而达到重组新型产业的能力。

　　管理学大师彼得·德鲁克认为：当今企业之间的竞争，不是产品之间的竞争，而是商业模式之间的竞争。但由于行业各异，宏观和微观经济环境处于不断变化的状态中，没有一个单一的特定商业模式能够保证在各种条件下都能产生优异的绩效。

二、电子商务与传统商务

　　电子商务是采用电子形式开展商务活动，它是一种新型的商务模式，是传统商务的电子化。它并不是对传统商务的简单代替，而是一种在传统商务基础上发展起来的新型的商务活动和商务模式。电子商务与传统商务既有明显的历史继承性，同时又具有显著的差异性。

　　（一）电子商务的特征

　　与传统商务相比较，电子商务具有许多新的特征。

　　整合性。电子商务是基于互联网的多方面、多层次的整合，一方面电子商务压缩了原商务流，降低成本，提高效益。同时，其跨时空、超地域性的特征使交易效率极大提升，实现了效率与效益的整合；另一方面电子商务缩短了基于产品的信息链、价值链、服务链，对上下游企业进行了垂直整合，并以此为基础，对业务、市场、客户、技术等重新进行分工整合，实现了垂直与超分工整合。此外，电子商务还实现了商业模式的整合与创新，从简单的信息传输到构建数字化交易平台，从传统商务模式到 ICP 模式（互联网内容提供）、到 B to C、B to B 等模式，不断整合各种模式，并产生新的模式。最后，电子商务实现了流动性整合，即利用高流动性的信息，重组低流动性的物化体系。电子商务经过对业务流程重组，使信息体系成为核心，整个体系的流动性大大增强。

高选择性。电子商务具有很高的选择性，一是对经济资源的选择，包括对电子商务联盟或电子商务市场、客户以及对交易方式的选择等；二是客户或消费者的选择，电子商务为客户和消费者提供了几乎无穷多的商品和服务，消费者在作出消费决策时必须进行选择；三是买卖双方都面临着如何以最小的成本搜寻到自己有用的信息。

虚拟性。互联网使得传统的空间概念发生变化，出现了有别于实际地理空间的虚拟空间或虚拟社会。电子商务的一些要素是虚拟的，如组织的虚拟性，网络本身模糊了企业与市场的边界，使组织变得更为松散，出现了许多虚拟组织（如电子联盟、虚拟企业等）；市场虚拟性，电子商务赖以运作的基础电子构成了虚拟的数字市场，相应的供应链、电子商务联盟也比特（Bit）化了，这种虚拟性突破了时间、空间的限制；产权的虚拟性，信息是电子商务的核心资源，电子商务正是建立在信息产业与传统的物质生产流通企业之间的分工格局的基础上，形成了实体的非信息的法人资本与虚拟化的信息资本产权并存的产权制度。

商务流的多重性，主要指电子商务的商务流组成及其性质的多重性。电子商务的商务流是由人流、信息流、资金流和物流组成的，它们各自是分离的，其运动也是不同步的，其路径载体也各不相同。如基于电子商务的物流、供应链是"扁平化"的，中间环节被压缩，成本降低；而基于网络的信息流，则经过诸多节点和迂回路径。

互联性。电子商务以互联网为主要载体和工具，利用其他诸如支付网络、营销网络、服务网络、信息网络以及传统的物理接触等方式，把若干不同层面、不同区域、不同性质的经济组织、不同经济资源相互联结在一起。一是产业互联，电子商务把传统产业和新型产业、实体产业和虚拟产业等在产业层面上相互联结起来；二是企业互联，电子商务把供应商、制造商、客户、分销商、物流商、竞争者、合作者、监管者和协调者等紧密联系在一起；三是资源互联，电子商务把资本、人才、产品、服务和机会等资源联结在一起，各种资源快速传递、有效配置。在电子商务平台上，物流、人流、资金流、信息流有机结合在一起，电子链、信息链、价值链协调互动，实现信息传递、物流配送、支付结算有效运转；四是区域互联，电子商务的互联特性使国内各区域市场、国内与国际市场联结起来。

自由性和开放性。电子商务是基于 Internet 而进行的，而 Internet 的最大特征就是开放性和自由性。进入同一信息系统的人是互相平等的，每个人都有可能隐藏自己的用户标识和电脑地址，通过假名、匿名的方式加入网上洽谈、报价、询价、签订合同甚至伪造支付等。由于交易对象的跨地域性、全球性，交易各方有可能来自不同的区域和国度，这对交易各方的网络伦理规范提出了较高的标准。

公平性。公平性是电子商务区别于传统商务的又一个重要特征。在电子商务活动中，所有的企业，不论其规模大小，都在交易中都处于更为平等的地位。互联网使那些实力相对弱小的公司克服了资金、人才、地域的限制，与大公司进行平等的交易，并具有相同的机会从网络交易中获益。

快捷性。在电子商务平台上，物流、人流、资金流、信息流有机结合在一起，资本、人才、产品、服务和机会等资源联结为一体，电子链、信息链、价值链协调互动，实现信息传递、物流配送、支付结算高速运转。由于互联，使经济活动产生了快速运行的特征；由于互联，客户可以迅速搜索到所需要的任何信息，对市场做出即时反应。

全球性。电子商务是以 Internet 作为其交易载体的，而 Internet 的一个重要特征就是全球连通，Internet 跨越了地域和国家界限，商家可以在 Internet 所到之处搜寻资源、推销产品，Internet 使得远距离的交易成为可能。电子商务改变了封闭的交易形式，由于互联，超越了地区和国界的限制，使得整个世界的经济活动都紧紧地联系在一起。

　　（二）电子商务的优势

　　电子商务之所以能够在短时间内得以迅速地发展并且日益呈现出一种不可抗拒的趋势，是由于经济贸易发展的内在压力和科技信息技术发展的外在可能性共同作用的结果；而国际市场激烈的竞争则是加快电子商务发展的催化剂。

　　首先，新技术和信息产业的发展为电子商务提供了重要的物质基础。电子商务是在电子信息技术和信息经济成为人类社会技术、经济的标志后才产生和发展起来的。社会在从工业化时代进入信息化时代后，信息成为第一生产要素，而现代科学技术的迅速发展，特别是电脑的普及应用，Internet 网络的出现，使信息的传递出现了质的飞跃，突破了时空的界限，为各国生产者和消费者提供了技术条件，为进行商务活动提供了更优质、更便捷的电子工具，为世界经济活动走向电子商务奠定了重要的物质基础。

　　其次，频繁的经贸活动使各种贸易单证、文件等的数量激增，虽然计算机及其他自动化设备的使用减轻了人工处理纸面单证的劳动强度，但仍然存在成本高、传递速度慢、重复处理等问题。运用电子信息技术实现无纸化贸易成为经贸活动的迫切需要。

　　再次，国际市场的竞争日益激烈，并且表现出新的特征。价格因素在竞争中的主导性地位逐渐下降，服务性因素的地位逐渐上升，以价格为主的竞争逐渐转移到服务竞争上。这迫使企业不得不改善自身的服务，不断地创新，提高自身竞争力，这使电子商务得到了长足的发展。因为，企业利用先进的信息技术开展电子商务不仅可以节约联络客户的时间，而且能更好地了解客户的需求，为客户提供更优质、高效的服务，有利于提高自身在国际市场上的竞争力。

　　电子商务作为一种新的商业交易方式，可以节约交易费用，提高交易频度和结算效率，可以无限放大市场和商业机会，从而放大资源配置范围。因此，电子商务这种新型交易方式，自有其广阔的前景。电子商务的迅速发展主要是基于其独特的优势。与传统的商业营销及公司运作方式相比较，互联网上的电子商务有其自身的独特优点。

1. 不间断的在线服务

由于劳动作息制度的限制，一般的企业很难保持每时每刻的连贯运作，加之世界各地的时差问题，造成了跨国界贸易的极大不便和低效率。对企业来讲，若要每天 24 小时、每周 7 天不间断的运作以获得商机和服务客户，其费用相当高昂。然而，电子商务却可以使企业借助于网站而摆脱人员销售的局限，可以实现每时每刻不间断地在线信息服务。利用互联网从事生产、销售和合作的联系改变了传统的买卖双方面对面的交流方式，也打破了旧有工作模式按点上下班所带来的时间限制。通过互联网使企业面对整个世界，直接接触成千上万的新用户，抓住新的商业机会。这已经成为企业参与市场竞争的一种重要手段。互联网为企业提供了理想和低成本的信息发布渠道，商业机会因此大大增加。任何人都可以在任何时候经由互联网访问企业网站，查找企业信息，并通过电子邮件进行询问，企业的自动邮件回复系统可及时回答其中的常规问题，这一切对于交易双方而言，都是十分方便和廉价的。

2. 极大地拓展企业采购及市场营销范围

在互联网的电子虚拟世界中，没有地域、国界的界限，通过上网开展电子商务，将使企业拥有一个商机无限的网络发展空间，这也是企业谋生存、求发展的新路径。通过建立企业网站，企业将自己的产品放到了互联网上，世界任何地方的上网用户都可以访问网站，大大拓展了企业的营销界域。比如，在传统的企业采购过程中，商品以及供应商的选择是一项费时费力的事情，采购人需要到众多的供应商产品目录中查询产品，或通过报纸、电视、熟人介绍，既费时间还要消耗不少人力、物力。如今，利用电子商务，企业不仅使业务开展到传统销售和促销方式所达不到的市场范围，而且使原材料的采购范围及选择面也大大增加。网上交易效率极高，在线交易站点和垂直行业门户为客户提供即时的比较多的制造商的多种产品性能和价格。而且，在网络中，小型企业也能像大客户一样享受到良好的服务。此外，企业的网站可根据自己服务对象的特点，轻易地使访问者挑选不同的语言界面，从而方便交流。因此，使用互联网进行销售活动，可以赢得新的客户。例如，美国戴尔电脑公司基本上利用互联网直销的方式（有些国家和地区还同时利用电话直销的手段）销售其产品。在戴尔公司 Web 站点上采购产品的，有80％的消费者和50％的小公司过去从未购买过戴尔公司的产品。这些顾客看中的正是互联网所带来的便利，而网上直销也是戴尔的成功的主要因素之一。互联网为企业的产品和服务的推广提供了一个传统的电话信函交易，电视、报纸和广播以及商品零售等无法企及的崭新的营销传播通道，这一通道随着电子银行、专邮速递等网上交易手段的逐渐成熟，使商流、物流、信息流和资金流合而为一。由于它日益广泛的覆盖面，信息发布的及时性与丰富性，个性消费的便利性以及显现终端促销效果将成为营销的一个重要方式。

3. 降低企业成本

网络经济的特点是数字化，随着通讯价格的不断下降，互联网创造了一种低成本的全球通讯方式，在上网用户之间，关键信息可以实现及时传递。互联网可以在一瞬间将信息传递到世界任何地方，而成本却非常小，从而使企业的信息流能够比传统的传真、电话，甚至邮政手段更快捷、更精确和成本更低地在互联网降低销售成本和客户维系成本上开展电子商务。根据高盛（Goldman Sachs）的统计资料表明，与传统的书面、电话、传真和 EDI 方式相比，电子商务使各类企业平均降低12％～15％的成本。

表 6-2　电子商务降低业务成本

行业	估计从 B2B 电子商务获得的节省量*
航空机器	11％
化工	10％
煤炭	2％
通信	5％～15％
电子元件	29％～39％
食物原料	3％～5％
森林产品	15％～25％

续表

行业	估计从 B2B 电子商务获得的节省量*
慢速货运	15%～20%
卫生保健	5%
生命科学	12%～19%
机器（金属）	22%
媒体与广告	10%～15%
维护、修理	10%
石油与天然气	5%～15%
造张	10%
钢铁	11%

＊表中数据是经过将 B2B 方式与书面、电话、传真、增值网络等传统业务方法相比较而得出的。数据来源：Goldman Sachs[10D]，2000 年 1 月。

在电子商务交易系统里，在目录上增加一个产品或增加一份合约的成本几乎接近于零，同样，维护一个合约和产品列表的成本也非常低。例如，企业将现有的宣传册和产品目录搬到网上，若这些资料需要更改，企业会发现在网站上调整有关内容可以比重新印刷产品目录容易得多，而更新网站的费用很小。互联网可以消除地域分割的空间障碍，并且由于接入互联网的成本不高，使分散的买方和卖方可以通过互联网，特别是通过那些 B2B 网站找到对方，而不用支付昂贵的旅行费用和中介佣金。并且，在互联网上只要轻动鼠标，就可以顷刻间从一个厂家的网站转换到另一个厂家的网站，"货比三家"变得越来越容易。

网络是一种直接的经济，如果存在中间商，那必须提供不可替代的有价值的服务。B2B 网站在某种意义上来说是一种中间化的平台，它所起的作用与传统的中间商是相同的，不过是利用网络的优势将其作用放大。据高盛统计，原有的分销体系将增加总成本的 20%，更进一步说，它还可能产生存货和坏账等隐性成本。网上交易则可帮助厂商减少其分销成本。网络的高效互动特性使传统利润分割的批零方式很容易被类似直销功能的网络营销所取代，并实现"按需定制"的个性消费和生产模式，这极大地降低了企业的库存，企业最终可以实现其零库存战略，同时也使消费者购买到称心如意的商品。最典型的例子就是戴尔电脑公司，它的网络贸易由于减少了销售成本（主要是库存），使得公司的销售利润率大大高于 PC 销售收入排名在前的老牌的 Compaq 公司。此外，网络支持的供应链集成的实施，可以获得以下直接经济效益（如表 6-3 所示）。

表 6-3　网络支持的供应链集成获得直接经济效益

经济效益体现	百分比
供应链成本降低	8%～35%
库存下降	22%～85%
供货表现提高	2%～42%
资金周转	17%～68%
预测正确率提高	15%～65%

4. 缩短生产周期、减少库存

在市场竞争中，节约时间、缩短生产周期和减少库存能极大地增加企业的竞争优势。利用电子采购手段，可以克服由于复杂的手工审批和采购过程所导致的过长的采购和订货周期。电子商务在营销领域所带来的深刻变革还体现在：通过互联网，以中心厂商为核心，将下游经销商、上游原料及零配件供应商以及金融、银行等结算部门整合在一起，构成一个大经营体系，及时有效地调度资源，以迅速适应市场的变化。在这一个大经营体系中，分布各地的下游经销商在通过网络订货和付款的同时，将市场需求趋势及销售、服务状况及时通过网络反馈给制造商；制造商及时调整新产品的开发与生产计划，改善售后服务；与此同时，制造商又将生产计划、原料及零配件的需求情况及定货单传送上游供应商。上、中、下游企业通过互联网共享计划、技术、产品及市场需求等信息，整体配合形成一个"动态反应链"，按订单组织生产，可以在周密计划下有效利用各种资源，缩短生产周期。

5. 减少营销环节、缩短供应链

长期以来，在那些价格不透明的市场和不能及时找到买方和卖方的市场，存在着许多中间商或经纪人为买卖双方提供服务。市场的不透明有时能让中间商完全控制这个市场并按照交易额获取大量佣金，而不是按照他们所提供的服务获得酬金。在这样的市场中，中间商控制交易价格，买卖双方信息不能广泛地交流沟通。以一本书在美国的销售为例，若这本书的标价为 30 美元，通常的分配方式如下：作者 10％，出版商10％，批发商 50％，零售商 30％。在这种情形下，互联网的作用，使得买方和卖方之间的报价和成交的渠道更畅通，市场更透明。在电子商务世界里，买主可以直接与生产商在网上进行交易，中间商的作用日益降低，价格垄断和地域垄断性的竞争策略将不再有效，商业竞争顷刻间走向国际化，传统的生产与经营模式将受到前所未有的挑战。一些经纪人会因此抵制电子商务，然而许多经纪人已经意识到这一结果不可避免，现在在美国，他们已开始致力于为客户提供增值服务。

第二节　电子商务中的伦理调节

在以全球性的、开放性的、全方位的 Internet 为基础的"网络社会"背景下，电子商务的发展不仅在一定程度上改变了原有的人际关系，而且还形成了新型人际交往关系。这不仅对传统社会伦理道德提出新的要求，而且还必然产生不同的商务网络伦理关系——以互联网为中介形成的社会交往关系及伦理秩序。

一、电子商务中伦理关系的变化

电子商务以互联网为中介创造出一个电子世界。它可以使居住地区、宗教信仰、价值观念、风俗习惯和生活方式不同的人们，在同步或非同步情形下在网上互动，形成各种各样的新型人际交往关系。由此，必然产生独具特色的网络伦理关系，即以互联网为中介形成的社会交往关系及伦理关系。在电子商务中，交易活动是通过互联网平台进行的，由于网络世界的虚拟性、隐蔽性、自由性等特点的存在，电子商务中存在着的"败德行为"或"道德风险",其中的道德问题也将更加复杂和突出,伦理调节作用将更为彰显。

(一) 网络交往环境和交往关系的变化

互联网是通过通讯传输系统把作为各个节点的计算机互联而成的开放型的网络。在网络连接中,通过计算机把文字、声音、图像和影像等信息转换成二进制的最小单位——比特 (bit),个人可以在选定的时间和地点通过互联网获取选定的比特,以解码方式还原为信息本身,通过双向的信息传递过程实现互动交往。所以,人们在互联网上的交往过程可简单以下公式表明:

与⇆计算机⇆比特⇆计算机⇆人

网络技术产生了新的交往环境和交往方式,使以往的交往模式发生了深刻的变化,消除了身份、地位界限和时空阻隔,使平等主体的普遍交往成为可能,揭开了人类交往史上新的一页。

1. 新型多主体交互方式

长期以来,人们的基本实践和视野是处在主体与客体的两极框架之中。在人类实践中,作为一个主体,往往把他人当做客体,因此,人的一切关系的基础是主—客关系。网络社会中,人们的基本实践就是交往活动,突破了现实社会中以自我为中心的互动特征。在网络交往活动中,自我和他人是相互联系、相互依赖的。网络上进行在线交谈、网络讨论或进行超文本的创作和阅读时,首先,"对于我的存在,别人是少不了的。"[①] 每个网络主体都以另一主体的存在为前提;其次,网络交往需要认同、尊重、理解对方;再次,互联网消灭了权威式中心化的主体意志,每个网络人都能够充分表达自己的意志,都处于一种多主体交互的界面环境之中。互联网技术为主体间的平等自由交往提供了可能,单

---

① ［法］萨特:《存在主义是一种人道主义》,上海译文出版社 1988 年版,第21 页。

一主体性开始转变为多主体交互性。同时，网络社会形成的普遍化交往，开始具有了自由交往的特征，交往成为个人自由自觉的活动，个人实现了对交往关系的自由选择。在这种自由交往中所表现的就是一种互为主体的状态，也即网络交往中每个主体与之切实相遇的是另一主体，交往的方式也由单向性向交互性、非中心化转变，为实现主体的自由性、平等性交往开辟了道路。

2. 新型交互时空

电子网络社会为人们提供了一个新的被称之为"赛博"（Cyberspace）的交往空间。在这个空间中，一个人可以和身处其他地区网络之中的任何人交往。"电脑空间文化最有吸引力的地方是：任何人都可以与任何国家、任何地方的人直接沟通……通过一种中立的文化媒体，我们能清楚、简单地与他人沟通，我们能向对方表达自己的愿望和动机。"[1] 既可以定向与某一个人联系交往，也可以同时与多个人联系交往。这种交往行为可以在几秒钟之内——信息以光速传播发生和完成，既可以共时交往，也可以延时交往。把人与人之间交往的时间无限缩短，空间距离无限拉近，使交往具有了普遍性和无限性，每个个体都可能最广泛地参与到社会交往活动中去。

3. 新型交互共同体

由电子网络交往所形成的是一种以前所没有的新共同体，有人称之为"电子共同体"。日本社会心理学家池田谦一在《电子网络的社会心理》一书中认为，以往的人际交往关系是在一个人生活史中逐步形成的，在本质上是受到本人的职业、学校、工作场所和生活场所等物理状况所制约的。电子共同体可以在与个人生活史毫无关系的地方形成，他们很可能是由共同关心某一领域的人所形成的，构成这个共同体的成员也不受年龄、性别、职业等限制，而是由他们所关心、所提供的信息内容所决定。同时，电脑通信能飞越时间、空间与社会的"篱笆"，使纯

---

① ［美］罗伊：《无网不胜》，兵器工业出版社 1997 年版，第 54—55 页。

粹以"信息之缘"连接的人与人关系成为可能。在这个意义上形成了全球性的没有制约的集团，它给予人们创造性动力的可能性是无法估量的。应当说，这种电子共同体具有了共同体的本质特征，因为他们真正是为共同关心、共同目标结合而成的共同体。有人认为，数字科技是一种可以把人们吸引到更加和谐的世界之中的自然动力，人们结缘于电子空间，形成"比特族"、"电脑族"，逐渐创造出一种全新的生活方式。

（二）网络中的人际关系

1. 网络中人际关系的新变化

新的交往环境、交往方式和交往关系，造就了新型人际关系。电子网络社会中的人际关系，是以计算机、网络和数字符号为中介，在超文本和多媒体链接中实现的人、机互动基础上形成的人际关系。它具有以下几个特征：

全球性。互联网以其独特的传播方式，超地域性、超时空地将地球连接成一个村落时，置身其中的人际关系无论在广度上还是在深度上都发生着或大或小的变化。一方面它改变着传统社会关系和人际关系，使得现实"熟人社会"中的人际关系相形见绌；另一方面电子网络中的人际关系突破了种族、国家、地区等各种有形或无形的疆界，真正体现了全球范围内的人类交往，体现了人与人之间的"无限互联"。因此，网络人际关系是迄今为止人类所面临的最复杂、最广泛、最宽阔、最开放的关系结构。

虚拟性。网络人际关系的虚拟性根源于网络世界的人工构造性。网络世界是人类通过数字化方式，链接各计算机节点，综合计算机三维技术、模拟技术、传感技术、人机界面技术等生成的一个逼真的三维感觉世界。进入网络世界的人，其基本的生存环境是一种不同于现实物理空间的电子网络空间或赛博空间。这样，一方面网络人际关系的虚拟性是与实体性相对的，交往主体隔着"面纱"，以某种虚拟的形象和身份沟通、交流，交往活动也不再像一般社会行为那样依附于特定的物理实体和时空位置；另一方面网络人际关系的虚拟性并非与虚假性等同，尽管由于人的恶意操作会使它变质为虚假。在人工构造的虚拟情境中，网络赋予人一种在现实中非实在的体验，从功能效应上说这是真实的。虚拟情境所发生的现象关系到交往者的伦理道德问题，而与网络的上述功能无关。

不确定性。在现实世界中，人们的社会关系如亲戚、朋友、同事、邻里、师生关系等虚拟情境，在很大程度上是一种"熟人型"关系，其交往活动依附于特定的物理实体和时空位置，并受着较为稳定的社会价值观念和文化的支撑和制约。在网络世界里，信息的庞杂性、虚拟性和超时空特征使得作为行为目的、意义和情感的传播通道并不是清晰可辨的。同时，网络世界是一个开放的多元世界，它跨越了时空的地理界限，但却无法消除历史文化差异。这些都使得发生在人与人之间的网络交往易变、混沌，网络世界中的人际关系也因此充满了不确定性。

由此可见，网络世界具有与现实人际关系不同的新内容、新特征。网络人际关系大大突破了现实生活中人的社会阶层、地位、职业、性别等差异，意味着个体间的真正平等；增强了主体的道德选择、自我评价的行为能力；使道德个体的个性化和主体性得到提升和确证，从而拓展、延伸和强化了人性中的品德结构和伦理特性，促进人的自我完善和发展。但是它也带来了人与人之间道德情感日益淡漠、非理性行为激增、道德人格异化加剧等负面影响，如"网络幽闭症"、"网络飘移症"、网络欺骗、犯罪行为等。在错综复杂、超时空的网络交往中，对交往主体来说，在现实中的是非感、正义感、责任感、义务感、荣辱感、尊严感等被置于一个无边无际的虚空地带，网络人际关系的虚拟性、不确定性使得主体的道德认知、道德意识失去了稳定的根基。多元文化、价值观念的传播和影响使得主体的价值选择趋向盲目，这些都使得网络中的人际关系以及形成的网络社群，缺乏基于道德、价值共识所具有的情感、责任、信念和理想等心理机制上的内在张力。因此，一方面是网络人际关系内在张力的贫乏；另一方面是网络人际关系外在维系的空缺。

2. 网络中人际关系的新特点

网络世界里，新的交往环境、交往方式和交往关系的变化，也使得传统的人际关系发生变化。网络人际关系具有了新的特点。

网络人际关系以数字化的信息为基础，是建立在信息的数字化基础上并以其为内核的新型伦理关系，网络与信息的特点渗透到人的观念领域，改造着人的精神世界。网络再造了人类信息交往的各个方面，创造了新的信息文化空间及与信息相关的人类精神生活世界。网络人际关系以信息数字化为核心，高度依赖于信息技术，并以信息的生成、分配、交换、消费为终极目标。电脑网络社会里的交往活动是以信息利益为纽带的崭新的文化活动。网络对信息虚拟性使得网络伦理关系的存在不同于现实的特质，如突破了现实社会的时间与空间限制，虚拟的交往环境为人际交往提供了在一定程度上法律与社会规范可以容忍的"虚假"，等等。

人际关系规范的多元化。与传统社会相比，网络人际关系的规范呈现多元化特点，一方面在网络社会中，世界变成了"地球村"，处于不同地域、不同文化背景下的网络中的人的伦理意识、伦理观念、伦理规范不可能完全相同。因此，在线上如何处理与他人关系的规范必然多样化；另一方面网络人是互有差异的具体的人，通过网络交往同样也使人们感受到人与人之间在价值需求上的差异性，从而导致人际关系规范也具有差异性。这种差异性在匿名的网络社会被无限放大，因为个体摆脱了现实中的种种束缚。在网络交往的不同环境中，影响人们行为的道德意义上的至关重要的一个因素是匿名程度，"研究发现，隐秘程度是影响行为的一个重要因素，它可以降低正常的社会限制，使人们对自己的抑制减少。"[①] 当然，在网络交往中，个体行为也会受到公认伦理道德规范的制约，这种公认的规范是主体自己认为在特定的交往活动中应当遵

---

① ［美］帕特里夏·华莱士：《互联网心理学》，谢影等译，中国轻工业出版社2001年版，第9页。

守的，更多地体现了自主性。

人际纽带的脆弱性。社会交往分析中有所谓弱纽带和强纽带的区分，互联网特别适于发展多重的弱纽带。平等的互动模式使社会特征在限制甚至阻碍沟通上没有什么影响，互联网的优点是允许和陌生人形成不稳固联系的弱纽带。不论是离线或在线，弱纽带都促使具有不同社会特征的人群相互连接，因而扩大了社会交往，超出了现实社会界定的边界。当然，并非网络中所有的联系都是弱纽带。总的说来，网络上的沟通促进了没有禁忌的讨论，因而在交往过程中更能表现真诚，能使人结成更多的社会纽带。当然，网络上友谊的终结率也很高，但话不投机便可能导致联系终止。

（三）网络社会关系与伦理关系的变化

人类社会生产方式和交往方式的变化和发展必然引发社会关系以及伦理关系的变化和发展。网络的发展深刻地影响着人们的生活，在以全球性的、开放性的、全方位的 Internet 为基础的"网络社会"背景下，人们的社会关系和伦理关系发生着重大变化。

1. 网络社会关系的变化

信息技术的发展产生了互联网，网络的发展深刻地影响着人们的生活，以至于人们把这个时代称之为"网络时代"。网络技术与计算机虚拟现实技术的飞速发展与融合，将各国、各地区及社会各行业、各部门联成一个整体，形成了一种人机互动、虚实相生的特殊物质形态和社会组织形式，人们称之为"虚拟社会"（Virtual Society）。在"虚拟社会"中进行的"网络化生存"已经逐渐影响到人们的生活方式和社会关系。电子信息网络的发展已经或将对社会产生的以下重大影响：

第一，改变传统社会人际交往结构和方式。在电子信息网络时代，在社会中形成了一种"虚拟社会"或"虚拟共同体"（virtual communities），形成了新的社会人际交往结构和方式，由"人—人"直接交往变为"人—机—人"的交往模式。从理论上讲，在网络上进行信息交流的人们，可以不分民族、国籍、性别、信仰、职业等因素进行联系，或仅仅根据相同的爱好、兴趣，针对某些或某一问题进行讨论而形成新的交往群体和关系。

第二，改变社会生产方式的某些组成形式。工业化生产的进行往往是以生产资料为中心进行的，它服从于最佳的市场效益所要求的地理位置优势，企业生产经营领域的选择经常把资源、交通、人口分布等因素作为重要参数。城市化就是工业生产方式所带来的结果，由此造成交通拥挤、污染等一系列后果。电子信息网络的建设将使生产经营过程出现非中心化的现象，许多工作不必到办公室或交易场所就能顺利完成，现代社会生产将围绕信息交流过程而形成新的运行机制和组合方式。

第三，改变人们的生活方式。过去，人们的生活方式往往受到个人社会地位、经济条件和地理环境的限制，而在网络世界里，参与息信网络的人都可以通过信息高速公路享受网络提供的信息服务。方兴未艾的互联网络的发展，必将引起人们社会生活方方面面的变革，人们的生活方式将日益多样化、个性化。

第四，在信息社会中，社会管理方式也将发生巨大变化。传统的组织管理结构是一种金字塔型的结构，是一种自上而下的管理权力高度集中统一的体制。在这种管理体制中，人们的思想观念和行为，当然包括道德观念与行为，都要求趋向于高度统一、整齐划一。而当代信息技术的迅速发展，极大地促进了文化、知识、信息的传播，普遍地提高了广大群众的文化知识水平，不断地促进群众的民主意识、民主要求，同时也打破了少数管理高层垄断信息的局面；加上网络社会激烈的竞争，要求管理主体能及时、准确地获得信息并做出反应，迅速灵活地调整战略、策略和行为。于是，传统的金字塔型管理结构逐渐向网络型的管理结构演变，从而管理、决策权力也不再只集中在各级管理者手中，普通民众将在和自己相关的事务管理和决策中发挥重要作用。非一统化的、不断民主化的社会管理方式也为人们的多样化生活方式、多样化的道德行为，提供了依据、支持与可能。

此外，我们还可以从社会其他各个层面，如文化、意识形态、经济、军事等诸多方面概括出电子信息网络将对社会产生的影响。日本学者增田米二在其《信息地球村》一书中用表 6-4 概括了通讯革命对人类社会的各个方面的影响。

表 6-4　电子信息革命对社会的影响

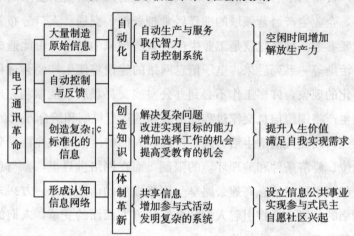

2. 网络社会伦理关系的变化

网络，这种新兴技术和其他技术一样，不仅仅是一种达到目的的手段或者工具体系，它在体现技术判断的同时，也体现了价值判断。也就是说，网络是负载着价值的，或者从更深层次来说，网络具有伦理问题的丰富含义。在以全球性、开放性、全方位的 Internet 为基础的网络社会背景下，人与人之间的伦理关系也在发生变化。

伦理关系是一定社会经济基础和社会生活的反映，是在特定的人类交往活动中形成并随着生产生活方式的变化而变化的。信息科技的发展将人类文明带进了一个信息化的社会，使社会的发展与时空结构发生了根本的变化。美国网络专家曼纽尔·卡斯特指出，信息革命带来的最基本的变化是：它有能力以甚至十年前还不可想象的方式，使人们紧密联系，消除"这里"和"那里"的界限。信息革命使得"时间与空间边缘化"，①互联网创造出的电子世界，使居住在不同地区、有着不同信仰、不同价值观、不同风俗习惯和不同生活方式不同的人们，通过学习、沟通、教育和阅读，在同步或非同步情形下在网上互动，形成各种各样的新型人际交往关系，由此必然产生不同于现实的独具特色的网络伦理关系。

如果说早期的局域网还不足以构成一个社会的基础，并产生新的交易伦理秩序和道德规范的话，那么，在以全球性、开放性、全方位的Internet为基础的网络社会背景下，电子商务的崛起和发展则正在产生出新的商务伦理，并对传统社会的伦理道德提出新的要求。美国未来学家阿尔温·托夫勒认为，人类文明发展至今已经经历了从农业文明到工业文明、再到以信息技术领头的"后工业文明"或称"信息革命"的三次浪潮，而每一次技术革命都将带来整个社会生产、生活方式的变化，也必将引起政治制度和思想道德观念的变化，出现新的伦理原则和道德规范。当然，两种文明之间在产生、转换和新文明确立过程中会发生新旧文明之间的冲突，包括价值观念和道德规范的冲突。确实，由于社会生活基础、人们交往和活动方式发生了实质性的变化，特别是人们的生活内容以及变革中的利益调整，人们的思想观念、道德情感、价值取向难免发生改变，并产生出一些新的需求。那么，为适应这一全新的电子空间，过去制定的一些零散的不成体系的网络道德规约已不能适应当前发展变化的形势，需要在传统道德基础上尝试制定比较系统的维护电子空间秩序和对人们的行为加以刚性的约束的新道德规范体系，将人们的行为控制在一个新的范围之内。

电子网络一方面能够消除现实的种种限制，扩大主体交往的深度与广度；另一方面交往的数字化、虚拟性、匿名性等特点使得人和人之间

①　［美］曼纽尔·卡斯特：《网络社会的崛起》，夏铸九等译，社会科学文献出版社2001年版，第563页。

的关系迅速转变并日趋复杂,传统伦理与网络特质不相适应而使其制约力减弱,网络人际关系中的各种文化冲突日益呈现表面化和尖锐化特征。

网络社会的存在和发展客观上需要并将产生新的伦理关系。从表层来看,网络空间似乎展现的纯粹是数字与数字之间的关系。但究其实质而言,表层的数字关系所遮蔽的恰恰是深层的人与人之间的关系。借助于数字化的信息符号,人与人之间形成了现代社会中新的互动模式。既然涉及人与人之间的关系,那么,网络就不仅仅是一个技术问题,它孕育、蕴涵着复杂的伦理问题。因此,网络社会的存在与发展不仅需要高度发展的信息技术,而且必须构建合理的伦理秩序和道德规范,建立和谐的人际关系。没有和谐的人际关系,处在网络生存状态的个体行为就会陷于无序中,网络社会就会发生危机。构建和谐的网络人际关系,不能简单地照搬以往的伦理原则和道德规范,而是要建立一种崭新的网络人际伦理秩序。

二、电子商务中的伦理调节作用

电子商务是一种商品交换方式,体现着客观的经济关系。在电子商务活动中,人际关系和利益关系的协调是客观的要求。其中,伦理的存在及其调节作用是必不可少的,就如同驾车必须遵守交通规则一样,人们参与电子商务活动也必须遵守其相应的秩序和规则,这是人们得以联网交易的基本前提。这些规则既包括技术性规则,如文件传输协议、互联协议等,也包括电子商务活动各主体之间进行交往的一些基本的法律、伦理等制度性规范。其中,伦理规范是一切商务活动的必要前提,没有商务伦理,商务就不可能正常进行,而市场约束和法律约束并不能替代伦理约束。在现代电子商务活动中,伦理调节不仅是电子商务活动的前提条件和基本因素,而且还可以规范交易行为,保障交易秩序,减少商务交易成本,促进商务繁荣,提高整个社会福利。

（一）伦理性：Internet 文化的新焦点

电子商务是建立在 Internet 上的，它不仅是 Internet 技术的应用，同时，也是 Internet 文化的体载，它深深地打上 Internet 文化的烙印。关于 Internet 文化特点，概括地讲，主要有开放性、共享性、协调性、合作性、创新性和服务性。

开放性。这是相对封闭性而言的，Internet 是全球最开放的网络结构，Internet 应用，如商业应用或电子商务，提倡自由竞争、公平竞争，反对垄断。任何人都可以建立自己的站点，成为信息发布者，而且费用较低，可以利用 Internet 相对经济、快速地为目标群体提供大量的信息在线服务。

共享性。这是相对专利而言的，如 Microsoft 公司将 Window NT、WIN CE 操作系统据为专利，作为知识产权；而 Linux 操作系统一开始就将源代码公开，符合 Internet 的共享文化。从信息资源的角度来看，Internet 是一个集各个部门、各个领域的各种信息资源为一体，供网上用户共享的信息资源网。Internet 不仅为用户之间的通信架起了桥梁，而且为他们提供了无所不包的信息资源和五彩缤纷的 www 世界。

协调性。这是相对控制而言的，Internet 及其应用的发展涉及各种多变因素，涉及各方面比较复杂的关系，需要平衡各方面的利益，甚至涉及国与国之间的关系和利益，有待于制定全球性的"游戏规则"。因此，重要的是建立相互间的信任，加强协调、协商、仲裁，而不是企图借自身的优势去控制别人，不是一切都要诉诸于本国现行的法律，不是过分迷信于把相互关系、作业程序通通写进契约，而依靠契约规定来强制执行。作为涉及伦理道德方面的文化引申，Internet 提倡宽容，兼容并蓄，有容乃大，它更接近于所谓的礼仪文化。美国早期很多具有联合性质的网络转移节点（IX）之所以瓦解，就是一些大型 ISP（如 UUN-ET、WORLDCOM、MCI、SPRINT 等）欺侮大量小型 ISP 的刻薄文化的集中反映。

合作性。这是相对单干、独占或兼并而言的。所谓合作，就是提倡合作精神，倡导联合共建（事实上，Internet 网络、电子商务就是联合共建的产物），倡导结成联盟（如 Sun Microsystems 与 Netscape/AOL 结盟，又如电子商务中优化价值链就是要结成以提高众多企业竞争力为目标的商业联盟）。

创新性。这是相对保守而言的。Internet 向全社会推广始于 1992 年，Internet 的商业化应用，或者说在 Internet 上成长电子商务始于 1994 年。早期在 Internet 上的成功企业，如 Yahoo、Netscape、AOL、Amazon. com 和 e-Bay 等，它们有的提供强大的搜索引擎帮助人们上网访问或浏览信息资源，有的建立门户站点（portal）发挥信息导航功能，有的帮助用户接入 Internet，有的开展 B to C 模式的网上购物（如网上售书，网上拍卖等，即 E-Commerce，这些方式反映了一种为广大消费者服务的现象。从事这种类型电子商务的业主，早期大多亏损经营，少数盈利企业其主要效益来源有：一是靠网络广告收入（附加商业效应）；二是靠上市（创业板块）股票升值（从资本市场找出路）。电子商务发展到今天，对上面提到的早期在 Internet 上成功的企业，其经营理念是否已过时，其经营模式是否还有活力，其成功之路是否能持续走下去，回答可能是否定的。这些企业又一次被历史推到生存发展的十字路口，迫使它们必须重新审视 Internet 文化的特质，进一步从创新中寻找机遇与出路。近年来，Internet 与电子商务均发生爆炸性增长，这必然伴随着相当大的风险，因此电子商务是和风险管理结合在一起的。风险本身就孕育着机遇和挑战，只有创新才能迎接挑战，走向成功。

服务性。这是相对于制造而言的，Internet 商业应用或电子商务不同于传统的工业经济，前者是客户主导型，提倡发展"一对一"的个性化服务，在组织整机或主导企业的商业联盟实行价值链优化时重视客户的反馈，包括实施客户关系管理（CRM）、维护修复及运行（MRO），企业与合作伙伴、客户之间，企业与市场之间进行交互式的交换信息；而后者是企业主导型，也进行客户服务，但属一般化。

（二）伦理调节：电子商务的内在要求

1．伦理规范是电子商务健康运行的基本条件和保障

电子商务所涉及的不仅仅是商品的交易，更是涉及人的复杂的社会经济活动。它涉及整个社会价值链的网络行为，包括从产品概念、产品创新到产品的生产、制造、销售和最终消费，直到人们价值的追求和实现。各种活动主体除了"经济人"在市场机制和市场竞争中趋利避害一面之外，作为"社会人"还必须面对各种各样的法律和伦理道德问题，如公平、竞争、权利、诚信等。个人与社会、利己与利他之间的矛盾和冲突仍然是电子商务活动所面对的核心问题。大凡现实生活中人们所遇到的各种伦理道德问题，都会在电子商务领域中存在，或以新的形式表现出来。因此，电子商务的发展，不仅需要技术、物流等基本因素的支撑，而且也离不开社会伦理因素的维系。伦理道德规范是电子商务活动得以健康进行的基本条件和保障。

商务的本质是交易，交易是市场经济的核心和纽带，人们正是通过各种形式的交易活动而获取彼此所需要的产品和利益。各商务活动主体间的关系或矛盾，在本质上都是一种利益矛盾，尽管互利乃是交易的前提，但各经济主体间所存在的利益分歧和矛盾乃是不争的事实。正如恩格斯指出的那样："每一既定社会的经济关系首先表现为利益。"[①] 交易双方都知道共同利益恰恰只存在于双方、多方以及存在于各方的独立之中，共同利益就是自私利益的交换；一般利益就是各种自私利益的一般性。为了协调各方的利益关系，维持正常的交易秩序，在客观上就需要法律的和道德规范。早在古希腊时期，哲人亚里士多德就已认识到，如果没有两个人之间的相互需求，或者是只有其中之一需要帮助，那么他们就不会发生交换。因此"在交换时必须使双方都得到补偿"的互利原则是维持商品交换的基本伦理要求。如果不按照市场伦理准则行事，其他人将不愿与其进行交易，或者不愿继续进行交易，其结果是违背或不

① 《马克思恩格斯选集》第 3 卷，人民出版社 1995 年版，第 209 页。

遵守市场交易伦理规则者就会丧失很多交易机会，并直接损害自己的经济利益。从这个意义上讲，交易的伦理规范正是市场交易活动本身的客观要求和市场交易秩序的重要部分，按照交易伦理规则进行交易乃是市场交易活动本身对交易者的基本要求和精神塑造。商务交易的顺利进行，首先正是依靠一种道德信念，这种道德信念是商务交易得以进行的前提条件，而电子商务也不例外。

2. 伦理调节可以节约交易成本

经济学把在交易中为确保交易顺利进行所需花费的信息成本、谈判成本、监督成本、实施处罚成本等称为交易成本。完全竞争和无交易成本作为理想条件，在市场经济现实中是不可能得到满足的。在实际交易中，我们都是要付出交易成本，问题是我们为什么要为此支付高昂的交易成本费用呢？其中，就包括为了防止交易中相互坑害、防止合同执行时丧失诚信、防止道德风险而付出的代价。在这里，伦理的意义凸显出来。伦理在商务中的必要性，表现在使交易双方具有可信性和相互信赖，表现在履行交易合同时能自觉地意识到自己的责任，从而大大降低经济交换中的交易成本。如果交易双方都具有诚实可信和不折不扣地履行交易合同的责任感，必将减少获取对方信息的费用、多次谈判费用、监督费用和实施处罚费用，交易双方都会感到生意容易做了。

3. 伦理道德规范可以保障交易秩序

伦理道德规范是商务活动主体必要的内在约束。商务中伦理调节固然可以节约交易费用，但它必须建立在大家都遵循的道德规范的基础上。然而，谁也不能保证大家都有道德地进行交易，如果有一个人不讲道德，他就会"搭"别人善良意志的"便车"，成为"逃票者"，从中获取好处。为了防范和减少道德风险，消除商务活动中的缺德或败德行为，就需要建立和完善市场机制和法律体系，为此就得付出交易成本。但是，以法律为保障的契约经济机制（市场机制）在下面两种情况中是失灵的。

一是信息不对称产生的道德风险。在商务交易中，交易双方对交易物的信息占有量不可能是对称的，在这种交易信息不对称的情况下，信息多的一方就可能利用其信息的优越性，欺骗信息少的人，从而产生败德行为。而且，信息优越者败德行为很难通过法律而被制止。制止信息优越者在信息不对称下交易的坑害行为，其根本办法除了外部约束，还有赖于信息优越者本身的责任感、诚实和认真来实现。法律只能对因在交易中进行欺骗造成对方损失的欺骗者进行事后惩罚，却不能保证交易双方的永远诚实。在信息不对称情况下，需要交易者在道德上的诚实品质。

二是行为人行为资源的垄断权。商务交易合同的执行涉及执行人的行为，每个人对其知识能力、执行合同的愿望、决心和责任心具有垄断权。也就是说，只有行为人自己才能决定其在执行合同时努力程度的付出、责任心的到位，而其行为、能力和意愿，是否能按合同约定而最佳地使用，最终也不能由经济上和法律上的外部因素来决定，而需要建立在其内心的道德约束基础上。行为资源的垄断性还表现在合同执行过程中的机会主义倾向上。当交易双方合同签订后，行为资源垄断者可以利用这种行为机会为自己谋取更多的利益。行为机会主义是交易合同执行中无法回避的问题，而法律的事后惩罚又必须使其支付高昂的费用，只有通过加强商务人的内在道德约束，使其自愿履行和遵守合同规则，尽心尽力，降低经济交易费用，才能在不减少合同双方收益的情况下产生整体的经济效率。

总之，发展电子商务不仅要重视电子商务软件、硬件建设，而且要关注"鼠标下的德德"，正确理解和处理电子商务与伦理文化的内在联系，防止"信息崇拜"和"技术至上"的负面影响，做到伦理与技术、法律携手，迎接电子商务的美好未来。

三、电子商务中道德调节的机理

在电子商务活动中，道德的调节作用内在于交易过程之中，影响和制约交易双方的决策和行为，并使得双方形成合理的行为预期、采取相应的对等策略。

　　（一）利益关系：道德调节的本质

　　恩格斯曾说过：人们"从他们进行生产和交换的经济关系中，获得自己的伦理观念。"① 道德或伦理并不是外在于经济活动和生产关系而独立存在的精神规范或准则，"生产和交换的经济关系"正是伦理道德得以产生、存在并发挥作用的客观基础。同时，道德又是根植、并规范和调节这种关系的基本准则和精神力量。

　　在古典经济学家亚当·斯密的市场经济道德观念体系中，同交易相联系的"利己心"被视为经济发展和市场秩序的基础所在。在他看来，利己是"经济人"参加市场活动的根本出发点和直接动机，而利他则是了解这一经济出发点和目的的必要途径。构成这一途径的具体路径则是互利的交易行为。市场交易使得利己心和利他心结合起来，在交易中，"经济人"要达到自己的目的或实现自己的利益，既不能强迫自己的交易伙伴，也不能企求他们发善心，而只能通过交易把双方的"利己心"结合起来，使双方都能从交易中获得好处。要想获得理想的收益，市场交易活动者必须在遵循市场伦理准则的基础上，在服务的质量上努力，使买方愿意同自己进行交易。

　　电子商务交易中的道德规范也是基于调节交易双方利益关系的需要而产生并起作用的。电子商务是一种全新的商务模式，先进的科学交易方式固然在技术方面、银行结算方面、信息传送方面有其优点，但一定要社会环境、法律环境和相应道德水准相适应。电子商务是将传统的交易方式改为在网络平台上进行交易，通过电子计算机、网络来进行这些经济活动。其市场疆域是基于网络的电子空间，跨越了时空界限被无限放大，利益关系"网络"也空前复杂多样。由于网络虚拟性的特点，欺诈、虚假交易、恶意竞拍、拍而不买等一系列问题无不挑战着买家和卖家的道德底线，黑客恶意侵入也给电子商务交易双方造成损失等，这些

---

　　① 《马克思恩格斯选集》第 3 卷，人民出版社 1995 年版，第 434 页。

障碍制约着电子商务的发展。可见，电子商务所涉及的不仅仅是商品的交易，更是人的复杂的社会经济活动。各种活动主体除了"经济人"在市场机制和市场竞争中趋利避害一面之外，作为"社会人"还必须面对各种各样的法律和伦理问题，如公平、竞争、权利、诚信等。个人与社会、利己与利他之间的伦理关系仍然是电子商务活动所面对的核心问题。大凡现实生活中人们所遇到的各种伦理问题，都会在电子商务领域中以新的形式表现出来。因此，电子商务的发展不仅需要技术、物流等先进的物质技术支撑，而且也需要良好的法律、法规和道德规范来维系。

（二）利益制衡：交易中的道德博弈

当一个人进入商务领域从事交易时，其主要目的就是获取自己的利益。从博弈论的角度看，在这种自利交易动机下，两个交易主体可能选择的如下交易方式。

乙

诚实或欺骗	诚实	诚实或欺骗	诚实
诚实	诚实	诚实	诚实

（甲）

从静态博弈看，在两个交易主体可以选择的交易决策方式中，第一种，不管对方采取诚实或欺骗行为，他总是以道德方式进行交易；第二种，不管对方采取道德方式还是不道德方式，他都采取不道德方式；第三种，如果对方诚实可信，他就采取道德方式达到互惠互利；第四种，如果对方坑蒙欺骗，另一方也采取不道德方式。在这些交易方式选择中，一方的最优策略是什么呢？第一种方式对自己明显不利，因为如果自己诚实信用，而对方可能采取不道德方式，自己就会被坑害；第二种方式策略是最佳策略，因为如果对方采取道德方式，而他采取不道德方式坑害别人从而获利；如果对方也采取了不道德方式，他和对方相互坑害，彼此扯平；第三种和第四种方式的选择要依赖于对对方行为的确认，但在现实中，确认对方交易行为是道德或不道德并不太容易，事前往往不易确认，甚至是在被对方坑了后才知道，这存在利益受损的风险。

然而，从动态博弈的角度看，在多次的或经常交易活动中，如果交易双方都采取自认为最佳选择的第二种方式，即毫无道德地坑害对方，尤其是当他确信对方会采取不道德方式进行交易或者他感到上次交易中自己被对方坑了，他即使不坑对方，对方还会坑自己，因此，针锋相对地坑对方以防止自己在交易中受到损害。那么，双方都选择相互坑害对方的方式的最终结果只会导致交易无法进行下去。实际上，在我们的商务交易中，总是存在着道德的优先确信。也就是说，我们大部分交易并不是一开始就采取败德的方式去坑对方，而是都确信对方和自己一样"害人之心不可有"。市场交易的顺利进行，首先依靠一种道德信念，这是市场交易得以顺利进行的前提条件。

不需要任何伦理规范和道德调节的市场交易只能具备以下三个条件：

其一，供求双方人数众多，产品没有差异性，市场是完全竞争。因为，如果供方少、求方多或供方多、求方少时，因为没有竞争，任何一方都有可以利用自己的优势地位去要挟对方，而有利于本方；同样，当一个供给者产品独一无二时，他也可能利用其产品的差异性，为本方捞取更多的利益。

其二，在交易环节上不存在费用和时间上的损失，这样双方就可以充分了解对方，确信对方不会败德。事实上，交易双方为了保证对方不败德，使交易顺利进行，首先要了解对方的情况，因此要花费许多时间和金钱，构成交易的信息成本；双方都想在交易中利用对方对自己知之甚少，争取更多的利益，又要进行多次谈判，同样要花费时间和金钱，形成谈判成本。假如极大减少这些交易环节上的费用，交易双方可以通过更多地掌握对方情况和多次谈判达成互惠互利的交易，也就完全可以避免败德行为的发生。

其三，通过合同达成的协议无代价地遵守和实施。在现实中，交易双方在履行合同时，存在着许多不确定因素和不安全因素，必须通过一定的控制和监督来确保合同不折不扣地履行，在交易一方拒不履行合同时，要有一定的处罚机制，以使由于处罚遭受的损失大于因不履行合同而获取的利益。合同的履行，需要付出交易和监督成本和处罚成本。

（三）道德调节具有不同于法律的效力

以法律为保障的契约经济机制有时也面临失效的困境，此时就需要道德规范的约束和调节。法律为保障的契约经济机制难以消除电子商务活动中的道德风险。例如，网上卖方与买方之间在对商品的了解上是信息不对称的，卖方具有信息优越性。在交易双方信息不对称情况下，信息优越者转交和使用这些信息知识存在着道德问题——追求自身效用最大化的自私行为。而这种道德风险很难通过法律被制止，因为法律制止的前提是，必须可以从外部观察和证明，信息优越者有意识地使用自己的专业知识坑害别人。但是，这种观察和证明通常是很困难的，甚至是不可能的。因为，要证明信息优越者滥用其知识，也就需要在这方面比他更有知识，至少知识信息等量者方可进行鉴定和确认，但又怎么能确保信息等量或更加优越者不同样利用其信息优越而败德呢？再者，如果聘请更有知识的人来进行确证、或利用法律进行公断、处罚，为此需要支付高昂费用，超过了信息优越者败德带来的损失，一个理性的人也只能听之任之了。一些消费者在购买某一厂家产品时，就这种产品的知识而言，厂家具有信息优越性，有可能被厂家欺骗；而当消费者买了产品，知道自己被骗了，也不可能去控告厂家，原因也是赔不起。因为，消费者对厂家进行控告的时间、精力成本可能超过了获取厂家赔偿的收益。实际上，制止信息优越者在信息不对称下交易的坑害行为，在很大程度上是通过信息优越者的责任感和内心道德约束来实现的。对是否认真使用优越信息的外部控制和监督，只能控制和惩罚那些在知识使用中的严重失职，而不能根本确认知识信息在经济生活中是否得到有效的使用。法律只能对因在交易中进行欺诈造成对方损失的欺诈者进行事后惩罚，却不能保证交易双方永远诚实。

再有，以法律为保障的契约经济机制难以消除商务活动主体的偷懒和机会主义行为。在电子商务活动中，交易主体对其行为资源具有很大的垄断权，买方和卖方在网上达成购物合同后，卖方能否真实履行合同，买方很难监督和控制；即使在买方发现卖方毁约时，和他解除了合同，但在发现和解除合同之前买方可能蒙受损失；而且由于合同的解除，买方又必须寻找新的卖方签订新的合同，这又要支付一笔费用；同时，原合同的中止也可能影响自己的利益。这些损失和费用是市场机制和法律不能要求卖方给予赔付的，有时卖方在行为上不尽责也没有一个确切的衡量标准，甚至根本就不能被发现和确定。

行为资源的垄断性在电子商务中表现很突出。电子商务交易虽然是在网络平台发生的，但也要经过多个环节才能完成。通过网络交易获得的商品就具有了"团队生产"的性质，即使一种产品由若干个集体成员协调生产出来，而且任何一个成员的行为都影响其他成员的生产效率。由于最终产出物是一种共同努力的结果，每个成员的个人贡献不可能精确地进行分解和观测，因此，不可能按照每个人的真实贡献去支付报酬，这就导致了偷懒行为（shirking problem）。即某些团队成员即使工作不努力和缺乏积极性，也不会少拿报酬，从而占了其他人的便宜，出现"免费搭乘"现象。这不仅影响团队生产效率，而且如果每个人都"免费搭乘"，就会使整个团队生产无法进行下去。为了防止这种偷懒行为的发生，企业内部的解决办法就是让部分成员专门从事监督其他成员的工作。但谁又能保证监督者不也偷懒呢？这就需要给监督者更多的利益回报以确保其监督的积极性。这些利益回报是监督团队生产必须支付的监督成本，但是，支付了监督成本一定能保证监督者不偷懒吗？监督者是否监督到位和具有积极性同样也是不可能时时观察和测量的。因此，只有当合同的签订是建立在双方相互信赖的道德关系上，才可能进行团队生产，并把监督成本降低。而这种忠诚和责任心从根本上来说，是建立在交易双方道德规范基础上的。

行为资源的垄断性还表现在合同执行过程中的机会主义倾向上。当双方交易合同签订后，在执行合同过程中，行为资源与实物资产不同之处在于，实物资产一旦投入，短时间内很难撤出。而行为资源则可以随时撤出，行为人随时都可以决定自己在执行合同过程中的努力程度和积极性，决定自己是发挥最大能力还是撤出。行为资源垄断者可以利用这种行为为自己谋取更多的利益。例如，当企业和其代理商签订委托代理合同后，代理商可以利用其在行为中不尽心尽力而迫使委托人（企业）向其支付额外费用。克服行为机会主义的惟一办法就是把长期合同变为短期合同，把一次性交易变为多次重复性交易。短期合同和多次重复性交易能减少机会主义行为，因为一旦发现机会主义行为，就可以中止续签合同和停止下次交易以防止更多的利益损失。但这也不能从根本上杜绝行为机会主义，只不过把原来交易合同执行中的机会主义行为变为交易中的机会主义行为。因为，交易一方可以根据其短期行为的努力和每次交易中必需的行为资源，要求对方支付更高的价值。而短期合同的签订和多次重性的交易，无疑增加了交易成本，降低了交易的经济效益。

可见，无论是团队生产中的偷懒行为，还是机会主义行为，都是交易合同执行中无法回避的问题。在监督履行合同不到的地方以及法律刑罚又要支付高昂费用的情况下，只有通过加强交易双方的内在道德约束，使其自愿履行和遵守合同规则，尽心尽力，降低经济交易费用，才能在不减少交易双方收益的情况下，产生整体经济效益。

此外，商务中的经济人以功利主义为其哲学基础。功利主义一方面强调个人以追求自身利益、欲望、幸福为动机；另一方面认为，一个人追求个人的幸福同时也会增加他人幸福和整个社会的幸福。市场经济及其法律体系正是建立在这两个原则基础上。在市场经济机制下，个人对自身利益、欲望满足的追求，会导致竞争，从而提高经济效益，促进整个社会经济繁荣。一个人挣的钱越多，他交的税越多，为社会创造的财富也就越多。其实，市场经济机制并不能确保这种"人人为我，我为人人"的法则完美运行，经济中的"外部负效应"实际上也会导致"人人为我，我损人人"的局面。当某一市场主体的商务活动影响到其他人的经济成本和收益时，就产生了外部负效应。例如，网络公司不负责任发布不实或虚假产品信息，它和卖方获取了商业利润，但产生了外部有害效应，对买方造成了经济损失。当然，对这些可以明显觉察到的外部有害效应通过法律使其外部负效应"内部化"，如让该网络公司赔偿买方的损失，从而增加其成本和费用，使其在"损人"之后得到"损己"惩罚。

　　然而，法律对外部负效应的内部化解决方式存在着严重的不足。因为，不是每一个外部负效应都可觉察并确切地鉴定其经济损害程度，如模棱两可的网络商品广告、偷换概念网络商品信息等现象时有发生。另外，"损人"同时也"损己"的他律方式对整个社会来说只能是一种双重损失，其结果必然导致整个社会福利的下降。

　　在稀缺性资源面前，即使法律有效地确保外部负效应的损害程度，并通过"内部化"方式来解决，其结果也是不能令人满意的。如从网上买到假药，尽管法律判以经济赔偿和事后受惩，但被损害的身体或生命可能再也不能恢复。对稀缺性资源和人的生命的维护，不仅仅是一个市场约束和法律约束问题，更是伦理问题，是一个在伦理上对自然、对生命的尊重和珍惜的问题。

　　因此，对于外部负效应，他律方式只是一种治表的方法，其治本的方法只能是自律，通过强化道德感来加强自我约束，提高自觉性才是根本。

　　现代福利经济学研究进一步揭示出伦理在社会经济福利改善中的意

义。在改善和提高社会福利上，帕累托标准和帕累托最优①都有一个基本要求，即"不使其他人的境况变坏"，也就是说，不要产生外部负效应。这一要求正是伦理的最基本准则。西方宗教伦理的最基本原则的"勿伤害"，我国传统伦理对人的基本要求"害人之心不可有"、"己所不欲，勿施于人"。用这些基本伦理原则去规范商务活动中人的行为，也就保证了帕累计托标准中的"不使他人的境况变坏"，排除了外部负效应，是达到帕累托最优的条件。因此，可以说，伦理在商务活动中的根本作用是改善和提高了整个社会经济福利。

第三节　电子商务中的道德建设

电子商务作为一种建立在信息技术平台上的先进的商务活动方式，无疑有着良好的发展前景。但从目前电子商务发展的现实来看，也面临着许多问题，其中既有技术上的问题尚待有效解决，同时电子商务运作中的伦理问题也开始成为一个严重的现实问题。因此，在发展电子商务的过程中，在努力解决技术上难题的同时，也需要正确认识和处理好电子商务运作各环节中的道德问题。

一、电子商务运行与道德规范

以互联网为载体和交易方式的电子商务的健康运行需要两个方面的因素：一是物质性和技术性因素，如完善的互联网基础设施、良好的现

---

①　福利经济学家帕累托指出，如果某些经济变化的结果可以在不使其他人的境况变坏的情况下，使一些人或至少一个人的情况变化得更好时，社会福利就会得到改善。这一衡量社会福利改善与否的标准被称为"帕累托"标准，如果某种经济达到了这种状况，以至于一个人的境况不可能再变得更好，除非使他人至少一个人境况变得更坏时，社会福利就不再有改善的可能，它就达到了最佳状况，即"帕累托最优"。

代物流系统、完善的网上支付系统、先进的商品展示技术、高素质的电子商务人才等，这些是电子商务正常运作的物质性条件和保障。另一个是制度性因和道德性素，如相对完备的法律制度、信用制度、良好的伦理秩序和道德规范等。

（一）电子商务的运行条件

尽管电子商务较之传统交易方式具有强大的优势，但电子商务的健康运营仍然需要理为良好的应用环境和维系条件。

1、电子商务运行的物质技术基础

电子商务的健康运行首先需要良好的物质技术基础，择其要者而论的以下几点：

一是高速廉价的互联网基础设施。电子商务运作最显著的特征是有大量的信息流在整个社会各个领域的不同层面传送。因此，实现电子商务的前提条件是其物理网基础，即需要有四通八达的，能高速、安全、方便、低成本地传输诸如文本、数据、语音和图像信息的基础设施网络。可以说，在电子商务以技术为核心的几大组成部分中，最基础的就是通信网络基础设施。

二是良好的现代物流系统。互联网使企业突破了地域的限制，现在上网的企业有可能收到来自世界各地的订单。这要求企业重新制定物流策略来满足客户新的需求，企业不只是关注如何生产产品，还必须要关注如何把产品及时地送到客户手中。无论是哪种类型的电子商务，都在呼唤产品能以最短的时间、最省钱的方式、最安全地从生产商那里送到消费者手中。一次完整的电子商务过程包括由生产厂家将产品生产出来，通过运输仓储、配送，最终送到消费者手中的物流全过程。每一笔商业交易的背后都伴随着物流和信息流，供应链上的贸易伙伴都需要这些信息以便对产品进行发送、跟踪、分拣、接收、存储、提货等。在电子商务时代，物流与信息流的相互配合体现得越来越重要，在供应链管理中必然要运用越来越多的现代物流技术。电子商务的发展离不开现代物流业强有力的支持。所谓现代物流业，是指产品从生产地到消费地之间的整个供应链，运用先进的组织方式和管理技术，进行高效计划、管理、配送的新型服务业。

三是完善的网上支付系统。支付是交易双方为清偿商品交换和劳务活动所引起的债权债务关系而进行资金清算的一种行为。它包括银行和客户之间、银行和银行之间的资金收、付关系。围绕这些经济活动，交易双方联系在一起，组成一个复杂的系统，称之为支付系统。支付系统作为金融业生存、发展、参与竞争的基础，受到各国银行的重视。特别是互联网和电子商务的出现，对支付系统提出了新的要求。1996 年 5 月，美国批准了一个专门为在互联网上进行信用卡交易而设计的标准——《安全电子交易协议》（Secure Electronic Transaction，SET）。利用此项协议，可以对在互联网上传输的信用卡交易数据进行加密，同时对数据的发送者和接收者进行身份认证。目前，利用《安全电子交易协议》协议进行信用卡支付交易的方式已开始应用在互联网上。然而，由于互联网的安全性和稳定性问题，信用卡数据被盗的风险很大。尽管有各种加密和认证技术的保护，这种风险仍不可避免。目前，在互联网上并不存在一种被广泛接受的支付工具，这已成为电子商务发展的一个瓶颈。

四是先进的商品展示技术。电子商务虽然以其所特有的优势方便人们交易，但目前人们在网上交易时，大都只能看到网上商品的图片和资料。这种网上产品展示方式显然不能满足人们对交易信息的要求。目前，科学家们正在研究各种各样生动的网上商品展示方法。英国网上时装零售公司 BOO 虽然因经营不善而倒闭，但这家公司开发的一项网上试衣新技术仍给人们留下了深刻印象。该网上试衣软件使全球各地的上网用户只要登录这个网站，点击试衣一栏，将自己的身高、肩宽、胸围、腰围等数据输入，就可以找到一位身材完全和自己一样的虚拟模特在网上代替自己试穿新时装。在自己挑选到色彩和式样满意的时装之后，不仅可以让虚拟模特一件接一件试穿，而且还可以让虚拟模特前后左右转动身体，以便让自己仔细地从各个侧面加以审视，以选择到使自己称心如意的新时装。

五电子商务人才。电子商务是一种崭新的商务形式，是现代高科技的产物，有着复杂的软件和硬件系统。同时，电子商务是信息现代化与商贸的有机结合。因此，在利用电子商务手段为企业服务的过程中需要有高素质的人才参与其中，特别是那些既掌握信息技术又懂得管理与经营的复合型人才。

2. 电子商务运行的制度和道德基础

进行商务活动，要有一套有形的法律、信用体系和无形的法律（道德规范和伦理秩序）来进行约束和管理，使之能有序进行。随着信息技术蓬勃发展以及互联网的日益普及，整个社会步入网络时代，人们的生活、工作等越来越紧密地与互联网联在一起。而当我们身处网络之中的时候，会发现这样一些问题：网上的信息很难辨别真伪（网上对话者竟不知对方姓名），互联网的虚拟性增强了造假的可能性（我们常看到在网上上当受骗的报道），网络安全使得交易损失有可能比传统模式更大（如黑客利用网络技术进行金融犯罪等），诸如此类的现象，向人们提出了网络安全问题。解决网络安全问题的途径除技术保障外，还必须有制度和道德保障。

首先，要有相应的法律法规环境。在电子商务中，主体—客体的法律关系会有变化，原先适用的法律、法规及相应的政策需要修改或重新制定。一些法律、法规如有关关税与税制、在线隐私权保护、安全与保密、知识产权保护、网上交易纠纷的司法裁定、网络及计算机犯罪、与网上商务有关的统一标准等急需出台。

其次，要有完善的信用体系。电子商务是基于网络技术的交易方式，整个交易活动都被各种信用关系所联结，各个交易环节都深刻地体现着信用的内涵。电子商务要求交易双方遵守规则、履行承诺、依法行事，其本质就是注重信用。交易双方在很大程度上是基于彼此信任而进行的活动，而这种信任是建立在良好的社会信用制度之上的。完善的信用制度使得交易双方在市场不确定条件下，能确定预期并采取相应行动。由于信息不对称，网络交易随时都可能发生诸如造假、欺骗等现象，这是电子商务运行中所要面对的一个致命性的难题。实际上，互联网从一开始就对社会信用体系提出了更高的要求。互联网自身的技术特点增强了交易信息的不对称，并造成物流与资金流的分割以及非同步发生。而电子交易过程的顺利完成更有赖于社会信用体系保障。

再次，要有良好的道德规范与伦理秩序。如同驾车必须遵守交通规则一样，人们参与电子商务活动也必须遵守其相应的秩序和规则，这是人们得以联网的基本前提。这些规则既包括技术性规则，也包括一些基本的法律制度和道德规范。伦理秩序和道德规范是一切商务活动的必要前提，仅靠市场自发约束和法律约束并不能使电子商务活动有序进行。目前，一些从事电子商务的公司已制定了相应的道德规范，如美国计算机协会制定了下列职业道德行为规范：为社会和人类做出贡献；避免伤害他人；要诚实可靠；要公正并且不采取歧视性行为；尊重包括版权和专利在内的财产权；尊重知识产权；尊重他人的隐私；保守秘密；等等。

二、鼠标下的道德

在电子商务中，交易活动是通过互联网平台进行的，由于网络世界的虚拟性、隐蔽性、自由性等特点的存在，因此，在电子商务活动中存在着大量的败德行为和极高的道德风险。主要表现在以下方面：

1. 电子商务中的不守信誉或欺骗问题

电子商务中的不守信誉或欺骗问题主要有：

一是虚假信息泛滥。由于网络的迅捷、价廉、虚拟等特点，无疑为交易双方提供了一种卓有成效的商品信息发布、交流的工具和渠道，但其所呈现于人们眼前的并非商品体本身或实物产品，而大都是文字、图片等信息资料。一些网络公司被私利驱使而表现得肆无忌惮，在网上发表各种各样的信息，或者制造各种各样的新闻来吸引消费者或者创造所谓的点击率，以扩大商业影响，谋求经济效益。这使得许多消费者对于网上发布的诸多信息心存疑虑，丧失了起码的信任。

二是商品品质问题。在电子商务发展过程中，由于相关的法律法规不健全、交易秩序和伦理规范不完善，一些企业不讲信誉，制造假冒伪劣产品，以牟取暴利。这使消费者对网上宣传的商品产生不信任感。其实，即使是实物交易也往往会买到假货而造成很多纠纷，电子商务由于其虚拟的特点，这一问题就更为严重。虽然足不出户，点击鼠标，便可通过计算机屏幕浏览网上的各种商品，后再输入自己的家庭地址和购物数量等资料，便会有人将选定的商品送上门来。但由于网上交易过程的虚拟化，消费者事前无法看到商品的实物和不能够当面交易，其暴露出的问题日益严重，有人称之为"网络广告满天飞，货送上门面目非"。由于交易产品质量参差不齐，加之部分企业经营者的商业道德水平低下、市场秩序混乱，消费者对商品的信任度很低，很多消费者宁愿多费些时间去商店购买东西，他们仍然认为"耳听为虚，眼见为实"。由于对电子交易缺乏基本的信任，严重制约了电子商务的开展。

三是物流配送不完善。在电子商务中，网络交易的环境是虚拟的，买卖双方并不见面，交易双方的信誉程度、商品质量、物流配送、售后服务等问题成为影响和制约电子商务活动安全性的重要因素。从实际调查看，人们对于网络交易的商品质量、售后服务、安全性、物流配送及时性等问题并不放心。从实际情况看，一些客户在商业网站定购的货物并不能在约定的时间及时送达。物流配送是电子商务的一个重要环节，如果没有高效快速的物流配送，电子商务就不能够进行有效运作，也不能够产生规模效应，不能够为消费者提供满意的服务，最终使消费者对电子商务产生怀疑，失去信任。在物流配送这一环节中，尽管技术因素是一个方面的问题，而是否具有良好的商业伦理、对消费者是否实行一种真正负责的态度，也是影响物流配送服务质量的重要因素。

2. 电子商务中的信用问题

电子商务是基于网络平台这个虚拟空间进行交易活动的，交易活动必然会涉及信用与支付问题。在 Internet 这个相对"隐匿"的世界里，对参加交易的各方提出了更高的信用要求。对买卖双方来说，所拥有的商品信息在交易过程中是不同的，也就是通常所说的信息不对称。互联网的虚拟化，无疑使信息的不对称性增强，交易风险增加。在传统交易模式下，消费者可以看到实物，用自己的经验和知识去辨别真伪。但对那些在线购物的消费者来说，仅凭网上的商品介绍和几幅图片来判断真假，可谓难上加难。另外，现实中降低信息不对称性的方法在网上都很难用得上。像试用、试穿根本无法实现，而网上的保质、保修承诺，如果没有信用保障，就成了空头支票。对贩卖假冒伪劣商品的厂家来说，有了互联网做掩护，商业欺诈变得更容易。

在传统交易模式下，物流与资金流同时完成，没有分割，也就是我们常说的"一手交钱，一手交货"。电子商务改变了传统交易过程中的交易方式。在电子交易中，消费者先完成网上支付，经过一段时间后商品才能通过线下配送到达消费者手中，物流与资金流不再是同步进行。这势必增加了违约的风险。因为，在电子交易中，消费者要先付货款，违约风险也就比传统模式更大。所以，没有信用体系做保障，新兴的电子商务就会出现更多的问题。反之，只有信用体系建立、完善起来，人人都讲信用，利用信息不对称性进行的商业欺诈，以及物流与资金流的非同步性诱发的违约行为就会减少。

处于转型期的我国社会，传统的"义理"价值体系的约束作用正在日趋削弱，而基于法制基础之上的契约社会还远未形成，信用的概念在不少人的眼中甚是淡薄，这给与电子商务密切配套的支付手段带来了很大的不利影响。目前，国内所进行的电子商务交易，其支付手段可以说是土洋结合，信用卡、储蓄卡、邮局汇款和货到付款等多种支付方式混合使用，有的甚至是使用网上查询、网下交易的方法。虽然现在有一些银行开始进行在线支付和开办网上银行业务等方面的试点工作，但在信用制度还很不完善的情况下，单靠银行的力量也很难解决这一问题。而且，由于人与人之间的信任度较差，很少有人愿意贸然通过网络的形式把自己的信用卡账号等个人资料告诉企业，因为稍不留神就会发生想象不到的严重问题。现实中也确实发生过这样的情况，有人把信用卡账号等个人资料在网上告诉了企业，被一些不良企业把不应收的货款划走，等到消费者发现已为时过晚①。现在大多数从事电子商务的企业都选择了货到付款这样一种较可靠的方式，以解决在货款的支付中双方互不信任的问题。但是，进行电子商务活动的最终目的，就是为了进行快捷、方便、安全的交易，使资金使用和货物流向趋于合理。如果我们仍然沿用传统的交易方法，使用现款支付的方式来实行网上交易，必然会制约企业电子商务的运作规模，而且违背了电子商务活动的初衷。

互联网的确给新经济带来了无限希望，但无限商机并没有像人们想象的那样如期而至。个中原因，与对网络缺乏普遍信任感密切相关。我们不妨将这种网络信任的"虚位"和困境称为"网络信任危机"。具体而言，所谓网络信任危机，是指计算机网络中人与人之间缺乏必要的信任，人们对网络安全、网络信用体系缺乏足够的信任，从而导致网络人际交往和电子商务发展的困境。其主要表现在如下几个方面：

第一，网络技术安全的权威尚未建立起来。网络病毒肆虐、黑客行为频频发生以及其他网络犯罪行为等，都对网络安全构成了威胁。加上网络安全技术发展滞后和网络服务商安全意识淡薄，使人们对网络技术安全缺乏必要的信任，甚至有人把网络技术视为不安全技术的代表。

第二，网络公司信誉和网络营销体系的信誉尚未确立。网络公司是一种新型公司，网络交易体系采用的也是一种全新模式。由于博弈次数不够，或由于一开始人们就有上当受骗的经历，产品质量、商家信誉和

---

① 2001年10月中旬，我国一家被誉为电子商务的形象大使的某电子商务公司，一周内遭遇数十起消费者投诉，反映该公司收取消费者订购商品的货款，却不给发货，消费者打电话询问也无人接听，所欠供应商近千万元货款也未能归还。2001年11月15日，有关部门不得不向消费者发布紧急警示，并奉劝人们最好选择货到付款的方式进行交易。此事一出，供应商失去了对该电子商务公司的信任，提出必须一手交钱、一手交货，不愿再赊货销售；顾客也对该电子商务公司失去信任。这一案例对目前主要靠赊货销售的电子商务公司来说，等于是自掘坟墓。

售后服务的良好形象尚未建立起来，人们对这种新型的网络营销体系缺乏信任，甚至有人极端地认为网络公司是"皮包公司"的代名词。

第三，电子商务信用工具缺乏和不完善。信用工具和信用体系是市场经济长期发展的产物，由于网络经济发展时间不长，使电子商务赖以生存和发展的信用体系不成熟。这一方面表现为缺乏足够多的网络信用工具，另一方面表现为这些信用工具的不完善，加上人们对网络信息传输过程的安全性心存疑虑，从而导致人们对电子商务信用工具的不信任。

第四，网络公民诚实信用的形象尚未树立起来。由于网络中的大部分行为具有匿名性，"网络中没人知道你是一只狗"的观念大行其道，网民自我角色意识淡化，道德规范在网民行为中的自我监督作用薄弱，使网络行为变得漂浮不定，难以保证确定性，从而使网民相互之间缺乏足够的信任。

第五，网络前途的不确定性。作为新经济的网络经济一度成为人们关注的热点，吸引了众多的眼球和风险投资。由于其仍处于探索发展阶段，出现了许多问题，碰到了许多困难，这使人们对网络未来发展的信心大打折扣。

网络交易的信任危机实质上是网络中人与人之间的信任危机，它反映了网络社会秩序尚未完全确立起来的基本事实。因此，网络信任危机也可以归结为网络信任与网络社会秩序耦合机制的危机。信任与社会秩序有着密切的联系，这种联系通过一种所谓的耦合机制来实现。

信任是形成社会秩序的核心元素。社会秩序的维护和新的社会秩序的形成必须依赖信任。没有信任，人们无法达成共识，而社会秩序正是共识的产物。网络主体之间如果缺乏信任，就会产生离散网络文化和网络社会的因子，这些因子被逐渐放大，就可能危及网络社会的存在。事实上，网络社会或网络文化的形成，正是基于人们在网络发展过程中所形成的共识。达成的共识越多，网络社会就越稳定。人们在行为互动中，为了降低交易和人际交往等方面的不确定性，逐渐形成了一些规则。这些规则可以使你预期别人会干什么，别人也可以据此预期你要干什么。当这些预期一旦趋于稳定，成为共同信念，就可以归结为网络文化的形成。网络文化是基于网络行为规范形成的共同信念。如果人们相互之间没有共同的行为规范，没有共同的信念，那么，彼此就难以预期对方将做些什么，而一旦彼此不能预期对方的行为，那么彼此之间就会缺乏必要的信任，没有信任就会导致进一步的行为规范难以形成和确立，从而导致一种恶性循环。同样，如果人们在网络行为中不能建立信任，那么真正的网络文化就不可能建立起来。对电子商务而言，信任更是须臾不可缺少的。网络交易实际上是一个不断消除信息不确定性的过程，没有信任，人们无法消除信息的不确定性，也不能预期交易行为发生的确定性。缺乏这种确定性，人们可能有交易的需求，但缺乏实施的动机。

社会秩序是信任产生的基础，没有稳定的社会秩序，人们的行为就缺少正确的指引，也就难以预测他人行为的结果。同时，信任是对社会秩序的认同和接受，缺乏这种认同和接受，人们的行为就会失去确定的框架，难以达成信任。一般而言，一个有秩序的社会有一个主流的价值体系，信任系于社会的主流价值体系。没有一个主流的价值体系，人们既无法评判自己行为的价值，也无法评判他人行为的价值。对他人行为价值的评判和对他人行为预期的确定性是信任的内在要求，失去这种确定性，不可能产生人与人之间的信任。正如郑也夫所指出，信任从来依赖于社会的道德环境，当社会没有在其日常生活中为道德实践留下空间时，信任将成无本之木。①

因此，网络信任危机实质上是一种网络伦理的危机。目前，计算机网络尚处于发展阶段，网络伦理和主流价值体系尚处于形成之中，网络信任缺乏应有的网络伦理和主流价值体系的支持，这样，也就不难理解为什么目前网络中缺乏普遍的信任，这正是研究网络信任危机所要揭示

---

① 郑也夫：《信任与社会秩序》，《学术界》2001 年第 4 期。

的伦理意蕴。人们从不同视角研究了这一问题，如技术的、经济的和法律的。关于目前电子商务的信用问题，一般观点认为，首先，因为尚未找到比较适宜的电子商务模式，B2B 还是 B2C，抑或其他模式，似乎都缺乏经济亲和力。其次，电子商务的基础建设跟不上。上网价格高、速度慢、人员少；网上结算体系不成熟，信用制度不完善；商品配套体系不健全。毫无疑问，这些虽然是电子商务发展的主要障碍，但是，我们也不能忽视影响电子商务发展的社会伦理文化因素。

电子商务给人们的工作方式、生活消费习惯、价值观念等带来了巨大的变化，同时人们的工作方式、生活消费习惯，尤其价值观念对电子商务具有很强的制约作用，而网络信任危机就是其伦理文化根源的一个重要方面。电子商务虽然是通过计算机网络进行商品交换，但是，交换活动本身所蕴涵的人与人的关系在本质上没有改变，交换活动蕴涵的伦理特质依然存在。如果缺乏信任机制，这种交换就难以普遍化，因而难以发挥电子商务的优势。电子商务交换模式的一个重要特点是要实现从看货付款的"直接交换"过渡到以信用工具和信用体系为中介的"间接交换"。这种间接交换的普遍性依赖于信用体系的有效性。因此，信用体系就成为影响电子商务发展的关键。这种信用体系既包括信用体系硬件的建设，也包括信用体系软件的建设；既包括信用工具的建设，也包括以信任为基础的伦理文化环境的营造。

电子商务的困境与人们长期以来在传统社会经济生活中形成的交易习惯、行为规范、价值观念有着深层的联系。在传统的商务活动中，人们更喜欢与真实的人打交道，即所谓"眼见为实"，同时也依赖传统的信用工具和信用体系。而在网络中，这两个方面目前都不能满足，既不能"面对面"，也缺乏相应的信用工具和信用机制。正如查克·马丁所说："ATM 刚问世时，有人说，不会有人用的，人们宁愿跟'真正的人'打交道。现在，消费者却花钱使用这样的机器。但是，这需要时间和习惯的改变，一旦人们意识到它的好处之后，使用 ATM 的习惯就渐渐融入了人们的日常生活之中。"① 在传统经济中的信任体系尚待完善，人与人之间的信任危机尚未解决情况下，将传统经济与以"虚拟性"著称的互联网结合起来，必然会使原本就不结实的信任体系和信任机制变得更加漂浮不定，让人难以适从。在这种环境下，推进电子商务的发展注定要遭受更多的磨难。美国的邮购业能够有今天这么发达的局面，是与他们长期以来建立信用体系的努力分不开的。配送体系电子商务的硬件建设，需要的也许是资金，而以信任为核心的人文环境的营造则不仅仅是一个资金的问题，它需要的也许是足够的时间和长期的努力。

缺乏信任机制难以实现真正的电子商务，难以产生高效率的经济效应。诚实信用是市场经济的"帝王"法则，这正是我们研究电子商务信用问题的现实意义之所在。因此，建立适应网络经济发展以信任为核心的伦理文化环境，已成为推进新经济发展的当务之急。为了电子商务的健康发展，我们不仅要大力发展网络安全技术，还要提高网络企业的信誉和加强电子商务信用体系的建设，培育适合电子商务发展的伦理文化环境，这将是一个长期的过程。

3. 电子商务中的道德冷漠和道德冲突

与现实社会的道德相比，网络社会的道德呈现出一种不同的道德意识、道德观念和道德行为之间经常性的冲突、碰撞和融合的特点与趋势。在网络社会中，主体的行为往往是在"虚拟实在"的环境下进行的，借助于网络技术，网络用户可以成为"隐形怪杰"，其身份、行为方式、行为目标等都能够得到隐匿或篡改。在网络发展初期，由于新旧道德规范并存、交替、更迭，从而造成了规范内容的冲突和衔接的脱节，并引发了大量的失范行为。在电子空间中，人际交往方式将发生根本变化。由于人们是以"符号"身份、在"不在场"的情况下进行交往，人与人之间的现实交易或交往关系变成为人对网络的依赖关系，当

---

① ［美］查克·马丁：《数字化经济》，孟祥成译，中国建材工业出版社、科文（香港）出版有限公司 1999 年版，第 23 页。

"人—机—人"成为主要人际交往模式时，网络的介入势必导致人际关系的疏远，使现代社会生活节奏加快引起的紧张、孤僻、冷漠及其他心理问题更显突出，这不能不说是网络对人的异化。如在现实生活中诚实、正直、公正的人，在网上隐姓埋名、解除对舆论监督和评价的顾虑后，可能会暴露出低级趣味、自私、贪婪甚至在陌生人群中出现无耻。一个在公众心目中高尚的正人君子，可能在网络这个虚拟世界里，如同打开了潘多拉的盒子，释放出长期被社会道德规范所压抑的人性中的"劣根性"，口是心非，言行不一。网络交易的"数字化生存"状态无法感受到对方作为一个活生生的人的反应，也不大顾及交易对方的感受和接纳程度，以至于对现实社会生活中的他人与社会的幸福漠不关心，甚至做出一些在物理空间难以做出的粗暴、无礼的行为，诸如虚假商务信息、不负责任的商务信息和无聊信息的传播、网上谩骂与人身攻击等各种各样的网络败德行为，以及盗用他人域名、侵犯知识产权、泄露商业秘密、出卖客户隐私权、网络诈骗、网络洗钱等网络犯罪行为。

同时，在网络世界中，信息内容往往具有地域性，而 Internet 的信息传播方式则是全球性、超地域性的，这使得一些问题变得突出起来。例如，有的国家在道德上允许色情信息和色情服务存在，公开发布、传播色情资料、提供色情服务，这对这些国家而言可能无可非议。但是，Internet 是全球共享的，对此拒斥或禁止色情、认为色情不道德的国家中的人们，则可能强烈反对网上色情泛滥，从而导致文化道德冲突。电子商务网络的发展，突破了一直限制人们之间交往的时空障碍。正如美国网络专家威廉·奥尔曼所说：信息革命带来的最基本的变化是，它有能力以甚至 10 年前还不可想象的方式，使人们紧密联系，消除"这里"和"那里"的界限。同时，也加剧了人们之间不同的道德意识、道德观念和道德行为的冲突、碰撞和融合的可能。电子网络超越了民族、地域的限制，将不同宗教信仰、价值观念、风俗习惯和生活方式频繁而清晰地呈现在世人面前，各种独特的行为和各种奇风异俗都接受人们目光的"检阅"，同时也为他们提供了交往的有效方式和手段。这样，一方面可以使不同宗教信仰、价值观念、风俗习惯和生活方式的人们，通过学习、交往、教育和阅读等各种方式，增进相互之间的沟通和理解，从而更宽容、更通情达理；另一方面也使各种文化冲突日益表面化和尖锐化。落后的、无聊的、非人性的和反社会的道德意识、道德规范和道德行为，与先进的、合理的、代表时代发展趋势的道德意识、道德规范和道德行为并存，它们之间的冲突、碰撞与融合也就表面化、现实化了。

因此，在电子网络活动中，传统伦理道德遇到了新问题和新挑战，要求人们在网络道德建设中加以解决。然而，我们现有的用以消除道德失范现象、维护道德秩序的道德管理、监督、约束、制裁机制，在网络社会也出现了严重困难。我们知道，传统社会由于交往面较窄，在一定意义上是一个"熟人社会"，交往对象大都是熟识的人（故人、朋友、亲戚、邻里等）。依靠熟人（同事、邻居、单位，包括新闻机关、执法机关等）的监督，慑于道德他律手段（社会舆论、利益机制、法律制裁）的强大力量，传统道德是能得到比较好的维护的。在这一"熟人社会"里，人们的道德意识非常强烈，道德行为也相当严谨，丢面子的缺德行为大多干不出来。但一旦进入"反正没有人认识我"的界域，那条由熟人的目光、舆论和感情筑成的防线很容易崩溃。

4. 权力与义务、利益与责任、自由与规束等关系失衡

由于网络社会是一个自由性、开放性相对较强的空间，其中的权力与义务、自由与规束之间的矛盾不仅普遍存在而且还比较突出。Internet 本来是人们基于一定的利益与需要（资源共享、互惠合作等）自觉自愿地互联而形成的，在这里，每一个人都既是参与者，又是组织者；或者说既是演员，又是导演。在电子网络世界里，形成了一个相对自由的"自由时空"，人们经由网络"直接"参与诸项活动、自由表达自己的意见、追求利益和行使自己权利的能力得到极大增强，但同时类似于传统社会中道德他律的种种"外力"，在一定程度上失去了作用。

一方面，Internet 是由世界上许多国家的很多局域网所构成的，它采用离散结构，不设置拥有最高权力的中央控制设备或机构。它既没有中

心，也没有明确的国界或地区界限。作为一个自发的信息网络，它没有所有者，它不从属于任何人、任何机构，甚至任何国家，因而也就没有任何人、任何机构、任何国家可以左右它、操纵它、控制它。况且网络连接面广泛，传输速度快，搜集、处理信息效率高，人们的活动受时间空间的约束大大缩小，因而现实社会中那种分地域设卡、设点管辖、控制的管理方式往往作用不大。例如，在网络上对用户资料调阅、接受或发布、传播文字、声音或图像信息，包括禁止黄色信息之类，就并不容易加以控制。

另一方面，从信息传播的方式看，网络行为具有"数字化"或"非实体化"（虚拟化）的特点。我们看到的图像、文字和听到的声音变成了数字的终端显现，甚至人也是以一个"符号"作为身份在活动，彼此不熟悉，很难对网民的行为加以确认、监管。因此，网络道德环境（"非熟人"社会）与道德监督机制的新特点（更少人干预、过问、管理和控制），在客观上要求人们道德的行为具有较高的自律性。然而，我们也不能不看到，在那种失去了某些强制和他律因素的"自由时空"、"自主社会"中，以 Internet 技术为基础的这种更少人干预、过问、管理、控制的网络社会环境，人们的道德水平、文明程度等必将经受着一场新的考验。在这场考验中，许多传统道德津津乐道的东西，如许多空洞的号召说教、人为强加的规范约束，将难免为人们所"默杀"，传统伦理中的权力与义务、利益与责任、自由与规束等关系面临新的挑战。

5. 道德相对主义盛行

与经济全球化的发展相一致，电子商务也跨越了民族和国度的界域。但电子商务活动无法跨越民族伦理道德界域，而往往依附在不同的伦理价值和道德规范上。在这个网络世界中，与传统社会的道德相比，网络社会的道德呈现出一种多元化、多层次化的特点与发展趋势。在现实社会中，虽然道德因生产关系的多层次性而有不同的存在形式，但每一个特定社会却只能有一种道德居于主导地位，其他道德则只能处于从属的、被支配的地位，因此，现实社会的道德是单一的、一元的。然而在网络社会中，既存在涉及社会每一个成员的切身利益和网络社会的正常秩序、属于网络社会共同性的主导道德规范，如不应该制作和传送不健康的信息，不应该利用电子邮件做商业广告，禁止非法闯入加密系统，等等；也存在各网络成员自身所特具的多元化道德规范，如各个国家、民族、地区的独特道德风俗习惯等。随着彼此交往的增多，这些处于经常性冲突和碰撞之中的多元化道德规范，一方面使网络成员相互之间增进了理解和同情，从而在经历了冲突和碰撞之后达到了融合；另一方面即便彼此无法融合，冲突和碰撞仍旧，也由于彼此并无实质性的利害关系而能够求同存异、并行不悖。于是，主流伦理价值观和道德准则与道德多元化之间的矛盾和冲突在所难免。

互联网国际化和非意识形态化的特点，为道德相对主义的滋生和蔓延提供了适宜的环境和土壤，导致道德相对主义盛行。后现代主义的道德相对主义（"你想怎样就怎样"或者"怎样都行"），非中心主义、多元化、表面化、无终极目标等，都直接源于后工业社会生产形式、组织形式和文化格局。但是，在 Internet 网络世界中，道德相对主义却找到了它最适宜生长繁衍的领域。这是因为，Internet 既没有中心，也没有开始和结束。在科学家们设计 Internet 的前身 ARPANET 时，军方就要求这个网络没有中心。这样做的理由是：不管网络上的哪一个特定的点受到攻击，它的其他部分都能够正常工作。这样，Internet 就成了一大片相互连接在一起的网络，没有哪片网络统治哪片网络，也没有哪片网络是主要的。Internet 成了一个绝对没有中心的网络世界。

网络社会多元化道德规范同时并存有其理论与现实根据。与现实社会相比，网络社会更多地具有自主性，它是网络成员自主自愿互联而成的，其成员之间的需求与偏好更多地具有共同性。因此，网络成员之间行为的共同点就是"求同"，除了为此必须遵守的共同的道德之外，他们不需要也不强求具有类似于现实社会中的那种统一的道德。也就是说，只要其网络行为不违背网络社会的主导道德，他们并不需要为加入英特网而改变自己原有的道德意识、道德观念和道德行为。或者说，在遵守网络主导道德的前提下，他们仍然可以按照他们自己的道德规范从事网络行为,进入网络生活。

总之,在网络社会中,人们的需要和个性有可能得到更充分的尊重与满足。自主自愿形成的网络社会,以其独特的生产方式、管理方式和生活方式,终将建立一个由各国、各地区、各民族中具有不同信仰、习俗和个性的人们互相尊重、互相理解并互相促进的多元道德并存的社会。当然,技术的进步只是为道德进步提供了前提条件。道德属于人的范畴,一切"事在人为"。是否能够真正促进道德进步,建设一个更高水平的道德社会,还有赖于网民们自我塑造的意愿、能力以及现实的努力程度。

三、加强电子商务道德建设

电子商务作为一种崭新的商务活动方式方兴未艾,但严格地说,全球电子商务无论从体系上、模式上、法律上、技术上,迄今尚未成熟。电子商务的发展,一方面有赖于技术的进步;另一方面也有赖于制度建设,包括法律、信用、道德等方面。这种制度性因素不仅影响着人们对电子商务这一新模式的信任和信心,而且直接影响电子商务企业以及电子商务活动的发展。为了推动电子商务健康发展,我们在加快技术创新、技术进步的同时,必须大力加强电子商务道德建设。

(一)电子商务的法律、法规建设

电子商务活动的开展需要有一套有形的法律(法律、法规、政策等)和无形的法律(道德及伦理规范)来进行约束和管理,使之能有序进行。近 10 年来,美国出台了一系列的法律、文件,其中包括以信息为主要内容的《电子信息自由法案》、《个人隐私保护法》、《公共信息准则》等;以基础设施为主要内容的《1996 年电信法》等;以计算机安全为主要内容的《计算机保护法》、《网上电子安全法案》等;以商务实践为主要内容的《统一电子交易法》、《国际国内电子签名法》等;还有属于政策性文件的《国家信息基础设施行动议程》、《全球电子商务政策框架》等。这些法律、法规相互关联,从而在整体上构成了电子商务的法律基础和框架。

　　电子商务牵涉面极广，针对目前电子商务活动发展的势头，我国政府有关部门应该积极研究电子商务的特点，及时制定有针对性的法律、法规和政策，以规范电子商务活动，增加企业和广大消费者对电子商务的信任感。目前，急需出台以下法律、法规：关税，包括进出口及关税管理；税制，包括增值税、消费税等；在线隐私权保护，包括个人数据的采集、修改、传播等；安全与保密，包括数据完整性、数字签名法、授权认证中心管理、数据加密等；知识产权保护，包括网上出版、软件、信息等；网上交易纠纷的司法裁定、司法权限；网络及计算机犯罪，包括欺诈、仿冒、盗窃、网上证据采集及其有效性；在跨国、跨地区网上交易时，法律的适用性和非歧视性等；与电子商务有关的统一标准，包括各种编码、数据格式、网络协议等。

　　在网络世界，仅仅依靠网络伦理道德显然不能完全解决问题。伦理道德毕竟是一种柔性的社会控制手段，它还需要具有硬约束力的法律手段的支撑。尽管全球范围内电子商务及网络立法相对滞后，但是，发达国家毕竟先行一步，为我们提供了可资借鉴的经验。例如，英国在1996年9月23日由政府颁布了第一个网络监管行业性法规《3R 安全规则》（"3R"分别代表分级认定、举报告发和承担责任）。美国、德国、法国、新加坡、韩国也先后制定并颁布了网络管理的有关法律制度。通过建立健全有关电子商务法律、法规，借助国家强制力的威慑，不仅可以有效地打击那些严重危害社会的网络犯罪，而且为网络道德建设创造了一个较好的法制环境。

　　（二）网络道德和商业伦理建设

　　电子商务的发展在为促进经济社会进步提供技术支持的同时，也不可避免地带来一些负面影响，对社会伦理道德产生巨大冲击。加强网络道德教育和商业伦理教育，已成为电子商务发展过程中一个无法回避的严峻问题。要教育网络用户把网络道德规范和网络技术置于同样重要的层面加以学习和掌握，内在地培养自觉的网络道德意识、道德意志和道德责任，提高道德上的自我教育的能力。网络道德建设是一个涉及面广、对技术依赖性强的问题，其难度表现在方方面面。在国外，网络伦理道德研究者把与网络有关的道德问题归纳为"7P"，即 Privacy（隐私）、Piracy（盗版）、Pornography（色情）、Pricing（价格）、Policing（政策制定）、Psychology（心理）和 Protection of the Network（网络保护）。我国一些专家认为，"7P"还不足以涵盖网络道德领域的全部问题，提出网络道德建设的关键是要处理好虚拟空间与现实社会、网络道德与传统道德、信息内容的地域性与传播手段的超地域性、通讯自由与社会责任、个人隐私与社会监督、信息共享与信息独有、网络开放性与网络安全以及网络资源的正当使用与不正当使用等方面的矛盾。

在加强网络道德建设的同时，还必须加强商业伦理建设。建立符合市场经济的、积极向上的新经济状态下的商业伦理，是电子商务发展过程中的一项十分重要内容，对于规范我国社会主义市场经济的运作起着至关重要的作用。在市场经济发展过程中，加强商业伦理教育和体系建设显得非常迫切。

当然，我们还应看到，现有的用以消除道德失范现象和维护道德秩序的调适、监督、约束、制裁等种种道德、管理和法律手段，在网络社会中已发生了严重困难。因此，我们必须积极探索适应电子商务发展要求的道德建设的对策和措施。我们应当从实际出发，借鉴发达国家网络道德教育的经验，针对不同对象，制定切实可行、行之有效的网络道德规范。与此同时，要把网络道德教育的内容与我国现实情况相结合，形成具有中国特色的网络道德教育思想体系。

（三）信用体系建设

电子商务的交易形式是数据交换，人们在网上的交易过程都是以数字化方式进行的，而且网络交易的环境是虚拟的，买卖双方并不见面，这就对交易者的资信状况提出了更严格的要求。如果买卖双方缺乏应有的信用，或者社会信用体系缺失或不完善，都会影响和制约电子商务的正常进行，那么电子商务发展中的信用建设就显得十分重要。一个富有效率的社会信用体系，应当包括以下几个方面的重要内容：信用数据的开放和信用管理行业的发展；信用管理系列的立法与执法，即信用规范和失信惩罚机制的建立和完善；政府对信用交易和信用管理行业的监督，以及信用民间管理机构的建立；信用管理教育和研究等。

实事求是地讲，当前，我国的信用体系建设尚不完善，企业的信用评估、个人的资信状况有待提高和加强。这种情况体现在电子商务活动中，使得鱼龙混杂、良莠不齐，严重制约了电子商务活动的有效开展。因此，现在急需建立个人和企业完善的信用体系和规定信用查询制度，以实现在具体化、可靠性基础上进行的"虚拟化"交易。而一旦发现商业信用严重不良的企业和个人，则可考虑依照一定的法律，在网络上予以披露，使电子商务活动中的交易环境得到净化。

具体来讲，我国信用体系建设需要解决以下几个方面的问题：一是建立信用文化，包括道德规范、行为准则、个人操守和法律制度，这是市场主体诚实守信的基础，也是市场经济有序运行的重要条件。同时，倡导信用观念，把信用观念作为一个道德价值，作为一个商品价值，或者资本价值来看待。二是统一身份代码。在推动社会信用体系建设中，是用政府强制代码取代社会信用代码，还是将二者结合起来，当前的认识还很不一致。笔者认为，应当将二者结合起来考虑。三是严重失信惩戒问题。建立严格的惩罚机制，对失信的企业和人员严厉惩罚，提高他们的失信成本，直至绳之以法。四是依法信息披露，既要提高透明度，又要注意保护个人信息秘密。五是培育信用需求。信用需求主要来自三个方面，即政府信用需求、企业信用需求、个人信用需求，要逐步淡化政府信用需求，稳定企业信用需求，启动个人信用需求。六是加强信用管理。信用管理是企业生存与发展的基础，政府有关部门要做好这方面的工作，大力发展社会中介机构，特别是企业要加强自身的信用管理，包括授予其他人信用。七是大力发展社会信用中介机构，包括信用评估公司、调查公司、信用担保公司等。

（四）综合保障体系建设

在制度和技术的层面上规范交易行为，维护交易秩序。电子商务的安全问题，涉及技术问题、管理问题和伦理、法律问题。

第一，进一步完善网络技术。网络伦理问题产生的根源固然来自多个方面，但其中根本原因之一是网络技术本身。因此，为根治网络道德混乱，使网络运行进入理性状态，现代科技手段和网络建设的法制化、道德化，三者缺一不可。加大研究与开发力度，促进网络技术进步，借助技术手段可以在很大程度上有效规范网络行为并遏制网络不良行为。针对国内外网络信息日益泛滥的现状，积极研究与开发用于监测、过滤、屏蔽不良信息的加密技术、防火墙技术、安全认证技术等，为实施有效的网络管理提供有力的技术支持。

第二，完善安全保证系统。目前，我国电子商务的管理标准尚未系统确定，法律对于电子商务违法交易行为的认定还处于摸索阶段。由于电子数据具有无形化特征，电子商务运作涉及多方面的安全问题，如资金安全、信息安全、货物安全、商业秘密等，这就要求电子商务比传统的市场交易更安全、更可靠。而目前网上安全技术及其认证机制均不完善，这也是普通消费者对电子商务持观望态度的重要原因。安全问题仍是电子商务活动中的关键，这个问题直接关系到电子交易各方的利益。由于种种风险的存在，各方当事人对从事电子交易不免心存疑虑。同时，网上交易所能带来的巨大机遇和丰厚利润也无时无刻不在吸引着那些喜欢冒险的网络入侵者，买方、卖方、银行都必须承担来自外部的风险。所以，必须完善电子商务中的安全保证系统。

第三，发挥政府职能。政府作用是十分重要，政府应当从三方面入手，构建电子商务安全运作的综合保障体系。一是组织力量，筛选符合我国国情的电子商务安全技术。目前，我国使用的网络安全产品基本上是"舶来品"，开发我国自己的网络安全产品已成为不可回避的问题。二是强化电子商务安全管理，规范买卖双方和中介方的交易行为。目前，应抓紧制定规范的电子商务标准，同时，应尽快发布有关管理标准。三是尽快完善电子商务法律、法规体系建设，明确交易各方当事人的法律关系和法律责任，严厉打击各种违法交易行为。

第七章　国际商务伦理

随着社会的进步、经济的发展，商业活动的范围越来越大。商品交换由最初的物物直接交换，到以货币为媒介的间接交换，再到货币转化为资本，使得商业活动突破了时间和空间的限制，冲破了民族和国界的界限而迅速发展起来。特别是在当代经济全球化背景下，国际商务活动的意义更加凸显。商业活动国际化引发了一系列新的伦理问题，而发达的资本主义国家与发展中国家之间的关系始终是国际商务伦理的核心问题，它不仅贯穿于近代资本主义宗主国与殖民地贸易之间，而且也贯穿于当代的跨国经营之中；在许多国际贸易组织规则和商品的国际性标准中，这一问题也始终存在。

第一节　国际贸易伦理

近代以来的国际贸易分成两种截然不同的情况：一是发达的资本主义国家之间的贸易，即资本主义世界内部的贸易，这种贸易一般说来是自由、平等、互利的贸易；另一种情况是发达的资本主义国家与发展中国家之间的贸易，这是一种不平等的交换，往往带有掠夺与剥削性质，其结果是发生价值转移，资金和财富由外围地区向中心地区转移，导致世界两极分化的格局。我们在此主要论述第二种情况的贸易及其结果，把西欧、美国、日本、加拿大等发达资本主义国家和地区称为资本主义中心地区，而亚洲、非洲和拉丁美洲等一些发展中国家称为外围地区，两种地区之间的贸易就是中心与外围之间的贸易，这是一种不平等的贸易。

一、古代远距离贸易的特点及作用

资本主义兴起以后，社会产品的流动主要是以商品交换的形式进行，商品经济日益发达。但是，在前资本主义社会，由于生产力不发达，社会分工程度低，物质财富还不丰富，交通不发达，社会产品流动和交换不以商品交换为主，而是常常以贡赋、实物地租等非商品形式在不同阶层间进行转移，商品交换并不是社会产品流动的一种普遍方式，远距离的贸易更加艰难。

前资本主义社会的特点是内部交换的集约度低，即使在社会较发达农业文明地区商品交换也不普遍，如在村社之中、贵族庄园内或东方帝国内部，大多数产品的流动组织得很好，依靠支付赋税、互赠礼品、馈赠嫁妆、继承遗产等形式使社会产品得以流通和转移。这是因为，这里的居民都自给自足地生活着，商品交换相对不发达，人们更不熟悉远距离贸易。商人阶级在社会各阶层中不占主导地位，如古代的中国就是这样。但是，当社会剩余产品集中到掌握强大特权的阶级（如封建主、君王、贵族阶级等）之手时，社会剩余产品就能用于远距离贸易，往往用来交换其他社会生产的奢侈品。于是，一些中间商人就能利用其垄断地位来沟通不同社会和地区而从中获利。他们从事远距离贸易，把社会剩余产品从一个社会转移到另一个社会。完成这一职能的往往是一些独特的社会阶层或民族集团，如阿拉伯人、中世纪的犹太人；一些城市和地区在这种远距离贸易中起到中转站和中间人的作用，如腓尼基城市、希腊城市、12 世纪到 16 世纪的意大利城市等。

新航路开辟前的阿拉伯世界更是一个得益于远距离贸易的典型。这里农业文明不发达，但地理位置却非常重要，居亚、欧、非三大洲的交汇处，是世界主要文明地区之间的转换点。通过这种地理优势，使原先相互没有直接了解的各个农业社会建立起接触，商业因此而发展起来。商人阶层的作用日趋重要，甚至这一地区的繁荣在很大程度上是依靠商业而发展,特别是依赖于远距离贸易。远距离贸易使得这里文明得以繁荣发展,并达到相当高的程度。这个地区内部贡赋来源不大,但是可以得利的外部来源却很丰富,阿拉伯商人阶层凭借优越的地理位置而控制着远距离贸易,从中渔利。也就是说,阿拉伯世界的繁荣,不是依靠其社会产品的剩余,而是依靠其他社会剩余产品的转移,通过阿拉伯商人阶层贸易关系垄断控制,征收商业税或靠转手贸易以谋取利益而建立的。这是对外贸易的早期形态。但是,这种前资本主义社会的"国际"交换并不是现代意义上的国际交换,确切地说只是一种远距离贸易,是不同社会形态之间或者是不同地区之间的交换,这种贸易能够取得其生产成本无法计算的异国产品。商人阶层赚取利润是根据主观价值来判断的,即在两个互不了解的社会中不均等地估算出来的。也就是说,交换稀缺产品的社会并不知道相互的社会生产成本,因此这种利润也就不应当和资本主义社会商业资本所赚取的利润或收益混同。只有在资本主义生产方式下,贸易才会成为像工业生产那样的资本主义活动,而且商业资本才会最后成为总资本的一部分。因此,商业资本的利润来自这种社会形态中产生的剩余价值的再分配。

在古代,虽然困难重重,但远距离贸易仍在进行,如中国丝绸经过著名的丝绸之路销往欧洲,中国瓷器远销西亚、东非等地;亚洲的香料大量被运往欧洲,非洲的一些稀有物品,如驼鸟也流入欧洲和中国,等等。这些都证明了古代远距离贸易的性质,即古代远距离贸易大都是异域间稀有产品的交换,而不是现代意义上的等价交换,商品的价格并不按照其交换价值来决定,商品的种类大多是天然产品或者是手工艺品。这种贸易虽然还不能称为真正意义上的国际贸易,但它不仅对促进不同地区和不同社会形态之间的文化交流和友好往来具有重要意义,而且对于某一地区或民族的繁荣发展具有重大意义。"古代远距离贸易使彼此不了解的社会之间建立起相互关系,把一个社会不了解生产成本的其他社会的产品带来,把无法找到代用品的一些稀缺货品带来,使得从事这

一贸易的那些社会集团握有垄断地位而从中获利。"① 古代世界中的一些
地区，如腓尼基、希腊和阿拉伯世界，其整个社会的发展就是建立在与
不了解的世界取得接触这种活动基础之上的。这里的商人从事远距离贸
易，其结果既获取了其他社会或地区的社会产品剩余，使自己发展起
来，同时又使得相隔遥远的地区通过商品交换而彼此联系起来，增强了
了解。这在表面上虽然是一种自愿交换或者说是平等贸易，但却不是等
价交换。因为，这是在相互不了解的地区之间进行的，是异域间稀缺物
品的交换。这种交换不能用是否等价来判断，而只能以是否满足购买方
的好奇心，或能否满足购买地统治者的奢侈为享受目的，它不是对利润
的追求，而是一种不经常的交换，也形不成市场。这是古代远距离贸易
与近代以来资本主义国家对外贸易的根本区别。

　　就整个古代世界而言，当时远距离贸易并不存在国际专业化，它还
是一种边际活动，而不是一种主要的经济活动。因此，它并不成为作为
交换伙伴生产方式的一个重要成分。这种贸易至少对于交换的一方而言
是无足轻重的，其发达与否对于这个地区或民族的经济发展不起重要作
用。而就当时整个世界经济活动而言，远距离贸易并也不是一种重要的
经济活动。但就局部地区而言，商业贸易的兴衰有可能决定一个地区或
一个国家的兴衰。当一个社会形态由于生产力发展水平不够先进、自然
条件困难等原因，使统治阶级从本社会内部生产者身上可榨取的剩余产
品比较有限时，这种远距离贸易就能起决定性作用。在这些情况下，远
距离贸易通过其允许的垄断利润，使得部分剩余产品和社会财富从一个
社会转移到另一个社会。对于从这种产品转移中获利的社会来说，这样
的转移活动是极为重要的。与此相关的文明的兴衰也完全依靠这种贸易
而变化，贸易路线的改变可以造成整个地区沦于衰败；反之，也可在生
产力不发生任何重大变化的情况下使该地区趋于繁荣，如古代的安息、

① ［埃及］萨米尔·阿明：《不平等的发展》，高铦译，商务印书馆1990年版，
第7页。

波斯、阿拉伯、北非以及从中国到西亚的丝绸之路上的一些城市如楼兰、高昌、尼雅等。

最具有典型意义的是阿拉伯世界的兴衰。伊斯兰教兴起以后，阿拉伯世界强盛了相当长一段时间。但是，阿拉伯世界的大部分剩余利润来自远距离贸易而不是来自其社会内部，因此，这种剩余利润也决定了阿拉伯文明和阿拉伯国家的兴衰。贸易的衰落造成了商人阶层的衰落，也造成了政权的衰弱和文明的衰退。一系列重要事件的发生也导致了这个地区的衰落：十字军东征以及贸易中心从阿拉伯世界转移到意大利城市；巴格达于 13 世纪在蒙古人进攻下陷落。16 世纪奥斯曼帝国征服该地，控制了东方到西方的香料贸易，从而使同时期贸易从地中海转移到大西洋。与此有关的还有新航路的开辟，使得欧洲同亚洲、非洲建立了直接的接触，从而剥夺了阿拉伯人的中间地位，阿拉伯世界逐渐走向衰落。

阿拉伯世界及其这里曾经有过的商业繁荣可以说是整个古代远距离贸易的缩影。阿拉伯世界的独特位置使得这个地区的远距离贸易在古代世界相当发达。在亚欧非三大洲之间，绵延横贯着一个巨大的半干旱地区，它将旧世界分割成三个区域即亚洲、非洲和欧洲，这三个区域由于其良好的自然条件而发展起了农业文明。而在这些农业文明之间兴起的辉煌文明几乎都是以远距离贸易为基础的，如阿拉伯世界的兴盛就是这样。与农业文明不同，在这里商业总是起着重要作用，并通过其"中间人"的作用，使原先相互没有直接了解的各个农业区建立起了联系。阿拉伯世界的文化所赖以建立的社会形态在性质上说始终是商业性质。早期阿拉伯世界是在沙漠地区诞生的，其人口是一批游牧民族，专门从事东罗马帝国和波斯同南阿拉伯、埃塞俄比亚和印度，乃至中国之间的大规模贸易。阿拉伯文明的辉煌时代，其标志不在农业方面的伟大成就，而在于贸易的发达和城市的繁荣。这也不足为奇。因为，商业繁荣的前提之一是交通发达，在海路不发达之前，陆路上的远距离贸易主要靠牲畜，所以往往是游牧民族承担此任，正像后来海洋民族的对外贸易比较发达一样。

资本主义兴起以前，除阿拉伯世界之外，各地区以独立的社会形态平行发展，此时亚洲、非洲与欧洲之间的交往和交换都是平等自愿的。许多世纪以来，西亚地区、地中海以及北非的社会发展与商业紧密相联，商路的转移也就导致了文明的相应转移。近代以后，国际间商业路线发生了变化，贸易中心从地中海转移到大西洋，这种世界商业中心的转移意味着世界格局的重大变化，导致了非洲的危机，也敲响了意大利城市衰落的丧钟，与此同时阿拉伯世界也走向衰落。这以后到近代，亚洲、非洲与欧洲之间的贸易就变成一种不平等的交往和交换，近代东、西方之间的远距离贸易也就不再是异域之间的稀有物品的交换，而是变成了一种西方资本主义国家对东方地区的剥削和掠夺。

二、近代以来国际贸易之格局

如前所述，远距离贸易在古代世界是一种边际活动，但随着资本主义的发展，远距离贸易也就转变成为人们常说的国际贸易，其作用和性质以及蕴涵其中的伦理关系也随之发生了变化。在资本主义经济中，随着市场不断扩大，对利润的追求带来了竞争，这就刺激了每个公司进行积累，扩大规模，并到处寻求廉价原料和出售更多商品的机会，对外贸易成为必然，国际贸易日益扩大。市场扩大到世界范围是资本主义的本性，"资本主义生产具有无限扩大的倾向"。①

（一）产业革命以前的国际贸易

在重商主义时代，以西欧为中心的资本主义世界处在形成过程中，亚洲、美洲和非洲逐渐成为外围地区，地区之间的贸易在资本主义经济发展中所起的作用越来越重要。而且，资本主义各国之间交换中的一大部分也是来自对外围地区的产品再分配。无论是 16 世纪的西班牙和葡萄牙，还是 17 世纪以后的荷兰和英国，与东方国家的贸易对于这些国

---

① 《列宁全集》第 2 卷，人民出版社 1984 年版，第 134 页。

家的资本主义发展起到了巨大的推动作用。西欧国家从外围地区进口的奢侈消费品不是农产品（如亚洲的香料、美洲的食糖），就是手工业品（如丝绸、棉布）。它们或者是通过简单的交换，或者是通过掠夺，而获得这些奢侈消费品。

就与东方的简单交换而言，西欧当时除了从美洲掠夺来的贵金属以外拿不出什么合适的东西与亚洲国家进行交换，因此常常出现贸易逆差。比如，亚洲的茶叶、香料、纺织品等都是英国很需要的产品，而英国又没有什么产品是亚洲国家所大量需要的，因此英国就必须花费大量的白银来购买这些产品。其结果必然导致白银外流，以致于当时西欧所有经济思想家都反对这种倾向，限制进口。在与亚洲的简单交换中，也就是在平等的交换中，资本主义国家并没有赚取巨大的利润，相反出现了逆差。但是随着产业革命的深入发展，这种状况发生了变化，欧洲的自由贸易和先进的生产力（机器制造摧毁了东方传统的农业和手工业）给东方国家尤其是印度造成了巨大灾难。"不列颠人侵者打碎了印度的手织机，毁掉了它的手纺车。英国起先是把印度的棉织品挤出了欧洲市场，然后是向印度斯坦输入棉纱，最后就使英国棉织品泛滥于这个棉织品的故乡。"① 当然，此时的贸易已不再是一种平等的贸易，而变成了资本主义国家对殖民地的剥削和掠夺。荷兰东印度公司首当其冲，在这场灾难中起到了最直接的作用。"荷兰东印度公司一心只想赚钱，它对它的臣民还不如过去的西印度种植场主对那些在他们种植场干活的奴隶那样关心，因为这些种植场主买人的时候还付了钱的，而荷兰东印度公司却没有花过钱，它开动全部现有的专制机器压榨它的臣民，迫使他们献出最后一点东西，付出最后一点劳力，从而加重了恣意妄为的半野蛮政府所造成的祸害，因为它把政客的全部实际技巧和商人的全部独占一切的利己心肠全都结合在一起。"② 英国的东印度公司完全效仿了荷兰东印

---

① 《马克思恩格斯选集》第 1 卷，人民出版社 1995 年版，第 763 页。
② 《马克思恩格斯选集》第 1 卷，人民出版社 1995 年版，第 761—762 页。

度公司的做法。

从 16 世纪的地理大发现到产业革命（18、19 世纪），外围地区，主要是美洲和非洲，后来加上英国统治下的印度，担负着特殊的任务，即为中心地区资本主义发展提供巨额财富，这是资本主义得以迅速发展的一个重要方面。资本主义在西欧充分发展有两方面的原因：一是财富的集中；二是由于无产阶级的形成。无产阶级的出现是由于欧洲封建生产方式内部的分崩离析的结果，而财富的集中是由于不平等国际交换的结果。西欧主要资本主义国家靠着掠夺殖民地贸易获得了巨额财富，并建立起了一个有利于自身发展的世界市场。富有金银等贵重金属的美洲首先受到野蛮的掠夺，接着是非洲和亚洲。他们在美洲殖民地对印第安人进行赤裸裸的掠夺，建立了集约化的采矿形式，以掠夺美洲的贵重金属；与此同时还实行一种蓄奴制生产方式以生产食糖、蓝靛、棉花等。美洲的整个经济都围绕有利于中心地区而发展，如养殖牲口为的是给矿区和种植园提供食品，从非洲贩卖奴隶进行罪恶的奴隶贸易又是为了给种植园提供劳动力。最后，从美洲获取的各种财富又被掠夺到西欧中心地区。从此以后，对外贸易改变了性质，由早期的物物交换变成了赤裸裸的掠夺。与古代远距离贸易不同，近代国际贸易成为一种中心地区对外围地区的掠夺，或者说是资本主义宗主国对殖民地的剥削和掠夺，这种不平等交换的结果使得资本主义迅速发展起来。

（二）产业革命以后的国际贸易

产业革命以后的一个世纪内，国际贸易的形式发生了变化，西欧资本主义国家以奴隶贸易和掠夺新世界美洲为主要方式的对外贸易逐渐改变，代之以新的形式，即发展贸易经济和在新世界及其他外围地区开发矿产资源。与此同时，资本主义世界体系内部也发生了变化，除西欧老牌资本主义中心外，又出现了新的中心，如美国、加拿大、日本、澳大利亚、俄国等。再往后发展，垄断资本的形成使大规模的资本输出成为可能，第二次世界大战以后垄断资本又以技术垄断的形式出现。但无论是在哪个阶段，无论是商品输出，还是资本输出，抑或是技术垄断，国际贸易总是向着有利于中心资本主义地区发展，其结果总是造成外围地区的贫困化，并使之越来越依附于中心地区。外围地区被日益紧密地结合进世界体系之中，越来越失去其自主地位，在对外贸易上日益依赖中心国家，其对外贸易的大部分是和中心国家进行的。他们用农产品、原材料或初级产品换取中心国家的工业品或高科技产品。与此相反，中心国家对外贸易的大部分却不是与外围地区之间进行的，而是在中心国家内部之间进行的，他们主要是以某些工业产品换取其他工业产品。

在自由竞争时代，中心资本主义国家与外围不发达国家之间的贸易在数量上仍然很重要，并占世界贸易的主要份额。对英国来说，一直到 19 世纪中期，它同美国和东方（印度、奥斯曼帝国以及后来的中国）的贸易都占压倒优势。中心国家（先是英国，然后是欧洲大陆和北美，其后是日本）向外围国家输出日常消费的制成品如纺织品，而输入的主要是农产品，或者是传统农业的产品如茶叶。它们从美洲主要输入小麦、肉类、棉花等大宗农产品。正是在这个时候确定了工业国和农业国之间的国际专业分工。随着资本主义工业化程度的增加，其他一些资本主义国家如美国、法国和德国等也发展起了工业，它们与英国的贸易性质逐渐改变。起先，它们像外围国家一样地供应农产品而换取英国生产的产品或者由英国转口的他国产品；后来它们之间就出现和发展起用制成品和矿产品交换其他制成品和矿产品的关系，而落后国家仍然是农产品出口国，于是，世界贸易逐渐分为具有不同职能的两类交换：资本主义中心国家与外围落后国家之间的交换，以及中心地区之间的交换，也就是资本主义世界内部的交换。①

资本主义市场的扩大发生在资本主义世界以外的地方。追求最大利润，意味着对外贸易的扩大，到国外寻找供大众消费的较便宜的商品，特别是谷类，以便使国内劳动力成本降低，使原料成本降低，从而减少

---

① 参见［埃及］萨米尔·阿明：《不平等的发展》，高铦译，商务印书馆 1990 年版，第 153 页。

使用不变资本的价值，以保证剩余价值最大化。就这种意义而言，对外贸易是制止利润率下降的一种方法。"对外贸易一方面使不变资本的要素变得便宜，一方面使可变资本转化成必要的生活资料变得便宜，它具有提高利率的作用，因为它使剩余价值率提高，使不变资本价值降低。"① 为达到这一目的，这一时期资本主义国家主要采取如下一些措施和政策：通过殖民征服手段打开东方国家的市场，利用各种手段包括政治手段摧毁殖民地的手工业，并且鼓励移民到北美洲开发土地生产粮食和肉类，等等。

　　在资本主义自由竞争时期，资本主义国家能够想到的制止利润率下降的方法就是扩大对外贸易。而在垄断时期，资本主义扩大市场的方法发生了重大变化，即商品输出伴之以资本输出。国际经济关系，无论是对外贸易还是资本输出，都是为了一个目的，即抑制利润率下降。采取的主要措施有：一是通过扩大市场和开发剩余价值率高于资本主义国家的新地区；二是通过使用外围地区的廉价劳动力而减少本国劳动力成本和掠夺廉价原材料而降低不变资本。正如马克思指出：如果资本输往国外，那么，"这种情况之所以发生……是因为它在国外能够按更高的利润率来使用。"② 可见，资本主义国家的资本并不是因为在这些国家缺少出路而被迫转移的，而是在发现外围地区有更高报酬的情况下才转移过去的。

　　国际贸易在帝国主义时代又可以分为两个时期：1880 年至 1945 年为一个时期，1945 年即第二次世界大战以后又为一个时期。第二次世界大战以前，在资本主义国家与殖民地之间的贸易中，殖民地主要提供农产品，资本主义国家提供消费品，欧洲资本主义国家投在外围地区的资本主要用于采矿业以及同殖民制度相联系的第三产业，如投在银行业、贸易、铁路、港口和公债等部门和领域，这种制度导致外围地区贫困化。第二次世界大战以后，殖民征服被动摇，资本主义体系发生了三种重大结构变化：

---

　　① 《马克思恩格斯全集》，第 25 卷，人民出版社 1975 年版，第 264 页。
　　② 《马克思恩格斯全集》第 25 卷，人民出版社 1975 年版，第 285 页。

一是巨型跨国公司形成；二是新技术革命将工业重心转向新的生产领域，如原子能、空间技术和电子领域，从而使以增加资本有机构成为特点的古典积累方式过时，"智力"成为经济增长的主要因素；三是技术知识多集中于巨型跨国公司。这种资本垄断方式可以称为技术垄断，它给发展中国家带来严重的后果，使得这些国家不得不在技术上依附于经济发达国家。从此以后，有形资本的投资作为取得剩余价值以增加垄断资本利润的一种手段，失去了其重要意义。而依靠技术垄断，利润从外围地区向中心地区的回流大大增加，发展中国家成为中心地区的资金来源，贫富两极进一步加大，其结果，发展中国家与发达国家之间的差距越来越大，越来越受跨国公司的统治，并且越来越依附于发达国家，不仅是技术上、经济上，甚至在政治上、文化上也依附于这些国家。①

三、国际贸易中不平等关系的发展

（一）国际贸易中的不平等交换

大卫·李嘉图把两种商品交换最终视为对交换双方具有不同使用价值的结晶于两种商品中的等量劳动的交换。但是，这种理论是有其适用范围的，或者说是有局限性的。一般说来，这种理论比较适用于国内贸易，或者说适用于生产率相同的两个地区的交换，但不一定适用于国际贸易，特别是不适用于发达国家与发展中国家之间的贸易。因为二者之间的生产率不同，生产商品的成本不同。国际贸易往往有利于生产率较高的一方，发达国家的直接与间接总劳动时间能够在国际市场上比发展中国家总劳动时间取得更多的产品，它们往往以较少的劳动换取发展中国家较多的劳动。这就是一种不平等的交换。

在国内交换中，价值法则意味着包含等量劳动的两种商品交换价值相等；而在对外交换中，交换的商品则往往包含不平等的劳动量，反映

---

① 参见［埃及］萨米尔·阿明：《不平等的发展》，高铦译，商务印书馆1990年版，第158页。

着不平等的生产率水平。比如，一个国家生产某一商品用 1 个小时，而另一国家生产相同价格的其他商品用 0.8 个小时，那么二者进行交换就是一种不平等的交换，这种不平等反映生产率的不平等。但在一定时候，根据当时生产率水平的分布而实行交换，即使是不平等的交换，也是符合两国利益的。至于说到资本主义国家与殖民地国家之间的不平等交换，情况就复杂得多了。除了上述意义的不平等交换外，还有其他意义上的不平等。资本主义国家也总会想方设法加剧这种不平等，它们采取殖民掠夺、商业扩张、资本输出、技术垄断等手段，同时还伴之于经济封锁、贸易壁垒、政治施压、外交扼制，甚至军事侵略。最终资本主义国家与殖民地国家进行不平等交换的结果导致价值转移，财富和资金由外围地区流向中心地区，即由发展中国家向发达国家转移，二者之间的贫富差距越来越大，发达国家与发展中国家的不平等日益加剧。

由于生产率不同，生产相同价格的产品所用的劳动量不同，那么交换就是不平等的，这是一种相对价格。中心地区与外围地区生产率不同，在交换中心地区能够取得相对价格的优势，获取较高的利润。另外，外围地区经济落后、生活水平低，劳动力本来就丰富、廉价，再加上垄断资本的控制，在当地发展某种经济，人为造成专业化，占用良田，使得劳动者与土地分离，造成农民永久性失业，剩余劳动力更加丰富。与此同时，外国工业摧毁、挤跨了当地的手工业，把一部分人口排挤出来，也使得劳动力更加廉价。所以，外国投资在这里支付给工人的实际工资要比其在本国内部或者是在其他发达国家低得多，由此也造成国际交换中的不平等。因为，生产率相同的劳动在外围地区支付了较低的报酬，这就意味着取得了较高的利润，这是由于比较实际工资不同而引起的。

在实际价格体系中，除了生产率水平、实际支付工资等因素外，取得和使用自然资源的成本也是一个特殊而重要的成分。从理论上说，消费某种自然资源所必需的产品的"公平"国际价格，除了平等的工资和平均利润外，还应当包括租用费、治理费等，以便能够重建或恢复、维护这种资源。如果涉及的是一种能自我更新的资源，如土地、空气或水，那么支付价格必须达到能够令人满意地维持这种永久性资源的地步；如果涉及的是一种容易耗尽的资源，如碳氢化合物或矿物，那么价格必须有可能发展一种对国家具有同等价值的替代活动。然而，实际情况却并非如此。发达国家在发展中国家的投资并没有支付土地保养费，反而以各种经营方式破坏了土壤，浪费了资源，加剧了生态破坏，并导致了发展中国家的依附性经济，致使它们长期处于贫困化状态。这实际上是对发展中国家的资源掠夺和生态掠夺，这又是国际贸易中的一种不平等关系，而且这种不平等在不断加剧，成为一种生态殖民主义或者说是环境侵略。

国际贸易中外围地区对中心地区的技术依附是二者之间不平等交换的又一个重要表现，而且这种不平等正在继续扩大。联合国贸易与发展委员会整理出了资本和财富由发展中国家向发达国家转移的项目：包括专利权使用费，为换取信誉和技能而对外资股份支付的利润，企业购买零件时支付的高价，售后服务费用，等等。通过这些项目，巨额资金和财富源源不断地向发达国家转移。这就是一个垄断价格，即技术价格的作用。

相对价格、比较实际工资、廉价自然资源和技术依附都是中心地区与外围地区之间不平等的交换。无论哪种形式，都意味着价值转移，其结果加剧了世界两极分化的格局。与此同时，不平等的交换还意味着中心地区的资产阶级对世界各地无产阶级的剥削，特别是对外围地区无产阶级的残酷剥削。

在国际贸易中，发达国家与发展中国家之间的不平等交换意味着无产阶级与资产阶级之间斗争的问题必须从世界范围来观察，而不能仅仅局限于发达的资本主义国家内部。在发达资本主义国家，社会矛盾的两方，即无产阶级与资产阶级之间有一种有机的关系，双方都结合在同一个现实即同一个国家之中。随着经济的发展，其内部无产阶级的生活待遇日益改善，经济收入和生活水平不断提高。相反，发展中国家的工人状况却得不到应有的改善，因为其经济不是自主经济，也就是说是受外国资本控制的经济，是一种依附性经济。这意味着资本家与工人之间的对立不是一个国家内部资产阶级与无产阶级的对立，因此他们之间的矛盾不能在一国范围内来理解，而只能在世界范围内理解。发达国家的资产阶级（惟一存在于世界范围内的资产阶级）剥削世界各地的无产阶级，既包括中心国家的，也包括外围国家的，但是剥削外围国家的无产阶级尤其残酷。① 列宁曾将资本主义发展到最后的高级阶段称为帝国主义，他认为，资本主义国家通过将剥削转移到殖民地，而缓解了对国内工人的剥削。然而，欧洲工业列强纷纷失去其殖民地后，这种理论也不合时宜了，而且，最发达的美国也绝不是英国、法国那种意义上的殖民国家。现在的观点认为，资本主义发达工业国是将其繁荣建立在对全世界发展中国家人民和资源的剥削掠夺基础上的，跨国公司就直接从事这种意义上的剥削和掠夺。②

（二）国际贸易对外围地区的影响

在发达国家与发展中国家之间的全部交换中，交换的产品对于发展中国家的重要性要大于发达国家，因为发达国家贸易的主要部分是在发达国家之间进行的，而发展中国家外贸的主要部分却是在发展中国家与发达国家之间进行的。发展中国家已经高度结合进世界贸易中，并在相当大的程度上受发达国家的需求影响，处于一种依附状态，日益贫困化，与发达国家的差距越来越大。

资本主义生产方式通过贸易手段向发展中国家发动进攻，造成这些国家经济的严重倒退，使其民族工业和手工业遭到破坏，而又没有发展起自主的当地工业来代替，只能发展起一种依附于中心国家的经济，向发达国家出口初级产品和原材料，使发展中国家成为发达国家的产品补

---

① 参见［埃及］萨米尔·阿明：《不平等的发展》，高铦译，商务印书馆1990年版，第164页。

② ［美］理查德·T·德·乔治：《经济伦理学》，李布译，北京大学出版社2002年版，第563页。

充供应地。因为，这里拥有有利的自然条件，可以出产发达国家所没有的农产品和矿物，同时又拥有廉价的劳动力。这是一种畸形的发展，这种畸形发展又带来另一种畸形发展，导致发展中国家第三产业过度膨胀，表现的是不充分的工业化和日益增长的失业。发达国家按照自己的需要调整发展中国家的生产方向，发展中国家却没有对付垄断势力的经济手段。它们无论怎样发展，无论人均生产达到何种水平，都很难转变为自主中心和自我推动的经济增长，始终处于一种依附地位。发达国家资本对整个世界经济体系的控制以及这种控制所表现出的为自身利益而进行的原始积累的重要机制，使发展中国家发展经济受到严格限制。

发展中国家经济的外向性和依附性有着深刻历史根源：一是殖民地贸易。西方资本主义国家用纯粹的、简单的暴力手段在殖民地进行剥削和掠夺，这是资本主义的原始积累手段。西方资本主义国家在殖民地实行了类似英国"圈地运动"方式，赶走农民，剥夺土地，强行种植某种经济作物或采矿，并迫使当地农民出卖劳动力。二是外国投资。发达国家对发展中国家最初进行国际投资时，如果实际工资或劳动力实际报酬相等，劳动生产率较高的发达国家可以出口工业品，而在各方面都没有竞争力的发展中国家则除了出口发达国家所缺少的农产品或矿物原料以外，没有其他东西可出口。外国投资主要集中在这些国家的与出口经济有关的产业部门，而不会投资到发展这些国家民族经济上来。这就加剧了发展中国家的经济依附性。

跨国公司内部国际分工是加剧发展中国家经济依附性的又一个重要原因。二战以后出现的跨国公司活动的特点是其生产活动分散在世界各地，在整体上实行一种垂直结合的模式。它们看到发展中国家低廉的劳动力，于是开始在发展中国家发展起劳动密集型产业。跨国公司的出现和发展标志着国际分工的转变：体现在生产交换中的旧的国际分工正在被跨国公司内部分工所取代。从国际分工的观点来看，这种分散导致了国与国之间的一种新形式的不平等：在发达国家集中的是战略活动，即所谓的"软件"（技术研发和管理）；发展中国家搞"硬件"，就是在进口设备的帮助下只需普通工人生产产品。因此虽然叫跨国公司，但其在发源地和最高层管理方面仍然是有国别的，首先是美国的公司，其次是日本、西欧的公司。在旧的分工中，发展中国家供应原料，发达国家提供制成品。这种情况现正在被另一种不同的分工所取代：发展中国家供应初级产品和制成品，而发达国家提供高端设备和"软件"。这种分工把世界市场分裂为严密的、劳动力报酬差别很大的各国市场，也加深了发达国家与发展中国家之间的不平等交换。这种分工导致发展中国家的联系更为分散，而竞争却加剧，形不成联合和互补，与发达国家形不成对抗。

第二节　跨国经营伦理

当代国际经营中的伦理问题不是一般的不道德行为或表象问题，多是在名义上或形式上似乎合理，而事实上不合乎伦理所要求的公正、公平原则的一些深层次问题。这些问题更多地表现在制度层面，或常常体现在一些惯例和规定中。这些问题之所以受到重视，是由于这些问题不仅是国际贸易问题，而且也深刻影响着各国之间的经济与政治关系，影响到是否能在全球建立正常、合理的经济秩序。

一、国际经营的道德要求

（一）当前国际经济体制面临的现状

当前，国际经济体系面临如下现状：

一是国际经营的结果是财富分配不均。国际经济体系存在严重的贫富不均和管理的无序、无力状态，发达国家通过各种手段赚取了大量财富，使得人口占少数的发达国家占据了世界大部分财富；相反，占世界大多数人口的发展中国家却拥有较少比例的财富，世界正朝着贫富两极分化发展。也正是基于这个事实，发展中国家呼吁建立国际经济新秩序，以调整贫富不均，但这是异常艰难的。因为，靠政治、经济手段来调节是非常困难的，即便是国际法也常常被践踏。因此，道德因素此时就显得非常重要。这就是说，现代国际经济秩序是一个无统一制度、无统一法规的局面，道德因素在国际经济中应该发挥重大作用，如果能够遵循得好，道德因素也一定能起到重要作用。

二是国际经营缺乏背景制度。国际经济体制没有一个比较固定的框架体系，就是发达国家经济体制，在结构上也是有重大差别。在发展中国家，问题也很严重。因为，这些国家内部必要的背景制度还没有制定或不完善，这种状况使不当经营有机可乘。因此，不仅发展中国家迫切需要发展必要的背景制度，而且也迫切需要在国际范围上建立公正的背景制度。目前，尽管在一些领域已经有了相关的国际法规，但这些法规从未得到真正贯彻执行。虽然联合国及其诸多委员会制定了许多国际贸易法规和国际标准，但实际执行起来却十分困难，特别是在针对强国时执行起来更困难。在这种情况下，对于国际间的贸易、交往和跨国大公司的国际经营活动而言，道德应该占有相当的地位，道德因素比一个发达成熟的背景制度显得更为重要。因为，道德是人们自觉遵守的，是一种内在的自律。但是，这个原则必须是更高层次的要求，它应该能够照顾到多方面的道德要求。

三是国际经营中道德的作用虽然已被承认，但应该遵循何种道德还没有确定下来，因为道德具有相对性。如果我们承认在国际商务中，在国际经济体制缺乏背景制度的情况下，道德因素的作用尤其重要，那么国际商务活动究竟应该遵循何种道德呢？虽然这是一个不能确定的问题。但却存在着一些基本的道德规范，如遵约守信公平互利，否则，如果这些基本的规范都不为人们所遵守，那么这个社会就会陷入瘫痪，也就不可能还有企业在经营。总的来说，在最根本的和较高的层面上，道德对每一个人的要求都是一致的。在任何国家，杀人、盗窃、诈骗、违约等行为都是违背道德的。商业活动之所以能够运作是基于商业伦理的存在，基于人们相信合同会被履行，货物会被按约运输，买方也同样会收到货物后按约付款等这些基本道德规范的存在，而这些规范是全世界通用的。但是，也有许多法律、道德、风俗、信仰等是特殊的，不同的国家有不同的情况，这就给跨国经营提出了难题。由于世界范围内存在多种价值观、生活方式和法律体系，因此国际经营者应该在所在国行为端正，符合当地的道德规范，而不该是在各国都一成不变，遵循同一道德体系，更不该以其母国的伦理道德为标准来判断是非。当公司开始国际化经营时，公司的道德规范应做出相应的变化，外国人以及外国公司都应该遵守所在国的法律和风俗，只要这些法律和风俗不是不道德的。

（二）国际经营的道德理念

国际经营不仅具有一般经济活动的基本特征，而且还有地域、国籍、文化、风俗习惯等多方面的因素。在国际经营中不仅直接反映着买者与卖者之间的关系、生产者与消费者之间的关系、出口与进口的关系等，而且还反映着一个国家与另一个国家的国际关系、一个地区对另一个地域的地缘政治关系、一个民族对另一个民族的善恶关系。因此，国际经营中的伦理关系不单纯是一般的商业伦理关系、国与国之间的贸易关系，也不仅仅是地区同盟与同盟之间、发达国家与发展中国家之间的关系，甚至还有商业价值观与多元价值观之间、跨国公司与自然界之间的关系。可以说，国际经营是影响范围最广、涉及关系最多，也最难调节和控制的经济活动。因此，国际经营的理念也应该是一种涵盖范围最广、涉及关系最多的道德要求，它能够最大可能地照顾到各种利益主体，并得到最大多数人的认可，包括不同国家、不同地区、不同商业公司、不同消费者，乃至我们的子孙后代。这个理念就是"共生"。

如上节所述，近代以来的国际贸易在发达国家与发展中国家之间是一种不平等的交换，甚至是一种剥削性的掠夺。其结果导致了发达国家的繁荣发展，但却给发展中国家造成了诸如落后、贫困、混乱、生态被破坏等一系列问题。这就不是一种"共生"，而是一方的繁荣发展以牺牲另一方生存利益为代价，从伦理角度而言就是一种不道德行为。此外，从生态伦理的角度来说人类以往的经济活动，当然也包括国际经营，有许多也是不道德的行为。因为这是以牺牲生态环境和子孙后代人的利益为代价的，不是人与自然共繁荣，也不是当代人与后代人共发展。因此，未来的国际经营要想成为一种道德经营，要想能够维护各方利益，就不能够仅仅遵循一般的法律规范和市场原则，而应该树立更高的价值观，以"共生"为目标，而不是谋一己之利，求一方之荣。"共生"，就不是一生一死、一荣一损、一得一失，而是共生共荣，同得同收。也只有在此基础上的国际经营才能做到真正的自由平等、互利互惠。

"共生"一词在英语里中是"Symbiosis"，意为"不同生物共同生活"，翻译成日语是"Kyosei"，由两个字 Kyo（一起工作）和 Sei（一起生活）组成。这个概念在商业中的重要传统可以追溯到日本松下电器公司的创始人松下幸之助。他在 1929 年开始实施管理原则中强调要充分考虑利润与社会公正之间的统一。对"共生"一词赋予更深含义的是日本佳能公司总裁加久先生。他说：我们必须做什么来确保人类的幸福呢？这是个永恒的问题，共生正是这个问题的答案；共生提出了共同生活的概念，使我们学会包容不同的文化，接受它们的差异；共生与共同利益之间的关系可以比做数学中的必要条件和充分条件。换言之，共同利益是创造更美好世界的必要条件，而共生是它的充分条件。换一个角度可以说，共生是一个目标，一个要让人们真正幸福的目标，而实现这一目标的途径是共同利益。我相信，英语中最动听的话就是"为共同利益而一起生活、工作。分析以上表述可以得出共生概念的三种含义：一是社会性目标、真正的幸福和共同利益；二是一种对文化差异性与多样性的尊重或包容；三是重视社区、重视共同体。① 这就是说，共生的核心是繁荣观、公正观和社区观。共生呼吁的不仅仅是促使社会繁荣，还包含在社会中进行公平分配和增强社区或社会凝聚力的深刻含义。这一

---

① 参见［美］乔治·恩德勒：《国际经济伦理》，锐博慧网译，北京大学出版社 2003 年版，第 151—152 页。

理念的提出使人们超越常规的商业思考（即市场与法律）而达到了一个很高的道德境界。它提出了一个涵盖幸福、公正和合作的全面目标，使得经济活动不仅仅符合法律规范和市场规律，而且还符合伦理要求。共生能够通过关注更广的"共同利益"来调和个人、组织、甚至国家的利益冲突，并通过关注一个公正社会中的更基本的权利（即自由与平等）以减少自己的私利要求。

二、国际经营原则

经济行为能够影响国家之间的关系，并与我们每个人息息相关。国家之间的接触往往始于商业，因为商业能够引起社会、经济变化，能极大地影响全世界人民的恐慌与信心程度。因此，商业行为应该是为了世界更加美好，而不是相反。为此，来自日本、欧洲和美国的商业领导者每年在瑞士考克斯召开会议，制定了一个能够为公司行为提供依据的世界性标准，这就是考克斯圆桌会议商业经营原则，也可以把它看成是一种国际经营原则。

（一）考克斯圆桌会议商业原则的基本内容①

考克斯圆桌会议商业原则第一部分要求，在经济全球化这种背景下，法律和市场的制约很必要，但还不能充分指导商业行为，必须配以伦理原则来指导。公司的基本职责是对公司行为和政策负责，并尊重相关利益者的尊严与利益；而共同的准则（包括对共同繁荣的承诺）对小规模人群和全球人群同样重要。提出以下原则作为商业领导者的讨论基础和履行公司责任中的行动基础，即道德准则在经济决策中的合法性与公正性。没有道德准则，就没有稳定的经济政策和全球的可持续发展。

考克斯圆桌会议商业原则的第二部分是跨国经营应遵循的总则，具体内容如下：

---

① 参见［美］乔治·恩德勒：《国际经济伦理》，锐博慧网译，北京大学出版社2003年版，第146—150页。

表 7-1　考克斯圆桌会议商业原则的总则一览表

基本原则	具体要求
原则 1　公司责任：从股东变为相关利益者	公司的作用是创造财富和就业，以合理价格和质量向消费者提供适合销售的产品和服务。公司必须保持其经济健康和活动力，但公司生存并不是公司的惟一目标。公司的另外一个作用是与顾客、雇员和相关利益者分享创造的财富，提高他们的生活水平。供应商和竞争商应该本着诚实公正的精神履行义务。公司是在地方性、全国性、地区性和全球性社区（人群）中敢于负责任的成员，影响着所在社区的未来。
原则 2　公司对经济和社会的影响：面向革新、公正与全球性社区	建立在海外的公司应通过创造就业机会、提高当地人的购买力，为所在国家和地区的社会进步做出贡献，同时应关注所在国家的人权、教育、福利，激发社区生命力等。公司应通过革新、有效使用自然资源、自由公平竞争，为所在国家和全球经济、社会进步做出贡献。这种贡献是广义的，包括新技术、生产、产品、经销和通讯等。
原则 3　公司行为：从遵守法律条文发展为信任精神	除却合法的商业秘密外，公司应认识到，真诚、公正、真实、守信与透明公开有利于经济活动的信誉和稳定，有益于提高商业交易（尤其是国际商务）的效率和顺利性。
原则 4　遵守规则：从贸易摩擦发展为贸易合作	为避免贸易摩擦，促进更为自由的贸易、保证商业机会均等、各方得到公平相同的待遇，公司应遵守国际国内规则。此外，公司还应认识到，尽管有些行为合法，但仍可能带来不利后果。
原则 5　支持多边贸易：从孤立迈向世界	公司应支持关贸总协定、世界贸易组织多边贸易协定和其他类似的国际公约。公司应积极配合，提高贸易的合理自由度，放宽国内政策，减少这些政策对全球经济的不合理障碍。
原则 6　关注环境：从保护环境到改善环境	公司应保护环境，并在可能性的情况下改善环境，促进可持续发展，防止自然资源的浪费。
原则 7　防止非法运作：从利润发展到和平	公司不可参与或包庇贿赂、洗钱等腐败活动，也不可从事武器交易和用于恐怖活动、贩毒或其他有组织犯罪的物品交易。

考克斯圆桌会议商业原则的第三部分是跨国经营对于利益相关者责任，具体内容如下：

表 7-2 考克斯圆桌会议商业原则要求跨国经营活动对利益相关者应负责任一览表

利益相关者	具体要求
顾客	顾客既包括直接购买产品或服务的人群，也包括从正当渠道获得产品与服务的人群，应充分尊重顾客的尊严。对于那些不直接从公司购买但使用本公司产品与服务的顾客，应将尽量选择那些接受并遵循本文件规定的商业经营标准的销售、安装、生产渠道。应该向顾客提供质量最好的、符合他们要求的产品与服务，公正对待顾客，提供高水平的服务和顾客不满意时的补救措施，尽一切努力保证顾客的健康与安全（包括环境质量），做好售后服务；避免侵犯人的尊严，尊重顾客的文化完整性。
雇员	相信每一位员工的天赋尊严，为其提供工作机会和薪水，改善提高其生活状况；在工作条件上应尊重雇员的健康与尊严；与雇员坦诚沟通，了解其思想、不满和要求；与雇员有冲突时应互相信任，协商解决；避免歧视行为，确保公平对待、机会均等不受性别、年龄、种族和宗教的影响；鼓励雇用残疾人，安排其能发挥作用的岗位；保护雇员在工作场所的安全和健康；对由商业决策引起的严重失业问题保持敏感性，并与政府和其他有关部门共同解决相关事宜。
物主/投资者	应相信尊重投资者对我们的信任，专业、勤勉地管理公司，确保投资者得到应得的回报；向物主/投资者披露相关信息（只受法律与竞争情况限制）；保存并保护物主/投资者的资产；尊重物主/投资者的要求、建议、不满和他们的正式决定。
供应商	与供应商、分包商的合作关系以相互尊重为基础，在定价、许可、售卖权等所有业务中追求公正性；确保商业行为不带任何强制性、不涉及任何不必要的诉讼，并以此促进公平竞争；与高价值、高质量、可靠性高的供应商建立长期、稳定的关系；与供应商分享信息，并纳入公司的计划过程，形成稳定的关系；遵守与供应商签订的契约，选择尊重雇员尊严的供应商和分包商。
竞争商	与竞争对手间应该保持公平竞争，相互尊重；有责任培养开放的贸易与投资市场；改良竞争行为，禁止各种不正当竞争行为，以利于社会和环境；尊重所有权和知识产权；拒绝采用不诚实或不遵守职业道德的手段获取商业情报。

续表

利益相关者	具体要求
社区/共同体	公司作为一名集体成员，为所在社区加入改革力量；尊重所在地的人权与民主制度，并尽可能改善人权与民主状况；承认国家对社会的合法义务，支持、执行有利于促进社会和谐和人类发展的公共政策；在经济发展困难的国家和地区，致力于提高健康、教育、工作场所安全等标准；促进可持续发展；在生态环境保护中起领导作用；支持地方的社会秩序、治安防卫和多样性；尊重地方文化的完整性；支持所在社区工作，做优秀的社区成员，参与慈善捐款、捐助文教、民事与社区事务等活动。

(二) 考克斯圆桌会议商业原则的伦理价值

考克斯圆桌会议原则并不仅仅是一份文件，它有着富有伦理意义的故事。考克斯，是瑞士的一个小村庄，它坐落在阿尔卑斯山与山下日内瓦湖之间的山坡上，是一个非常美丽的地方，就像地球上的天堂。这个地方在 20 世纪 30 年代就具有特殊的意义。当时，全世界都忙于军事扩张，但弗兰克·布克曼博士呼吁人们用道德代替武器来武装自己，发起了道德重整运动。第二次世界大战后，考克斯又成为法国与德国和解的具有重大历史意义的地方，并举办了战后与日本的第一次会议。推动这些活动的根本动力是一股强烈的道德与精神力量，具有很多教导意义：其一是我们应集中关注什么正确而不是谁正确；其二是对话中的每一个人都应反问自己是否正直。

20 世纪 80 年代中期，考克斯圆桌会议的发起人和早期的追随者们开始聚集在一起，讨论并制定商业公司应遵循的原则。1986 年 8 月，第一届考克斯商业圆桌会议召开，来自日本、欧洲和美国的 30 多位代表参加了这次会议，以后每年夏天都在这里召开会议。1992 年，一项建议提出编制商业原则，经过两年的准备，该原则在 1994 年最终被宣布，这就是"考克斯商业圆桌会议原则"。这个原则的制定者们从一开始就将其范围定位为全球，关注全球化进程的结果及其负面影响。在成立之初，考克斯圆桌会议从当时非常流行的三边的角度将北美、日本与欧洲人聚在一起，它关注首席执行官，尤其是商业领导人，目的是将决策者们聚拢起来，因为这是一群举足轻重的人。考克斯圆桌会议商业原则强调在来自不同文化与宗教背景下的领导人之间，甚至无宗教信仰的个人与群体中建立共同准则，这是值得肯定和赞赏的。考克斯圆桌会议首席执行官们聚拢起来，进行急需的对话。它提供了一个讨论的平台，并促使人们深思、反省，这是非常必要的。考克斯圆桌会议创造了一个论坛，这是一种在有很多政治冲突的年代急需的跨文化交流。现在，考克斯圆桌会议已经正式形成规范准则，可以用做辩论、讨论、思考与探索的工具。当然，考克斯圆桌会议还有一些欠缺：一是其准则范围过广，有些地方定得很高；二是其将政治议程（自由贸易）与道德方法混为一谈；三是最主要的一个欠缺，就是考克斯圆桌会议仍然是一个由日、欧、北美三方组成的三边集团，但当今世界却不是三边的，因此应该吸收更多新兴工业国家和发展中国家的代表参加。全球问题的解决方法不可能只由经济合作与发展国家（OECD）、北方发达国家或富裕国家发现。所以，考克斯圆桌会议应该在全球范围决策者们中争取更多的支持者，并通过吸收更多的决策者和科学领域的人员参会来增强组织的多样性。特别是应该邀请反对者参加辩论，这种广泛丰富的辩论有益于商业原则内容的修改，有助于提高原则的有效性和高远目标的实现。①

推动考克斯圆桌会议原则的是一群商业领导者，他们渴望有一套共同的准则或观念来指导跨文化的商务活动。尽管这些原则还有许多不足之处，但却以人们共有的良知精神为指导，这正是考克斯圆桌会议原则真正令人兴奋之所在。这种良知精神体现在考克斯圆桌会议的基本道德哲学之中，即共生哲学和对个人尊严的尊重。由"共生"和尊重个人尊严而产生了值得注意的三个观念。第一个观念是追求幸福，有些人更喜欢用繁荣或国家财富的说法。经济活动的中心不是分配财富，而是首先创造可以分配的财富。考克斯圆桌会议的指导思想之一就是追求社会繁

---

① 参见［美］乔治·恩德勒：《国际经济伦理》，锐博慧网译，北京大学出版社 2003 年版，第 139—140 页。

荣，至少是创造物质财富。第二个观念是公正观，实质上就是确保财产分配公平、社会每个人的权利都得到尊重的观念。第三个观念是社区（共同体）观，它有别于增加个人财产或保护个人权利，坚持整体大于各部分之和。繁荣观、公正观和社区观共同支撑着考克斯圆桌会议原则。①

三、跨国公司伦理

国际企业伦理专家唐纳德森认为，跨国公司的伦理行为应以三种基本原则为指导，即防止伤害、权利与义务、社会契约。这三个伦理原则最容易体现为诸如契约和国际法等明文规定的准则。唐纳德森认为，这些伦理原则最适合处于不同文化环境中的跨国公司管理行为，也就是说，无论其国家文化背景如何，跨国公司在伦理行为基本准则方面都能与利害关系者达成共识。

（一）跨国公司的伦理准则

跨国公司（又叫多国公司），是指在多于一个国家从事经营活动的公司，通常是通过设立生产或销售分支机构或子公司的形式。跨国公司的总部既有设在发达国家的，也有设在发展中国家的。根据国际有关文件对跨国公司的规定：（如《联合国世界人权宣言》、《联合国关于多国公司行为守则》、《欧洲人权协定》、《国际商会国际投资指南》、《经济合作与发展组织多国企业指南》、《赫尔辛基最终法案》、《国际劳工组织关于多国公司与社会政策原则》等），人们概括出了下列跨国公司的行为准则：②

---

① ［美］乔治·恩德勒：《国际经济伦理》，锐博慧网译，北京大学出版社2003年版，第142页。

② 参见［美］约翰·B. 库伦：《多国管理战略要径》，邱立成等译，机械工业出版社2000年版，第418—419页。

表 7-3　跨国公司的行为准则

基本准则	具体要求
1. 尊重基本人权和自由	尊重人的基本生存权、自由权、安全权及隐私权，不因种族、肤色、性别、宗教、语言、民族出身、政治信仰不同而进行歧视，尊重个人自由（如宗教、观点等），尊重当地文化价值与标准。
2. 降低对当地经济政策的任何负面影响	与当地经济与发展政策保持一致，避免对通货和国际收支的不良影响，遵守有关当地股权参与的政策，为照章纳税提供真实的信息，公平纳税，使用当地原材料，将利润再投资于当地经济。
3. 保持高标准的当地政治参与	避免非法卷入当地政治，不进行行贿或其他不当的支付，不干预当地政府内部事务。
4. 技术转移	扩大向发展中国家的技术转移，适应当地需求调整技术，尽量从事研究与开发，给予使用技术公平的营业许可证。
5. 环境保护	遵守当地环境保护法，积极保护环境，修复公司经营对环境的损害，帮助建立当地标准，准确地估计公司对环境的影响，彻底公开经营对环境的影响，建立监测环境影响的标准。
6. 消费者保护	遵守当地消费者保护法，保证准确使用安全说明。
7. 雇佣行为	遵守东道国相关的人力政策和雇佣法律，在所需要的领域帮助创造就业岗位，增加当地就业机会，提高就业标准，向当地雇员提供稳定的就业和职位保障，提倡平等就业机会，尽可能优先雇用当地居民，向所有层次的当地雇员提供培训机会，晋升当地雇员到管理岗位，尊重当地集体谈判权利，与当地集体谈判单位合作，发布工厂关闭的准确信息，在集体合同谈判时，不以撤离相要挟，向终止雇用的工人提供收入保障，遵守或改进当地雇用标准，保证雇员的健康与安全标准，向雇员提供与职业相关的危害健康的消息。

　　上述所概括的跨国公司的行为准则有两个基本理论根据：一是来自诸如劳动权利和安全权利等与人权相关的道义原则。从很大程度上讲，国际协议明确了规定了跨国公司的权利与义务，即基本伦理原则适用于所有国家，无论是跨国公司的来源国，还是其目前经营所在地。另一个理论根据是来自国际商务交往中的历史经验。例如，由于跨国公司常常忽视其在所在国的经营对环境的影响，所以一些国际协定就规定了跨国公司在环境方面的义务。

　　制定上述准则并不意味着跨国公司的行为在本质上都是不道德的，但是一些跨国公司的确在一些地区，特别是在发展中国从事的经营受到了道德谴责。跨国公司的批评者坚持认为，许多跨国公司只是为了一己私利而进行经营活动，甚至不顾道德上和法律上的约束。所以他们特别强调跨国公司在不发达国家从事经营时应该遵循最基本的道德准则。尽管世界上有的跨国公司其总部设在不发达国家，但大部分跨国公司的总部设在发达国家，特别是美国。美国的跨国公司大多是一流的公司，且有一个时期比如在 20 世纪六七十年代备受批评，因此有人特别指出，美国跨国公司在不发达国家从事经营活动应遵循如下准则：①

　　第一条准则是最低道德标准，即不能有意从事具有直接危害的活动。这一标准对任何人、任何公司和任何国家都适用。有意从事具有直接危害的活动是蓄意对别人造成伤害，除非是出于自卫或其他类似的原因，否则这种行为都被公认为是极不道德的。这种准则应用到跨国公司和不发达国家的关系上，就要求不得故意钻法律的漏洞销售有毒产品，如生产和制造含有石棉纤维的儿童睡衣。因为，这种产品在美国和欧洲是禁止销售的，这是损害消费者利益的典型事例；不得出售容易中毒的农药或药品，如一些厂家明知某种杀虫剂或药品极易误用，但仍生产和销售这些产品，这也是违反这条道德准则的；必须阻止环境污染，如对水、空气和土地造成污染，禁止购买当地口粮田用于种植经济作物，特别是这样做会导致当地居民营养不良或饥饿情况加剧时，更是如此。

　　第二条准则是建立在第一条准则基础之上的。跨国公司从事经营，不仅不能对当地造成损害，而且还应该从事对当地有益的事情。即跨国公司不能牺牲发展中国家的利益（不管是有意还是无意）来获取自己的利益。对这一准则的限定是：该国的利益不是少数腐败官员的利益和该国反对派的利益，而是符合该国广大人民的利益。这一限定是至关重

　　① 参见［美］理查德·T·德·乔治《经济伦理学》，李布译，北京大学出版社 2002 年版，第 573—575 页。

要的。

第三条准则是尊重该国工人、消费者和其他人的人权。这条准则也是对任何国家、任何公司都适用。但是，在发展中国家，跨国公司常常会违反这一准则，主要是因为那里存在着大量贫困人口和失业人口，以及缺乏相应的法律保障。这一准则不仅禁止奴役和种族隔离，还禁止支付不足以维生的低额报酬以及不提供必需的工作条件和安全工作环境。如果本地企业违反了这条准则，它们同样在道德上是可耻的。不能因为别人违反某道德准则，跨国公司也跟着违反。如果别人违反这一道德准则，而跨国公司不违反就不能进行有效竞争时，要么就退出竞争，要么通过背景制度来保护所有人的权益。

第四条准则是要求跨国公司遵守东道国的法律，尊重当地的文化和价值观。跨国公司无权干涉当地政府的活动，更不能游说以阻止保护消费者或工人的立法和改革，即使这种活动和改革会使公司在该国的利润降低。

其实，以上准则不仅仅是针对美国的跨国公司的，而且也是所有跨国公司在发展中国家从事经营活动必须遵守的准则。

（二）跨国公司经营中的伦理问题

跨国公司经营中的伦理问题主要指跨国公司在发展中国家从事经营活动时而言的。其实，跨国公司本身不是不道德的，无论是日本在美国的跨国公司，还是美国在德国的跨国公司，都没有理由说它们从事不道德的经营行为。之所以在发展中国家有不道德经营行为，是因为发达国家有能力控制其国外企业，而发展中国家就不一定有这个能力。因为，跨国公司的实力强大，有时这个公司的总销售额甚至超过该国的国民生产总值。跨国公司在发展中国家从事经营活动时，其不道德经营行为主要表现在以下几个方面：[①]

---

　　①　参见［美］理查德·T·德·乔治：《经济伦理学》，李布译，北京大学出版社 2002 年版，第 567—572 页。

一是跨国公司在不发达国家剥削工人，掠夺自然资源，获取高额利润。

跨国公司在不发达国家开展业务，是基于多种原因，如可能是为了使用廉价劳动力、享受现成资源、享受税收减免，或者是得到广阔市场等。发展中国家相信跨国公司能为本国提供就业机会，带来先进的知识和技术，并增加税收，对本国经济发展是有帮助的，因而也欢迎跨国公司本国落户。但是，许多发展中国家没有或很少有来自背景制度的限制，市场无法确定一套合理的工资水平，再加上市场竞争促使跨国公司尽量压低工人的劳动报酬，以至于有时其工资水平难以维持生计，不足以让工人像正常人那样生活，这就严重地违反了伦理。那些支付工人这种工资标准的跨国公司是可耻的，应从道德上给予谴责。一般说来，跨国公司支付与当地企业一样多的工资，但有时跨国公司也会支付高于当地标准的工人的工资。此时，当地人就会抱怨说是跨国公司用高薪吸引走了这里最好的工人，只留下素质较差的工人，而且跨国公司还被认为抬高了员工的工资期望值。如此看来，跨国公司有点进退两难。在掠夺自然资源方面，对跨国公司的指责不在于他们开采了什么矿产运到国外，而在于他们以极低的价格购得该国的开采权，又以相当高的价格在该国之外出卖这些矿产资源。但是，他们并没有支付环境维护费和破坏生态的补偿费，也没有开发一种替代产品来替代他们开发的不可再生资源，导致发展中国家自然资源的减少，甚至枯竭。从中牟取巨大利润的不是发展中国家，而是跨国公司。

二是跨国公司在发展中国家进行不正当竞争，损害当地国家的利益。

关于跨国公司在发展中国家进行不公平竞争的指责有两个方面：一方面跨国公司享受一定的优惠条件。由于跨国公司较为强大而且有竞争力，它们能以较低的成本从本地取得贷款，结果导致本地资金流向跨国公司；另一方面跨国公司并没有为当地社会发展承担应有的成本，而这种社会成本却是当地企业很大的负担。跨国公司采用先进的技术，能产生较高的生产率，而当地公司没有或承担不起这种技术成本。结果是跨国公司不但不支付较高的工人工资，而且比当地生产同类产品的企业雇佣更少的员工。因此，它们能以低价竞争，迫使当地企业破产停业。跨国公司还通过谈判获准缴纳较低税额，并且通过操纵全球范围内的子公司之间的利润转移，从而使他们在各地都纳税最低，最终结果加剧了不公平竞争。因此，有人认为，跨国公司几乎没有给东道国带来多少好处。

三是跨国公司是导致发展中国家贫穷、混乱、文化和传统被破坏的一个主要原因。

跨国公司在发展中国家造成的贫困和混乱表现在两方面：一是物质的，二是文化的。有不少跨国公司直接造成了一些发展中国家。人民的饥饿典型情况是：有些跨国公司进入发展中国家，购买大量农用土地，而这些土地是当地农民用来种植口粮的。跨国公司购得这些土地后种植出口经济作物，以赚取利润。于是，当地农民就没有土地或没有肥沃的土地来种植口粮了，结果往往是增加了当地营养不良和饥饿人口。跨国公司造成的这种状况还在继续，加剧了发展中国家的贫困和混乱，这在道德上难辞其咎。当然，并不是所有的跨国公司都造成了发展中国家的绝对贫困，它们也做了许多有利于发展中国家的事情，如开发了新产品，丰富了市场，净化了水源，修建了道路等，从一定意义上来说也促进了当地的经济发展。但是，它们还是引起了当地的贫困和混乱，这不是经济意义上的，而是文化意义上的贫困。跨国公司的经营使得当地的文化遭到破坏，人们受到了西方文化的思想影响，导致当地人群分化、混乱不安和欲望的膨胀。跨国公司再用人们以前并不需要、也承担不起的产品去引诱人们，更加剧了人心的不安，使得发展中国家的人民觉得自己相对而言更贫困了。因为，贫困是一个相对状态，当所有人都很贫困时，自己并不觉得贫困；而当别人相对富裕时，人们就会感觉自己很穷。富人们的财富不断增加，使穷人显得更穷了。因此，就上述状况而言，发达国家应对发展中国家的贫困和混乱负有责任。

（三）跨国公司不道德经营的防止和监督

从本质上讲，跨国公司不可能在发展中国家无利经营，最可行的办法就是采取措施制约跨国公司的不道德经营，以减少对发展中国家的危害。这种制约主要来自以下几个方面：

一是发展中国家政府制定政策。对于资源掠夺，发展中国家的政府应该通过税收和法规等手段来限制矿产资源的开采，采取措施减少跨国公司对发展中国家自然资源的掠夺，越来越多的国家也确实这么做了。对于资金外流，发展中国家也应该制定政策，限制跨国公司能借到的最高贷款额，也可以规定跨国公司必须在当地再投资或放贷。对于冲击民族产业，发展中国家也可以制定政策，只允许外资企业进入不与当地企业直接竞争的行业。此外，不发达国家还应该制定法律，规范市场，使跨国公司的不道德经营无机可乘。

二是联合国制定条约，加强对跨国公司的控制。比如，联合国除了应制定《联合国跨国公司行为规范》、《各国经济权利和义务章程》等，还应成立一个专门委员会和一个信息研究中心，专门监督跨国公司在发展中国家的经营行为。这些举措都是为了帮助发展中国家控制跨国公司的不道德经营行为。

第三种控制力量来自国际准则。缺乏有效国际背景制度并不意味着没有约束国际商务的通用国际标准。20 世纪 70 年代以后制定的各种标准和准则就是一个典型事例。这些标准和准则多数与道德有关，如尊重基本人权和自由、不许搞贿赂、转移价格的标准，保护消费者、保护环境以及信息披露等条款。世界范围内的产业标准已经建立起来，有两个标准最为突出：一个是联合国关于婴儿食品的交易规范，这是由全世界婴儿食物厂商共同承认的一套标准。第二个标准是 1988 年美国化工生产商协会（CMA）成员签署的"责任关联"项目指导原则。这个原则是自我约束的一套关于全世界化工厂产品生产、销售和处置的安全责任标准。这是自我约束的行为规范，为其他行业树立自我约束行为规范提供了范本。另外，ISO9000 质量管理标准、ISO14000 环境管理标准、

SA8000 社会责任标准等国标性标准对于跨国公司也适用。

第四种力量来自政府、媒体和民间的监督。跨国公司最理想的经营就是在现有准则和标准下实行自我约束。但又不能仅仅依靠企业的自我约束，如果竞争条件从结构上讲是不公平的，那么自我约束机制也不会起作用。此时就需要其他监督力量介入，如政府、各种民间机构、媒体、消费者和工人组织的监督。尽管政府在一国范围内有管辖权，但可以通过政府间的协作来控制跨国公司的不道德经营行为。另外，媒体、社会大众（包括工人、消费者、社会团体，从工会到环保组织、消费者协会、教会、学术团体、基层组织等）也能监督跨国公司的不道德经营行为。目前，由于缺少贯彻这些国际准则的执行机构，媒体、社会大众作为非正式力量，越发显得重要。

第三节　国际标准伦理

商品的国际性标准涉及多种商业伦理关系，如质量管理标准主要针对买卖双方之间的关系，要求企业生产的产品质量过硬，以保证消费者的利益不受损害；国际环境标准主要针对人与自然关系，要求不危害生态环境，以有利于环境保护；社会责任标准主要针对商品生产企业，通过有道德采购活动改善工人的工作条件，最终达到公平而体面的工作条件。笔者在这里以这三个国际标准为例来分析国际标准伦理问题。

一、ISO 简介及认证制度

（一）ISO 简介

ISO（国际标准化组织）是由多国联合组成的非政府性国际标准化机构，英文全称是 International Organization for Standardization，成立于 1947 年 2 月 23 日，其前身是 1928 年成立的国际标准化协会国际联合会（ISA）。除此之外，国际上还有其他国际标准化组织，如 IEC 也比较著名，IEC（国际电工委员会）1906 年在英国伦敦成立，是世界上最早的国际标准化组织。IEC 主要负责电工、电子领域的标准化活动，而 ISO 负责除电工、电子领域之外的所有其他领域的标准化活动。ISO 和 IEC 作为一个整体担负着制定全球协商一致的国际标准的任务，ISO 和 IEC 都是非政府机构，它们制定的标准都是自愿遵守的，这就意味着这些标准必须是优秀的，它们会给工业和服务业带来收益，所以各国都自觉使用这些标准。ISO 和 IEC 不是联合国机构，但与联合国的许多专门机构保持技术联络关系。ISO 的主要功能是制定协商一致国际标准提供一种机制。目前，ISO 已经发布了 1 万多个国际标准，涉及各行业各种产品的技术规范，其中有著名的 ISO9000 质量管理系列标准和 ISO14000 环境管理系列标准。

ISO 宣称，其宗旨是"在世界上促进标准化及其相关活动的发展，以便于商品和服务的国际交换，在智力、科学、技术和经济领域开展合作。"ISO 总部设在瑞士的日内瓦，到目前为止，有正式成员国 120 多个，我国也是该组织成员国之一。每一个成员国均有一个国际标准化机构与 ISO 相对应。ISO 的技术工作是通过技术委员会（简称 TC）来进行的。根据工作需要，每个技术委员会可以设若干分委员会（SC），TC 和 SC 下面还设立若干工作组（WG）。ISO 技术工作的成果是正式颁布国际标准，即 ISO 标准。ISO 制定的标准是推荐给世界各国采用的，而非强制执行的标准。但是，由于 ISO 颁布的标准在世界上具有很强的权威性、指导性和通用性，对世界标准化进程起着十分重要的作用，所以各国都非常重视 ISO 标准。许多国家的政府部门、有影响的工业部门及有关方面都十分重视在 ISO 中的地位和作用，通过参加技术委员会、分委员会及工作小组的活动积极参与 ISO 标准制定工作。目前，ISO 的 200 多个技术委员会正在不断制定新的产品、工艺及管理方面的标准。

（二）认证制度

认证一词的英文原意是一种出具证明文件的行动。ISO/IEC 指南 2：1986中对认证的定义是："由可以充分信任的第三方证实某一经鉴定的产品或服务符合特定标准或规范性文件的活动。"举例来说，对第一方（供方或卖方）生产的产品，第二方（需方或买方）无法判定其品质是否合格，而由第三方来判定。第三方既要对第一方负责，又要对第二方负责，不偏不倚，出具的证明要能获得双方的信任，这样的活动就叫做认证。这就意味着第三方的认证活动必须公开、公正、公平，才能有效；也要求第三方必须有绝对的权力和威信，必须独立于第一方和第二方之外，必须与第一方和第二方没有经济上的利害关系，才能获得双方的充分信任。由国家认可的组织去担任这样的第三方，这样的机关或组织就叫做"认证机构"。现在，各国的认证机构主要开展如下两方面的认证业务：产品品质认证和管理体系认证。

产品品质认证。现代的第三方产品品质认证制度早在1903年发源于英国，是由英国工程标准委员会（BSI 的前身）首创的，他们用一种"风筝标志"，即"BS"标志来表示符合尺寸标准的铁道钢轨。1919年，英国政府制定了商标法，规定要对商品执行检验，合格产品佩以"风筝标志"，从此，这种标志开始具有认证的含义，沿用至今，在国际上享有很高的声誉。受英国的影响，世界其他发达国家也争先采用质量认证制度。在认证制度产生之前，供方（第一方）为了推销其产品，通常采用"产品合格声明"的方式来博取顾客（第二方）的信任。这种方式在当时产品简单、不需要专门的检测手段就可以直观判别产品质量优劣的情况下是可行的。但是，随着科学技术的发展，产品品种日益增多，产品的结构和性能日趋复杂，仅凭买方的知识和经验很难判断产品是否符合要求；加之供方的"产品合格声明"属于"王婆卖瓜，自卖自夸"的一套，真真假假，鱼龙混杂，并不总是可信，这种方式的信誉和作用逐渐下降。在这种情况下，第三方面产品品质认证制度也就应运而生。1971年，ISO 成立了"认证委员会"（CERTICO），1985年，易名为"合格评定委员会"（CASCO），这就促进了各国产品品质认证制度的完善。产品品质认证包括合格认证和安全认证两种：依据标准中的性能要求进行认证叫做合格认证，依据标准中的安全要求进行认证叫做安全认证。前者是自愿的，后者是强制性的。现在，全世界各国的产品品质认证一般都依据国际标准进行认证，国际标准中的 60％是由 ISO 制定的，20％是由 IEC 制定的，20％是由其他国际标准化组织制定的。另外，也有很多是依据各国的国家标准和国外先进标准进行认证的。

管理体系认证，这种认证是由西方的品质保证活动发展而来的。1959 年，美国国防部下属的军工企业提出了品质保证要求，要求承包商"应制定和保持与其经营管理、规程相一致的有效的和经济的品质保证体系"，"应在实现合同要求的所有领域和过程（例如，设计、研制、制造、加工、装配、检验、试验、维护、装箱、储存和安装）中充分保证品质"，并对品质保证体系规定了两种统一的模式：军标 MIL-Q-9858A《品质大纲要求》和军标 MIL-I-45208《检验系统要求》。承包商要根据这两个模式编制品质保证手册，并有效实施。政府要对照文件逐步检查、评定实施情况，这实际上就是现代的第二方品质体系审核的雏形。这种办法促使承包商进行全面的品质管理，取得了极大的成功。后来，这个经验逐步推广到民用工业，在西方各国蓬勃发展起来。随着上述品质保证活动的迅速发展，各国的认证机构在进行产品品质认证的时候，逐渐增加了对企业的品质保证体系进行审核的内容，进一步推动了品质保证活动的发展。到了 20 世纪 70 年代后期，英国一家认证机构 BSI（英国标准协会）首先开展了单独的品质保证体系的认证业务，使品质保证活动由第二方审核发展到第三方认证，受到了各方面的欢迎，更加推动了品质保证活动的迅速发展。通过三年的实践，BSI 认为，这种品质保证体系的认证适应面广，灵活性大，有向国际社会推广的价值。于是，在 1979 年向 ISO 提交了一项建议。1980 年，ISO 正式批准成立了"品质保证技术委员会"（即 TC176）并着手这一工作，从而导致ISO9000 质量管理系列标准的诞生，健全了单独品质体系认证制度。

从 1987 年 ISO 制定 ISO9000 标准起，短短十几年时间，ISO9000 质量保证体系标准已在世界范围内的 100 多个国家推行。质量体系认证的国际互认制度也在全球范围内得以建立和实施。为了加强品质管理，适应品质竞争的需要，企业家们纷纷采用 ISO9000 系列标准，在企业内部建立品质管理体系，申请品质体系认证，很快形成了一个世界性的潮流。这种发展势头，就连 ISO 组织自身也始料不及。质量认证在当今的国际贸易活动中发挥着重要作用。ISO9000 标准推出不久，为适应人类社会实施可持续发展战略的世界潮流，ISO 又于 1993 年 6 月成立了环境管理标准化技术委员会（简称 TC207），按照 ISO9000 的理念和方法，开始制定环境管理体系方面的国际标准，并很快于 1996 年 10 月 1 日发布了 5 个属于环境管理体系（EMS）和环境审核（EA）方面的国际标准，1998 年又发布了一个环境管理（EM）方面的国际标准，这些标准统称为 ISO14000 系列标准。

继实施 ISO9000、ISO14000 国际标准之后的又一个热点是 SA8000 社会责任标准。总部设在美国的社会责任国际组织（Social Accountability International）于 1997 年发起并联合欧美跨国公司和其他国际组织，制定了全球首个道德规范国际标准——SA8000 社会责任国际标准。SA8000 为 Social Accountability 8000 的简称（即社会责任标准），它是规范企业组织社会道德行为的另一个重要的具有国际性的新标准。目前，该标准已开始作为第三方认证的准则，在全球工商界和企业逐渐推广、应用和实施。SA8000 自 1997 年问世以来，受到了公众极大的关注，在欧美工商界引起了强烈反响。专家们认为，SA8000 是继 ISO9000、ISO14000 之后出现的又一个重要的国际性标准，并迟早会转化为 ISO 标准。很显然，企业或其他机构一经认证机构全面、独立审核后颁发的社会责任认证证书，将成为对该企业或其他组织机构道德行为和社会责任管理能力最有效的认可。因此，SA8000 在今后将成为未来国际竞争中企业获得成功的一个重要组成部分。

二、几种国际认证标准及其体现的伦理意义

（一）ISO9000 质量管理标准

随着质量管理实践与理论的不断发展，国际贸易与生产的广泛合

作，以及国际的质量相互认证的需要，ISO（国际标准化组织）于 1987年 3 月发布了 ISO9000 至 ISO9004 质量管理和质量保证系列的五个标准。这五个标准是：ISO9000——质量管理与质量保证标准，ISO9001——质量体系——设计、开发、生产、安装与服务的质量保证模式，ISO9002——质量体系——生产与安装的质量保证模式，ISO9003——最终检验与实验的质量保证模式，ISO9004——质量管理与质量体系要求。这五个标准中，ISO9000 是一个具有指导性的总体概念标准；ISO9001、ISO9002、ISO9003 是证明企业能力所使用的三个外部质量保证模式标准；ISO9004 是为企业或组织机构建立有效质量体系提供全面、具体指导的标准，这五个标准组成了一个完整的质量管理与质量保证的标准体系。这是国际标准化组织耗时 10 年而制定的全世界第一套也是目前惟一一套关于质量管理的国际标准，它集中了各国质量管理专家和众多成功企业的经验，蕴涵了质量管理的精华。这套标准一出台，在发达国家企业中就引起了很大反响，它们争相采用这套标准来规范企业的质量管理。

ISO9000 标准质量认证是依据国际通用的质量管理系列标准由第三方认证并确认的，它体现了充分的公证性和权威性，与被认证企业无利益关系。国际间的商业合作及产品进入国际市场，往往都采取是否建立ISO9000 标准体系并通过认证，以此作为合作产品质量保证的前提和相互交流的基础。因此，ISO9000 质量认证体系是国际贸易和国际合作的共同语言规范，即拥有质量体系保证也就拥有了市场。实施 ISO9000 标准，对于国际经济合作和技术交流具有重要意义：它可以提高企业管理水平，促进企业质量管理体系的改进和完善，优化组织结构，完善经营管理，建立减少、消除，特别是预防质量缺陷的机制，有效避免产品责任；可以消除贸易技术壁垒，进入国际市场，扩大出口，通过了质量管理认证就等于拥有了国际贸易的"通行证"；可以避免对产品的重复抽查和检验，节省检验的时间、人力、物力和财力，特别是节省了第二方审核的精力和费用；有利于保护消费者利益，提高企业、产品和服务的信誉，树立良好的企业形象，增强客户信心，利用非价格因素扩大市场份额；有利于强化品质管理，扩大销售渠道和销售量，开拓市场，获得更大利润，提高市场竞争力，在产品品质竞争中永远立于不败之地。

ISO9000 标准于 1994 年进行了第一次修订，2000 年又进行第二次修订。2000 年 ISO9000 标准具有更广泛的适用性，优点也更突出。它在标准剪裁方面做了较严格的规定，引入顾客满意信息，将顾客满意或不满意信息的监控作为评价质量管理体系业绩的一种重要手段；突出了持续改进的质量管理手段，使标准使用者能够不断完善自身管理，有利于持续满足顾客的需求和期望。2000 年 ISO9000 标准首次提出，企业生产的产品不仅要满足顾客的要求，还要满足适用的法律、法规的要求。比如说，按照各国环保法的要求，企业的产品必须是绿色产品，这既属于环境管理体系的要求，也属于质量管理体系的要求，这就与环境管理体系更加相容，解决了两种标准并行态势，从而为企业的持续发展提供了基础。

ISO9000 质量管理标准所涉及的伦理关系主要是供需双方之间的关系，所体现的商业道德就是始终对消费者负责，"以顾客为中心"，为顾客提供高质量的产品和服务，而不是仅仅为了营利。2000 年 ISO9000 标准建立了质量体系的八项原则，即：以顾客为中心，领导作用，人员参与，过程方式，系统管理，持续改进，基于事实决策，与供方互利的关系。在这八项原则中，以顾客为中心和持续改进是基本点，领导作用是质量管理的关键，其他五个原则，是为了达到以顾客为中心和持续改进。

"以客户为中心"，是指组织依存于顾客，因此，组织应理解顾客当前的和未来的需求，满足顾客要求并争取超越顾客期望，这使得企业更加贴近市场。ISO9000 标准把企业的经营理念提高到了一个新高度，其指导思想是：任何企业、单位或组织的根本任务是要满足顾客的需要和期望，其生产的产品和提供的服务过程尽管不同，但监制的原理与方法是一致的；ISO9000 标准不仅要控制生产和服务的实际过程，而且要求对包括顾客要求的识别、设计、采购、制造、检验和试验交付以及后续过程，即对产品寿命周期和全过程进行监制。

ISO9000 标准标志着企业经营理念的变化，即由企业自身营利到以顾客为中心。这种道德境界是古代远距离贸易及近代贸易都不能达到的。古代远距离贸易因其交易的艰难而不可能为消费者负责，那时的供方凭借其有利的中间商地位而获利，所提供和交换的是异域稀缺产品，他们没有想到也不可能为消费者提供全方位服务。近代贸易，特别是资本主义国家与落后地区间进行的贸易，或者是宗主国与殖民地进行的贸易，其目的就是获取高额利润，或者是掠夺，或者是不平等贸易，更谈不上以顾客为中心和持续改进以满足顾客的需要和期望了。

（二）ISO14000 环境管理标准

ISO14000 系列标准是国际标准化组织负责起草的又一个国际标准。它是一个系列的环境管理标准，包括环境管理体系、环境审核、环境标志、生命周期分析等国际环境管理领域内的许多焦点问题，旨在指导各类组织（企业、公司）取得和表现正确的环境行为。这套标准是在环境问题日益突出、可持续发展观日益兴起的背景下产生的。国际标准化组织（ISO）在总结各国环境管理标准化成果的基础上，参考 lSO9000 质量管理系列标准的推广经验制定了 lSO14000 环境管理系列标准。

近代工业发展过程中，由于人类过度追求经济增长速度而忽略环境的重要性，导致水土流失、土地沙漠化、水体污染、空气质量下降、全球气候反常、臭氧层耗竭、生态环境严重破坏、物种多样性减少……环境问题已成为制约经济发展和人类生存的重要因素，并成为全世界关注的重大问题，可持续发展观也越来越得到世界各国的认可。为了把环保观念和可持续发展观融入企业的全面管理中，以规范企业和社会团体等所有组织的活动、产品和服务的环境行为，支持全球环境保护工作，国际标准化组织（ISO）从 1996 年 10 月起陆续颁布了环境管理体系标准，即 ISO14000 系列标准。ISO14000 是一个环境管理系列标准，共有 100 个标准号，其主要组成如下：ISO14001－ISO14009 环境管理体系

EMS，ISO14010—ISO14019 环境审核 EA，ISO14020—ISO14029 环境标志 EL，ISO14030 — ISO14039 环境行为评价 EPE，ISO14040 — ISO14049 生命周期评估 LCA，ISO14050—ISO14059 术语和定义 T&D，ISO14060 产品标准中的环境因素 EAPS，ISO14061—ISO14100 预留号。

　　ISO14000 环境管理系列标准是目前世界上最全面和最系统的环境管理国际化标准，引导着世界环境管理潮流，体现了全面管理、污染预防、持续改进的指导思想，其目的是规范全球企业及各种组织的活动、产品和服务的环境行为，节省资源，减少环境污染，改善环境质量，保证经济可持续发展。目前，这套标准已引起世界各国政府、企业界的普遍重视和积极响应，许多国家和地区对 ISO9000 系列标准极为重视，积极建立企业环境管理体系并获得第三方认证，以此作为开展国际贸易进入国际市场的优势条件之一。

　　地球是人类共同的家园，人类现在已经开始意识到保护环境的重要性，如果一个企业在生产产品时污染了环境，就意味着污染了人类共同的家园，会受到公众的拒绝。因此，实施 ISO14000 环境管理体系认证已成为代表企业形象的重要因素，也是进入国际市场甚至国内市场的重要条件，有人甚至将此称为"绿色通行证"。现在已经有一些获得认证的企业开始对自己的供货方提出了这方面的要求，这样 ISO14000 认证便形成了一个链式效应，使各级供货方及相关各方都加入到认证行列中来，否则便不能满足客户的要求。实施这套标准可以提升企业竞争力，扩大市场份额，改进产品环境性能，推动企业技术进步，减少不合理的消耗，实现最低成本的控制，提高企业管理水平，推动企业由粗放型管理向集约型管理转变，减少环境风险，实现企业永续经营。

　　ISO14000 系列标准与 ISO9000 系列标准既有相同之处，也有不同之处。ISO9000 系列标准为大批企业提供了质量管理和质量保证体系方面的要素、导则和要求；ISO14000 系列标准是对组织的活动、产品和服务从原材料的选择、设计、加工、销售、运输、使用到最终废弃物的处置进行全过程的管理。二者共同之处有：一是两套标准具有共同的实施对象，即在各类企业中建立科学、规范和程序化的管理系统；二是两套标准的管理体系相似，ISO14000 某些标准的框架、结构和内容参考了 ISO9000 中某些标准规定的框架、结构和内容。

但是，这两套标准也有许多不同，主要表现在以下几点：一是承诺对象不同。ISO9000 标准的承诺对象是产品的使用者、消费者，它是按不同消费者的需要，以合同形式体现的；而 ISO14000 系列标准则是向相关方的承诺，受益者将是全社会，是人类的生存环境和人类自身的共同需要，这无法通过合同体现，只能通过利益相关方，其中主要是政府来代表社会的需要，用法律、法规来体现；ISO14000 系列标准最低要求是达到政府的环境法律、法规的要求及其他要求。二是承诺的内容不同。ISO9000 系列标准是保证产品的质量，而 ISO14000 系列标准则要求企业承诺遵守环境法律、法规要求及其他要求，并对污染预防和持续改进做出承诺。三是体系的构成模式不同。ISO9000 系列标准的质量管理模式是封闭的，而环境管理体系则是螺旋上升的开放模式，要求体系环境管理不断地有所改进和提高。四是审核认证的依据不同。ISO9000 系列标准是质量管理体系认证的根本依据；而环境管理体系认证除符合 ISO14001 外，还必须结合本国的环境法律、法规及相关标准，如果企业的环境行为不能满足国家要求，则难以通过体系标准的认证。

ISO14000 环境管理标准所涉及的伦理关系是供需双方与自然界之间的关系以及需方对供方的绿色要求，其中主要规范的是供方的环境意识和产品的绿色含量，所体现的商业精神就是注重环境保护和促进可持续发展，所追求的目标就是经济效益、环境效益和社会效益的统一，人与自然的和谐。ISO14000 环境管理标准反映了人们对自然界认识的提高、消费观念的转变以及对后代人的关怀和负责。

20 世纪后期，绿色浪潮逐渐兴起，人们对环境的认识发生了根本性变化，反映到购物观念上，就是不仅要求产品质量和价格，而且还要看在产品生产过程中对环境是否造成污染和产品的绿色含量，"环保产品"、"绿色产品"备受欢迎，人们宁可多花钱也要购买环保产品。如果说 20 世纪 80 年代的产品在市场上是以质量取胜的话，那么到 20 世纪 90 年代就是环保产品开始独占鳌头了。企业要在竞争中取胜，就得证明自己的生产没有造成环境污染，就必须得到 ISO14000 系列标准的认证，对消费者做出绿色承诺。

（三）SA8000 社会责任标准

SA8000 社会责任标准是继 ISO9000 质量认证标准、ISO1400 环境认证标准之后，又一个全新的国际贸易标准，这是世界上第一个社会道德责任标准，被称为"人权标准"。SA8000 社会责任标准是一个是根据《国际劳工组织宪章》（ILO 宪章）、《联合国儿童权利公约》、《世界人权宣言》精神而制定的，以保护劳动环境和条件、劳工权利等为主要内容的管理标准。该标准的依据与 ISO9000 质量管理体系标准及 ISO14000 环境管理体系标准一样，是一套可被第三方认证机构审核的国际标准。SA8000 社会责任标准的认证依据该标准的要求审查、评价企业是否与保护人类权益的基本标准相符，在全球所有的工商领域均可应用和实施 SA8000 社会责任标准。

SA8000 社会责任标准的推出有着深刻的社会背景。随着社会发展和科技进步，20 世纪末在西方国家掀起了一股社会责任运动的热潮。西方企业管理也从"工具人"、"经济人"进化到了"社会人"、"观念人"的阶段。《世界人权宣言》的思想也逐步在企业和社会公众中扎下根来，资本主义早期的血腥管理逐步被人本管理取代，"血汗工资"、"血汗工厂"的做法逐步被摒弃，利润最大化不再是惟一的目标。在获取利润的同时主动承担社会责任逐步成为企业的选择，如果企业不承担社会责任，社会公众就会迫使其承担，对跨国公司更是提出了这一要求。许多跨国公司都制定了本企业的社会责任条例，将人权原则、国际劳工标准和环保要求写进条例之中，并安排专门管理人员督促落实。消费者和投资者都非常关注跨国公司的劳工问题，他们分别运用"良心购买权力"和"良心投资手段"对跨国公司施加影响。与此同时，非政府组织、大众媒体和社会公众也对跨国公司的劳工问题紧盯不放，经常采取"游行"、"抗议"等方式，迫使跨国公司及其在发展中国家的合约工厂放弃"血汗工资"、"血汗工厂"的谋利手段而弃恶从善。这一国际潮流促使了 SA8000 标准的诞生。1997 年初，作为一家长期研究社会责任及环境保护、积极关注劳工条件的非政府组织——美国经济优先权委员会，成立了经济优先权认可委员会；同年 8 月，设计了社会责任 8000（SA8000）标准及认证体系，并根据 ISO 指南 62（质量体系评估和认证机构的基本要求）来评估认可认证机构。2001 年，经济优先权认可委员会更名为社会责任国际组织（Social Accountabilit International，SAI）。SAI 咨询委员会负责起草社会责任国际标准，最终定名为 SA8000 社会责任国际标准。

　　SA8000 社会责任标准的主要内容包括：童工、强迫性劳工、健康与安全、组织工会的自由与集体谈判的权利、歧视、惩戒性措施、工作时间、工资、管理体系等 9 个方面。制定 SA8000 标准的宗旨是为了保护人类基本权益，确保供应商所供应的产品皆符合社会责任标准要求。SA8000 标准要求企业或组织在赚取利润的同时，规定了企业必须承担的对社会和利益相关者的责任，并在下列方面给予了最低要求：

　　童工。企业必须按照法律规定的最低年龄、工作时间和安全工作范围雇佣工作；强制雇佣。企业不得进行或支持在雇佣工人中使用诱饵或要求交抵押金，企业必须允许雇员轮班后离开并允许雇员辞职；健康安全。企业必须提供安全健康的工作环境，提供事故伤害的防护、健康安全教育、卫生清洁维护设备和常备饮用水；工人结社自由和集体谈判权。企业尊重全体员工组成和参加所选工会和集体谈判的权利；工作时间。公司应在任何情况下都不能要求雇员一周内工作超过 48 小时，并且每 7 天至少应有一天休假，每周加班不超过 12 个小时，除非在特殊情况及短期业务需要时不得要求加班，且应保证加班能获得额外补贴；工资。企业支付给雇员的工资不应低于法律或行业的最低标准，并且必须足以满足员工的基本需求，并以员工方便的形式支付，对工资的扣除不能是惩罚性的，应保证不采取纯劳务性质的合约安排或虚假的学徒工制度以规避有关法律所规定的对员工应尽的义务。

制定 SA8000 标准的目的是通过有社会道德的采购活动改善企业员工的权利，最终达到公平而体面的工作条件。这是一个通用的标准，不仅适用于发展中国家，而且也适用于发达国家；不仅适用于各类工商企业，而且也适合于公共机构；另外，还可以代替公司或行业制定社会责任守则。

企业通过 SA8000 社会责任标准认证可以得到以下收益：减少国外客户对供应商的第二方审核，节省费用；更大程度地符合当地法律、法规的要求；建立国际公信力；使消费者对产品建立正面情感；使合作伙伴对本企业建立长期信心。该标准已得到全球政界、企业界的广泛关注。很显然，企业或组织机构得到社会责任认证证书，将成为对该企业或组织道德行为和社会责任管理能力的最有效认可。因此，通过 SA8000 标准认证也是在国际竞争中企业获得成功的一个重要因素。有远见的企业家应未雨绸缪，及早检查本企业是否履行了公认的社会责任，在生产经营过程中是否有违背社会公德的行为，是否切实保障了工人的正当权益，以把握先机，迎接新一轮的世界性挑战。实事证明，未能达到 SA8000 认证标准的企业将很难获得订单，即使已经取得了订单，也会被取消。这说明企业进行良好的社会责任管理，不仅可以获得良好的社会效益，而且可以获得长远的经济效益。与传统经济学理论认为的企业承担社会责任会加重企业负担、影响企业利益相反，企业承担社会责任有利于企业取得良好的绩效。

SA8000 标准是对资本权利的一种制约，是针对"血汗工厂"挥起的大棒，是劳动者的保护伞，也是对跨国公司不道德行为的一种有力约束。它从基本的人权和道义出发保护劳工，是消灭人类历史上曾经出现过的资本家不顾劳工权益、残酷剥削工人模式的武器。这个标准体现了一种社会良知，它把遵守商德、保护劳工权利、保护生态环境、发展慈善事业、捐助公益事业、保护弱势群体等内容包含其中，体现了一种人本化的管理理念，从而使全球劳资矛盾得到相当程度的缓解。SA8000

标准带有浓厚的人道色彩，它使关心人、理解人、尊重人、保护人有了可操作和衡量的具体量化标准，使人本管理、人文关怀和人性化不再模糊和抽象，而变得明确、具体。企业是否达到了人本化管理，用SA8000标准衡量一下就可审核出来，具有很强的可操作性。

SA8000社会责任标准标志着供需双方之间伦理关系的重新调整，也是商业道德的进一步提升，说明了消费者道德境界的提高。以前是供方为营利而主动向需方宣传和承诺，需方只要得到价廉物美的产品和服务便得到了满足，至于供方采取什么手段生产商品，在生产过程中对环境或对工人有什么不道德的行为则不予关心。而现在不同了，需方不但要享受高质量的产品和服务，而且还要进行有道德的采购，主动对供方提出了道德要求，包括在环境方面、保障工人基本权益方面、生产条件方面等，以迫使投资方赚到有良心的钱，避免以往那种不道德的赚钱行为。

三、国际标准与贸易壁垒

（一）国际标准背后的不公平

国际上现在公认的ISO9000质量管理标准、ISO14000环境管理标准、SA8000社会责任标准，从表面上看，无论是从经济角度还是从伦理角度都是很不错的，表明了企业管理理念的变化，也代表了国际贸易发展的趋势和潮流，标志着企业经营越来越重视质量、环保和道义，越来越趋于经济和道德的统一。但是，追究其背后，也隐藏着一种不公正。上述标准都是根据西方发达国家多年的管理经验制定的，固然有其先进性和科学性，但对于发展中国家却是一种不平等和不公正，未必有利于这些国家近期的经济发展和对外贸易。也可以说，这些标准是先进者、强者制定规则让落后者、弱者去遵守。发达国家根据自己的情况和需要，从自身利益出发，打着提高质量、保护环境和维护劳动者基本权益的旗号制定了一系列标准，并将之国际化，使之成为国际贸易的通用标准。虽然表面上是自愿遵守，实际上却是强迫发展中国家遵守，因为不通过上述认证，产品就不能进入国际市场，特别是不能进入发达国家市场。对此，发展中国家只有被迫遵守，而没有反驳的余地，更不能从自己利益出发制定一系列标准让发达国家执行。这就是一种权利的不平等、机会的不均等和待遇不公正。因此，无论这些标准标榜得多么高尚、人道、合理，也总是有着不可告人的利己之目的，其结果是拉大了发达国家与发展中国家之间的差距，使得强者越强，弱者越弱。

制定这些国际标准的发达国家所走过的发展之路恰恰不是依据上述标准而走过来的，而是正好相反。当年资本主义各国是如何发财致富、积累资本的？又是如何通过商业扩张、殖民贸易而进行掠夺的？它们当时是否以顾客为中心，是否对消费者负责？是否考虑到保护环境和产品的绿色含量？是否也实行了人性化管理，保障了工人的基本权益？它们承担了应该承担和履行的商业责任、环境责任、社会责任吗？发达国家经济发展的历史证明，贸易是加快一国经济发展的发动机，而对外贸易尤其能够促进一个国家的经济发展。英、美等发达国家都曾倡导自由贸易，特别是热衷于对外贸易，并从对外贸易中获取了巨大的好处。当年发达国家通过贸易扩张发展经济时，并没有考虑要减少对环境的不利影响；英国殖民统治者向中国大肆倾销鸦片时，也从未考虑其产品给消费者造成的危害；资本家在压迫工人榨取更多剩余价值时，更没有想到要保障劳工的基本权利；而从非洲贩卖黑人到美洲时何曾考虑社会责任标准？

今天，当它们完成了资本积累，走向富裕发达时，却制定了国际标准，要求发展中国家遵守。也就是说，发展中国家到了发展经济、扩大对外贸易的时候，发达国家却以质量标准、环境标准、社会责任标准等为借口，对发展中国家设置新的障碍，不遵守就不进口其商品。这不是一种不公正、不平等吗！对于发展中国家来说，各种国际标准都是贸易壁垒，是发达国家扼制发展中国家贸易出口的一种冠冕堂皇的借口，这使得本来处于经济劣势、贸易困境的发展中国家的对外贸易雪上加霜。发展中国家因此不得不迫于处一种自然资源和初级产品的廉价提供者、产业转型中污染转移的场所和受害者、发达国家大量产品倾销的承受者的劣势地位。

况且，制定了各种国际标准的发达国家就一贯遵守这些规定吗？不！他们在执行这些标准时往往耍两面派的手法。对于外国特别是发展中国家的商品和企业，它们高举国际标准的大旗，严格审查；而它们的企业在国外特别是在发展中国家经营时，或者说向外出口商品时却并不严格按照国际标准的规定去做。它们不仅利用各种途径向发展中国家转嫁污染，而且还直接输出污染，将各种垃圾和有害物品运往发展中国家。此时它们考虑到一系列国际标准了吗？发达国家的跨国公司也经常进行种种不道德经营，对于发展中国家和发达国家它们并不一视同仁，而是采用双重标准。在发达国家内部它们尽可能地按规则行事，而对于发展中国家他们却另有一套标准和办法，对于不同国家的消费者不是一视同仁，也没有严格执行 ISO9000 标准。这说明发达国家采用各种国际标准的目的并不就是为了达到这些标准所宣扬的宗旨，还是以是否有利于自己为取舍，利于自己的就执行，不利于自己就不执行。因此，这些看起来非常不错的各种国际标准要想被各国、各工商企业和组织所遵守，还需要很长的路程要走，要使各种国际经营都符合伦理要求还带有一定的理想色彩。

（二）国际标准是把双刃剑

无论发展中国家是否愿意，现在的事实是这些国际标准得到了各国的认可，也日益成为国际贸易的规则和要求。欧美发达国家对于一些出口商的要求越来越高，它们不仅关注商品的质量和价格，还关心生产过程是否环保、生产商是否具有社会责任感，是否关心劳工福利等。因此，不实施这些标准出口贸易无疑要受到扼制，而获得了认证就获得了国际贸易的"通行证"，这是国际市场竞争中的重要武器。对于众多发展中国家来说，现在要紧得不是批判这些标准背后的不平等，而是如何尽快转变观念，加强管理，提高质量，使本国出口的产品符合这些国际标准的要求。当然，要通过这些标准的审查，获得认证，需要巨大的投入，这样势必会增加产品成本，降低企业的短期效益。但就企业长期效益而言，这些标准会作为一种外力，促使企业在追求经济效益的同时，也在产品质量、环境保护和劳动保护上下功夫，不断提高产品质量，做到有道德经营，避免以后造成更大的经济损失。

上述几种国际标准及其认证是一把双刃剑，它既是通向国际市场的"通行证"，又可以用做贸易壁垒，扼制某些商品的进出口。一方面这些国际标准统一了质量管理、环境管理、社会责任的基本要求，使那些以此设定贸易壁垒的国家有所收敛；标准要求各国公开其有关体系、产品标准和认证方法，为贸易伙伴提供条件，有助于消除贸易壁垒。另一方面这些标准的实施本身又是另一种壁垒，它对那些生产技术落后、产品不符合要求，或者行动缓慢的国家和企业将造成实际上的贸易障碍。各发达国家对这一系列标准持积极态度，当标准尚在草案时就开始了试点认证工作，发达国家以此为借口向发展中国家提出了要求。因而，发展中国家要摆脱受控制的地位就必须迅速着手开展这些标准的认证工作，以顺利进行国际贸易。

不过，仅就这些标准所规定的内容而言，其本质并没有错，如果真能被世界各国、各组织机构、各企业认可并实施，那倒是商业精神的巨大进步，也是社会良知在商业领域中的再现，预示了一种美好的道德前景。但从另一方面来说，这一系列标准确实具有贸易壁垒的性质和作用。

比如，发达国家推行 SA8000 标准的背后，就有着不可否认的利己主义的主观动机。西方发达国家推行 SA8000 标准，在法理上以《世界人权宣言》等为依据，在经济上则是以"劳动力倾销理论"为基础。他们认为，由于发展中国家未能遵守国际劳工标准使工资水平极低，而发达国家的工资水平很高，这就使发达国家的同类产品在竞争中处于不公平地位，造成发达国家就业机会减少。因此发达国家就要以国际劳工标准作壁垒来对付发展中国家低劳工标准的冲击，保护本国的产业发展和就业机会。为此，他们就会对违背 SA8000 标准的企业产品采取征收附加税、限制或禁止进口等强制性贸易措施。这样就会导致贸易保护主义的抬头，既对发展中国家经济造成一定冲击，又不利于整个世界协调发展。发达国家工业发达、技术先进，产品的生产成本在许多方面低于发展中国家，但它们在向发展中国家推销商品时为什么不主动降低价格，少获取一些利润呢？特别是一些高科技产品，它们还利用知识产权保护和垄断价格等手段获取高额附加值，此时它们也没有想到要取消垄断、降低价格。究其实质，在商业中还是利己心的驱使，而不是道德感的支撑。

再比如，ISO1400 环境管理标准的出台固然有着深刻的社会背景和良好的环保心愿，但一些发达国家却利用它对发展中国家的出口产品实行严格审查。美国等发达国家凭借自身的技术、经济优势，在游戏规则许可的范围内，制定烦琐苛刻的技术标准、技术规范以及技术论证制度等，形成"绿色壁垒"，对发展中国家的出口贸易进行钳制，从而加大本国贸易顺差，进而达到贸易垄断的目的。"绿色壁垒"主要包括绿色关税、绿色技术标准、绿色检疫等，其中绿色技术标准涵盖环保技术规范、绿色环境标志及绿色包装等。如此众多的"路障"组成一道严密的"绿色关卡"，把外国的产品拒之国门之外，这是发达国家跟发展中国家玩贸易游戏的又一"狠招"。发展中国家是干着急又无可耐何，因为对方高举的是国际环境管理标准大旗。与此形成鲜明对照的是，它们却把一些造成环境污染的产品和企业，趁着发展中国家环保意识薄弱又急切要发展经济之机，推销进去，并将污染也转移进去，造成当地生态破坏，此时它们就忘记了 ISO1400 环境管理标准。

这些标准对于发展中国家的确是一副苦药，但未必不是良药；是贸易壁垒，但未必不是"通行证"。关键是采取什么态度，如何进行转化，"良药苦口利于病，忠言逆耳利于行"，在抱怨和谴责已无济于事的情况下，就应该痛下决心，改进自己，获得认可，这才是一种明智的选择。况且，从伦理角度而言，没有这些国际标准，难道就应该进行不道德的生产和经营吗？我们不是一直在谴责发达国家走过的历程吗？为什么一方面在批评他人，一方面还要让假冒伪劣产品和污染环境的产品充斥市场呢？难道没有国际贸易的制裁和惩罚，就可以心安理得地逃避企业应尽的责任而让环境污染日益加剧，让劳工问题长期存在，让造假行为横行霸道吗？

至于说到 ISO14000 环境管理标准和"绿色壁垒"，我们也应该认真反省。凭心而论，长期以来，我国企业确实缺乏环保意识，只顾生产，不顾环保，产品绿色含量太低，对环境和客户造成的污染和侵害较为严重。面对"绿色壁垒"，我们应该实施绿色战略，强化环保措施的控制，增强产品的绿色含量，努力打造绿色品牌形象，冲破贸易屏障，占据国际市场。如今，ISO14000 系列标准的推出，迫使我们选择一条开发、生产绿色产品的环保之路。这为我们提供了一套以预防为主、减少和消除产品生产过程中对环境污染的管理办法。推行 ISO14000 标准，可提高我国环境管理水平和全民的环境保护意识，加强环境法制观念，改善我国的环保现状，实现资源合理利用，减少对环境的负面影响，树立科学发展观，最终实现经济、社会和环境的和谐发展。

第八章　商业活动中的环境伦理

　　商业或贸易是互通有无的行为，通常被认为是对交易双方都有利的事情，但是，这种活动却有可能对不参与交易的人或自然界造成危害。传统商业伦理研究交易双方之间的关系，商业活动中的环境伦理则研究交易双方与自然界之间的关系。现代商业活动中的基本伦理关系是卖方、买方及自然界三者之间的双向互动关系。商业活动之所以造成众多的环境问题，就是因为交易双方出于利己之目的而不惜牺牲生态环境的后果。为改变这种状况，就需要从环境伦理的角度审视商业发展，制定各种有利于生态环境的商业准则、商业政策和商业道德，使商业活动向着有利于生态环境最终也有利于人类自身的方向发展，使经济效益、社会效益、环境效益相统一。

第一节　商业活动中的环境问题

　　富兰克林曾经说过："以为我们仅仅是为了我们本身，或我们各自的国家而生存，那是愚蠢的妄想。全智的造物主已经命定在他的全部创造中，都贯穿着互相依赖的关系。尽管我们能力有限，不能充分理解连接各种事物的这种纽带的性质和目的，然而，我们能够并确实应该研究和探索与我们彼此互相依赖有关的每个事物，以及我们行为的动机和准则。"① 富兰克林在这里实际上揭示了这样一个客观实事：一个人、一个民族、一个国家都不是孤立存在的，总是处在这样或那样的客观关系之中，无论人们是否意识到，这些客观关系都是存在的。如果我们意识到某种客观关系的存在并加以研究和合理调节，那么这种关系就会向着有利于人类发展的方向发展；相反，如果我们没有认识到某种客观关系，或者是调节不当，那么它就会向着不利于人类发展的方向发展。商业活动作为人类的一项重要而普遍的活动，其中必然有多种客观关系需要人们去认识和调节。人们首先认识到交易双方之间的关系，并在长期的交易过程中形成了一些行之有效的调节准则，而最先得到调节的是买卖双方的相互关系，形成了一套相对完善的商业机制。但是，商业活动中交易双方与自然界的关系却被忽视了，没有得到合理的调节，由此引发了许多环境问题，造成生态危机日益严重。这就迫使人们去深入研究交易双方与自然界之间的关系，制定出各种有利于生态环境的活动准则，使商业行为与环保行为相统一。

一、商业活动中环境伦理的基本关系

买卖双方的商品交换构成了商业活动的主要内容。无论是早期的简单商品交换，还是现代复杂的商业活动，其最终目的是买卖双方的意图达成一致，交易成功。在商品交换过程中，涉及两对基本关系，其一就是商品交易双方之间的关系，即买方和卖方的关系；其二就是商品交易双方与整个自然界（包括人类自身）之间的关系。在第二对基本关系中又包括买方与自然界的关系和卖方与自然界的关系。传统商业伦理研究的范围仅局限于第一对基本关系，即交易主体双方之间的相互关系，基本上不涉及第二对基本关系。买卖双方在商品交易过程中也只是关心自己的商品能否给自己带来利润，如何带来利润，如何带来最大化的利

---

① ［美］富兰克林：《富兰克林经济论文选集》，刘学黎译，商务印书馆 1989 年版，第 43 页。

润。如何满足自己的需要。为此，就必须生产有用的商品，满足对方的需要，才能将其卖出，使营利的希望变为现实。因此，交易成功的过程就表现为交易双方彼此满足对方需要的过程。至于这种交易给自然界带来什么样的影响，给未参与交易的人带来什么影响，他们是不考虑的。也就是说，买卖双方的交易行为给自然界带来的是积极影响还是破坏性影响，这种影响对于其他人来说是有利的还是有害的，都不在交易主体思考的范围之内。商业活动之所以对生态环境造成了如此巨大的破坏，正是因为没有正确处理，甚至根本没有认识到这一对基本关系存在的结果。这正是商业活动造成环境问题的根本原因所在。因此，要消除商业活动对环境的负面影响，就必须从调节这一对基本关系入手。可见买卖双方与自然界之间的关系正是商业活动中环境伦理所要研究的最基本的关系。

在商业活动的早期，当环境破坏问题还不突出时，商业活动中的伦理关系就包括上述这两对基本关系。其中第一对基本关系即买卖双方之间的关系是一种被人们认识到了的相互作用的关系，即买方影响卖方，卖方也影响买方。而交易双方与自然界之间的关系则是一种被忽视了的，但却是客观存在的关系。此时，这种关系不是相互作用的，而是单向作用的，即卖方的行为影响自然界，自然界对卖方的作用不明显，或未被人认识到；同样，买方的行为影响自然界，而自然界对买方的影响也不明显，或未被人认识到。因此，买卖双方谁也不会采取什么措施来协调与自然界的关系，也不去理会自己的行为会给自然界造成什么影响。因为，在他们看来，自然界只是被利用、被索取的对象，它没有意志，不能表达自己的意愿，也不会为自己争取权益，因此可以对它为所欲为。正是基于这种错误的认识，商业活动对环境的破坏不断加剧，生态危机日益显现，大自然开始越来越严重地报复人类。被报复的对象不仅包括未参加破坏环境的商业活动的人，即非交易者，同时也包括曾经参加、正在进行、或即将进行对环境具有破坏作用的交易双方，即被报复的对象是全人类。

在现代商业活动中，伦理关系较之早期发生了变化，其中交易过程中买卖双方关系的性质基本上没发生变化，发生变化的是第二对基本关系，即交易双方与自然界的关系。此时，人们已经意识到自然界对人类（包括交易双方自身）的影响和作用，于是交易双方与自然界的关系由原来被认为是分别单向影响自然界的关系，而变成是与自然界之间的双向相互影响的关系。

具体说来，就是生态危机的加剧，全球环境问题的凸显给人类造成了越来越大的伤害，自然界已经开始向人类传达信息：如果再不改变传统的商业模式，那么必将造成更为严重的环境破坏，甚至对人类的生存构成威胁。于是，越来越多的消费者开始意识到环境保护的重要性，并以各种方式参与到环保中来，他们宁肯多花钱也要购买有利于身心健康的、有利于环境保护的绿色产品。这是自然界对买方的影响。这些信息反映到市场中就迫使卖方调整自己的经营方向，协调与自然界的关系。因为，他们为了自身的利益，必然要想方设法满足消费者的需要，进行绿色设计和清洁生产，以减少对环境的危害。这可以说是自然界通过买方对卖方的影响。

此时，商业活动中的环境伦理所研究的基本关系也发生了变化。早期商业活动的环境伦理关系只研究交易双方与自然界之间的关系，而且侧重于交易双方对自然界的影响和作用，即商业活动对自然界所造成的后果，特别是对生态环境的破坏。而现代商业活动中的环境伦理则不仅研究交易双方与自然界的相互关系，而且还研究交易双方彼此之间因为环境问题而形成的相互关系；不仅研究交易双方对自然界的影响，而且还研究自然界对于交易双方行为的影响；不仅研究商业活动对生态环境造成的破坏，而且还研究商业活动对于保护生态环境、协调人与自然关系所起的积极作用。于是，形成了现代商业活动中的卖方、买方与自然界三者之间的双向互动关系，这一变化可以用下图来表达：

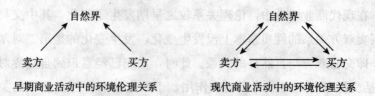

图 8-1　早期商业活动和现代商业活动中的环境伦理关系

当然，上述关系只是现代商业活动中环境伦理的基本关系。实事上，这一伦理关系是很复杂的，除了上述关系外，还包括交易方与非交易方的关系、企业与利益相关者之间的关系、国与国之间的关系、局部与整体之间的关系、发达国家与发展中国家之间的关系、当代人与后代人之间的关系，等等。调节商业活动中环境伦理关系的手段和措施也是复杂多样的，可以通过环境教育来引导，通过环境道德来规范，通过环保法律来约束，通过环境政策来调节，也可以通过公众舆论、新闻媒体来监督，涉及全球性环境问题还可以制定各种国际公约来协调。当然，这众多的手段和措施都不过是对各种利益关系的调节。

商业活动中的环境伦理关系，虽然实质上是参与商业活动的交易双方与自然界的关系，但其表现仍然是复杂的人与人之间的关系，其调节措施也是调节人与人之间的利益关系。它与传统的商业伦理的一个明显的不同之处就是要认真考虑自然界对于商业活动的影响，确定自然界在商业活动中所处的地位，规定交易双方对自然界所拥有的权利和应负的责任。也就是说，在现代商业体系中，再也不能把自然界仅仅当做被利用和索取的客观对象，而应将其当做一个能够影响交易双方行为，并最终迫使商业模式改变以有利于改善人与自然关系的能动的主体。

二、商业活动中环境问题产生的原因

富林克林认为："贸易或商业是国与国之间，也是人与人之间的交往；我们通过这种交往能够取得，可以被认为或理解为任何种类的效用或享乐，不管是实际的还是想象的。这种交往的动机或动力是，而且必定永远是营利或希望营利；因为既没公众也没有个人会有意识地从事无利可图的交往或商业。营利是贸易的原则，所以，贸易的全部秘密存在于经营方法之中，借此可以获得利润和利益。不能把贸易事务想象得如同赌博一样，一方赢，另一方必定输。各方所获得的利益可以是均等的。假定 A 有超过他所能消费的谷物，但是缺少家畜；而 B 有富余的家畜，却缺少谷物；交换对双方都有利。"①

此处富兰克林道出了一个道理，他认为人们通过贸易这种交往而获得各自的必需品和享乐品，贸易对交换双方都有利，商业活动使买卖双方互通有无，交换是对双方都有利的事情，是对双方需要的满足。因此，他对贸易或商业给予了极大的肯定，并十分赞赏"自由放任"的口号，是自由贸易的不遗余力的倡导者。他反对法律对贸易的约束，认为人为的法律可能阻碍贸易于一时，最终还是阻挡不住有利可图的贸易潮流。但问题是自由贸易真的对交易双方有利吗？是否存在对双方都不利的贸易，或只对其中一方有利的贸易呢？当然存在。当代全球最大的自由，即自由贸易可以一味地增长而不顾对环境或社会造成的后果。市场自由意味着企业甚至可以有违反法律的自由，特别是当不法行为赢得的物质利益远远超过违法的罚款时。这就是为什么众多的污染企业宁愿交罚款也不去治理污染或改进生产技术的原因之所在。

富兰克林所说的家畜、谷物是他生存的时代，即 18 世纪的家畜和谷物，那时环境问题还不突出，买卖双方的交换确实可以互通有无。而当今的家畜和谷物则不同于以往了，它们之间的相互交换可能对彼此双方都不利，甚至有害。比如，假如 A 所多余的谷物中含有过量的农药且又是转基因产品，而 B 多余的家畜体内含有过的抗生素且又携带某种传染性病毒，那么双方相互交换的结果会如何呢？如果交换成功，虽然也是互通有无，但却对谁都有害；同时，由于相互交换，问题的范围得

---

① ［美］富兰克林：《富兰克林经济论文选集》，刘学黎译，商务印书馆 1989年版，第 44 页。

到了扩大，受害的人数也增加了，此时商业中的环境伦理问题便产生了。那么，参与交易的买卖双方还会进行这桩交易吗？他们会不会因为意识到了问题的危害性而自觉停止交易，同时又将各自拥有的有害产品销毁呢？当然不会，在没有外力干涉或监督的情况下，他们仍然要美化自己的产品，甚至掩盖其危害性，将有害产品卖出，并且想方设法地卖个好价钱。因为，贸易的本质不是为了满足对方的需要，而是营利。"商业通常是诈骗"。[①] 交易双方的动力是利己心，而不是利他心。不然，商业活动就不会引发如此严重的生态问题了。

　　商业活动之所以带来诸多的环境问题，就是因为商家明知有些商品对环境有害，却视而不见，仍照卖不误。比如，森林开发商明知砍伐森林，特别是砍伐热带雨林会造成植被破坏、水土流失、物种减少等环境问题，但他们并没有因此而停止砍伐；农药制造商明知过量的农药会对人体、动物、水源、土壤造成污染，但却仍在大量生产和出售各种农药；而化石燃料的燃烧必然产生二氧化碳，导致气温上升、冰雪融化、酸雨弥漫等问题，但至今全世界二氧化碳排放量仍不见明显减少。这是为什么？就是因为参与各种商业活动的人的利己心所致。

　　亚当·斯密也对商业的本质进行了深入的剖析，他认为个人一切活动的根本目的和主要动力是追求自身的利益，自身的利害关系构成他们经济活动的内在动力。在商业体系中，人们之所以进行相互交换和相互满足的基础和动力是利己心，是各自"自利"的打算，而不是交易双方彼此之间的恩惠和施舍，也不是他们之间的相互关心。这种利己心正是商业活动造成环境问题的根源。

　　如果说在交易过程中，买卖双方为了自身的利益而必须顾及对方的意愿，满足对方的需要的话，那么在这一过程中他们为了自身的利益，不会去关心自然界，不会为了环保而增加自己的成本。相反，他们会想

---

　　① ［美］富兰克林：《富兰克林经济论文选集》，刘学黎译，商务印书馆1989年版，第42页。

方设法从自然界索取更多更廉价，甚至免费的东西。在交易双方与自然界的关系中，卖方的目的是减少成本，争取利润最大化，于是尽可能少地支付环境成本，甚至根本不支付环境成本。他们会把本应计算在商品成本内的各种环境成本逃避掉（这就叫外溢环境成本），以降低生产成本，提高市场竞争力。卖方外溢环境成本是环境破坏的重要而直接的原因。在买方与自然界的关系中，买方要以尽可能低的价格购买自己所需要的商品，他不会更不愿意主动去支付本应包含在商品中的环境成本。这就给市场一个信号，即不含环境成本的低价位的商品容易被买走。这个信息又反过来促使卖方更多地逃避环境成本。可见，买方购买更廉价的商品的愿望是造成环境破坏的根本原因。也就是说，众多的消费者是促使商家降低成本的内在原因，也是造成商业活动中存在环境问题的根本原因。

市场是使生产转化成消费的地方，是买卖双方进行交易的地方，但目前市场的一些缺陷造成环境破坏和浪费是客观事实。市场是一个以价格为基础的系统，自然会青睐那些开价最低的商人，而最低的价格却经常意味着未被承认的成本，即被外溢的环境成本最高，对环境的危害性最大。市场只认商品的价格和质量，至于它是如何生产出来的则不予理睬，这种商品是否符合环保要求，市场是分辨不出来的。比如，市场无法分辨出一种是否采用可持续方式加工的木制品；也无法区分一种化学制品是不是采用环保方式生产出来的。在生产过程中化工厂是否治理了污染，通过市场也不能反映出来。衡量商战成功与否的标准很简单，它只看结果不看过程，即只看是否获取了更多的利润，不问如何获得利润。也就是说，商家收回利润的复杂过程只用简单数字就给概括了，它不考虑为获得利润是否剥削了人和土地、耗尽了资源、污染了环境、灭绝了物种。换言之，市场不区分商家获得利润的质，只在乎获得利润的量，不能够表现出人们所购买的商品的真正成本。市场只对交易双方负责，却不对自然界负责，卖方只对买方负责，也不对自然环境负责。

千百年来的商业活动形成了完善的市场，也形成了一整套看上去似乎很不错的商业机制，但是，我们现在所面临的困境恰恰是这种商业制度与环境伦理之间的冲突。"虽然商业按照自己界定的标准来看似乎运作得很好，但它却违反了这个更为强大、更为深刻的生物伦理。今天企业的成功像是赢得了一场战争，但却发现这场战争从一开始就是非正义的。"① 它是一场大肆侵略自然界的战争。商业公司虽然在我们的生活中起着重要作用，但它对环境的影响也极其深远。如果商业领域没有环境伦理，那是非常严重的问题。

三、商业活动对生态环境的破坏

目前，环境问题日益严重，地球上的各种生命系统都处在衰退之中，无论土地、水、空气或海洋都已发生功能性的变化，它们从养育生命的系统变为堆放废物的仓库。可以毫不客气地说，造成这种结果，商业难辞其咎，世界上众多的大大小小的企业正在毁坏这个世界。

（一）对资源的消耗和污染

工业革命以来的商业活动，特别是近半个世纪以来的商业活动是一种大量吞噬地球资源的能耗密集型活动，兴办企业的浪潮席卷全世界，企业开发、采掘、提炼和加工储备了千年的财富和资源，换来了我们今天这个物质丰富的世界。我们在加快消耗环境承载能力，抽走了永远也不可能再恢复的地下蓄水层，砍伐了万年都不能重现的原始森林，破坏了土壤肥力，燃尽了矿物燃料，捕尽了鱼类。第二次世界大战以后，史无前例的经济繁荣和扩张带来了物质商品消费量的激增，也过快地消耗了能源。有一组统计数字清楚地表明了我们的经济体系给地球施加的压力：每天在世界范围内，经济生产所烧掉的能量是这个星球用 1 万天时间才能创造出来的。或换言之，需要 27 年时间才能储存起来的太阳能，在 24 小时内就被消耗掉。从 1950 年到现在，全球木材消费量增加了 1

---

① ［美］保罗·霍肯：《商业生态学》，夏善晨等译，上海译文出版社 2001 年版，第 10 页。

倍多, 纸的使用量增加了 5 倍, 鱼的消费量增加了 4 倍, 水和谷物的消费量增加了 2 倍, 而钢的使用量和化石燃料的消耗量攀升了 4 倍。

现在许多行业对环境造成了巨大的破坏。采矿业和石油业的发展对地球上的森林、山脉、水资源和其他一些敏感的生态系统造成了威胁。采矿业耗费了巨大的环境资本, 不仅毁坏了大面积土地, 同时还产生了大量污染物和废弃物, 比如, 在美国, 每生产 1 公斤黄金, 就会留下300 万公斤的废矿石。采矿和开发能源以及相关的活动是继伐木之后对森林造成危害的第二大因素, 它所影响的森林面积约占受破坏森林总面积的 40%。采矿业不仅破坏了宝贵的生态系统, 而且还对当地的居民生活造成了损害。其本身所产生的有毒废物毒化了人们赖以生存的水资源, 同时也对森林和土地造成了破坏, 而恰恰是森林和土地为人类生存提供了给养。化工行业污染和危害也日益显著。目前, 全世界不少国家和地区还在大量使用和出售有机氯化合物, 每年有数亿公斤这种物质以某些产品的形式投放到市场上。与此同时, 每年世界上还要用掉 4.1 亿公斤杀虫剂。从生物学角度来讲, 溶剂、杀真菌剂、杀虫剂和致冷剂从被生产的那一刻起就变成了废物, 它们不能进入地球上任何一个有机体的生命周期, 它们不是生物学的, 而是毒物学的。

此外, 商业物流活动中的非环保因素也在不同程度上对环境造成污染。一是输送过程的污染。交通工具本身就是一种较为严重的环境污染, 公路、铁路、航空运输网所产生的噪声污染几乎影响到社会的各个角落, 汽车尾气对大气环境的毒害众所皆知, 汽车的废旧轮胎大量堆积也是造成环境污染的潜在隐患, 运输能源如机油、柴油经常渗入到土壤和水体中。被输送的商品也有可能对环境造成损害, 如石油在海运过程中发生泄漏而造成大面积海域污染, 这样的污染常常是致命的, 并且在很长时间内都无法恢复常态。二是保管过程中的污染。商品保管中用一些化学方法, 如喷洒杀虫剂、菌剂对商品进行保养, 对周边生态环境会造成污染; 一些商品如易燃、易爆、化学危险品由于保管不当引起爆炸或泄漏, 造成更大的污染和破坏。三是流通加工过程中的污染。表现为加工中资源的浪费或过度消耗，加工产生的废气、废水和废物都对环境和人体构成危害。四是包装过程中的污染。一些包装材料本身就是严重的污染，如塑料污染，过度包装或重复包装是一种资源浪费。五是装卸过程中的污染。装卸不当，商品体遭到损坏，造成资源浪费和被废弃，废弃物还有可能对环境造成污染，如酸液、有毒类药品、油类、放射性物品等。

（二）对物种多样性的危害

我们已经进入了一个生物种群大量灭绝的时期。因为，我们不是通过与生物多样性之间有责任感的相互作用来谋求发展，而是通过毁灭它的多样性来求得发展。以前大规模的物种灭绝都是由反常的、灾难性的事件引起的，现在却是一些商业行为在毁灭着地球上的物种。今天，我们正在经历自有生命体以来的 38 亿年中第一次由另一种生命体即人类所引起的大规模的物种灭绝。

隐藏在当前史无前例的生物种群灭绝现象背后的是全球化浪潮这股巨大的推动力。全球化国际旅游和贸易发展的结果之一，是使越来越多的物种被意外地或有意地带到新的地区，并对当地的原有物种造成了破坏。野生动物贸易已经成了一种全球性整合的商业行为，全球性野生动植物贸易正日益兴旺。尽管《濒危动植物国际公约》取得了一些令人瞩目的成就，但一些濒危物种的非法交易仍在继续扩大。世界上有将近一半的龟类正面临着灭绝的危机。这在很大程度上是由于不断增长的医药行业对它的需求而引起的。航空所提供的便利，使得流行的宠物物种可以在远离其产地的地方繁殖，然后再在世界另一边的宠物店进行销售。外来物种对当地生态系统造成的危害极大，如观赏鱼类是最大的危害之一。作为宠物和食物出口的龟类将对世界许多地方的土生龟类造成极大的威胁，而这种威胁最有可能发生的地方是东亚和东南亚。另外，与日俱增的国际观光人数对敏感的环境形成了巨大的压力，同时也对一些生物构成了威胁。例如，许多国家提供鲸鱼观光旅游活动打扰了鲸鱼平静的生活，扰乱了鲸鱼的生育活动。过度捕捞则是物种减少的主要原因，海洋渔业面临众多的威胁，而最直接的威胁还是过度捕捞。海洋捕捞量随着新技术的出现而猛增，有了大马力的船和先进捕鱼探测器，我们基本上具备了彻底消灭鱼类的能力，而且我们正是在这样干。

一切物种所受的威胁是来自栖息地的破坏，特别是热带雨林的消失。在消失的物种中，有一半物种的灭绝是因工业扩张而导致热带雨林被破坏，全球林木产品贸易在最近几十年中稳步上升。近年来，加工程度较深的林木产品如胶合板、木材和纸浆的贸易额急剧上升。商业性木材采伐构成了世界上大多数生物物种非常丰富的森林的最大威胁。由于大部分毁林行为发生在少数生物资源丰富的热带国家，所以从这些国家出口大量林木产品是导致全球生物多样性损失的极为重要的原因。

生物多样性是所有财富的源头，每一个物种都包含着大量信息，失去了一个物种就等于失去了一座生物图书馆。摧毁亚马逊流域雨林，实际上是摧毁一座巨大的基因库，摧毁一个巨大的遗传信息图书馆。

第二节　商业活动的环境伦理原则

传统商业坚持的原则是利益最大化，为此就必然会以牺牲资源和环境为代价来取得经济增长。如此，商家虽然取得了经济利益，但却引发了许多环境问题，是人对自然界的一种过分掠夺，也是一种不可持续的商业模式，当今人类面临的生态危机已经充分证明了这一点。目前人类所面临的环境状况要求商业活动必须改变惟利是图的宗旨，坚持可持续发展原则。未来的商业发展应该保持人与自然之间的和谐，在追求经济利益的同时兼顾社会、生态等效益。

一、和谐相处原则

人与自然和谐相处是社会文明的重要标志，人类面临的可持续发展就是人与环境、生态的协调发展。与环境相容，与自然和谐，保证物种的丰富多样，是商业活动在处理人与自然关系上应遵循的原则，也是一切商业活动应该遵循的一个总的环境伦理原则。人与自然能否和谐相处，生态系统是否能够保持美丽、完整、丰富和稳定，是判断人的行为是否正确的重要因素，也是判断商业行为是否正确的重要因素。商业的最终目的不是也不应该只是赚钱，它不该仅仅只是一个制造产品和出售产品的系统，未来商业的出路在于通过服务、富有创造性的发明和高尚的道德伦理来为人类普遍造福。赚钱本身是毫无意义的，它是我们这个错综复杂、日见衰落的社会的一种永远都无法满足的追求。商业人士要么致力于把商业改造成为一项可恢复生态环境健康的事业，要么将社会推向坟墓，将自然界摧毁。

现代商业机制必须与环境更和谐，否则，当今的商业体系就会成为一种特殊形式的帝国，即商业帝国。从生物学角度讲，如果商业机制与环境失衡，将加速全球性环境问题的爆发。从最早的用硬币交换谷物起至今，虽然商业的本质并没有改变，但是公司资本与影响力的增加之大，使过去任何形式的国际强权相形见绌。没有任何一个帝国，无论是古希腊帝国、古罗马帝国、拜占廷帝国、大英帝国等，有过当代跨国公司那么大的影响范围。这就是商业文化的影响，人类的能力和创造力从未如此集中。但是，它构成了对生物多样性和文化多样性的重大威胁，对自然环境和传统文化带来了巨大的冲击，有许多原始生境比如湿地、草原、热带雨林被破坏，也有许多资源比如土壤、水源、海洋、矿产被污染或耗竭，更有数不清的物种在商业扩张中濒临灭绝或已经彻底消失。与此同时，全世界还有成千上万的土著文化已经被商业扩张所摧毁，随着那些传统文化而去的还有语言、文字、艺术和手艺、家庭结构、土地权属、传统的治疗方法以及营养术、礼仪习俗、口头历史等。在 20 世纪后的 10 年，美国加利福尼亚州可能失去 34 种美洲土著语言，而这些语言保留至今已有 1000 多年了。那些本应操着着本地语言并世代相传的人正开着福特车或坐在酒馆里喝着啤酒，他们已经被同化了。商业文化的扩张不仅对生物多样性构成严重威胁，而且对文化多样性也构成了严重威胁。

"任何一个企业如果为了维护自己的利益，而不惜牺牲整体的利益，那么它就是不道德的。我们对此以达成共识。现在我们把这个观念往前再进一步。如果人类的所有企业为了维护人类公司的整体利益而破坏了整个生物生态系统，毫不顾及生物股票的其他保管者（其他生物）的利益，那么，人类的行为也是不道德的。"① 人类虽然有权利从大自然中获取价值，也更有责任和义务保持自然界的和谐与繁荣。我们需要一种更为恢宏的能整合人类系统与自然系统、经济系统与生态系统、物质系统与文化系统的设计，使商业与自然共繁荣，以保证物种丰富、文化多样、生态系统完整、资源持续使用、周围环境日益改善。

生态学家的视野与经济学家视野区别很大，比如，生态学家担心自然的极限，经济学家则倾向于不承认这方面的任何限制。生态学家按照自然法则，从循环的角度看事物，而经济学家则考虑直线或曲线运行。经济学家非常重视市场的力量，生态学家则经常不满于市场的缺陷。当经济学家看到迅速攀升的经济指标的同时，生态学家却看到了没有人能够预见到的气候变化的后果。经济学家依靠市场来指导他们的抉择，他们非常尊重市场，因此能够有效地支配资源；生态学家对市场没那么尊重，因为他们看到的市场并不告诉真相。例如，买汽油，用户实际上付出的是开采、炼制和分送的费用；煤炭发电的成本，只包括建造发电厂、开采煤炭、运输煤炭到发电厂和向用户输送电力的费用。这里没有包括的成本是燃烧煤炭和石油所排放的废气对气候的破坏，也没有包括酸雨对淡水湖和森林的破坏，或者由于空气污染引起人的呼吸系统疾病的医疗费用。这些成本被外溢掉了，治理这些破坏的费用由政府或他人承担了。因此，经济学家和生态学家所得出的结论是不同的。

过去半个世纪的经济指标显示出了经济的巨大进步，但是，只要你

---

① ［美］霍尔姆斯·罗尔斯顿：《环境伦理学》，杨通进译，中国社会科学出版社 2000 年版，第 412 页。

注意生态方面的指标，那就难以乐观了，每一个全球性的环境指标都是朝着恶化的方向发展。经济政策造成世界经济的超速增长，但同时这些政策也正在破坏经济的支持系统。按照任何可以想象的生态尺度，这些政策都是失败的。错误的商业体系正在破坏森林、牧场和耕地等生态系统。这些系统向我们提供食物，以及提供除了矿石之外的我们所需要的全部原材料。因此，如何使生态因素纳入经济核算之中是未来商业设计的关键，也是使人与自然和谐相处的保障。

二、持续发展原则

坚持持续发展原则，是商业活动在处理当代人与后代人的关系上所应遵循的原则，它要求任何商业活动都不要竭泽而渔，不危及后代人的生存和发展。

从许多方面而言，过去的经济增长和社会繁荣是建立在环境被破坏的基础上的，这是一种不可持续的发展。这种发展忽视自然环境的存在，扭曲人与自然的关系，结果导致环境被破坏、资源匮乏、生态失衡等诸多问题。今天，人们虽然认识到传统发展观的弊端，意识到环境问题的严重性，但随着能源需求的不断增加，人们对自然资源的掠夺也日益加剧，以破坏环境为代价而追求经济高速发展的行为仍在继续。不论是发达国家还是发展中国家，都把发展经济列为首要任务，把更多的精力放在如何向生态环境索取资源上，而很少注意由此将产生的后果。"在世界范围内，各地的资源正在加速提取和消耗，无论是在森林业、矿产业或渔业，都存在着获取硬通货的激烈的经济竞争，各国都急于做外贸生意，结果为世界市场生产出了太多价格太低的产品。这是一个恶性循环，是公有地悲剧在商业领域中的重演。"① 这种短期的强化提取虽然降低了商品价格，但同时也增加了对环境的破坏和对资源的耗竭。这

---

① ［美］保罗·霍肯：《商业生态学》，夏善晨等译，上海译文出版社 2001 年版，第 90 页。

是一种不可持续的发展。

　　任何一种建立在市场原则基础之上的商业生态学要想发挥作用，都要求以资源获得的可持续性为基础。也就是说，当为了满足当代人的需要而利用资源时，还要顾及到子孙后代能否满足同样需要的能力。因此，新型商业的首要原则与行动，就是应该提供用可持续生产方式生产的产品或服务，以此促进全社会的可持续发展。可持续性可以用生态系统的承载能力来定义，并用能量和资源消费的输入和输出模型来描述。可持续性是一种经济状态，在这种经济状态下，人和商业对环境的需求在不降低提供给后代的环境承载能力的条件下就能满足。可持续性也可以用生态可恢复型经济的一条黄金规则的简单语言来表述，即让这个世纪比你发现时更好，索取不要超过你的需要，别伤害生命和环境，如果你伤害了，就要做出补偿。可持续性意味着产品或服务不以超级形象、功率、速度、包装等参与市场竞争，相反在提供产品或服务时，必须减少对物质的消耗，减少对能源的使用，减少环境成本，减少对土地的侵蚀，减少对空气的污染，即减少一切对环境的破坏。

　　现代商业首先要求尽可能地减少中间环节，尽可能多地利用当地生产的产品代替从全国和全球采购的产品。因为，高度集中的制造和销售所固有的基本设施高成本是浪费的、没有必要的。本地生产的产品才是最经济的，既节约能源又减少污染，并且把较高的利润留在了本地。一个新型的公司应寻找最短最简单的供应线路。可是，目前供应商扩张疆界到如此大的地步，以致已不能为自己对造成的后果负责。对此，惟一的补救办法是收缩经济边界，缩短供应线路。

　　其次，商家应对自然界造成的后果负责。公民个体为拯救地球而努力固然重要，但并不能彻底改善环境，因为他们的能力是有限的，众多的商业公司才是改善环境状况的主力，商业机制的转变才是可持续发展的希望。比如，在美国，如果将所有的家用物品全部回收利用，也将仅仅在美国减少 $1\%\sim2\%$ 的固体废物。现代商业必须重新考虑和设计从生产、材料、雇工、销售到售后的整个过程，使各个环节都有利于环境。

再次，可持续发展的商业应具有持久性和长期效用的目标，其商品的最终使用和处理将不会损害后代。资本主义经济可以生产丰富的商品，但与可持续发展背道而驰。如生产过度包装的巧克力、劣质的玩具、"绿色森林"的生态纸巾，等等。所有的企业都认为他们在创造价值，但实际上，并非所有的企业和产品都增加价值，许多是适得其反。那些浪费的、不值钱的、迅速被扔掉的或只有边际效用的产品的销售超过了应有程度，产品越来越变得虚有其表。这些更多地反射出市场营销和形象设计者的需求，而不是社会和环境的需求，其实质就是一种浪费和污染。

三、平等互利原则

平等互利原则，是处理国际贸易和人与人之间关系应遵循的原则，特别是在处理国际贸易时应该遵循的原则。因为，以往的商业活动，特别是在国际贸易中大量存在着各种各样的环境殖民主义现象。未来的商业活动必须坚持环境正义，摒弃环境殖民主义，平等互利，才有利于全球环境保护，而非一国一地区间的局部环境改善。

几百年来，西方的商业体系并非坚持平等交易、互利互惠的贸易原则，而是一直依赖其较强大的贸易征服其他地区，以尽可能小的代价攫取资源。这种掠夺式的剥削一直存在，其实就是殖民主义在经济领域中的表现。

过去资本主义国家在政治上实行殖民主义，对殖民地和半殖民地国家进行侵略；而今天却是在经济、环境上实行殖民主义，以另一种方式即不平等贸易进行剥削和掠夺。发达国家的繁荣和富裕常常导致不发达国家的环境被破坏，发达国家的居民享受食物链上端的食物，常常导致不发达国家数以亿计的人口营养不良，发达国家的环境改善常常导致不发达国家的环境恶化。比如，巴西热带雨林被摧毁，用来种植大豆喂养德国的奶牛，以生产更优质的奶油和奶酪。这虽然"增加"了德国的承载力，但对于数百万离乡背井、丧失了公民权、邋里邋遢地生活在里约热内卢和其他都市的原本住在森林里的巴西人来说，承载能力却是急剧下降了，这就是一种环境殖民主义，这类例子还很多。

过去的工业经济非但没有促进不发达国家的发展，反而使贫富两极分化扩大，引发伦理冲突，毁坏土地，把穷人驱入城市而使他们陷入生活困境。造成这种结果的一部分原因就是富国通过剥削其他国家的资源，扩大了自己的环境承载能力。在美洲、非洲和亚洲，数量惊人的资源被夺走，贸易工业化国家取走了他们想要的东西，增加了自己的财富，却把环境灾难留给了发展中国家。全球扩张带来的好处主要集中在发达国家及大型跨国公司手中，造成南北贫富差距继续扩大。所不同的是，以前殖民主义的掠夺是由帝国主义国家完成的，而今天是由跨国公司在实践着。这只不过变换了进行殖民的手段和方式而已。无论帝国主义国家对殖民地进行赤裸裸的掠夺，还是跨国公司使用更隐蔽的商业手段进行不平等贸易，但其侵略本质并没有改变。

污染输出是环境殖民主义最典型的表现。发达国家为了不破坏本国环境，想方设法转嫁污染。一方面他们把肮脏工业转移到发展中国家。肮脏工业主要指石化、冶炼、水泥、皮革、造纸等所谓的"夕阳产业"，这是一些高能耗、高消耗和高污染的产业。1970年以后，发达国家把这些行业以"技术援助"、"合资经营"等名目，高速度地悄悄地向发展中国家转移。另一方面向发展中国家输出垃圾和有毒废料等，这是发达国家直接转移污染的方式。美国就是直接输出污染的大国。它们把废旧塑料、废旧汽车电池、废旧电器乃至生活垃圾运往发展中国家。污染输出的结果是给当地环境和居民造成了巨大的危害。比如，美国在印度建造的博帕尔农药厂在1984年发生毒气泄露事件，造成2500人死亡，2500人重残，20万人受到不同程度的伤害。美国还把能够导致恶性癌症的石棉生产厂迁往印度，致使许多印度人患上石棉肺。当财富源源不断地从发展中国家流向发达国家时，污染和灾难却以相反的方向运动。

环境殖民主义再次暴露了资本主义生产的实质，反映了追求资本利润最大化与社会化大生产，特别是与生态化大生产的矛盾。虽然发达国家也讲生态化和可持续发展目标，但是一旦这种目标与利润最大化发生矛盾时，就必然牺牲生态化，尤其牺牲其他国家的生态化，来维持和扩大其本国的利润最大化。这说明资本主义现代市场经济最终关注的绝不是经济社会的可持续发展，而是追求资本的扩张和增殖。资本主义在市场经济和政治上称霸全球的需要决定了治理旧污染与产生新污染的矛盾的不可调和性。发达国家迫于自身生存和发展的需要，也出于全球竞争战略与推行霸权主义与强权政治的需要，一方面不得不对日益恶化的生态环境进行治理，并在经济竞争中打绿色牌、环保牌。以此作为压服发展中国家的重要武器；而另一方面又采取转移落后产业、技术、有害垃圾等形式输出环境污染，把环境污染的祸水引向不发达国家，其实质就是侵略，是一种新的殖民主义。

发达国家对各种资源的高消费，已经远远高出不发达中国家，它们所排放的废弃物质也远远多于不发达国家，它们对不发达国家所实行的污染转嫁和污染输出更是一种剥削行为，这是商业活动中一种最大的不公正。发达国家与发展中国家之间的贸易关系表面看来是平等互利，各取所需，实际上却是剥削与被剥削、掠夺与被掠夺的关系。就好比是资本家与工人之间的关系一样，表面上看是资本家在养活工人，实际上是资本家在剥削工人。以日本为例，其本土森林覆盖率达到60%以上，环境保护得相当好，但是，日本却将自己对自然的依赖与索取转嫁给许多落后的发展中国家，从它们那里大量进口木材和能源。从这个意义上说，发达国家之所以发达，恰恰是建立在对发展中国家的剥削基础之上，这种剥削更多地表现在对发展中国家的自然资源掠夺上。这一过程的实现又基本上依靠商业手段，通过一次又一次的国际贸易来完成。这种交易就其本质而言，既不平等也不互利，最终结果必然两败俱伤。因为，环境问题是全球性问题，而不是一国一地区的局部问题，生态危机是全人类面临的共同危机。同在一片蓝天下，同为人类之一员，但是遭遇却完全不同。富国在其本土上实现环境改善和国民生活水平的提高，这是以穷国环境的急剧恶化和人民生活水平的降低为代价换来的，这不仅是一种不公平，而且是人类的大不幸。

　　全球化资源配置和生态环境改善，必须是世界各国协调一致的睦邻友好行为，而不是以邻为壑，不是把一国、一地区的绿色经济发展建立在其他国家或地区甚至全球的生态环境恶化的基础上。与现代工业化进程的某些副作用相伴随而引起的环境污染和生态破坏是没有国界的。我们大家都依赖着惟一的生物圈来维持生命，生态系统不会尊重任何政治制度强硬划分的管理边界，也不理会哪个阶级、哪个民族或哪个国家控制的范围。自然界的行为是没有国界的，西伯利亚的寒流会影响日本冬天的天气，赤道下的太平洋所生成的大风会经历数千公里的旅行来袭击日本，墨西哥湾的气候变化左右着几乎整个西半部气候。地球是一个整体，全人类是一个命运共同体，因而全球资源和环境的合理配置，也必须是打破国界的全球统一行动。任何一个国家或地区企图在全球之中创立一个生态环境的小气候，都将收效甚微。至于个别发达国家的以邻为壑，将自己的绿色经济建立在对他国环境污染和生态破坏的基础上，更是一种损人不利己的可耻行为。这是发达国家在进行商业活动时应该认真考虑的重大问题。那种惟利是图或居心叵测的行为，这最终也会损害发达国家的长远利益。

　　同样，发展中国家在发展经济和国际贸易时，也应该考虑到本国的长远利益和环境问题，争取国际贸易中的平等地位。20 世纪 90 年代以来，大多数发展中国家都在重新审视本国经济发展与生态环境相互关系的正反两方面的经验教训，敢于直面西方发达国家对发展中国家实行环境殖民主义的残酷现实，痛切地意识到：日益严重的资源短缺和环境恶化将对本国发展构成更大的潜在威胁，再不能以牺牲自然资源和生态环境为代价来求得一时的经济发展了。

　　全球性生态环境问题使越来越多的国家意识到，在全球化时代，世界各国之间的关系是一荣俱荣、一损俱损，传统的国家边界和政治分野将逐渐消蚀、淡化。因此，不论是纯粹的国际问题研究者或者是政治家和商业界人士、跨国公司老板，甚至艺术家和出版家，都必须面对全球共同问题的挑战，把自己生活的小环境与国际大背景紧密联系起来加以考虑。全球性的环境问题和生态灾难不可能由某国、某地区、某集团独立解决，必须团结全人类的力量共同解决。商业活动作为人类的重要活动，商业组织作为一支重要力量，对于这一问题的解决有着义不容辞的责任和义务。世界环境和发展委员会要求各国遵循这样一些原则：每一个国家有责任不损害其他国家人民的健康和环境；对于由跨国界污染引起的危害都应承担责任并赔偿；所有各方享有获得补救措施的平等权利。同样，商业活动也应该遵循这一原则，坚持贸易的平等互利，摒弃各种资源和环境侵略行为。

四、综合兼顾原则

兼顾物质需求与精神需求，兼顾商业利益与生态效益，是商业活动所应遵循的又一个重要原则。因为，人是自然界中最高级的动物，不但有物质需求，更重要的是还有精神需求。这些精神需求一方面来自于人自身的创造，另一方面来自于大自然。

自然界除能满足人们的物质需求外，还具有其他许多方面的价值，其中之一就是能满足人们的精神需求。美国著名学者霍尔姆斯·罗尔斯顿总结了大自然对于人来说所具有的价值，包括生命价值、经济价值、消遣价值、科学价值、审美价值、使基因多样化价值、历史价值、文化象征价值、塑造性格价值、宗教价值等。但是，传统商业活动更多地关注的是经济价值，这仅仅是自然界众多价值中的一个方面，至于其他价值，则往往被忽视，甚至为了经济价值而牺牲精神价值。因为"那些重要的、甚至等级最高的、但却是分散存在的、精神性的价值，往往抵挡不住那些并不重要的、但却是集中存在的、物质的、便于计算且容易进入市场的价值。"[①]

---

① ［美］霍尔姆斯·罗尔斯顿：《环境伦理学》，杨通进译，中国社会科学出版社 2000 年版，第 430 页。

　　为了物质利益和经济效益，人们往往把优美的风景区弄得乱七八糟，把物种丰富的雨林、草原、湿地、高山弄得体无完肤，把海洋、河流、湖泊弄得污浊不堪。商家也许没有料到或者不愿意承认，这种掠夺式的索取终究有一天会使自然资源减少或耗尽，广茂的森林会被砍光，燃烧的煤产生的废气、废渣足以污染大气和海洋，使用石油最终会导致全球气候的变化。自由市场奖励最低的价格，但实际上最低价格并不是最少的支出，而是最大的付出。因为，这是用最廉价的方法将产品投放市场，必将以环境污染、生物栖息地丧失、物种多样性减少、疾病增加和文化毁灭为代价，其中有些损失是无可挽回的。

　　为了一时的物质利益，我们曾向自然界大肆掠夺；为了获得短期的高额利益，我们牺牲了和谐发展，以至于面临一系列的生态危机和社会危机。现在，我们必须大量地偿还亏欠于自然界的债务，并接受人与自然关系当中固有的限制和约束。只有这样，商业行为才将不再是强取豪夺，才将有可能适应未来社会的发展。无论商业曾经代表过怎样无限的机会，无论公司的成功曾带给我们多少光荣与梦想，现在该是承认传统商业时代结束的时候了。因为，它犯了一个致命的错误，它没有尊重那些将自己的命运与地球的命运紧紧相联的千姿百态的生命，没有兼顾除经济价值以外其他众多方面的价值。其实，完整的生态系统的价值是无法估量的，无论科学技术是多么发达，人类文明是多么先进，人类的生存与发展仍将首要地依赖于大自然。传统经济的一个痼疾就在于它错误地低估了自然生态系统的价值。"实际上，森林、湿地、珊瑚、河流和海洋等生态系统为人类生存提供了极其重要的而且是不可替代的服务。有人对生态系统提供的价值进行研究，最终得出的结论让人瞠目结舌：自然提供的服务和经济价值总计为每年33万亿美元！这个数字几乎相当于全世界每年的总产值。"①

---

　　① ［美］希拉里·弗伦奇：《消失的边界——全球化时代如何保护我们的地球》，李丹译，上海译文出版社2002年版，第19页。

　　无论从微观还是从宏观的角度看，生态系统的美丽、完整和稳定都是判断人的行为是否正确的重要因素。人类应当具有这种责任感，尽量保护生物共同体的丰富多彩，这是人类的一种义务。当然，这不是惟一的义务，不过在最根本的意义上，它又是终极的义务。商业的目标和行为是否合理，不能再根据传统商业文化观进行判断，而必须根据超越其自身限制的世界和社会的视角来作出判断。也就是说，不能仅看获得了多少利润，而是要看如何获得利润，要看获得利润的过程和结果对环境造成了何种影响。这是对所有商家的要求，是对整个商业体系和商业机制的要求，而不是针对某个地区、某个领域，否则就会出现不公平竞争。因为，当保护环境作为一项成本和一项规则向商人提出来时，进行环境环保就是一件又麻烦又不受人欢迎、成本又高的事了。

　　鉴于我们目前的市场规则，商人想得没错：致力于环境保护确实有可能使他们被逐出商场，特别是在一些商家考虑环境因素，而另一部分商家却不考虑环境因素情况下。这就是说，现在的商业体系有利于外溢环境成本、仅仅追求经济效益的商家，排斥兼顾环境、文化、生命、审美等综合效益的商家，因为后者的成本更高，更容易在市场竞争中败下阵来。因此，创造一个崭新的商业体系，避免破坏生态环境和人类的身心健康，就成为一项在道德上非常合理、在实践上非常必要、在物质上非常有利、在时间上又非常紧迫的任务。许多商家已经开始向这个方向转变，仅在美国就有数万家公司已保证以某种环保商业的形式同那些仍不愿意顺时而动的企业展开竞争，这种趋势理应成为未来商业发展的主题。

　　任何一种经济都是建立在一种生态环境之上的。绿色是生命之色，是最基本的商业"底色"，因此，商业行为也必须遵循起码的环境伦理原则。商业是改变环境的巨大力量，商业公司在我们的生活中也起着重要作用，它对环境的影响极其深远，一种伦理如果不能深入商业领域，就只会形同虚设。我们固然必须从事商业，但只有那些不导致环境退化、不破坏人的适应性的商业活动才是道德的、符合伦理的。而那些损害环境的商业活动，并不能真正提高人们的生活水平，反而会危及人类生存。任何一个企业，如果为了维护其自身利益，而不惜牺牲整体利益，它就是不道德的。同样，如果所有企业为了维护其自身的利益而牺牲整个生物生态系统，毫不顾及其他生物的利益，那么，人类的商业行为也是不道德的。应该建立一种既能够获取商业利润，又尊重和保护生态系统完整的商业体系。商业应该关心它对环境带来的影响，任何经济行为都应该是真正的生态行为，二者不应对立。经济和生态这两个词的含义应都是：生命之树在其家园中的枝繁叶茂。一种商业活动是否符合道德，取决于它是否考虑了这种活动对动物、植物、地貌及天空所带来的益处和所造成的损失。在商业的社会责任问题上，伦理学家们已形成这样的共识：利己主义是不道德的。具有伦理意识的明智的经理们也已经认识到，盈利的商业行为不是惟一的商业行为，综合兼顾的商业行为才是可称道的。商业可以同时满足私人利益和公共的善，也就是说它既可以获得经济效益，同时又不破坏环境，甚至有利于保护环境。

第三节　商业活动的环境伦理要求

商业作为人类的一项重要活动，其生存和发展与所处的自然生态环境息息相关。保护生态环境、促进经济与生态的协同发展，既是商家自身生存与发展的需要，又是他们不可推卸的责任和义务。

一、确立科学环境代价观

（一）正视环境代价

1999 年 9 月 15 日联合国发表的《展望地球未来环境研究报告》指出：人类不惜以破坏环境为代价追求经济高速发展，而且步伐不断加快。如果不加制止，很多损害即将达到无法弥补的程度。2000 年 4 月 17 日，联合国又公布了一份研究报告，进一步指出：尽管人类早已意识到环境问题的严重性，但随着能源需求的不断增加，世界环境正在遭受前所未有的破坏。长此以往，人类必将为此付出惨重的代价。

在社会发展过程中，造成环境代价的原因是十分复杂的，其表现形式也是多种多样的，既有经济代价、生态代价，也有健康代价、文化代价等，而这些代价是难以用数字准确估量的。拿物种资源来讲，表面上看，地球上数目众多的物种中只有经济作物、木材和可食用的动植物具有作用和价值。实际上，其余大多数物种都是有用的，它们以某种方式在帮助人类，如制造氧气、分解有机物质、过滤空气和水、控制病虫害等。另外，多样性的物种还是天然基因库。从生命基因的角度来讲，任何物种都具有不可代替的价值。我们现在还无法预测某种生物基因在基因链条相生相克中的作用和价值，但此时这种物种也许已经消失或正趋于消失，这就是一种令人痛心的难以挽回的代价。物种多样性具有极大的潜在价值，遗憾的是它们的价值在被认识以前就已经灭绝，还有许多处于濒危状态。所以，对物种消失代价的准确预计和核算在一定意义上说是不可能的，我们现在所能做到就是尽可能地保护现有的物种资源。

环境代价有些可以降低，有些可以避免。比如，对于过度放牧造成的草原退化和土地荒漠化，森林的过度砍伐造成的水土流失和野生动植物灭绝，围湖造田造成的湿地减少以及水源自净化能力丧失等问题，可以采取一些措施来弥补和纠正。如采取退耕还林、减少放牧、退田还湖、种草治沙、植树造林、增加湿地等措施，使局部生态环境在一定程度上得以改善，使危害性代价在一定范围减少和缓解。但是，有些代价人们却一时难以解决，如气候变暖、干旱少雨、淡水资源紧缺、物种灭绝、矿藏减少等，这就需要世界各国共同努力。就商业活动而言，应该计算环境成本，防止环境成本外溢，建立能够反映真实生态信息的市场机制。

传统的发展模式往往是拼生态、耗资源以换取经济增长，这是一条以牺牲生态环境为代价来实现经济增长的道路，也是一条不可持续发展的道路。这条经济发展之路往往是有增长无发展，是不可取的。应该认真分析环境代价，树立科学发展观，兼顾经济发展与环境保护，追求绿色国民经济发展，进行绿色国民经济核算。也就是：在对自然资源及环境利用与保护价值化度量的基础上，本着资源开发利用与节约保护、经济社会发展与生态环境保护相结合的原则，将资源价值与环境成本反映到国民经济核算分析指标、产品与消费价格及宏观经济调控杠杆之中，使自然资源和环境的损失或增值在国民经济收入的核算中得到体现，使造成自然资源破坏和环境污染的生产者和消费者付出更大的费用支出，并由此改变人类的生产和生活方式以及国民经济的走向，将可持续发展的原则贯穿到人类经济生活的方方面面，实现生态环境与社会经济协调发展。如果不考虑国民经济收入中的资源价值和环境成本，就会导致自然资源滥用。

（二）计算环境成本

回顾商业发展史，人们可以骄傲地说出数不尽的成就，但也付出了巨大的环境代价。从许多方面而言，过去的经济增长和社会繁荣是建立在环境被破坏的基础上的，这是一种不可持续的发展模式，由此引发了一系列严重的环境问题。要改变这种状况需要人们认真反思，正视环境代价，计算环境成本，建立能够反映影响环境状况的市场。市场是使生产转化成消费的地方，经济决策者以市场信号为指导，但现在的市场还不能反映生态学的客观真理，由于没有把各种经济活动的环境成本体现出来，市场经常低估产品和服务的价格。市场是一个以价格为基础的系统，自然会青睐那些开价最低的商品，但开价最低的商品却经常意味着未被承认的成本最高，也就是外溢的成本最多，对环境最有破坏性。可见在环境保护问题上市场并不高效，不存在一只"看不见的手"来进行有效调节。因为，市场善于定价却不能认识成本。市场自由对自然界和人类社会都造成了危害，原因就在于它没能反映产品和服务的真实成本。只有当市场反映真实的成本时市场的运行才对环境有利，对人类有益。

随着全球绿色浪潮的兴起，许多产业都在寻求新的原材料以适应可持续发展的要求，消除对地方文化和生态系统的冲击。这种行为不仅应该从道义上得到支持，而且更应该在市场竞争中得到好处。这些企业不应该付出更多的钱来购买可持续生产的原材料，他们生产的商品成本也不应该高于其他商品，相反他们应该少付钱，其商品应该更具有竞争力。"为实现这一点，就需要彻底地重新思考我们的市场。我们应该扪心自问，损害和破坏环境的产品何以比不损害不破坏环境的产品还便宜？虽然市场在定价方面非常有效，但是目前的市场还不具备认识商品真正成本的本领。目前经济制度中一个最大的危害，就在于市场的定价基本上不体现破坏地球的成本。"① 因此，在经济的各个层面都缺少了一条至关重要的信息，即影响环境状况的信息。

经济可持续发展的关键是，使价格反映生态学的客观真理，把生态系统提供的服务价值包含进去，同时又反映对环境的破坏。对于上述状况的一种补救办法，是由生态学家和经济学家共同计算出各种经济活动的生态费用。比如，计算气候变化、酸雨和空气污染的成本，然后作为燃煤产生电的一种税费，加入到现行的价格体系中，以计算出用煤的全部成本。这种全面的成本核算，意味着政府、企业和消费者都能得到必要的信息，从而作出更加明智的对生态负责的决定。好的价格体系设计应该考虑到环境代价，让企业处于最佳状态：人道的、创造性的和高效的。推进这一目标实现的方法之一就是推翻旧的价值观和颠倒传统的成本——价格机制，实现成本和价格一体化，最终目标就是使所有企业都加入到恢复环境的事业中来。这就需要一种能够反映出办企业真正成本的市场，要求一种能够奖励最高内化成本的市场经济，一种既对社会负责又对生态负责时企业才会兴旺的经济运行机制。这样使企业需要做得比法定的标准更好，而不是通过对抗或规避法定标准来实现赢利目的。企业应该展开更加符合生态的真正竞争，这不仅仅是出于道德或伦理的

① ［美］保罗·霍肯：《商业生态学》，夏善晨等译，上海译文出版社 2001 年版，第 15 页。

原因，而是因为这种行为与他们的最终利益完全一致。简言之，我们必须设计这样一种市场，通过十分昂贵的成本来消除环境破坏行为，并通过市场行为来奖励环境恢复行为。这样，使环境恢复、经济繁荣、商家赢利和社会稳定统一起来。

二、改变生产方式

（一）实施清洁生产

1989 年，联合国环境规划署首次提出清洁生产。所谓清洁生产，是指既可满足人们需要，又可合理使用自然资源和能源，并保护环境的生产方法和措施，其实质是一种物料和能源消耗最少的人类生产活动的规则和管理，将废物减量化、资源化和无害化，或消除于生产过程之中。它既是一个宏观概念，是相对于传统的粗放生产、管理、规划系统而言的；同时，它又是一个相对动态概念，是相对于现有生产工艺和产品而言的，其本身是要随着科技进步不断地完善和提高其清洁生产水平。在清洁生产概念中包含了四层含义：一是清洁生产的目标是节省能源、降低原材料消耗、减少污染物的产生量和排放量；二是清洁生产的基本手段是改进工艺技术、强化企业管理，最大限度地提高资源、能源的利用水平和改变产品体系，更新设计观念，争取废物最少排放及将环境因素纳入服务中；三是清洁生产的方法是排污审计，即通过审计发现排污部位、排污原因，并筛选消除或减少污染物的措施及产品生命周期分析；四是清洁生产的终极目标是保护人类与环境，同时也提高企业的经济效益。

清洁生产是一种新的创造性思想，该思想将整体预防的环境战略持续应用于生产过程、产品和服务中，以增加生态效率和减少人类及环境的风险。实施清洁生产要贯彻两个全过程控制：一是产品生命周期全过程控制，即从原材料加工、提炼到产出产品、产品使用，直至产品报废处置的各个环节都必须采取必要的清洁方案，以实施物质生产、人类消费污染的预防控制；二是生产的全过程控制，即从产品开发、规划、设计、建设到生产管理的全过程，都必须采取必要的清洁方案，以实现防止物质生产过程中污染发生的控制。

清洁生产是对传统环保理念的冲击和突破，也是污染控制战略的根本转变。传统上的环境保护工作的重点和主要内容是治理污染、达标排放，清洁生产打破了这一界限，大大提升了环境保护的高度、深度和广度，提倡并实施将环境保护与生产技术、产品和服务的全部生命周期紧密结合，将环境保护与经济增长模式统一协调，将环境保护与生活和消费模式同步考虑。传统环保战略过重地依靠末端治理，而清洁生产重在开端，从生产的一开始就防止污染，体现一种整体预防的环境战略。清洁生产是实施可持续发展战略的重要组成部分，全面推行清洁生产，把污染物最大限度地消除在生产过程中，是当前污染防治的最经济、有效的途径。广泛开展清洁生产，不但有技术上的可行性，还包括经济上的盈利性，体现经济效益、环境效益和社会效益三者的统一。

（二）发展循环经济

循环经济是物质封闭循环流动型经济的简称。从物质流动的方向看，传统工业社会的经济是一种单向流动的线性经济，即"资源→产品→废物"线性经济的增长，依靠的是高强度开采和消耗资源，同时高强度地破坏生态环境。循环经济要求以"减量、再用、循环"为社会经济活动的行为准则，运用生态学规律把经济活动组织成一个"资源→产品→再生资源"的反馈式流程，所有物质和能源在这个不断进行的经济循环中得到合理和持久的利用，以使经济活动对自然生态环境的影响降低到尽可能小的程度的一种生态经济和与环境和谐的经济发展模式；也是一种把清洁生产、资源综合利用、可再生能源开发、灵巧产品生态设计和生态消费等融为一体，运用生态学规律来指导人类社会经济活动的模式。

循环经济主要有三大原则，即减量化、再利用、资源化。减量化原则针对的是输入端，旨在减少进入生产和消费过程中物质和能源流量。在生产中，制造商可以通过减少每个产品的原料使用量，通过重新设计制造工艺来节约资源和减少排放。在消费中，人们以选择包装物较少的物品，购买耐用的可循环使用的物品，而不是一次性物品，以减少垃圾的产生。再利用原则属于过程性方法，目的是延长产品和服务的时间强度。也就是说，尽可能多次或多种方式使用物品，避免物品过早地成为垃圾。在生产中，制造商可以使用标准尺寸进行设计，如使用标准尺寸设计可以使计算机、电视和其他电子装置非常容易升级换代，而不必更换整个产品。在生活中，人们可以将可维修的物品返回市场体系供别人使用或捐献自己不再需要的物品。资源化原则是输出端方法，即能把废弃物再次变成资源以减少最终处理量，也就是我们通常所说的废品回收利用和废物综合利用。资源化能够减少垃圾的产生，能使用较少资源制成新产品。

循环经济要求按照生态规律组织整个生产、消费和废物处理过程，其本质是一种生态经济。循环经济为工业化以来的传统经济转向可持续发展经济提供了战略性的理论范式，它将从根本上消解长期以来环境与发展之间的尖锐冲突。与传统经济模式相比，循环经济具有三个重要的特点和优势：

第一，循环经济可以充分提高资源和能源的利用效率，最大限度地减少废物排放，保护生态环境。它根据资源输入减量化、延长产品和服务使用寿命、使废物再生资源化三个原则，把经济活动组织成一个"资源——产品——再生资源——再生产品"的循环流动过程，使得整个经济系统从生产到消费的全过程基本上不产生或者少产生废弃物，最大限度地减少废物末端处理。

第二，循环经济可以实现社会、经济和环境的"共赢"发展。循环经济以协调人与自然关系为准则，模拟自然生态系统运行方式和规律，实现资源的可持续利用，使社会生产从数量型的物质增长转变为质量型的服务增长；同时，循环经济还拉长生产链，推动环保产业和其他新型产业的发展，增加就业机会，促进社会发展。

第三，循环经济在不同层面上将生产和消费纳入到一个有机的可持续发展框架中。循环经济在三个层面上将生产（包括资源消耗）和消费（包括废物排放）这两个最重要的环节有机地联系起来：一是企业内部的清洁生产和资源循环利用，如杜邦化学公司模式；二是共生企业间或产业间的生态工业网络，如著名的丹麦卡伦堡生态工业园；三是区域和整个社会的废物回收和再利用体系，如德国的包装物双元回收体系（DSD）和日本的循环型社会体系。

三、强化绿色管理

（一）实施绿色管理

现代经济系统是由自然、经济、社会共同构成的，企业是现代经济系统的重要组成部分。从"经济人"的理性选择来看，商业公司追求自身利益最大化是其本能。从社会发展来看，商家要维护自身形象、赢得长远发展优势，必须在生态保护方面承担责任，赢得社会公众的支持，牺牲暂时的利益以换取未来的潜在市场。古人云：不谋万世者，不足谋一时；不谋全局者，不足谋一域。远谋方有深韬略。因此，要想获得持久的发展，就需要进行绿色管理，设计新的管理体系。

"绿色"是一个形象用语，它泛指保护地球生态环境的活动、行为、计划、思想和观念等。所谓绿色管理，就是将环境保护观念融于企业经营管理之中，注重对生命、资源、环境的管理。企业实施绿色管理，要达到三个主要目标：一是物质资源利用的最大化。通过集约型的科学管理，使企业所需要的各种物质资源最有效、最充分地得到利用，使单位资源的产出达到最大最优；二是废弃物排放的最小化。通过实行以预防为主的措施和全过程控制的环境管理，使生产经营过程中的各种废弃物最大限度地减少；三是适应市场需求的产品绿色化。根据市场需求，开发对环境、对消费者无污染和安全、优质的产品。三者之间是相互联系、相互制约的，资源利用越充分，环境负荷就越小；产品绿色化，又会促进物质资源的有效利用和环境保护。通过这三个目标的实现，最终使企业发展与社会发展、环境改善协调同步，走上企业与社会都能可持续发展的双赢之路。可见绿色管理就是从企业经营管理的各个环节来控制污染与节约资源，将环境保护当作企业开拓市场、降低成本、实现高效益的有效手段，在创造利润、促进经济发展的同时，又促进了环境保护。这是一种在注重生态环境基础上追求经济效益、社会效益和环境效益最优化的新型管理理念。

许多企业都意识到了绿色管理的重要性和必要性，并开始实施绿色管理。世界上最大的化工公司杜邦公司是积极推行绿色管理的企业，它任命了专职的环保经理，从 1990 年开始在全球化工行业中率先回收氟利昂，并计划在 30 年内，不断减少排放废弃物，成为真正的绿色企业。而早在 1975 年，美国 3M 公司环境部门负责人就制定了"污染防治有利"计划，这是企业内部从生产过程设计入手的综合排除污染的方法。这项计划激励技术人员为了防止危险、防止有毒废物、降低成本而改进产品制造方法。通过重新设计产品、改变生产流程、重新规划设备、对废物进行再利用或循环利用，3M 公司因此节约了 5.37 亿美元。在 15 年内，该公司减少废气排放 12 万立方米，减少废水排放 10 亿加仑，减少固体废物 41 万吨。1986 年，3M 公司提高了这一计划的标准，目标是在以后的某个时候达到废物零排放。这项计划要求把环境问题结合到企业规划的所有层次上去，这是一个通过防止废物赚钱的例子，也是企业有社会责任感和环境责任感的表现。

（二）设计新的产品管理体系

要改变一些不合理的管理体系就需要设计新的管理体系，让可能造成环境问题的产生者承担责任和费用，迫使厂家设从一开始就把产品将来的用途和如何避免污染考虑在内。在这种新的管理体系下，产品将被分为三类：[①] 消耗品、服务产品和不可出售的产品。

消耗品指的是通常只能使用和消耗一次后就变成这种或那种废物的

---

① 参见 ［美］保罗·霍肯：《商业生态学》，夏善晨等译，上海译文出版社 2001 年版，第 76—83 页。

产品。为了使一种产品成为合格的可消耗产品，它在被废弃之后必须能够进行生物分解，而不留下任何可能造成危害或积累的有毒残渣。从根本上说，它必须有能力变回泥土，在其分解过程中不含有任何固有的有害中间过程。大部分食物属于这一类，但沾染了持久性杀虫剂的食品不属于这一类。

服务产品主要是耐用消费品，也包括一些非耐用品，如包装。从这些产品中消费者得到的不是产品本身的所有权，而是这项产品提供的服务，如汽车是我们的交通工具，但是，这种产品只是让消费者购买使用，消费者购买的只是许可权，但所有权仍归制造商。这就意味着消费者不能随便扔掉或处置这种产品。服务产品的设计应便于全部拆卸，以便能够重复利用或回收利用。在服务产品概念下，制造商也不能够随意处置他们报废的产品，因为他们必须考虑当产品退回时应该怎么办。制造商应从一个全新的角度去看待原材料使用和实行新的生产方式，这就需要一种崭新的模仿自然的设计，即废物等同于食物。制造商不能只是考虑产品出厂门时的价值，而必须同时考虑产品返回工厂时的价值。如此，服务产品将一次又一次地被重复利用，它们的生命得到了延续，从而节约了原材料的使用。在这方面日本做得最好。日本法律规定所有的耐用品制造商必须按照可以被回收利用的程度给产品零部件贴上标签，并建立资源回收中心。由于再利用和再生产加工原材料的责任返回到了制造商身上，所以日本公司正忙着重新设计他们的产品，使用可回收利用的材料，改变产品零部件的组成，设计和生产便于拆卸的产品。

不可出售的产品，主要指有毒化学品、放射性物质、聚氯联苯和重金属等。对这些产品而言，不存在任何在环境内部循环的问题，它们不可能进入任何连续的或循环的过程中而不造成任何伤害。一个聪明的产品系统将努力从设计上使消耗品中尽可能地不含有不可出售的产品。对于已经存在的或以后新生产的不可出售的产品，则必须建立有效的制约机制。一种是明确的标签识别方法，也就是给有毒的产品贴上标签，以便于识别生产此类产品的生产者。虽然可以继续生产这些产品，但生产者将永远对使用这种产品造成的后果负责，如造成了水土污染、动植物受伤害或人的身体受到损失，造成损害的费用支出要由生产者支付，而不应该由受害者承担。另一种是安全有效的贮存方法。有人提议可以借鉴停车场模式，即由国家或其他公共行政管理机构划定一个安全的地方，然后租给此类产品的生产者贮藏有毒物品。租借费用由生产者承担，它们将永远为该项服务付费，直到有一天发明了安全消除毒性的方法。这样就把制造商永远地绑在了由他们所造成的废物上。这种"污染者付费"的方法能够为企业重新设计生产工艺和生产过程提供强烈动机，寻找新技术消除此类产品中的毒性，以达到环保的目的。

上面论述说明了一个显而易见的道理：只有当继续生产废物的动机被消除以后，只有当风险和费用远远超过获得的利润时，设计人员、工程师、化学家和发明家才会将他们的注意力转向更为安全的聪明选择上。在这种管理体系下，最省钱地制造一种产品的方式应该也是对环境保护和节约资源最有利的方式。

四、发展可持续商业

（一）发展可持续商业的必要性

尽管商业活动给环境造成了种种破坏，但却不能没有商业。因为，商业的基本职能是目前其他任何人类机构都无法替代或更好完成的。因此，我们不能停止商业活动，只能改变商业模式，重新设计商业经济体制，将商业经济转入可持续发展的道路上来。这有赖于我们思想观念的巨大改变，认识到商业经济是地球生态系统的一部分，进行有效调整使之与生态系统相适合才是明智之举。我们这一代人面临的是一种无比卓越的挑战，那就是设计一种生态经济模式，一种尊重生态原理的商业模式，设计一个能够与生态系统有机结合的管理体系。现行的工业化经济模式不能维持经济的持续进步，因为旧的经济模式正在耗尽地球的自然资源，目前许多国家和地区为经济赤字而烦恼，但是威胁经济长远发展的是生态赤字。经济赤字是国家之间的借贷，生态赤字却是取自子孙后代的债务，是一种不可持续的发展。

在如何发展问题上，经济学家和生态学家的认识不同。经济学家相信的是，如果一个企业在生产上不能持续增长而是减少或后退，那么这个企业就会破产，而要想使企业不断发展壮大，就得赚钱盈利。生态学家则相信，如果企业不加遏制地扩张下去，就会对生态环境造成极大破坏，甚至毁灭我们赖以生存的环境。能否找到一条道路，既使企业得到发展，同时又不破坏环境呢？回答是肯定的。这条道路就是可持续的商业发展之路，是一种恢复型的经济发展之路。如果企业愿意按照环境伦理原则去组织生产和经营，那它就会不仅仅完成提供产品和就业机会、促进市场繁荣的使命，而且还将把人们带进一个生态商业的新时代。生态商业将比以前的工业时代更具有前途，最终既能使企业得到发展，使人的需要得到满足，还不致于对环境造成破坏。

（二）可持续商业的实现途径

生态商业要求企业必须正确面对三个基本问题：索取什么、生产什么、浪费什么，而且这三者是紧密相连的。目前，企业经营中存在三个严重问题：一是向环境索取过多，并且是用一种有害的方式进行索取；二是产品生产需要的能源过多，产生的毒素和污染物过多；三是生产方式和产品本身产生超量的废物，危害着包括人类在内的所有物种和子孙后代。[1] 解决上述三个难题可以采取以下三种途径。[2]

第一种途径是服从"废物等于食物"的原则，建立生态学的商业体系。在这个体系中，任何废物对于别的生产方式，都有存在价值，因此一切都可以回收、重新利用和循环再生，在生产过程中尽可能完全彻底地消灭废物。这不仅节约了资源，而且重新安排了与资源的关系，从线性关系变成一个循环关系，极大地增加了人类在减少环境恶化的同时享受繁荣生活的能力。在这里并不是要组织建立能有效处置或回收废物的

　　①② 参见［美］保罗·霍肯：《商业生态学》，夏善晨等译，上海译文出版社2001年版，第14—15页。

体系，而是要设计一开始就没有或只有很少废物的生产系统。

第二条途径是把现有的建立在煤炭、石油等矿物能源基础之上的经济转变为一个以氢和阳光为基础的经济。这主要是通过改变现有的价格体系把煤炭、石油等能源价格提高，使之由过去较便宜的燃料变成最昂贵的燃料，以促使企业更多地使用洁净能源。目前，地球上的煤和石油到底还能供应我们多长时间是无所谓的，因为只要燃烧煤或石油，二氧化碳就会增加，大气就会受到影响，环境就会恶化。

第三条途径必须建立起支持和加强恢复性行为的反馈体系和责任体系，恢复和重新创造某些已经失去的东西。

以上三条途径只有一个目的，也就是大幅度地减少对环境的影响。这就要求未来的商业接受企业经营不仅仅是一种经济行为，同时还是一种道德行为的观点，走一条生态商业发展模式。环境保护不应该再是迫于慈善、利他主义的道德要求和一些法律法规的外在约束，而应该成为一种自觉自愿的行为，成为企业经营机制的有机构成。

第四节　商业活动的可持续发展趋势

未来经济全球化的市场竞争离不开可持续发展这个主题，离不开以环境保护为焦点的生态竞争。绿色经济不仅将成为经济全球化市场竞争和生态竞争加剧的必然产物，而且也是这两种竞争交织在一起的产物。这种"交织"表现在两方面：一是生态竞争同市场竞争一样，不仅仅反映的是人与自然的生态关系，同时反映的也是各国之间、各市场主体之间的经济关系；二是市场竞争的比较优势和竞争优势原则往往结合生态竞争的绿色环保原则一起发挥作用。在全球化激烈竞争中，一个国家或地区要想赢得先机，就必须应时顺势，大力发展绿色经济，形成独具特色的绿色产业。

一、消费观念改变

(一) 绿色消费的兴起

回顾 20 世纪，从人类生存和健康角度看，最具有进步意义、最重要的科学发现不是爱因斯坦的相对论，不是人类登上月球，也不是互联网的出现，而是人类对大自然的重新认识，即人们绿色意识的觉醒。20世纪 50 年代以后，人们的绿色意识开始觉醒，20 世纪 80 年代以来随着越来越多的人们对环境污染等生态问题的日益关注，在国际社会的大力倡导下，在早期欧美国家消费者权益保护运动的极力推动下，广大消费者的绿色意识不断增强，绿色需求日趋激烈，人们开始自觉抵制对环境有害的产品。大众消费观念的转变是商业可持续发展的希望，绿色消费的兴起引发了众多领域的变革，带动了绿色生产、绿色营销和绿色服务以及国际间的绿色贸易，与之相应的绿色技术、绿色规范和制度也逐步形成和发展起来。直至 20 世纪 90 年代，全球掀起了绿色消费和绿色经济的浪潮，它已经并正在进一步深刻影响人类生活的各个层面。

发达国家绿色产业发展迅速，领域广泛。机械工业绿色化：生产不再使用汽油而使用电力或其他能源的汽车，工业废气、废渣、噪声治理得到有效控制，涉及化工、冶金、取暖、汽车、造纸、建筑等工业领域。美国、日本、德国等发达国家的绿色机械工业，已成为世界绿色产业的巨头，分享了绿色工业的胜利果实。能源产业绿色化：到目前为止，无论是发达国家还是发展中国家都致为于能源产业改革。一场以洁净能源替代石化能源的变革，既是一个世界范围内新能源发展的潮流，也是一场绿色产业革命。城市垃圾处理产业的发展：城市生活垃圾是世界各国城市污染的难题，通过高温堆肥、分类回收利用、生物技术制能等处理工业，使之变害为利，变废为宝，是新兴绿色产业的重要组成部分。城市垃圾处理在发达国家中已被视为不断增长的资源，垃圾处理产业作为国民经济发展中的一个新增长点受到重视。绿色农业：发展绿色农业，有效利用垃圾是使城市拥有良好生态环境的最佳途径。追求生命健康已成为各国人民的共同要求，追求和回归自然已成为人们休闲的时尚。此外，绿色高科技产业、绿色旅游产业等都有迅速发展。

当前，国际市场上的绿色产品丰富多彩，有绿色食品、绿色医药、绿色服装、绿色包装、绿色电视、绿色冰箱、绿色电脑、绿色纸张、绿色汽车、绿色住宅、绿色建筑、绿色玩具、绿色材料、绿色能源、绿色旅游等，几乎涵盖了人类生活的各个方面。与全球绿色消费相适应，世界经济的绿色化趋势已十分明显，除了开发绿色产品、开展绿色营销、发展绿色产业外，还包括绿色技术，如美国的脱硫、脱胺技术，日本的烟尘、垃圾处理技术，德国的污染处理技术，均处于领先地位；绿色包装：美国的麦当劳、可口可乐采用纸包装和可再循环使用的容器，日本的牛奶、饮料、酒类，大多已改成纸包装，在法国市场的货架上很少看到塑料、玻璃等难以回收利用的包装，科学家们正在研发新的包装材料；绿色标志：目前，世界上 30 多个发达国家和 20 多个发展中国家和地区推出了绿色标志制度；绿色贸易壁垒：目前，国际贸易中的绿色贸易壁垒主要有"绿色关税（环境进口附加税）、绿色技术标准、绿色检疫、环境贸易制裁、环境许可证制度、环境配额以及以保护环境为由的贸易强制性措施等。由于国际贸易中的一般关税壁垒是规范的、透明的，各国必须遵守，而具有较大灵活性的绿色贸易壁垒正成为目前国际贸易谈判中的主要障碍，也是发达国家极力操纵的工具。

（二）绿色消费的实质及特征

日益兴起的绿色消费可以概括为五个方面：一是节约资源，减少污染；二是绿色生活，环保选购；三是重复利用，多次使用；四是分类回收，循环再生；五是保护自然，万物共存。这五个方面有三层含义：一是人们应该自觉地选择对自身健康有益和对环境没有污染的绿色消费产品；二是人们在生活和消费过程中，应该注重对垃圾的无害化、资源化处理，以便不造成环境污染；三是引导人们转变消费观念，在追求舒适生活的同时，提倡节约资源能源和保护生态环境。绿色消费是消费者从有益于健康和对生态环境保护等角度出发，对绿色产品崇尚、选购、使用以及对残余物进行处理的总和。这种消费的主体是具有地球人良知与尊严的消费者，客体是对环境无污染的产品。

绿色消费浪潮具有以下特征：一是绿色消费是一种替代消费。一方面绿色消费是对工业文明下那种不顾消费者身心健康和环境保护的传统消费模式的一种替代；另一方面又是对人类早期朴素绿色消费方式的超越；二是绿色消费是一种自觉消费，是人类绿色环境意识觉醒和不断强化的产物，是人类从自身长远发展出发，对消费方式自觉选择的结果，是人们的绿色意识、绿色消费观念、绿色消费文化综合作用的结果；三是绿色消费是一种宽泛消费。绿色消费不是单独存在的，是与绿色生产、交换、分配等社会再生产各环节相互配合适应的，绿色消费既包括家庭和个人消费，又包括企业和其他有消费行为的社会团体的绿色消费；四是绿色消费是一种责任消费，是一种责任与权利对等的消费，每一个人在享受绿色消费的同时，也为其他人的绿色消费承担一定的责任和义务。

绿色消费是对经济发展与环境保护的兼顾，绿色产品的生产和消费坚持"人与自然一致、社会与环境统一"的原则。绿色消费是新的"天人合一"，是人与自然、社会与环境协调发展的体现，也是人类认识提高、道德进步的标志。绿色消费是人类生产和消费的发展方向，是一种可持续消费，主要体现在三个方面：一是消费者消费的商品与生活环境是安全的，有益于人的身心健康；二是本国、本地的消费以不影响其他国家与地区人群的健康消费为前提；三是当代人的消费以不影响后代人的健康消费为前提。

二、营销方式变革

（一）绿色营销的兴起

20世纪90年代以来，以可持续发展为目标的"绿色"革命蓬勃兴起，这已成为各国政府、企业和公众广为关注、共同追求的崇高事业，绿色产品和需求也成为新的消费时尚。这种趋势既给企业营销带来了新的挑战，同时也带来了巨大商机，一种新的营销方式——绿色营销开始兴起。

从广义上讲，绿色营销可以看做是伦理营销或社会营销。企业营销活动既要体现社会价值观和伦理道德观，充分考虑社会效益，自觉维护生态平衡，也要抵制违背社会利益的营销行为。绿色营销不仅注重环境因素，还要注重消费者利益和社会整体利益，包括消费者权益、消费者身心健康，建立良好的生态环境和社会环境等。从狭义上讲，绿色营销在一定程度上可以看做是生态营销或环境营销。绿色营销可定义为：以可持续发展为经营指导思想，以绿色文化为价值观念，以消费者的绿色消费为中心和出发点，将企业经济利益、消费者的需求和环境保护相结合，满足市场的绿色消费需求，并产生绿色效应的一种整体经营过程。

绿色营销的兴起有着广泛的背景：

一是绿色消费需求拉动绿色营销。据美国和欧共体统计，82％的德国人、77％的美国人和67％的荷兰人把厂商的环境保护信誉作为作出购买决定的重要因素。另对北京和上海的消费者调查显示，80％的消费者希望购买绿色食品。我国许多城市市民宁愿多花钱也要购买绿色食品。面对如此情况，商家要想赢得消费者的青睐，就必须转变传统的营销观念。

二是政府政策和法规约束引导绿色营销。企业作为“经济人”，在利益的驱使下不会主动作出有利于环保而不利于自身的行为。因此，政府要从社会利益和消费者长远利益的角度出发，通过有关政策、法律、法规，去约束、规范企业行为，促使其开展绿色营销。

三是开拓国际市场的需要也促使企业实行绿色营销战略。在国际贸易上，保护环境越来越成为一个重要准则。世界贸易组织明确表示：其成员国应按照持续增长的目标，考虑优化使用自然资源，努力保护环境，并通过与各国在不同经济发展水平上的需要和关注相结合的方式来加强环保手段。凡是不符合环境保护标准的产品不能进口和出口，珍稀野生动植物、有害物质含量过高的农副产品和饮料、食品以及污染环境的工业品在国际市场上均受到严格限制，有的被明令禁止进入国际市场。环境保护已成为国内外贸易合作的重要内容，成为国内进入国际市场的通行证。

四是绿色效益驱使绿色营销，这是绿色营销兴起的根本原因。绿色消费迅速增长意味着巨大的新市场、新商机。开展绿色营销越早，越可以抢占先机，处于更有利的竞争地位。向环保行业和与之相关的领域投资，可以开拓巨大的潜在市场。绿色营销虽然增加了必要的环保投入，但也给企业带来了可观的收益。绿色营销与节省资源和能源、重视环保紧密相联，通过这三过程，企业可以提高经济效益。现在，越来越多的企业已开始通过绿色产品、绿色营销等，不断满足日益增长的绿色需求和绿色消费，从而推动了环境保护。

（二）绿色营销的特征

绿色营销体现了可持续发展要求。它具有如下特征：

其一、绿色营销的理念从追求企业利益、当前利益转变为追求社会与消费者的长远利益。绿色营销观念更加明确了从环境、资源、人口、社会、经济等协调发展中确保社会与消费者的长远利益。实际上消费者的长远利益和社会利益是统一的，污染的最终受害者是每位消费者，环境状况的改善得益的也是每位消费者和他的子孙后代。

其二、绿色营销的基本准则从惟一地获取利润转变为企业经济效益和社会效益并重。绿色营销在处理经济效益与社会效益的关系时，坚持在保证社会效益的前提下追求经济效益；在处理长远利益与眼前利益时，以长远利益为重；在处理局部利益与全局利益的关系时，以全局利益为重。更进一步说，绿色营销服从于经济可持续发展的要求，它重视企业经营与环境保护的关系，突破了国家和地区的界限，关注全球环境状况，提倡既要相对满足当代人的需要，又不对后代人的发展构成危害，并为后代人的发展创造优良条件。

其三、绿色营销的目标从最大限度地刺激当前消费变为对可持续消费的培育和满足。以吸引、刺激消费者的欲望为直接目标是传统营销显著特征，与此不同，绿色营销认为，企业不应单纯地把消费者看成是实现其利润的手段和工具，而且要积极主动地引导消费者合理消费，不过分和盲目刺激消费者的消费欲求，培育和配合消费者的绿色消费意识，鼓励和倡导理性消费和科学消费。通过减少消费物质的占有量，提高消费质量和占有度，既让消费者对健康安全的产品需求、对生存环境质量的需求得到满足，又要效降低资源的消费量，使消费实现可持续增长，使人与自然关系和谐。

其四、绿色营销的营销过程从企业经济行为转变为包括企业与环境及社会的整体营销系统。绿色营销是一个复杂和系统的过程，它要求从产品设计、生产、销售到使用售后服务整个营销过程都要充分顾及环境保护，体现应有的社会责任感和道德感，做到安全、卫生、无公害。这就要求绿色营销做到使用无害原料，进行清洁生产和废弃处理，采取绿色化包装和设计，提供绿色化服务，减少环境污染。

其五、绿色营销的营销要素和内涵有了深化和扩展。对绿色营销来说，需求的内容扩大了，绿色营销的需要是全面性的，既有对物质产品和劳务实体的欲望和需求也有对生存环境的需求。对绿色营销来说，顾客的身份变化了，他们不单是消费者，同时也是社会人，除了物质和精神需求外，还有社会性的要求。绿色营销不仅要满足消费者一般的需求，还要满足他们的长期利益和社会性的消费需要。与此同时，消费者需求满足的内涵深化了。消费者的需求满足不单是对产品和劳务消费的满足，还包括产品和劳务被消费之后的感受。比如，电器产品的包装和报废后的状态、餐馆对食品加工方式、餐具及剩菜的处理方式，也是消费者关心的内容。因而，实行绿色营销，使消费者需求的满足变得更为复杂和困难。

三、绿色税费加重

（一）绿色税费及其适用范围

环境伦理要求重新设计目前的经济体系，而重新设计的关键是调整税收政策,用逐步递进的方法,将原来由向"好东西"收税转向向"坏东西"收税,即向对污染、环境恶化、消费不可再生能源征税。这种转变就是税收转移,而新征收的税费就是绿色税费。这种调整虽然改变了税种的组成,但却不改变税收的数量。

目前,破坏环境的商业活动表现在许多方面,包括排放碳硫、生成有毒废料、过多使用原材料、使用不能重复使用的饮料容器、排放汞、生成垃圾、使用农药、使用用过就扔的产品,等等。当然,对环境有害的活动远不止这些,但这些应该是通过税收进行阻止的比较重要的活动,也是绿色税费重点征收的对象。欧洲一些国家已开始实行这项政策,瑞典是第一个实行税收转移的国家,其做法是降低个人收入税,同时提高碳和硫的排放税,以遏制使用化石燃料,特别是含硫量高的燃料。之后,丹麦、荷兰也这么做了。到20世纪90年代后期,法国、德国、意大利和英国也参与了进来。目前,在欧洲,需要交税的危害环境的活动有碳排放、硫排放、煤矿开发、垃圾填埋、电力销售和购买汽车等。世界其他国家也根据各自情况对过分用水、砍伐树木、使用农药高额征税。随着时间的推移,对危害环境活动所征收的绿色税费会大大增加,也许有一天会占到税收的最大份额。

征收绿色税还适用于其他资源、产品和加工过程。造成明显的、可识别的和持久危害的产品都应该交付绿色税,这些产品包括香烟、枪炮、弹药和酒精等。仅烟草一项,每年的社会耗费在健康、丧失收入和生产率上的成本就超过600亿美元。另外,一个更理性和更具建设性的世界将用绿色税来减慢军备竞赛。全球武器销售是一种加深债务和剥削的恶性循环,穷国所购买的很多武器被用来夺取和开发本土文化的资源。在联合国的支持下,也许对世界范围内的武器制造和出口征收国际关税。

(二)绿色税费的作用

征收绿色税,实行税收转移是一种有效的调节手段,通过此举可达到很多环保目标。对汽车加收绿色税,可以缓和交通堵塞,减少因为交通堵塞而造成的各种浪费，如资源的浪费、时间的浪费、精力的浪费。对重金属征收重税会减少对新开采金属的需要，取而代之的将是从废物中回收重金属。对农药和化肥等化学品征收绿色税，促进对环境有利的控制病虫害和增产方法的广泛使用，鼓励化学公司转变经营项目，增加对土壤、水源、庄稼、生物等无害技术、产品的研究和制造。而对生产化学制品征收相当数量的绿色税，则有助于消灭大气中破坏臭氧的化学物质，如氟、氯、烃等。

　　在所有的绿色税费中，对能源征收绿色税将是最有成果的和最有效益的。对开采和使用煤碳征收绿色税将大大提高能源效率和减少二氧化碳的排放，最终用可持续的、清洁的能源代替煤碳能源，以此方法正面激励燃料用户使用更有效率的燃烧方法和减少空气污染。

　　征收绿色税之所以有如此良好的影响，是因为这种税费反映到价格和产品的成本中。征收绿色税的目的是将经济风险提高到使厂商不能靠环境资本为生的地步，使砍伐森林、破坏或毁灭环境行为变得异常昂贵、令任何厂商望而却步的地步。这样就为企业提供了强烈的动机，促使他们不断地修正和改进生产方式、销售方式和消费方式，以降低成本，增加市场竞争力。省钱的本能将既给消费者又给环境保护带来好处。征收绿色税可创造一种积极的激励机制，促使商家做出反应，创造更低的成本和更高的效率，淘汰过时的污染设备和工艺，这将深深地影响着企业的经营战略和成长。

　　绿色税的功能是为市场参与者提供有关成本的准确信息，其内在目的是为了消除无节制地追逐更低价格而造成的扭曲，并向买主揭示真正的成本。绿色税的创立，将第一个与真正自由的市场相接近，它把现在很多外部化了的成本都考虑进去。增收绿色税，相应地减少或取消其他税，不断地稳步地将收入和企业经营的税收负担转到惩罚破坏环境的行为上来，以此来改造传统产业。这将在市场上产生巨大变化，它使得每一笔买卖都将变得更具有建设性，而少些破坏性。而且，"调整税制能起到系列作用，它能指引广大消费者每天都沿着环境可持续发展的方向行事,包括上班怎么走,午餐定什么菜。"① 如果将绿色税提高到适当水平,只会是有利于环境保护的而不是破坏环境,最终有助于缓解世界资源的耗竭。我们的任务就是要创造一种量入为出的经济,一种不超出地球承载力的经济,而不是一种耗竭资源、破坏环境的经济。

四、物流管理模式转变

(一)环保物流的内涵

将可持续发展原则应用于现代物流管理活动中,就是要求从环境保护的角度对现代物流体系进行研究,形成一种与环境共生的综合物流系统,改变原来经济发展与物流之间的单向作用关系,抑制物流对环境造成危害,同时又要形成一种能促进经济和消费健康发展的现代物流产业,这就产生了"环保物流"这一全新的概念。环保物流是可持续发展的一个重要环节,它与绿色制造、绿色消费共同构成了一个节约资源、保护环境的绿色经济循环系统。环保物流是从环境的角度对物流体系进行改进,形成了环境共生型的物流管理系统。这种物流管理系统是建立在维护地球环境和可持续发展的基础上的,改变原来经济发展与物流之间、消费生活与物流之间的单向作用关系,在抑制传统直线型物流对环境造成危害的同时,采取与环境和谐相处的全新理念,设计和建立一个新型的循环物流系统,使达到传统物流末端的废旧物质能回流到正常的物流过程中来。

现代环保物流强调全局和长远利益,强调全方位对环境的关注,体现了企业的绿色形象,是一种全新的物流形态。环保物流是一个多层次的概念,既包括环保销售物流、环保生产物流,也包括环保供应物流;既包括企业的环保物流活动,又包括社会对环保物流活动的管理、规范和控制。从环保物流活动的范围来看,它既包括各个单项的环保物流作

① 〔美〕莱斯特·R布朗:《生态经济》,林自新译,东方出版社2002年版,第271页。

业（如绿色运输、绿色包装、绿色流通加工等），还包括为实现资源再利用而进行的废弃物循环物流，是物流操作和管理全程的绿色化。环保物流一般包括以下内容：一是绿色储存和装运。在整个物流过程中运用最先进的保质保鲜技术，保障存货的数量和质量，在无货损的同时消除污染。周密策划运输，合理选择运输工具和运输路线，克服迂回运输和重复运输，多快好省地完成装卸运输。二是绿色的包装和再加工。包装不仅是商品的"卫士"，也是产品进入市场的"通行证"。绿色包装要醒目环保，符合 4R 要求，即少耗材（Reduction）、可再用（Reuse），可回收（Reclaim）和可再循环（Recycle）。物流中的加工虽然简单，但亦应遵循绿色原则，少耗费，高环保，尤其要防止加工中的货损和二次污染。三是绿色信息搜集和管理。物流不仅是商品空间的转移，也包括相关信息的搜集、整理、储存和利用。环保物流要求搜集、整理、储存的都是各种绿色信息，并及时运用到物流中，促进物流的进一步绿色化。

（二）环保物流发展势在必行

环保物流适应了世界社会发展的潮流，体现了全球经济一体化的需要。随着全球经济一体化的发展，一些传统的关税和非关税壁垒逐渐淡化，环境壁垒逐渐兴起，ISO14000 绿色标志成为众多企业进入国际市场的通行证。ISO14000 标志的两个基本思想是预防污染和持续改进，它要求企业建立环境管理体系，使其经营活动、产品和服务的每一个环节对环境的影响最小化。ISO14000 不仅适用于第一、第二产业，也适用于第三产业。加入世界贸易组织后，我国将于三年内取消大部分产品的分销限制，外国商人可以分销进口外国产品和我国产品。而在物流服务方面，经过过渡期后，将取消大部分外国股权限制，不限制外国物流企业进入我国市场。国外物流企业起步早，物流经营管理水平较为完善，势必给国内物流企业带来巨大冲击。我国物流企业要想在国际市场上占有一席之地，发展绿色物流将是理性选择。

物流绿色也是物流不断发展壮大的根本保障。物流作为现代新兴行业，有赖于社会化大生产的专业分工和经济的高速发展。而物流要发展，一定要与绿色生产、绿色营销、绿色消费紧密衔接，人类的经济活动绝不应该因物流而过分地消耗资源，破坏环境，以致造成重复污染，环保物流是物流发展的必然。环保物流是最大限度降低经营成本的必由之路。专家分析认为，产品从投产到销出，制造加工时间仅占 10％，而几乎 90％的时间为储运、装卸、分装、二次加工、信息处理等物流过程。因此，物流专业化无疑为降低成本奠定了基础。但当前的物流状况基本还是高投入大物流的运作模式，而环保物流强调的是低投入大物流的方式。显而易见，环保物流不仅比传统物流节约和降低成本，更重视的是注重节能、高效、少污染，它对生产经营成本的节省可以说是无可估量的。

环保物流的建立，更有利于全面满足人的不断提高物质和文化生活的需要。物流作为生产和消费的中介，不断满足人的物质和文化生活的基本需求。而环保物流则是伴随着人民生活需求的进一步提高，尤其是随着绿色消费的提出应运而生的。试想，再绿色的生产和产品，如果没有环保物流的维系，绿色消费也就难以进行。

第九章　商业企业管理与伦理

企业管理方式分为制度化管理和非制度化管理。所谓非制度化管理就是通过习惯、舆论、传统、伦理、信念等方面的教化作用进行的管理。伦理管理是非制度化管理的重要方面。通过伦理管理，可以强化企业的社会责任，提高企业领导和员工的道德品质，激励员工更好地为企业工作，创建和谐的企业内外部关系，增强员工凝聚力、归属感，提高企业知名度，树立良好的企业形象，使企业更好地为消费者、为社会服务。

第一节　商业企业与社会责任

企业的社会责任是一种超越了只为企业自身营利或为股东营利负责的更为广泛的责任，它不仅以自己经济获利为目标，而且致力于社会发展进步，致力于为人类造福的理性的长期责任。

一、企业承担社会责任之必然性

任何企业作为社会的一个构成因素必须承担一定的社会责任，这种责任是客观存在的，是不可推卸的。具体地讲，企业应承担社会责任的理由主要有以下三点：

第一，企业是社会的产物，它不是孤立地存在着，它存在于一定的国家、社会和区域内，与社会有着千丝万缕的联系。企业行为对社会有影响，社会同样对企业也有影响。这赋予了企业一定的责任和必须履行的义务，即企业在做出每一个决策和行为时都要考虑到其可能发生的后果及对社会的影响，当社会对企业行为产生不良反映时，企业有义务对社会的愿望和需求作出及时的回应并消除不良影响。

第二，企业承担社会责任有助于企业长远利益。企业最基本的目标是通过为社会提供产品和服务实现利润最大化。初看起来，企业的目标和承担的社会责任是相抵触的，因为企业承担社会责任，会使企业经营成本加大，导致利润降低，这的确是事实。但是，从长远发展来看，企业承担社会责任有利于企业基本经济目标的实现。企业是一个社会的存在，企业积极支持社区文化教育事业，等于在预先培养未来员工；企业为消费者服务的宣传活动，拉近了企业与消费者距离，产生了大批回头客；企业热心于环保和公益事业，可以塑造良好的形象。总之，企业积极承担社会责任，可以扩大企业知名度，提高企业声誉，所有这一切都会作为无形资本在企业经营中带来巨大效益。

第三，企业履行社会责任可以减少或避免公众批评。企业在经营中难免会带来各种各样的社会问题，如侵犯消费者权益问题、环境污染问题等。面对这些问题，企业必须及时作出反应，并主动承担责任，这样不仅会减缓矛盾和冲突，而且会避免公众的批评和政府的干预。如果企业置经营管理中的社会问题于不顾，轻者会遭到公众的批评，重者政府会进行干涉，公众舆论和政府限制会使企业陷入经营管理的困境。

二、企业社会责任的范围

对企业社会责任范围的认识有不同看法，有人认为企业社会责任有五项，也有人认为有六项，还有人认为有更多。认为企业社会责任有五项的，主要出自于利益相关者理论，即企业对股东、雇员、消费者、政府和社区负责。认为企业社会责任有六项的，主要出于企业伦理理论。企业伦理理论认为，环境虽不是企业的利益相关主体，但企业对环境的责任是不可回避的。企业伦理理论把环境责任列为企业第六大责任。企业利益相关者理论没有把环境责任列出来，并不说明企业对环境没有责任，只是由于不同理论所侧重的问题面不同而没有把它单独列出来。在这里，笔者主要探讨企业的六项社会责任，即对股东、对雇员、对消费者、对政府、对社区和对环境的责任。

第一，企业对股东的责任。

在市场经济条件下，企业与股东的关系事实上是企业与投资者的关系，这是企业内部关系中最主要内容。古典经济学理论认为，企业是股东的代理人，它的首要职责是股东利益的最大化。随着市场经济的发展，人们生活水平的提高，投资的方式越来越多元化，人们投资的方式由原来的单一的货币投资转向股票、债券、基金和保险，投资股票直接成为企业的股东，投资各种债券、基金和保险成为间接的股东。在现代社会，股东的队伍越来越庞杂。

企业对股东的责任首先表现为企业要对股东的资金安全和收益负主要责任。投资人把自己的积蓄托付给企业，希望通过对企业的投资获得丰厚的回报，企业应当满足股东这个基本期望。企业不得拿着股东的钱去做违法的、不道德的事情，如经营军火和贩卖毒品；企业更不能用股东的钱任意挥霍。企业所从事的任何投资必须以能给股东带来利润为基本前提。企业对股东的责任还表现在企业要向股东提供真实的经营和投资方面的信息。企业向股东提供信息的渠道是公司年报、财务报表、公司年会等，通过这些文字的材料或形式，投资人可以了解到公司的经营品种、经营业绩、市盈率、资产收益率、资产负债率等情况。公司必须保证公布的信息是真实的、可靠的，任何瞒报、谎报企业信息，欺骗股东的行为都是不道德的，企业对此要负道德和法律双重责任。

第二，企业对雇员的责任。

为员工提供安全、健康的工作环境是企业的首要责任。企业不应以为员工提供工作为由而忽视员工的生命和健康，企业必须严格执行劳动保护的有关规定。企业也要为员工提供平等的就业机会、升迁机会、接受教育机会，在职业选择上要反对各种歧视。在接受教育方面企业要为员工创造良好的条件，使员工在为企业工作的同时有机会提高科学文化水平，使员工的自我发展和完善成为可能。企业还应为员工提供民主参与企业管理的渠道，为员工提供自我管理企业的机会。员工在企业中虽然处于劳动者、被管理者的地位，但是，劳动者一样有参与企业管理的权利，对企业的重大经营决策、企业的未来发展等重大问题有发表意见和建议的权利。

第三，企业对消费者的责任。

社会成员购买了企业的产品就成为企业的消费者，从广义上说整个社会成员都是企业的潜在消费者。另外，不同消费者购买和使用了企业的产品，就会把企业产品的影响传递到社会的各个角落。因此，企业对消费者负责在某种意义上是对社会负责的具体体现。

企业对消费者的最基本责任是向消费者提供安全可靠的产品。企业对消费者的第二个责任是要尊重消费者的知情权和自由选择权。任何消费者在购买产品之前有权通过产品的广告、宣传材料和产品说明书对产品的可靠性、性能等方面的知识进行全面的了解，以便选择自己称心如意的商品。如果产品的广告、宣传材料和说明书中过分夸大产品的功效，而对产品的不足之处极力隐瞒，或产品的说明书、标签与产品品质严重不符等，这都属于企业侵犯了消费者的知情权和自由选择权。

第四，企业对政府的责任。

在现代市场经济条件下，企业和政府的关系逐步由单纯的管理、控制走向监督、协调和服务。在现代社会，政府越来越转变为社会的服务机构，扮演着为企业、公民需要服务和实施社会公正的角色。在这样一种制度框架下，企业对政府的责任表现为"合法经营、照章纳税"，这是企业作为"社会公民"应尽的最基本的社会责任。

合法经营、照章纳税既是企业的经济责任，也是社会责任。企业是社会财富的创造者，政府是社会财富的管理者。企业合法经营、照章纳税是主动承担社会责任的表现；企业见利忘义、投机钻营、偷税漏税等不良行为是对社会责任的逃避。企业还应支持政府的社会公益活动、福利事业和慈善事业，以此服务于社会。政府是代表国家对社会进行组织、协调、监督和管理的组织，其职责是实现社会公正，它代表的是社会公众利益。企业积极参与政府组织的社会公益事业、福利事业和慈善事业，是企业服务社会、造福人类的体现。

第五，企业对社区的责任。

企业与社区之间是一种相互交叉的你中有我、我中有你的关系，二者相互影响，不可分离。企业必须同其所在社区保持联系，对社会环境变化作出及时反应，成为社区活动的积极参加者。

企业存在于一定的社区内，社区内的人员素质、文化传统对企业的员工素质和价值观有一定影响，良好的社区环境和高素质的人群是企业发展的有利条件。企业积极主动参与社区建设活动，利用自身的产品优势和技术优势扶持社区文化教育事业，吸收社区人员就业，救助无家可归人员、帮助失学儿童等，不仅为社区建设做出了贡献，而且为企业发展打下良好的基础。企业为社区建设所做出的努力，会变成企业发展的无形资本。例如，企业积极支持社区的文化教育事业，企业举办为消费者服务的宣传活动，企业热心环保和公益事业，这些都可以塑造良好的企业形象，使企业与社区相互促进、共同发展。

第六，企业对环境的责任。

人类进入 20 世纪后，环境保护成为人类面临的迫切而严峻的问题。企业对环境的首要责任体现为，树立人与自然和谐发展的价值观，努力做到尊重自然、爱护自然，合理利用自然资源。对自然资源掠夺式的开发利用，严重地破坏了自然界的平衡，导致了全球范围内环境急剧恶化。理性而科学地对待环境问题，深刻反思人与自然的关系，成为当今世界各国必须面对问题。树立尊重自然、爱护自然、合理地利用资源的正确伦理价值观，为自然负责、为我们的子孙后代负责、为人类的未来负责是企业义不容辞的责任。

企业时时刻刻要以环保价值观为指导，树立绿色意识，把对环境负责和获取利润当成同等重要的问题来看待。任何生产投资计划和宣传计划一定要考虑到对环境有什么影响；在管理的过程中贯彻环保价值观和绿色意识，设法改变产品的工艺流程，提高技术含量，降低污染指数；财务部门要做出环境评估系统表，计算出毁坏环境的潜在成本；营销部门要积极倡导绿色消费理念，引导消费者合理、健康、安全、经济消费。看一个企业搞得好不好，既要衡量一个企业经营利润高低，也要看企业生产对环境造成的影响，以及影响到什么程度。这个工作一般由环境保护监管部门来做。但是，企业不能被动地等着别人来检查，在别人的监督下才考虑环境问题，而应当主动自觉地意识到，保护环境是自己的责任，企业应严格自律、自我监督、自我检查，杜绝发生任何危害环境的行为。

三、企业社会责任的序列与限定

企业面对上述这么多责任，到底哪一个是最重要的，需要优先实现呢？这个问题对于企业来说是至关重要的，区分责任的主次轻重是企业履行社会责任的第一步。

在现实中，企业履行社会责任是与企业的实力相关的，随着企业实力的增强，企业承担社会责任也逐步扩展。企业履行社会责任有一个过程，在哪一个阶段适合承担什么社会责任是由该阶段企业的实力所决定的。

第一阶段，企业刚刚成立，企业的实力还不够强大，此时应当把股东的利益放在首位，把满足股东的利益、实现利润的最大化为企业的最大责任。

第二阶段，企业经过了一段时间的发展和积累，企业的规模和实力有所增强，但是企业的实力尚不够强大，此时企业的最大责任应放在雇员身上，企业所要做的事情是努力增加雇员的工资，改善企业的工作条件，保证员工的权利的实现，等等。

第三阶段，企业经过一段时间的发展和积累，企业的实力更强了，有了一定的社会影响，此时，企业的责任开始由内部的股东、雇员转向外部的供应商、消费者，企业开始意识到与其他利益相关者的关系对于企业自身利益的重要性。

第四阶段，随着企业的发展、规模的扩大、权利的扩展，企业对社会的影响超出了企业对自身行为的想象，面对社会各方面的压力，企业必须对自己的行为负责。企业承担社会责任变成了一个企业生存和发展中不可回避的大事情，此时企业把环保、公益等社会活动纳入自己的责任范围。

企业社会责任的优先序列反映了企业社会责任是逐步扩展的，在不同阶段以不同责任为主，并且以一种责任为主时并不否认其他责任的存在。企业短期的经济责任和长期的社会责任经过企业不同阶段的发展得到统一。

但是，企业履行社会责任是受一定条件限制的，这些条件包括合法性、成本、效率、范围及复杂性。

合法性限制。一般来讲，企业对于社会问题具有履行责任的义务，但是企业并不对所有的社会问题都有义务，企业只对合法的问题负有义务。超出法律范围进行不法活动，这是违背社会责任要求的，也是企业道德责任要求所不允许的，合法性是企业社会责任的最低要求。

成本和效率限制。企业履行社会责任是有一定代价的，即需要付出一定的成本。由于企业履行社会责任付出了一定成本，企业必然因此而降低效率，效率降低的自然后果是企业竞争力的降低。成本和效率构成了企业履行社会责任的限制条件，任何企业超越自身的能力去履行社会责任是不现实的。

范围和复杂性限制。企业履行社会责任受到社会问题本身的范围和复杂性限制。有些不太复杂的问题，企业自身就可以承担，如工人劳动条件、工资、福利、消费者的权益保障，这些问题只要企业做出努力就可以改善。有些问题是全球性问题，如酸雨、臭氧层破坏、热带雨林减少等，这些问题不仅范围大，而且复杂性强，靠单个企业来解决是不可能的，必须联合政府和社会公众一起来解决。

第二节 企业领导者和员工的品德

企业是由一定的组织结构、领导和员工构成的，企业领导者和员工是企业行为的主体，他们的行为动机、态度、价值观、理想决定着企业行为的状况和方向。在现代西方企业伦理研究中，关于企业行为主体道德责任的研究一直被学者们所关注，在企业本身还是企业领导者是行为责任的主体这一问题上，有着很大理论分歧，而近些年的研究则更加倾向于企业管理者个人的地位和作用。商业伦理学家佛里切认为，商业决策是由个人和团体作出的。管理学家波司特也认为，一个公司的行为是伦理的还是非伦理的，领导者是关键性因素之一。作为主要决策制定者，管理者比其他人有更多的机会为公司建立伦理形象。企业领导者，特别是主要领导者所秉承的价值传统，将为企业的其他人树立榜样。当然，由于领导者在企业中处于重要位置，个人品德、行为对企业的影响是显而易见的。相比之下，员工在企业中处于被管理的地位，他们的行为更多被限制在特定的岗位上，对企业整体的影响不那么明显。但是，不能因此否认员工在企业中的地位和作用。应当承认，员工不同的态度、价值观透过具体的本职工作对企业的整体形象也能产生一定的正面或负面影响。因此，研究企业伦理要对企业领导和员工给予同样关注。

一、企业领导者及其品德

领导者被公认为一个单位或群体的领头人，在群体中起着举足轻重的作用。什么样的人才能成为企业领导者，企业领导者应当具备什么样的素质，这是决定一个单位或群体前途和命运的大事情。企业领导者的素质是一种综合素质，包括企业领导者的品质、性格、学识、能力、体质等多个方面，其中企业领导者的品质和才能是领导素质的主要方面。一般而言，一个优秀的企业领导者应当具备以下基本素质。

一是品德高尚。企业领导者要以身作则，严于律己，宽以待人，襟怀坦荡，公正无私，富有集体精神和牺牲精神。二是博学多识。企业领导者应当具备较高的知识水平和较为完善的知识结构，不仅要精通本行业的专业技术知识，还要熟悉有关现代企业管理知识。三是个性完善。企业领导者应当性格开朗，意志坚定，宽宏大度，正确认识自己，有自知之明，信赖他人，对事物具有广泛的兴趣和高涨的热情。四是积极的进取心和创新意识。企业领导者一般具有强烈的成功愿望，要有积极的进取心和勇于探索、敢于创新的精神。只有这样领导者才能带领团队克服困难，开拓进取。五是足智多谋。企业领导者应当在复杂多变的环境下，具有善于发现问题、解决问题的能力，并在各种解决问题的方案中选择最优方案，适时作出决断。六是知人善任。企业领导者应当善于观察人、了解人，发现人的优点和长处，扬长避短，用人所长，调动员工的潜能和劳动积极性。七是沟通协调。成功的企业领导人应当与下属建立良好的人际关系，在复杂的人际关系中通过沟通和协调，建立上下协调一致，团结合作，齐心协力的良好关系。

作为一个优秀的企业领导者，除了具备上述素质外，还应具有优良的品德，这些品德主要是：

第一，高度的责任感，恪尽职守。企业领导者集责任与权利于一身，高度的责任心是行使权利的前提，权利一旦脱离责任心的控制就会变成脱僵的野马，一发不可收拾。企业领导者应当具有高度的责任意识，强烈的责任感，认识到自己的一言一行都会给企业造成影响，在各个方面要严格要求自己，努力做到尽职守责，不滥用手中的权力谋取私利。只有这样，一个时时刻刻负责任、处处为他人着想的有着高度责任感的企业领导者，才能担当得起为社会和国家负责的重任。

责任感是道德行为的前提和保证，也是判断行为是否道德的标准。一个有着强烈责任感的人，工作中仔细认真、兢兢业业、勤恳耐劳、忠于职守，时刻考虑自己行为对他人的影响，关心别人对自己的评价，在意自己在别人心目中的形象，希望得到肯定的评价，这样的人一般会被称为有道德的人。相反，一个人既无责任心又无责任感，工作中马马虎虎，不考虑自己行为对别人的影响，不在乎别人对自己的评价，经常有意无意地伤害企业、伤害别人的人，自然会被人认为是道德修养不高的人。

第二，诚实正直，是非分明。这是企业领导者做人最起码的道德准则，做到了这一点，树立起明确的是非观和正确的善恶观，是处理好企业内外部方方面面复杂问题、管理好企业的基本前提。诚实、正直被企业领导者认为是最崇高的价值观。诚实即忠诚、实在，表现为忠诚做事，实在做人，说话算数，说到做到，不欺诈蒙骗，不弄虚作假。正直和诚实密切相关，在一个诚实品格的人身上自然有着来自生命本真的正直、正义感，面对邪恶、虚伪、不公正，他不逃匿、不回避，敢于挺身而出，正面交锋。正直诚实者表里如一，言行一致，是非分明，反对弄虚作假、言行不一、模棱两可、是非不分。正直诚实是企业领导者最具个人魅力的道德品质，也是在企业员工中建立威信、提高信任度的重要基础。一个具有诚实正直品格的企业领导者，在工作中表现为踏踏实实做事，认认真真做人，不说假话、空话、大话，不欺上瞒下，在重大原则性问题上敢于提出自己的不同看法，是非分明，不和稀泥，不当和事老。

第三，关心他人，信赖他人。仁爱精神是企业领导者不可或缺的优良品德。仁爱是人与人之间关系的最基本的态度，它要求把他人同自己一样看待，你想让人怎样对你，你就得以真诚的态度对人；你不想人怎样待你，你也别以同样的方法对人，这就古人所说"己欲立而立人，己欲达而达人"，"己所不欲，勿施于人"。富于仁爱精神的人，在与他人相处的时候，处处为他人着想，尊重他人如同尊重自己，关怀他人如同关怀自己，爱人如己，助人为乐。仁爱不仅要求人和人之间相互关心、尊重、同情和爱护，还要求相互信任。信任是爱的延伸，是人和人相互尊重的体现，是人和人之间关系的最佳状态。一个具有仁爱精神、关心员工、信任员工的企业领导者，不把员工简单地看成是企业赚钱的"工

具"，而是看成有着各种物质需求和精神需求的活生生的人，主动倾听
员工的愿望和需求，设法为员工排忧解难。现代企业是高度组织化的有
机整体，生产的各个环节密切相连，相互的信任变得尤为重要。一个对
同行和下属充分信赖的领导者，在工作中不会处处怀疑猜测，疑神疑
鬼，而是放开手脚，大胆用人，与同事、员工密切沟通，齐心协力，相
互合作，同心同德，共创企业美好未来。

第四，作风民主，平等待人。民主作风，平等待人是企业领导者又
一个优良道德。一个具有民主作风、平等待人的企业领导者，首先要有
群众观点，要相信员工，依靠员工，尊重员工，相信员工的巨大力量。
其次要认识到企业领导者和员工没有高低贵贱之分。在处理企业发展与
员工利益密切相关的经营管理问题时，要充分利用民主形式，广开渠道
听取员工意见和建议，不能独断专行，一个人说了算。民主作风还要求
平等待人，不搞远近亲疏，偏见待人、歧视人。

第五，廉洁奉公，不循私情。企业领导者是集权力、责任和义务于
一身的人。一个具有崇高道德修养和严格自律精神的企业领导者，面对
金钱、权力、荣誉的诱惑，能够经受住各种考验，做到廉洁奉公，不循
私情。相反，道德修养不高、自律精神不严的企业领导者，面对金钱和
利益的诱惑，良心泯灭，导致贪污受贿、以权谋私、假公济私等损人利
己、损公肥私等腐败现象的出现。

第六，勤于思考、远见卓识。努力学习、勤于思考是当代市场经济
条件下对企业领导者提出的基本要求。一个企业能否在改革开放的历史
潮流中站稳脚跟，能否不断开创新局面，一个重要的因素就是企业领导
者是不是努力学习、善于思考，根据时代发展的要求，不断调整自己，
充实自己，更新知识结构，在变化的市场环境中，把握住市场脉搏，找
准企业立足点。一个勤于思考的企业领导者，就好像一个智慧的领航
人，时刻保持清醒的头脑，对环境变化有敏锐的感知，对未来有远见卓
识，能根据环境变化及时调整策略。如果一个企业的领导者不善于学习
新知识，习惯于凭过去的经验做事情，在市场经济千变万化的大潮中就

难以立足，终将被历史所淘汰。

第七，积极进取、开拓创新。积极进取、开拓创新是当代市场经济条件下对企业领导者提出的一个全新要求。社会主义市场经济是一项崭新的事业，改革开放是中华民族富国强民的全新探索，在这项伟大事业的开创进程中，在改革开放的道路上，充满荆棘和坎坷，我们要走前人没有走过的路，做前人没有做过的事，创前人没有的业绩。面对改革的重任，我们需要社会主义市场经济的建设者、企业领导者有一种积极进取、勇于创新的精神，不被困难所吓倒，敢于向困难挑战，克服困难，开拓思路，大胆提出自己的见解和主张，反对因循守旧、墨守成规。

二、企业员工与品德

企业员工在企业的不同工作岗位上，他们的重要职责是按照领导者的安排，生产出合格的产品；或通过员工的劳动把企业的目标和市场的需求连接起来。没有员工的辛勤劳动，企业经济目标和社会目标就无法实现。员工的劳动是连接企业和社会的桥梁和纽带，员工的自身素质、思想品德通过他们的劳动不仅对产品有直接的影响，而且会透过产品这一中介影响到消费者和社会的方方面面。他们为消费者提供了各种合格的产品，一方面为企业带来了丰厚的利润，另一方面也为社会创造了财富，为人们美好幸福的生活创造了条件。与此同时，他们透过产品向社会传达着健康的消费理念和美好的价值观念，所有这一切，都需要企业员工付出辛勤的劳动。

员工品德就是员工在长期实践活动中形成的稳定的精神特质。员工品德既具有普遍性又有特殊性。所谓普遍性，是说员工作为普通的个体要符合作为一般人普遍基本道德要求。所谓特殊性，就是说员工作为从事具体工作的工作人员要符合职业的特殊要求，如特殊行业的保密、职业精神等。员工品德不同于一般的职业道德，职业道德是从职业和行业来划分的，各行各业都有自己的职业道德，而员工的品德是从事各行各业工作的劳动者都应当具备的基本品质，因此具有广泛的适用性和普遍性。

员工品德主要表现在以下几个方面：

第一，爱岗敬业。爱岗敬业是员工应当具有的最基本的职业道德品质。职业是人的生存之本，发展之基，幸福之源，职业与人的生命存在着特殊的关系，这决定了员工必须敬业。敬业是每一个公民应当做好的最基本的、最平常的事情，是对员工的最起码的道德要求。敬业首先表现为对职业的敬重，视职业为天职、使命。敬业必须爱岗，消除职业偏见，干一行爱一行，工作中不偷懒、不马虎，兢兢业业，勤勤恳恳，满腔热忱，刻苦钻研，精益求精。

第二，遵纪守法。遵纪守法是公民最起码的道德要求，也是企业员工职业道德的基本要求。遵纪守法要求员工首先要严格要求自己，遵守国家的各项法律、法规，旗帜鲜明地抵制和反对各种违反政策和法令的不法行为，勇于和不法行为作斗争，对不法行为不能熟视无睹、置若罔闻。其次要遵守企业的劳动纪律、考勤制度、生产纪律、质量制度、操作规程。社会化大生产是一个极为严密的组织系统，无论在生产、工艺、技术、安全、质量方面，还是在计划、组织、操作、工序等环节，都需要员工严格遵守各项规章制度和操作规程，一旦在某个环节上由于员工的大意造成了疏忽，将会影响到整个生产线的正常运转，给企业造成巨大损失。

第三，勤奋进取。勤奋进取是知识经济时代对现代企业员工提出的新的道德要求。现代化企业需要高素质的员工，在科学技术飞速发展的知识经济时代，知识更新达到了前所未有的高度，为了适应企业发展的需要，员工必须努力学习，掌握最新科学、文化、技术知识，把握与本职工作相关的最新的前沿技术，提高自己的科学文化素质、技术水平和工作能力。员工对待工作的这种奋发向上、积极进取的态度和精神，使他始终保持着高昂的工作热情，紧跟时代步伐，并与企业同步发展。

第四，信任合作。人和人之间相互信任、尊重、合作是良好美德的体现。尊重信任是中华民族的传统美德，儒家文化中仁爱教育所提倡的

"爱人如己"，"己所不欲勿施于人"等揭示了做人的基本道理，人与人之间应当相互爱护、尊重、信任。信任合作不仅是做人的美德，而且是具有良好职业素养的体现。企业员工所从事的职业是企业责任分工的一部分，不同员工担负不同的职责和任务，企业整体任务的完成有赖于员工之间相互信任和密切合作，员工之间的相互信任、合作是完成企业目标、实现企业任务的前提，尤其在现代化高科技的企业里，员工之间的相互信任、密切合作成为最基本的职业要求。

第五，大胆创新。员工在企业里不仅是被动的劳动者，也是具有主动精神和创造精神的主体。他们可以在尽职尽责完成本职工作的同时，积极主动地参与企业的技术革新、民主管理等活动，大胆提出建议和设想，发挥创造能力。在现代化企业里，员工创新精神被认为是重要素质之一，是衡量一个人能力和判断其发展潜能的重要参考。在科学技术飞速发展的时代，企业要想立足市场、打开局面，就得打破陈规陋习，推陈出新，不断使用新技术、新工艺，提高生产效率，占领市场，而这一切离开了员工大胆创新是不可能实现的。企业要鼓励员工的创新行为，用各种方法激励员工的创新精神，使员工在为企业工作的同时，获得充分的个人价值的实现。

在现实生活中，由于一些员工的思想品德修养不好，在企业中存在一些不道德现象，这些现象都是企业员工应该加以避免的。这主要表现为：

第一，劳动积极性不高，消极怠工。在长期的计划经济体制下，员工对企业、对工作存在一些不正确的认识，他们认为企业是国家的，员工工作是为了挣工资，企业好坏和员工没什么关系，因此在劳动中缺乏积极性，经常出现工作时间干私活、磨洋工等消极怠工现象。在计划经济向市场经济转轨期间，由于市场体制未完全确立，人们的市场意识和市场观念还不很清晰，在一些企业中还存在着消极怠工现象。

第二，盗窃企业财产。在几十年的计划经济条件下，员工接受的是社会主义的劳动者是国家的主人这样的主人翁式的教育，他们认为既然我是国家、企业的主人，企业的财产就有我的一份，员工拿企业的东西回家就好像拿自己的东西一样，没有做错事的感觉。由于这种观念根深蒂固，导致了有的员工不拿企业的财产当回事，私拿企业生产材料的事情时有发生。随着市场体制的改革，企业的规章制度不断完善，员工私拿企业生产材料的事情也逐渐减少。

第三，泄露企业机密。无论在传统企业还是现代企业，员工对企业的技术都有保密的义务。尤其在现代高科技企业，泄露企业机密是法律和道德所不允许的。

第四，散布企业谣言。有些员工在企业中受到不公正的待遇，对企业以及企业领导者、管理者怀恨在心，为了宣泄自己的不满，采取了以散布企业谣言、说企业坏话的方式，毁坏企业声誉，使企业在与同行业的竞争中处于不利地位。这是员工对企业不忠诚的体现，是极其不道德行为。

第五，利用工作之便谋私利。一些员工在企业的生产管理部门任职，有一定的权利。而员工的权利是职责所赋予的，利用工作之便谋取个人利益肯定既违规又不道德。例如，上班的时间利用办公设备做与工作无关的事情（如上网聊天、打印个人材料、发送电子邮件等），出卖客户名单收取好处费，在同行业竞争者那里兼职，等等。

第六，对企业的不道德行为不予制止。企业有时为了赢得利润的最大化，减少自己的损失，无视消费者的利益，如长期出售不合格产品，以次充好等。员工对企业的这种行为心里很清楚却默不作声，这实际上是在怂恿企业的不道德行为。每个人都有行使道德行为的权利，对于不道德行为有制止的义务，知道有些行为不道德的而不去制止，这本身就是最大的不道德。

第三节　企业管理中的激励

企业管理的实质是对人的管理，了解人的愿望和需求，激发人的工作热情，把个人的愿望、需求和企业的目标结合起来，实现企业利润的最大化和人的全面发展，这是企业管理的目的，也是衡量企业管理是否成功的有效标志。现代企业管理中非常重视激励机制，并作为企业管理的重要内容之一。激励机制在企业管理中有重要作用。如何激励员工，把握什么伦理原则，怎样做到伦理激励，是做好企业管理的一个关键问题。

一、商业企业管理机制

现代商业企业管理，在人、财、物、信息、技术等资源要素中，要以人为中心，因为，人是企业经营能力中最活跃、最积极的要素。在企业资源中，人是最宝贵的资源。因此，在现代商业企业管理过程中，为了使各种资源要素有机结合，发挥良性作用，就必须自始至终以人为中心搞好企业管理。

商业企业中的管理机制主要包括以下内容：

第一，约束机制。所谓约束机制，是指为了保持现代商业企业可持续发展，实现企业管理的预期目的，在有机组合企业管理的要素中，发挥调节、监督和控制作用的过程和方式。现代商业企业管理活动之所以要在以人为中心的人、财、物等资源要素进行有效整合时发挥其约束机制的作用，是由于企业人、财、物等资源本身就需要约束。从总体上说，商业企业的人、财、物等资源是有限的，要使企业保持可持续发展，就必须摒弃在处理人与自然关系中出现的一切短视行为，如对财、物等自然资源控制过松，浪费或无限度索取。

现代生理学和心理学研究表明，人具有消极惰性和积极进取心双重

个性。正因为人是具有消极惰性的，如果没有约束机制和外部压力，就
会使员工队伍变得消极起来，出工不出力，甚至干出违背道德和法律的
行为。所以，必须建立约束机制改造人的消极惰性。过去，计划经济体
制容易养成人的依附人格，这种人格使人缺乏积极性、主动性和创造
性。因此，在由计划经济体制向市场经济体制的转型中，新体制内在要
求必须改造过去养成的依附人格，塑造和培育具有积极向上和创造精神
的人格。在改革中要坚持市场经济体制与提高人的素质的统一。用市场
经济的约束机制提高人的素质，把人的消极惰性和依附人格改造成为积
极进取、独立自主的人格，这是非常必要的。

实践证明，对人、财、物等企业资源的利用要有个限度，超过这一
限度，就将造成有限资源的浪费，就会使人与自然的平衡关系遭到破
坏，也就实现不了企业坚持可持续发展所达到的社会效益、生态效益和
经济效益的统一。倡导节约型社会本身就是一种自我约束的价值取向。

第二，激励机制。所谓激励机制，是指为了坚持现代商业企业可持
续发展，实现企业管理的预期目的，在有效整合企业管理内在要素中，
发挥激发、鼓励、支持、关怀等作用的过程和方式。现代商业企业的管
理活动之所以要发挥激励机制，是由于人有积极进取性，这就要求充分
发挥人的主观能动性，不断提高人的综合素质，以适应市场经济发展的
要求。因此，企业必须用市场经济体制中形成的激励机制，激励员工充
分发挥个人能力和创造性。同时，人的积极性的高与低是一种变量，不
是固定不变的，企业员工的积极性都是与某项工作或活动联系在一起
的。当员工了解和认识到某项工作或活动有利于个人或部门需要时，就
会产生积极性，但一旦对某项任务缺乏信心，或不感兴趣，行动就不会
努力。而企业的生产经营只有依靠全体成员的努力才能实现，因此，企
业必须运用各种激励机制激发员工的工作热情，把他们的积极性调充分
动起来。

激励的基本要求，就是要通过激励，充分调动员工的积极性，为实
现企业目标而奋斗。为了更好地实现激励的目的和要求，可采取以下各

种不同类型的激励方式：第一，理想激励。理想可分为社会理想与个人理想，前者如实现祖国现代化、使企业发展强大等；后者如干一番事业、争取职务晋升、评上先进等。要利用各种机会向员工进行形势、理想教育，鼓励员工把个人理想与社会理想、企业理想结合起来，这样才能使员工的工作与学习积极性持久坚持下去。第二，目标激励。有目标，员工才有奔头，才能产生动力。要把各项工作目标分解落实到每位员工身上，使每位员工都有明确的工作方向。第三，物质激励。工资、奖金收入、居住条件等决定着员工的基本需要满足程度，同时还影响其社会地位、人际交往、学习、娱乐等精神需要的满足状况。在企业有效益的前提下，应保证员工的收入、福利有相应增长。第四，制度激动。企业要建立责、权、利相结合的管理制度。第五，精神激励。要用与社会主义市场经济相适应的新思想、新精神、新规范来激励员工转变观念。在经济行为动机方面，必须把贪图财富的物质冲动、单纯谋利动机转变为一种社会责任感和事业成就感；在经济活动方面，必须把庸俗化的重商主义转变为一种实业精神，把损人利己的观念转变为一种互惠互利观念；在对待自然态度方面，必须从只把自然当成劳动对象的意识转变为人与环境统一的可持续发展的意识，树立生态伦理精神；在对待经济财富的态度方面，必须把安逸、享乐意识转变为一种追求健康文明的生活价值和生活方式的意识。

　　第三，流动机制。所谓流动机制，是指为了优化企业资源的配置，在企业人、财、物、信息、技术等资源要素有效整合中使它们在市场流动中发挥作用的过程和方式。例如，在人事管理上，形成双向选择的用工上岗机制，企业各类人员能上能下、能进能出的就业机制。又如，在财物管理上，一些国有企业闲置的资产既不能保值，也不能增值，可以在科学评估的基础上，允许合理地、规范地流动，这有利于国有企业的改革，有利于盘活闲置国有资产，促成国有资产保值、增值。

　　第四，效率与公平机制。在此说的效率，是指企业经营能力发展水平以及由此给企业和社会所带来的经济效益。所谓公平，是指企业内部人与人之间公平的利益关系，它受利益机制的制约。众所周知，社会主义之所以比资本主义优越，主要体现在社会主义能够更快更好地促进社会生产力和企业经营能力的提高，能够创造出更高的劳动生产率，并且能更好地实现社会公平。在现实生活中，效率与公平的关系，往往表现为人们的一种价值选择。改革开放以来，突破了"重公平、轻效率"的传统观念，改变了过去那种完全由单纯精神鼓励转变为精神鼓励和物质奖励共同驱动。从价值取向上讲，现代企业管理必须在注重提高企业经营能力和经济效益的同时，注重公平，反对两极分化。

二、企业管理中的激励机制

如上所述，激励机制是现代企业管理中的一种重要机制，它能激发并调动员工的工作积极性，使员工能力得到充分释放，提高工作效能。事实证明，有无激励机制对员工劳动积极性有重大影响。有调查显示，未受到充分激励的员工，劳动积极性只发挥 20％～30％，而受到充分激励的员工，劳动积极性可以发挥到 80％～90％。实行激励机制还有助于增强企业凝聚力。通过实行以人为本的激励机制，做到尊重员工、关心员工，满足员工物质和精神方面的需求，鼓舞士气，协调人际关系，增强员工归属感、凝聚力和向心力，使企业上下齐心合力、密切合作，能极大地提高企业生产效率。

激励是心理和行为合一的过程。激励机制是由动机、需要到行为发生再到目标实现的连动过程。人的任何行为都有目的性，而目的又是由需要引起的，需要引起动机，动机支配行为并指向预定目标，这是人类行为的一般模式，也是激励行为发生的基本机制。

需要。需要是激励的第一个环节，也是一切行为的原动力。需要是指人对某种物品的渴求或欲望。当人由于对某种物品的缺乏或被剥夺而产生生理和心理紧张时，就会出现物欲，于是开始产生追求行为。根据这一原理，人们可以通过刺激不同的需要而引发不同的欲念，以此来促成行为的发生。在企业管理中运用刺激需要的方法，通过提供某些外部诱因，以满足员工的需要，进而激发员工的积极性。

动机。动机是激励的第二个环节，它是在需要的基础上产生的，它将行为导向一定的目标。动机的产生有两个条件：一是主体的生理或心理的需要；二是满足需要的对象（外部诱因）。在一定情况下主体的需要是既定的，外因可以人为地改变，根据需要施以特定的外部诱因，合成某种动机，引起期望的行为。在企业管理中，员工行为背后有着各种各样的动机，有的工作为了赚钱，有的为了当官，有的为了充实生活。根据员工不同动机，可以采用不同的激励方法，满足他们不同方面的需要，调动他们的劳动积极性，激发他们的劳动热情。

目标。目标是激励的最后环节，它是行为所要实现的结果，是行为目的的所在。激励连接员工个人愿望和企业目标。员工努力水平取决于目标的吸引力，目标吸引力越强员工越能努力工作，目标吸引力弱员工的工作就没有热情和动力。目标吸引力的强弱取决于其满足员工需要的程度，目标越能满足需要，其吸引力也越大越强。创造一个充分满足员工需要的、具有较强吸引力的目标是提高员工劳动积极性的关键。员工的需要多种多样，因人而异，而且有时与企业的目标相冲突，当二者背离时，个人目标往往会干扰企业目标的实现，在企业目标得不到实现的情况下，个人的需要也就难于满足。个人与企业是利益的共同体，个人利益与企业利益、个人目标与企业目标相互关联，管理的关键在于把个人目标与企业目标有效地连接起来，在提高企业经济效益的过程中逐步实现个人利益。激励的功能就在于设法使员工看到自己需要的满足与实现企业目标之间的关系，诱导员工把个人目标统一于企业整体目标中，激励员工努力工作，促进个人目标与企业目标共同实现。在企业管理中可以利用目标对行为的诱导作用，通过合理的目标设定，有效地激励员工努力工作。

三、几种激励理论

激励理论是关于激励的基本规律、原理、机制、方法的概括和总结。自 20 世纪 20 年代起，西方管理学家和心理学家从不同角度和层面提出了不同的理论，比较著名的有以下几种理论。一是内容型激励理论，包括马斯洛的需要层次论，阿德佛的 E、R、G 理论，赫茨伯格的双因素论，麦克兰理的成就需要论；二是过程型激励理论，包括目标设定理论、期望理论、公平理论；三是改造型激励理论，包括挫折理论和强化理论。在这几种激励理论中，最有影响的是马斯洛的五种需要论、赫茨伯格的双因素论和麦克兰理的成就需要论。[①]

（一）马斯洛的需要层次论

马斯洛是美国著名的行为学家，1934 年，他在《人类动机论》一书中首次提出了需要层次论。他把人类的需要由低级到高级划分为五个层次：第一层次是生理需要，这是维持人类生存的最基本的需要，包括衣、食、住、行、性等方面的要求；第二层次是安全需求，包括稳定的工作、保护财产、避免疾病和失业等方面的需求；第三层次是社交需求，它满足的是人渴望爱和归属的需要；第四层次是尊重的需要，它渴望有一定的社会地位，获得他人和社会的认可；第五层次是自我实现的需要，是指最大限度地发挥个人能力，实现自己的理想和抱负。

马斯洛的需要层次论揭示了人类的需要是有规律的。

第一，它是由低级到高级排列的，有低级和高级之分，生理需要和安全需要属于低级需要，社交需要是中间的过渡需要，尊重和自我实现是高级需要。

第二，低级的需要是先天的，由本能决定的。高级的需要是后天习得的，需要经过努力才能获得。

第三，低级的需要属于物质方面的需要，高级的需要是精神方面的需要，低级的物质需要容易得到满足，而高级的精神需要比较难以满足。

第四，低级的需要容易得到满足，但持续的时间不长，获得的快乐

---

① 参见俞文钊：《管理心理学》第六章、第七章，甘肃人民出版社 1989 年版。

也是短暂的，一旦得到满足，就不再成为是行为的动力。高级的需要是内在的精神方面的需要，不是轻易就能满足的，越是难以满足的需要就越能持久地激励人向着目标努力。

第五，需要有低级和高级之分，但它们是同时并存的。不同时期，占主导地位的需要也不一样，任何一个需要不会因为新的需要的出现而消失；各层次的需要相互依赖、重叠；高层次的需要出现了，低层次的需要依然存在，只是影响变弱了。

长期以来，在西方管理学界马斯洛的需要理论占据着主流地位，对企业管理起着重要的指导作用。

（二）赫茨伯格双因素论

赫茨伯格是美国著名的心理学家，1959 年，他在《工作的激励因素》一书中提出了激励因素、保护因素理论，简称双因素论。赫茨伯格认为，影响人的积极性的因素有两种：一种是保护因素，包括工资报酬、工作条件、与上下极的关系、地位、安全，等等。这些因素的改善，只能减少或消除不满，对保护他们的积极性不降低有一定的作用，却不能使员工变得满意，不能充分激发他们的积极性。另一种因素能够对员工的劳动积极性产生很大激励作用，即工作富有成绩感、成绩得到认可、工作的挑战性、才智的充分发挥、工作的机会和责任等，这类需要的满足能够激发员工的责任感、荣誉感和自信心，能够充分、有效、持久地调动他们努力工作的积极性，这类因素就是激励因素。赫茨伯格双因素论的主要特点有两点。

一是与工作内容紧密相连的激励因素的改善，能给员工很大程度的激励，使之产生高度的满意感和持久的积极性。与工作环境或条件相关的保护因素，如果处理不当，会导致员工的不满，甚至会严重挫伤员工的积极性；如果处理得当，则能防止员工产生不满情绪，起到保护他们工作积极性的作用。

二是保护因素和激励因素是可以相互转化的。例如，如果把员工的工资、奖金同个人的工作绩效联系起来，就会产生激励作用，变为激励因素。成功的企业管理者，既要注意保护因素，以消除员工的不满，又要善于把保健因素转变为激励因素。

赫茨伯格的双因素理论是对马斯洛需要理论的进一步发展，他把人的基本需要概括为两类，在每一类需要中又把它细化、深化。在企业管理中，根据人对这两类需要的满足要求，使用不同的激励措施，巧妙地转化两类不同需要，对员工进行激励。双因素理论在实际操作中对企业管理的具体环节有一定的指导意义。

第一，任何企业的管理者在管理企业的时候，首先，要关注影响员工劳动积极性的最基本的保护因素，减少或降低员工对企业的不满，不挫伤他们的工作积极性，并使他们的工作积极性保持在较高水平上。其次，企业管理者要懂得激励因素的改善能够使员工获得内在持久的满足，产生更持久的工作积极性。为此，企业管理者要想方设法创造条件，尽量满足员工的内在需要。

第二，用双因素理论，使员工工作丰富化，满足员工高层次的需求。员工工作丰富化是以人为本管理的重要方面，它提倡不要把员工看成是流水线上的"机器人"，乏味的机械活动压抑了人的多方面需求，抑制了人的创造性，不利于员工的身心健康。员工工作丰富化，员工在水平和垂直两个方向上延伸自己的工作，使他们产生更多的责任感，更大的成就感，自我能力因此也得到更大的实现。

第三，运用双因素理论，承认员工个体差异，合理进行工作设计，设法使员工找到自己能胜任的、与自身能力、兴趣适合的工作。作为企业管理者，在工作设计的时候，尽可能把组织目标与个人能力、心理需求等结合起来，合理设计员工工作，从而最大限度地发挥员工的工作积极性。

（三）麦克兰理的成就需要论

麦克兰理是美国哈佛大学的心理学家，他在20世纪50年代的一篇论文中提出了成就需要论。成就需要是一个人追求卓越、争取成功的内驱力，具有强烈成就感的人，经常考虑个人的事业、前途问题，对工作的胜任感和成功有强烈的追求；他们把做好工作、取得成功看做是人生的最大乐趣；他们全身心的投入工作、不怕失败，在工作中感受到极大的乐趣。有高成就需要的人具有以下四个特点：

第一，他们为自己设定目标，喜欢独立工作并主动承担责任，独立完成各项工作越能不断给他们带来满足。

第二，高成就需要者敢于冒险，并以现实的态度对待冒险，他们是进取的现实主义者。

第三，高成就需要者喜欢在达到目标的过程中能够及时得到反馈，在晋升、被嘉奖时感到有莫大的成就感。

第四，高成就需要者在完成工作中得到很大的满足，不单纯追求物质报酬。物质报酬带来的满足感决不能代替完成工作的满足感。

具有高度成就需要的人对国家和企业的发展来说都是极为重要的。一个国家拥有高成就需要的人越多就越兴旺发达，一个企业高成就需要的人越多，其发展就越快，在市场竞争中获胜的可能性也就越大。培养具有高成就需要的人，为他们提供承担责任的机会和可能，使人追求卓越和完善的需求得到满足，在个人获得成就的过程中，自我价值得到实现，由此促进社会进步和社会福利的增长。成就需要理论在企业管理中被广泛用于人力资源的开发，促进企业培养高素质的管理人员，努力提高员工队伍的整体素质等等。

四、激励的伦理准则

无论运用哪种激励理论激励员工，都要遵守一定的伦理准则，而是否按照伦理准则的要求激励员工是衡量企业伦理水平的标志。激励中的伦理准则主要有以下几方面：

第一，人道准则。人道准则是一切管理活动最基本的伦理准则。管理上的人道主义是伴随着资本主义的发展而出现的，是继泰罗制、行为科学之后的一种管理理念。它提倡"把人当人看"这一基本理念，主张以人为中心，关心人、尊重人。人本身具有最高价值，管理不单纯是经济行为，而是一种人文活动，管理不是简单的"管、卡、压"，而是在管理中不给被管理者造成痛苦，尽量使他们感到愉悦；管理不仅是企业发展的需要，也是人的自我发展的需要。在员工激励中，人道主义要求不要把人视为简单的"经济人"、赚钱的工具，片面强调金钱的刺激作用，忽视人的自我价值的实现的精神需求。在人力资源开发中，尊重人的意志，鼓励人的创造，为提高人的素质创造条件，充分释放并发挥人的热情和智慧，把员工个人的需要和企业的目标结合起来，使员工在满足个人需要，实现个人发展的同时，实现对企业的贡献。

　　第二，公正准则。在对人的管理过程中促使人对公正的追求，满足人对实现公正的需求愿望，这是管理工作的重要职能。在管理活动中，员工对公平的期望和满足是影响工作积极性的重要因素。美国著名心理学家亚当斯在1965年提出了公平激励理论，提出员工的工作动机不仅受绝对报酬的影响，还受相对报酬的影响，一个人不仅关心自己的收入的绝对值（自己的实际收入），而且关心自己收入的相对值（自己投入与收益和他人投入与收益的比较）。每个人会不自觉地把自己付出的劳动所得与他人付出的劳动所得相比较，也会把自己现在付出的劳动所得和过去付出的劳动所得相比较。如果发现自己的收支比例与他人的收支比例相等，或现在的收支比例与过去的收支比例相等，便认为是应该的、正常的，于是产生满足感，心情舒畅，努力工作。如果发现自己的收入与他人的不相等，或现在的收支比例与过去的收支比例不相等，就会产生不公平感，工作中满腔怒气，怨声载道，情绪消沉。

　　管理者应当认识到员工的公平期望对工作积极性的影响，努力为员工创造公平的竞争环境，让每个人都有平等的机会表现自己的聪明才智，发挥自己的特长；管理者应当设计公平的薪酬制度，使每个人付出的劳动得到相当的回报，做到准确地衡量员工的劳动付出，合理公正地回报他们的劳动所得；企业管理者应当对企业所有的员工一视同仁，无论是管理者还是普通员工，是这个岗位上的员工还是在那个岗位上的员工，一律以绩效论功绩，以付出论所得。要在企业内部树立比能力、比贡献、比绩效、比投入的积极向上的风气，使公平期望与公平满足有效地推动员工工作积极性的提高，促进企业稳步、健康地向前发展。

第三，民主准则。民主是管理激励中的一个重要伦理准则。民主准则是和人道准则相关联的概念，它是人道准则要求的人与人相互尊重的重要体现。管理激励中的民主准则，主要体现在员工参与企业管理上，要按照民主准则的要求，制定民主参与制度，如形成职工代表大会制度、劳动协商制度、合理化建议制度，赋予员工自主选择、自我管理的权利，实现大家的企业大家管、员工当家做主的权利。要反对不尊重员工的意志，不考虑员工的愿望，个别少数人独断专行搞管理的行为。管理中要广泛运用民主方法，重视员工、尊重员工，在企业重大问题上充分了解员工愿望和需求，发挥他们的聪明才智，增强员工的主人翁精神和责任感，使他们认识到自己不光是劳动者，也是企业的管理者，是他们在自主管理着自己的企业，以增强员工与企业的联系，使员工更加关心企业未来，工作起来更有热情。

第四节　商业企业文化

企业文化是企业在长期经营活动中形成的价值观念、行为规范、群体意识、传统习惯和作风等精神财富以及企业创造的物质财富中文化精华的总和。即企业文化作为一个系统，既包括物质文化、又包括组织制度与行为文化，也包括观念文化。作为经济意义和文化意义的混合物，企业文化重视发挥作为生产力的最重要的因素——人的作用，它既是企业管理方法和艺术，也是思想政治工作，是更高层次的行为伦理。

一、企业文化的涵义与功能

（一）企业文化的由来

企业文化产生于 20 世纪的 80 年代初，首先是美国管理学者提出的。日本是第二次世界大战的战败国，但是在 20 世纪 60 年代实现了经济起飞并创造了持续高速经济增长的奇迹。进入 20 世纪 80 年代，日本已作为一支强大的经济力量出现在国际舞台上，大有取代美国和西欧之势。这种严峻形势引起了美国管理学者的极度不安和深切关注，从而导致 20 世纪 70 年代末、80 年代初美日比较管理研究的热潮。美国波士顿大学教授斯坦利·戴维斯通过研究日本经济高速发展的内外因素，发现日本企业成功的关键，并非单靠组织结构、行政技巧、科学技术、机器设备，更为重要的是得益于反映企业传统和特色、植根于广大员工中的行为准则、价值观念以及由此而产生的行为动机，也就是日本的企业文化力量。

1981 年，美国加利福尼亚大学教授威廉·大内所著《Z 理论——美国企业界怎样迎接日本的挑战》一书问世，大内把典型的美国文化传统的管理方式称为 A 型组织，把日本传统文化的管理方式称为 J 型组织，在两者对比的基础上提出 Z 型组织。他把 A、J、Z 型组织之间的根本区别归于企业价值观的不同，即企业文化的区别，指出 Z 型组织应强调团结精神，密切人际关系创造和谐的管理气氛。同时，哈佛大学和斯坦福大学两位教授理查德帕斯卡尔和安东尼阿索斯合著的《日本企业管理艺术》一书提出了"7S"理论（"7S"指的是战略、结构、制度、人员、技能、作风、最高目标，即每个词的英文均以 S 为开头），强调七个 S 的相互结合，即硬性的和软性的管理方法相结合，特别强调最高目标是其中的黏合剂。他们把美国企业管理下降的原因归于管理文化的局限性，即只要硬性的 S，而视软性的 S 为"一些微不足道的泡沫，却不知这些泡沫有着太平洋那样的威力。"日本企业能够"软硬兼施"，索尼、松下等企业的经验生动地告诉人们，日本人之所以有惊人的生产率，正在于人的忠诚、献身精神，个人对企业的认同感，用最简单的话说，在于领导与员工之间的人情味。1982 年，正在人们研究日本、学习日本风起云涌之际，美国哈佛大学教授伦斯、狄尔和麦舍斯公司顾问爱伦肯尼迪经过对 80 多家的企业研究，推出了《企业文化》一书。该书综合了日、美等国的企业管理经验，提出企业文化是企业经营成败的关键因素。他们抽查研究表明，其中 18 家杰出企业均以较强的共同信念、共同价值观创造出独特的经营风格和成果。在这个时期，相继有一大批很有影响的著作如《寻求优势》、《成功之路》、《美国企业精神》、《公司文化》等，从不同侧面剖析了企业文化问题，使企业文化理论趋于成熟，引起世界许多国家的关注和重视，促进了企业管理文化理论的诞生和成长。

我国改革开放之初，国外企业文化热潮正在兴起，国内也相继成立了"中国企业文化研究会"等组织机构，为弘扬企业文化，提高企业素质，实现企业经营现代化开辟了一条新路。我们不难看到，企业文化和企业伦理之间有着密切联系。

（二）企业文化的涵义和特征

企业文化是企业在长期经营活动中形成的价值观念、行为规范、群体意识、传统习惯和作风等精神财富以及企业创造的物质财富中文化精华的总和。企业文化作为一个系统，主要包括三个层次：（1）观念文化，或称之为内隐文化，如企业价值观念、经营思想、职业道德、企业精神、传统作风等。观念文化是企业文化的灵魂和核心。（2）组织制度与行为文化，亦称为半隐型文化，即渗透在经营管理过程中的文化精华。（3）物质文化，亦可称为外显文化，它是以企业产品和设施为载体的文化，如设施、环境、商品和企业生活福利等。

企业文化是经济意义和文化意义的混合物，它可从多角度、多层次、多侧面、多等级来理解。而无论从哪个方面来理解，企业文化都主要是重视发挥作为生产力的最重要因素——人的作用，它既是管理科学，也是思想政治工作，是更高层的行为伦理。

（三）企业文化的功能

企业文化主要具有导向、约束、凝聚、融合、辐射等功能。

第一，导向功能。现代企业在生产经营活动中，一切行为都是为了实现其战略目标。因此，企业首先要使战略目标体现出企业建设和发展方向，反映企业的价值观、道德伦理规范、生活信念和行为准则，成为一种号召的力量，从而引起员工的共鸣和响应，使全体员工为实现企业的战略目标而努力拼搏。同时，应加强信息传递，努力提高企业的知名度和美誉度，树立企业良好形象。这是企业一大笔无形的财富，企业文化系统的导向功能是各项功能的核心。因为，没有奋斗目标的企业文化是没有生命力的。

第二，约束功能。作为生产组织——企业必须制定各种规章制度来保证生产和经营活动的正常运行。企业文化就是在此之外，利用无形的文化上的约束力量形成一种行为准则。

第三，凝聚功能。企业文化对企业全体员工具有强大的吸引力，使成员心向企业，增强内聚力。这就要求企业通过激励机制对全体员工产生凝聚作用。企业内聚力来自多方面，而企业文化是增强企业内聚力的源泉。

第四，融合功能。由于企业员工构成复杂，思想、兴趣、文化、性格各异，而企业文化可以使他们改变原来固有的观念，把每一个人都融合进这个集体中，在企业的各个工作岗位发挥最出色的作用。

第五，辐射功能。一般地讲，企业文化只对企业内部发挥作用，一旦企业文化形成固定模式就会通过各种形式或渠道对社会产生影响。由于企业本身不是封闭的，企业成员与社会交往广泛，企业生产的各种产品及其产品售前、售后的周到服务，都会反映企业文化的特点和作用。

可以看出，企业文化与企业伦理一样都是要作用于人的行为的，二者互相依托、互为表里，一种优秀的企业文化能为企业伦理发展奠定坚实的基础，而企业伦理则是企业文化建设必不可少的内容，二者在实质上谁也离不开谁。

（四）企业文化在商业企业经营管理中的作用

企业文化对商业企业的经营管理活动主要有以下几个方面的作用：

第一，增强企业成员的凝聚力。人是生产力中最积极、最活跃的要素。企业能否生存和发展，不仅需要先进技术设备和充足资金，更需要企业成员卓有成效的工作。无论是企业有形资产的有效利用还是产品购销活动的顺利进行，这一切都取决于企业全体成员的思想观念、自身素质和由此而产生的劳动效率。企业文化反映了企业成员的共同价值观、共同追求和共同利益，并且由于得到了全体成员的承认和接受，形成了对自身的规范和约束作用，使企业文化对企业全体成员具有强烈的感召力。这种感召力犹如一种强有力的黏合剂，把企业每个成员的力量凝聚成一个合力，引导企业全体成员在企业经营活动中最大限度地发挥能量。这种无形资产所产生的力量是企业有形资产难以达到的。

第二，塑造企业的社会形象。保持良好的企业形象是充分发挥企业功能，融洽企业与消费者和社会的关系，促进产品销售，实现企业销售目标的重要途径。企业的历史、所处的地理位置、规模、技术设备对树立企业形象固然重要，但它们只是企业形象的外观环境，是客观存在的。而企业形象的核心是其内在风范，即企业成员的素质、经营特色、管理水平、公共关系、企业精神和企业信誉，等等。良好的企业形象应是外在形式和实际内涵的统一，是有形资产效应和无形资产力量的有机结合。企业文化最集中地概括了企业的基本宗旨、价值准则和行为规范，因而在一定程度上反映了企业的基本特征，向整个社会展示了企业成功的管理风格、良好的经营状态、积极的精神风貌，从而为企业塑造了良好的整体形象，树立了信誉，扩大了影响，这是商业企业一笔巨大的无形资产，它使企业在经营活动中如虎添翼、锦上添花。

第三，增强企业活力，提高企业的竞争能力和应变能力。随着生产的发展和市场体系的日趋完善，市场供求关系的变化将日益频繁和复杂，特别是消费品市场，社会需要多种多样，对市场的商品不仅求优、求广、求美，而且需要优质的服务。市场经济中，销售疲软和需求过热并存，经营风险和经济效益同在，企业经营活动面临巨大的挑战和严峻的考验，适应市场和占领市场是企业面临的重要任务。很显然，企业靠过去那种官商作风，仅凭借雄厚的资金、优良的设备和人多势众是难以适应千变万化的市场需要，还必须依靠企业良好的形象、明确的经营方向和正确的经营理念去提高企业在市场上的竞争能力和应变能力，使企业在瞬息万变的市场竞争中，永远争取主动，立于不败之地。

二、企业文化建设的内容

（一）企业的价值观、宗旨和信念的确立

企业的价值观是企业文化最基本的内容，制约着企业文化其他要素和内容。企业价值观，是指企业经营的目的宗旨，就是说企业为什么要存在？存在的价值意义是什么？作为企业什么是最有价值的，什么是没有价值的？以及这种价值观的明晰程度。概括地说，企业价值是反映企业生存的根本价值和意义的整体化、个性化的群体意识。企业价值观对企业及员工行为的取向，对企业的兴衰成败都具有决定性作用。国内外经营成功的企业经验表明，一个企业价值观的正确与否、明晰与否，是直接关系企业生死存亡的大事。企业价值观有正确与不正确、明晰与不明晰之分，按照这四个要素的不同搭配，有四种组合决定企业的兴衰成败。其中，价值观正确而明晰的企业最兴盛，价值观不正确、不明晰的企业最易衰落。另外两种组合居中。比如，企业价值观的核心是赚钱，由于对本企业价值观缺乏正确而清晰的认识，因此使企业行为变得盲动，必然造成企业经济效益低下。

企业价值观的发展一般要经历三个阶段：企业存在初期，其主要宗旨是为了企业和员工的生存，努力赚钱达到扩大生产规模的目的；企业进入成长期，其核心价值观是"一切为着用户"，"顾客第一、服务至上"；企业进入成熟发达期，其核心价值观是服务社会，追求进步，对人类和社会做出贡献，提高人类的生活质量，促进人的全面发展等。我国目前企业价值观是多种并存的，因此，企业行为也是多样化的。总的倾向是：大多数企业价值观还处在第一阶段，或者说正在由第一阶段向第二阶段过渡。

（二）企业经营哲学与管理特色的形成

企业经营哲学是企业经营成功之道的哲学概括，或企业经营成功的

世界观和方法论。企业经营哲学不仅指导、规范着企业的经营方向，而且是企业价值观的升华，它是由一些富有哲理的判断组成，具有精粹、言简意赅的特点，其中包括无限丰富、深刻的内容，对企业经营行为的取向具有重大启迪作用。

当今世界成功的企业的经营哲学观念最主要的有：（1）质量观——"服务和产品质量是企业的生命"，"服务质量是无声的推销员"；（2）用户观——"顾客是上帝"，"顾客永远是对的"，"消费者对企业成败具有最终发言权"；（3）创新发展观——"只有创新，企业才有发展"，"企业经营创新，首先是思想创新"；（4）竞争观——"竞争有活力"；（5）效率观——"效率就是成功"，"效率就是金钱"；（6）人才观——"人才培养成功，事业才能成功，人才培养失败，事业也会失败"；（7）利润观——"企业应给社会提供服务，利润不是企业贪婪的表现，而是社会重视商业服务的信任票。"

企业管理特色是针对企业管理而言。从微观上看，企业管理特色是企业在一般管理思想指导下由员工创造的既能反映本企业的实际而又与众不同的管理风格、制度和方法。企业管理特色可以分为三种相互联系的结构层次：第一，管理实践的特色，如工作性质、工作方法等；第二，管理制度的特色，如不同管理体制、分配制度；第三，管理思想的特色。

（三）企业精神的塑造

企业精神是建立在共同价值观和共同信念基础上的为企业成员广泛认同和接受的一种群体意识。企业精神是企业成员意向的集中，是企业的灵魂。企业精神一要反映时代特点，具备鲜明的时代特色，领导时代潮流，如此才能开拓进取。二要指向企业目标。一种积极的企业精神，必须以企业目标为依据和归宿。企业精神表现形式必须含义清晰、准确，语言精练、富有鼓动性，使员工铭刻在心，并为公众所理解。如麦当劳的企业精神是：顾客永远是最重要的，服务是无价的，公司是大家的。

（四）企业伦理的培养

企业伦理是调整企业与企业之间、企业与员工之间、员工与员工之间及企业与顾客之间关系的行为规范的总和，它以善与恶、公与私、荣与辱、正义与非正义、诚实与虚伪等相互对立的道德范畴为标准评价企业与员工的各种行为，并调整其内外关系。

企业伦理对企业和员工的行为影响途径有两条：一条是舆论和教育方式影响人的心理和意识，形成员工的善恶观和经营观。一条是以传统、习惯的形式在企业中确立起来，以调节企业与员工的行为。具体地说，企业伦理主要调节以下五种关系：（1）本企业与其他产业部门企业之间的关系，如真诚合作，互惠互利；（2）本行业企业之间的关系，如市场竞争必须友好、公平，不能采取卑鄙手段；（3）企业与员工的关系，如企业必须不断改善员工工作条件，提高福利水平，员工必须忠于职守，热爱企业；（4）企业内部员工与员工的关系，如同心协力，开诚布公，互相关心，互相帮助；（5）企业与客户的关系，如企业销售必须讲信用，等等。这些伦理道德实际上是人们心中的"灵魂立法"，以规范企业与员工的行为。

（五）企业形象的形成

企业形象是公众对于企业的总体评价。从公众评价的角度出发，可以将企业形象所涉及的种种要素归纳为以下五个方面：企业伦理特征、企业能力特征、企业行为特征、企业潜力特征、企业外表环境特征。企业作为一种客观存在的生产组织，它的一切活动必然在社会公众中留下一定的印象。企业形象是企业文化的综合体现和外显，是企业的产品、服务、员工素质、公共关系、经营作风等在客户和社会公众中留下的总印象。它是企业素质的反映，也是社会对企业的评价。

三、商业企业文化建设的要求和形式

（一）商业企业文化建设的基本要求

商业企业文化建设是企业管理中一项创新工作，又是社会主义精神

文明建设的重要内容。我国商业企业文化建设应遵循以下要求：必须体现社会主义基本制度的要求，坚持社会主义方向；必须强化商业企业以人为中心的意识，充分体现企业成员在企业文化建设中的主体作用；必须博采众长，建设符合时代要求的商业企业文化；必须做到理论与实践的统一。

企业文化是一种意识形态的观念理论，但只有企业成员普遍接受，并且共同遵守和付诸行动，才能发挥企业文化在企业经营活动中的积极作用。因此，必须做到言行一致，使企业全体成员在组织产品生产、销售的整个过程中自觉实践企业的价值取向，树立良好的企业形象。防止搞形式主义，只说不做，摆样子、赶时髦，虎头蛇尾等倾向，把企业文化理论付诸行动。在这当中，领导是关键，企业领导者要以身作则，使自己的思想和行为符合企业文化的要求，才能使企业全体成员积极响应和自觉地行动。

（二）商业企业文化建设的具体形式

第一，概括设计的直观形式。口号、标语、招贴画、店徽、店旗、店歌、店规等，是企业的价值观、经营哲学、企业信念和企业精神的直观体现，是企业文化的基本内容，应向企业全体员工灌输企业文化所倡导的基本观念和意识。为使这种形式在企业文化建设中发挥应有的作用，应在概括设计上要求主题鲜明，富有哲理，言简意赅，具有感染力。

第二，企业外观环境的表现形式。商业企业文化的内涵应当融汇于企业经营的全过程，并在经营过程中得以表现，企业的店面装潢、橱窗布置、货位布局、商品陈列、室内装饰、音响控制、灯光照明等，都应成为向消费者和社会展示企业特有的精神风貌、经营特色的窗口。商业企业是面向广大消费者、面向社会的公共场所。消费者希望在赏心悦目、舒适方便的环境里购买称心如意的商品，因此店容、店貌就显得格外重要。企业的外观环境一方面反映了企业的经营内容、规模和特色；另一方面，和谐、舒适、明快、环保和美观的设计，能够体现企业的风貌和外观形象，保持对顾客的吸引力和感召力，成为商业企业文化的表现形式。

第三，企业人员的职业表现形式。商业企业文化作为一种意识形态是无形的，而这种意识形态影响人的行为表现是有形的，商业企业员工的仪表风度、言语表情、举止规范、经营作风、商品知识、推销艺术、售货技能等都成为表现企业文化的形式。在商业企业与顾客的交往中，企业员工特别是经销人员始终处在十分突出的位置，其职业表现如何，直接体现企业员工的精神风貌，对企业形象的塑造和维护关系重大，对实现企业的服务宗旨和表现企业的价值观，融洽与社会各方面的关系，促进商品销售有着十分重要作用。良好的职业表现要求企业全体员工端正服务思想，遵守职业道德，保持仪表大方自然，具有丰富的商业知识，研究顾客购物心理，掌握售货服务艺术。

第四，企业经常性活动形式。商业企业开展的各种活动，包括职工书画展、摄影、集邮、文学创作、业务技术表演竞赛、百科知识问答、文体活动、先进人物表彰，等等。这些活动从表面上看是丰富职工生活，但实质上也是企业文化建设的具体形式。通过这些丰富多彩、健康活泼的活动，可以将企业所倡导的基本观念和传统习惯逐渐渗透到员工的思想意识中，特别是结合企业的经营特点和经营目标开展的活动，更能成为培养员工的群体意识、增强员工的凝聚力和向心力的有效形式。

第十章 商业伦理建设

商业伦理建设问题实质上是商业伦理如何实现的问题。商业伦理在方方面面要求商业企业的领导者、管理者和员工接受商业伦理并变成自觉行动，其途径就是商业伦理教育与商业道德培养。商业伦理教育是社会外在教育、灌输的过程；商业道德培养的过程则是人们内在学习、磨炼和陶冶的过程。

第一节 时代与商业伦理观念

在由计划经济向市场经济转轨过程中，不可避免地会带来一些社会伦理问题，同时也面临一些不利于商业伦理建设的负面因素，具体表现在社会环境以及商业活动自身两大方面。

一、经济体制转型带来的伦理道德问题

当前，我国商业经济发展中的伦理道德问题在本质上是经济转型过程中出现的伦理问题，即伦理道德演变的历史链条出现某种断裂而带来的问题。一方面由于市场经济浪潮和西方文化的强烈冲击，以儒家伦理道德为主导的"自然道德"传统受到强烈冲击，那种以强调单纯奉献为基本特质的计划经济道德体系也由于受到市场经济的冲击而失去其社会约束力和整合力；另一方面由于人们还普遍缺乏市场经济生活实践的砥砺炼，加之中国尚缺乏深厚的契约商业道德传统，而"自然道德"传统的消极面影响仍然存在。这就决定当前商业经济发展实际上有必要加强商

业伦理基础建设。这种由伦理道德演变的历史链条断裂带来的伦理问题，既有消极的伦理传统作为惰性力量阻碍商业经济发展的一面，也有伦理道德与经济分离或伦理道德被推出经济生活之外的"绝对不讲道德的做法普遍流行"的问题。

第一，单纯谋利的动机和取向问题

当我国确立社会主义市场经济体制之后，人们在经济活动中追求个体物质利益也随之取得了伦理上的合理性认可。但随着个体谋利的原有社会禁锢和道德禁忌的解除，不仅单纯获取个体物质利益的原始冲动成了经济行为的动机和诱因，而且个体物质利益最大化追求在不少人那里达到了放肆无度的地步。于是，道德在主观上被逐出经济活动之外，物质主义、拜金主义和享乐主义则成了支配不少经济活动主体的基本信条。这种经济行为动机和取向的道德问题，突出体现在两个关键点上：一是排斥或舍弃了经济主体应有的社会成就感和社会责任感；二是割断了谋利与人生意义、人文关怀的联系。这不仅仅是动机和价值取向不高尚的问题，更为重要的是，这意味着事业的发展丧失了来自主体方面的人文动力或精神动力的支持，并且在整体上对社会发展不利。还有，这种单纯谋利的动机和取向，还使经济活动失去了应有的基本理性和必要的秩序条件，从而也失去了应有的秩序效率。在市场机制的作用下，单纯获取个体物质利益的动机和取向，虽然也能够带来一定的繁荣，但这种繁荣却不是发展，更不一定会带来进步。

第二，对经济权利的态度问题

市场经济发展的实践及其理论研究证明，经济主体的经济权利（主要是产权和交易的自由选择权）得到普遍尊重和有效保护，是市场体系得以有效运作的基本前提，也是对经济行为形成有效激励和合理约束的根本点所在。然而，在当前实际经济生活中，不只是存在着大量的侵权现象，而且还存在着社会对这种侵权现象麻木不仁的问题。从理论上讲，公有财产在我们社会主义国家应当受到最强有力的保护和最普遍的尊重，可这些年来，公有财产却成了一些人以各种名义和方式进行转移、占有、分割和掠夺的对象。同样，当民营经济获得合法地位之后，其产权也应得到有效的保护和社会尊重，可实际上却受到种种超经济强制的干扰和来自政治偏见的不公平歧视。这种对待产权、交易自由权等经济权利的问题，构成的危害是多方面的。其一，它妨碍了现代产权制度的建立、完善及其作用的发挥，也严重阻碍了公正合理的现代市场经济秩序的确立；其二，它弱化了社会的激励机制和约束机制，因而不仅抑制了人们在各个方向上进行不断创新、投资和经营的努力；其三，它阻止了市场体系的正常发育和有效进行；其四，它弱化了人们对社会的理想追求和对道德的理想追求。

第三，不择手段谋利问题

我国历来就有"君子爱财，取之有道"的道德传统。现在，劳动致富、合法经营致富、依靠科技致富等也一直得到政府和社会的提倡和张扬。而实际经济生活中，不少人往往不是把致富与劳动创造、合法经营、科技创新、改善管理，以至创造各种经济效益等联系起来，而是把致富与贿赂、欺骗、投机和掠夺性开发经营等联系起来，通过利用各种超经济手段和不道德手段来掠取社会资源、占有市场份额、分割社会经济总量、侵占他人经济利益，从而达到聚财或致富的目的。这对经济健康发展构成了多层次、多方面的灾难性影响。它在割断了财富与劳动创造、合法经营和科技投入等神圣联系的同时，也造成了一种错误的导向，即不是引导人们把时间、精力、才干和资金投向创业、创新和创造经济增长的事业中去，而是投到非法经营和商业投机以及捞钱、骗钱和洗钱的黑色游戏中去。其结果不仅妨碍了经济和科学技术的发展，妨碍了经济组织的完善和经营管理水平的提高，也损害了企业精神和和企业文化的培育，

第四，对企业或法人经济行为的道德监督问题

在市场经济条件下，一些企业败德行为往往比自然人的败德行为对社会和他人构成的危害更大，控制起来也更难。因此，为使企业在合理、合法、合乎伦理的框架范围内谋利和行事，就必须加强对其经济行

为的监督，防止其因为贪欲财富而背离道德。在这一点上，社会虽然也做了某些努力和尝试，但远未达到有效防范企业败德行为发生和"公司道德"堕落所要求的程度。经营者恶意行为问题一直没有解决。对企业行为的道德监督是建立在一定的约束、制约基础之上的，没有约束、制约，就谈不上有效的监督。

第五，现代经济伦理的主体生成机制问题

借助制度约束，实施制裁，加强监督，都是从他律方面来限制、遏制和防范败德行为发生和扩展，这显然是不够的。要解决上述伦理道德问题，根本在于使以自己的投入换取自己的收益、对自己的行为负责、严守承诺和信用等现代经济伦理要求转化为经济主体的道德精神和道德自律，这就是要生成现代经济伦理的主体。要实现这样一种期望，他律是必经的阶段，也是必要的外在机制。此外，还必须完善和加强利益上的诱导机制、精神上教育的引导机制以及文化上的陶冶机制等。在这一方面，我们至今强调的主要是精神上的教育引导机制和文化上的陶冶机制。而对于利益上的诱导机制不得要领。其实，这是道德建设上的一大盲点和误区。因为，利益是道德生成的基础，从利益方面引导人们讲道德，使人们意识到讲道德最终会获得收益，是促使人们进行道德自律的基础性一环。离开这一基本途径，不仅道德共识难以达成，而且以道德共识为基础的主体道德精神也难以生成。所以，在现代经济道德的主体生成这一经济道德建设的根本点上，我们不但要加强和完善教育引导等传统的生成机制，而且要完善和加强必要的利益诱导机制，这样更有利于为经济发展找到道德上的主体支持力量。

第六，人们社会行为的法律约束和保障问题

当前，我国的立法还不够完备，还不能有效制裁失信者，已有的法律、法规在规范社会信用环境方面有些还缺乏相应的实施细则，操作性还不强。特别是对道德失信行为人的刑事制裁方面还缺少刚性，如对恶意逃废债务的惩罚力度不够。一些基层法院受当地企业与政府的影响，在司法过程中。审判的公正性受到怀疑。重审判轻执行，在民事、经济等案件中较为普遍，债权人即使胜诉，也往往由于收费过多或裁决难以执行，造成赢了官司也赔钱。另外，法律的规范力和强制力这种本来的硬约束体现不够。目前，我国的法律体系还不够完善，无论是立法的数量、质量还是严格执法，都与市场经济的要求还有很大差距。有些法律尚未制定，有些条款规定得还不够具体，有法不依、执法不严的现象也不容忽视。

第七，思想观念偏差问题

在市场经济条件下，原有的义利观以及传统文化中的一些精华似乎被巨大的物质利益诱惑挤出了舞台，行为主体在观念和精神上出现了自我约束的真空地带，从而使经济行为的客观规则，即法律的约束略显苍白。传统伦理道德受到一些人质疑，新的道德体系也未完全建立，整个社会信用体系的建立还需一段艰苦的历程。

二、商业伦理建设所面临的不利因素

（一）社会环境中不利于商业伦理建设的因素

第一，社会风气不良。一些不法分子采用各种卑劣手段，巧取豪夺；个别领导干部利欲熏心，以权谋私，贪污受贿。所有这些都严重地败坏了社会风气，使一些人产生了"我们一家企业走正道没用，而且走正道还会碰壁，不如随波逐流"的念头。

第二，对伦理道德的认识误区，主要表现在四个方面：一是认为只要不违法，干什么事都行；二是认为伦理道德是一种软约束，可以把它当回事，也可不理它；三是对伦理道德有逆反心理。长期以来，我国的伦理道德只讲对国家、集体、他人的义务，而很少关注个体的权利、个体的利益，使得一些人一听到"伦理"、"道德"就反感；四是认为不搞点歪门邪道在目前条件下行不通。

第三，企业责任不明确。企业作为一个"法人"与自然人是有区别的，它是人的集合体，其行为多数也是集体行为，集体行为的伦理责任该由谁来负呢？私有企业好断定，然而国有企业呢？企业承担责任，决策者也应承担责任吗？看起来责任比较明确，可是在我国，企业的决策往往是集体决策，至少名义上是如此。集体决策结果往往是人人负责，结果是谁也不负责任。由于道德责任不落实，管理者在决策时的伦理约束就会削弱。由于企业责任不明确也带来的短期行为这种怪病。其给社会诚信体系的建设带来了种种弊端。人无远虑必有近忧，企业也不例外。远虑也应是企业的行为逻辑，企业应该追求长远的生存与发展。然而在我国，短期行为一直是经济生活中的一个老大难问题。短期行为可以说是商业伦理的大敌。因为只有从长远看，企业伦理的实践才能转化为竞争优势；从短期看，企业伦理的好处就不明显，不讲道德对企业造成的危害也不一定马上显露出来，有时甚至要牺牲一些眼前利益。因此，短期行为问题不解决，企业讲究伦理的自觉性就会受影响。

第四，金钱的压力和诱惑。首先，我国的经济总的来说还不发达，人们的生活还不富裕，所以对利益比较敏感。古人讲，"仓廪实而知礼节，衣食足而知荣辱"。人是这样，企业也一样。当一些企业感到生存受到威胁时，就顾不得那么多了，只好先把眼前度过去，根本无法考虑长远利益。其次，利益差距的拉大，贫富的出现，信仰的缺失，生活追求的低俗化，这些使习惯于平均分配的人们心理严重失衡，尽快赚钱、迅速致富的冲动十分强烈。如果物欲的冲动不加约束地被释放出来，很容易走向另一个极端。

第五，小团体利益。伦理道德对行为的调节功能要通过社会舆论、传统习俗、信仰信念而起作用。社会舆论、传统习俗是一种外在的影响力，是外因，信仰信念是人们发自内心的对某种道德原则、道德规范或道德理想的真诚信服和强烈的责任感，它是深刻的道德认识、强烈的道德情感和坚强的道德意志的统一，是内因。外因要通过内因而起作用。既然有的经营者找到了违反企业伦理的"理由"，对有关企业伦理规范就没有信念可言，也就不可能自觉遵守了。一个企业领导者可能是好人，注重个人道德修养，讲信用不欺骗，然而他却会在经营中做一些不道德的事：合同可以不履行，对顾客的许诺可以不兑现，可以挖竞争者墙脚，污染严重超标而放任不管……难道他的良心没有受到谴责吗？可能他良心上会不安。但他很快就会安慰自己：这是为企业好，为企业成百上千的人的饭碗着想。如此一来，坏事就在他心中变成了"好事"。

第六，规范不清、赏罚不明。社会没有明确的企业伦理守则，更谈不上伦理规范教育。此外，对模范地遵守伦理规范者的行为，没能给予应有的奖赏；对违反伦理规范者的行为，也未能给予应得的惩罚。

（二）商业活动自身行为中不利于商业伦理建设的因素

与商业在市场经济中所遇到的社会情况相应，商业自身也存在一些新问题。

其一，行业腐败。在很大一部分领域和地方，社会上有些人利用市场经济尚未完全规范之机，官商勾结，搞行业垄断、权钱交易，实行垄断性不正当竞争，疯狂侵吞国有资产，搞地方保护主义等，这些现象仍然是我国当代社会的"恶瘤"。

其二，以业谋私。索取回扣，甚至利用工作之便，攫取国家和集体的财产，美其名曰靠山吃山，败坏了商业风气。

其三，不讲信誉。彼此拖欠和赖账，不履行合同，收到货物不支付货款或骗取货款而不发货；"三角债"问题还比较严重，造成商品交易秩序混乱和信用危机频繁出现。

其四，短期行为。人们急于发财，或者以次充好，兜售假冒伪劣商品，搞坑蒙拐骗等种种商业欺诈行为，发不义之财，如假酒、假烟、假药、假承诺、冒牌商品、欺骗性广告已经成为令人触目惊心的不法商业现象，给消费者的生命和财产造成了巨大的危害；或者逃避监督与管理，贩卖走私商品，偷税漏税，造成国家经济的巨大损害和加剧社会的不安定。

以上这些负面问题不解决，商业伦理就不可能健康发展。

三、现代商业伦理观念

商业伦理主要是商业经营管理活动中有关正义、善良、公平、责任、义务等方面的观念与规范，所以现代商业伦理要求包括以下几个方面：

其一，义利并重。义利问题一直是一个争论不休的问题，以营利为目的是商业的一个特征，也就是说，企业总是要赚钱的。没有广大企业的发展，就没有国家的富强。同时，企业赚钱应以正当经营为前提，最起码的是企业在经营中遵纪守法、不损害企业利益相关者的合法权益。由此，处理义利关系的原则——利义并重意味着企业赚钱的同时要为利益相关者带来好处。例如，为顾客提供优质的商品和服务，为员工提供良好的工作、生活条件，向国家缴纳税金，等等。利义并重还意味着企业赚钱后，应以某种方式回报社会，如帮助老少边穷地区人们脱贫，支持教育事业，等等。

其二，诚实守信。诚者不伪，信者不欺。诚信要求讲真话，不欺诈，如货真价实，童叟无欺，不做虚假广告，不以次充好，不短斤缺两、漫天要价，不偷税漏税，不做假账，等等。诚信还要求说话算数，一诺千金。比如，签订的合同要想方设法履行，对顾客许诺的产品质量和服务应要不折不扣地达到等。诚信是企业经营的基础，成功的经营者无不把诚信视为企业的生命。企业的生存与发展有赖于企业利益相关者长期、可靠的合作，如果缺乏诚信，这种合作是不可能的。

其三，互利互惠。互利互惠原则的最低要求是"不损害他人利益"。市场竞争是要追求自身利益，然而，追求自身利益也不能无所顾忌，根本的一条就是"别损害他人的利益"。企业经营离不开利益相关者的参与，只有互利互惠，企业与利益相关者之间的合作关系才能维持下去。当然，仅仅停留在"不损害他人利益"还体现不出真正的互利互惠，企业还应该考虑与利益相关者分享利益。"不损害他人利益"对竞争者也同样适用。虽然市场蛋糕分配会此长彼消，但如果企业是通过正当的手段获得竞争优势，不能算是损害竞争者的利益；反之，若是通过欺骗性广告、窃取商业秘密等不正当手段搞垮竞争对手，这就损害了竞争者的正当权益，是不道德的。

其四，和谐发展。和谐是要求企业与利益相关者和睦相处，"天时不如地利，地利不如人和"。企业是一个有明确分工的集合体，由于分工不同，所处的地位不同，利益不同等，人们的看法会有差异。和谐要求员工之间团结、友爱、互助，管理者与被管理者之间相互理解，管理者与所有者之间相互支持，部门之间相互合作。企业是一个有机整体，企业活动需要通过全体员工的齐心协力才能取得成效，因而能在企业内形成一种团结、友爱、互助的氛围显得很重要。和谐原则也不仅仅局限于企业内部，企业与顾客、供应者、政府、社区、公众也应该和睦相处，以建立融洽的外部环境。

其五，创新进取。创新是企业发展之源，现代商业伦理要大力提倡进取精神，使人们勇于开拓创新。企业是为特定的社会需要服务并经公众满意而存在的，只有当社会公众满意企业提供的服务，它才能生存下去，进而企业才能兴旺发达起来。企业应以品种新、质量优的产品，精益求精的服务获得竞争优势。

其六，服务社会。企业的目的不只是赢利，同时要服务于社会，促进社会进步。美国学者彼得·F. 德鲁克指出："企业的目的必须在企业本身之外，事实上，企业的目的必须在社会之中，因为工商企业是社会的一种器官。"松下幸之助认为："买卖或生产的目的，并不在于使商店或制造者繁荣。借着工作和活动使社会富足，这才是真正的目的。商店、工厂的繁荣永远应该排在第二位。"美国斯坦福大学两位教授经过6年时间对美国180多家企业研究后认为，这些公司倾向于追求好几个目标，而赚钱只是其中的一个，而且不一定最重要。它们追求利润，也追求范围更广泛、意义更深远的理想。他们认为，赢利是企业存在和取得更大成就的必要条件，而不是它们追求的最终目标。例如，惠普公司把企业目的规定为：向公众提供某种独特的、有用的东西，从而为社会做出贡献。强生公司的企业目的是：为人类解除病痛。①

---

① 见陈炳富：《企业伦理学概论》，南开大学出版社2000年版，第70—71页。

其七，追求效益。企业经济效益就是以尽可能少的劳动消耗和物资占用提供尽可能多的符合社会需要的产品和服务。追求经济效益要求人们在工作中既讲效益又讲效率。有效率不一定有效益，如果效率很高，但方向不对，那么不仅不会有好的效益，反而会成为包袱，企业生产效率高，产品却大量积压就是这种情形的典型例子。企业应以技术进步、管理上水平为基础，以优质服务去追求长期的较高的经济效益，而不应以短期行为获取暂时的利益。

其八，公正平等。公正首先是竞争的公平，即每一个企业都有自主选择参与竞争的权利；其次是规则的公平，即同一规则对所有参与竞争的主体具有同等的效力。公平原则也要求机会均等，如顾客应该有均等获得产品和服务的机会，供货商应该有均等的提供商品的机会。我们必须看到，在我国传统伦理思想中，等级观念、平均主义思想还继续存在，而现代的公正、平等思想还比较欠缺。

其九，相互尊重。尊重首先是要尊重每个人的尊严、权利和价值。尊重不囿于对人的尊重，还应扩展到对其他利益相关者的尊重。尊重还要认真地对待其他人、其他组织，承认他们的合法权益，尊重他们的愿望。

我们必须看到，企业的伦理要求不仅是出于道义，其实它将极大的有益于企业的发展和未来。符合伦理的行为必将给企业带来一种良好的社会形象。企业形象中既包括外表特征、实力特征、潜力特征，也包括道德特征。道德特征中所包含的要素都涉及企业对社会、对消费者、对自身、对协作单位以及对同行业中其他企业的态度指向。其中，企业信誉是企业基本素质的体现，是企业形象的支点。道德特征还包括企业的社会责任感，如企业是否具有环境保护意识、公益意识、社会贡献意识等。企业道德特征还包括本企业在与他企业交往合作过程中是否正直、磊落、规矩、诚挚、互利。而良好的企业形象至少从以下几个方面给企业的发展带来积极影响。

第一，企业形象是企业的无形资产，良好的企业形象会给企业带来特定的价值。企业要想在激烈的市场竞争中占有一席之地，其中一个重要的条件就是树立良好的企业形象，使公众产生信赖感，这样才能增强企业的市场竞争力，并为企业带来效益。越来越多的人已经形成了这样一种观念：良好的企业形象是一种无形资产，人们甚至已经开始对企业形象这一无形资产进行"有价评估"。

第二，良好的企业形象能激励士气。完美的企业形象使员工产生一种愉悦感和自豪感，鼓舞员工奋发向上，促使他们加倍努力工作。同时，良好的企业形象也为人才培养和发挥其聪明才智创造了适宜的社会环境条件，使员工产生强烈的归属感、认同感，这不但可以稳住企业内部的人才，而且还可以为企业吸引来大批外部优秀人才。

第三，企业形象是参与竞争的重要手段。在市场经济条件下，同行业企业之间存在着激烈的竞争，在市场经济初期，这种竞争主要体现在资金和技术上，但随着市场经济逐渐成熟、信息社会的到来，信息和形象已越来越成为竞争的第一要素。"酒香不怕巷子深"、"桃李不言，下自成蹊"等传统观念，已远不能适应竞争开放的社会。树立良好的企业形象，才能使企业具有经久不衰的竞争力。良好的企业形象，能为企业吸引来市场、吸引来人才，吸引来技术和资金，吸引来各种发展机遇。

第四，良好的企业形象有利于营造和谐的社区环境。企业形象建设在一定程度上可以带动精神文明建设，促成良好的社会风尚和融洽的人际关系，使公众受到潜移默化的熏陶和影响，这又为企业的发展创造了和谐的社区环境。

第二节　商业伦理教育

商业伦理教育的目的是提高商业企业员工的道德素质，使之敬业、爱业、乐业、勤业，不仅把职业看成是一种谋生的手段，而且看成是个人价值自我实现的重要方式，从而在职业生涯中塑造自己良好的人格。

在此，有两个问题应该引起重视：其一，必须避免以商业服务业技能培训代替商业伦理教育。以技能培训代替伦理教育，往往出现从业人员业务素质提高而商业伦理素质下降的严重后果。其二，必须讲究商业伦理教育的方法。计划经济时代常把商业伦理教育与思想政治工作等同起来，使商业伦理教育从属于思想政治教育，甚至以思想政治教育取代商业伦理教育，实践证明其效果是难以保证的。只有解决这两个方面的问题，商业伦理教育才能深入到商业生活的各个环节，并变成每个从业人员的内在需要，收到好的成效。

一、企业进行商业伦理教育的目的

商业伦理教育分为外部的由社会进行的商业伦理教育，以及内部的企业自身开展的商业伦理教育。企业内部进行伦理教育的目的是通过教育使员工具有良好的道德品质。道德品质包含道德意识和道德习惯，而道德意识又包含道德认识、道德情感、道德意志、道德信念、道德习惯，这些构成了企业道德教育的主要内容。

第一，培养员工正确的商业道德认识，形成正确的善恶观。正确的善恶观是选择正确道德行为的必要前提，错误的善恶观则会导致不道德行为的发生。举例说，如果认为不管采用什么方式只要能从顾客口袋里掏出钱来就是好的，那么就难免会出现欺骗顾客的不道德行为。因此，企业伦理教育的首要任务是进行企业道德的原则和规范的教育，使员工理解和掌握什么是自己应当遵循的企业道德准则。但这仅仅是第一步，还必须让员工深入认识为什么必须这样做而不能那样做，企业道德原则和规范为什么必须这样规定，等等。正确的道德认识还要求员工能在纷繁复杂的现实中作出正确的道德判断、评价和选择。

第二，陶冶员工的道德情感。人们从理论上认识了一定的道德义务后，并不一定能付诸行动。当道德认识转化为内在的情感时，才会对人们的行为和举止产生更深刻的影响，推动人们主动趋善避恶，追求自己情感上尊崇向往的美德，反对情感上无法接受的恶行。

第三，锻炼员工的道德意志。员工在履行企业道德所规定的各种义务时，并不总是一帆风顺的，相反，往往会遇到来自多方面的困难和阻力。客观方面，需要克服来自外部的社会条件的制约、错误舆论的非难、亲友的责备和埋怨，等等。主观方面，由于履行道德义务往往需要或多或少地牺牲眼前利益，因此，需要克服私心。在这些情况出现时，如果没有坚定的道德意志，就可能在行为选择时放弃初衷，在行为过程中知难而退，甚至屈服于外部压力和眼前利益，做出不道德的事情。

第四，帮助员工树立道德信念。道德信念具有综合性、稳定性和持久性的特点，它是深刻的道德认识、强烈的道德感情和坚强的道德意志的有机统一，是促使人们把道德认识转化为道德行为的内在动力。当一个人对某种道德产生信念后，就能自我调动、自我命令，长期地、自觉地、全面地根据自己的信念选择行为。

第五，培养员工的道德习惯。一名员工若养成了良好的道德习惯，那么，其行为无须外来监督就能符合企业所推崇的道德原则和规范。

上述五个环节相互影响，相互作用，形成一个有机整体。其中，道德认识是前提，道德情感和道德意志是两个必要条件，道德信念是核心，道德习惯则是商业伦理教育的归宿。

二、商业伦理教育的原则

根据心理学、传播学原理，进行商业伦理教育掌握以下这些原则是必要的。

第一，威望原则。教育者的社会声望越高越能使被教育者接受其教育内容。社会上著名人士、业内威望较高的人的教育都能给员工留下很深的印象。传播学研究证明，要想取得好的传播效果，信息传播人具有权威身份是很重要的。

第二，相似原则。首先，物以类聚，人以群分，人际关系中相似吸引的特点，使人较容易接受与自己地位、处境相似者的诱劝，如成功企业家的现身说法对企业管理者的影响就较大。其次，教育者的态度越是与被教育者的态度接近越能发挥影响作用。因为，观点和感情不一致会使被教育者先入为主地对信息持否定态度。

第三，参与原则。让受教育者参与到教育中来更容易使其接受某种观点。比如，让每个参加升国旗仪式的员工谈谈切身感受和体会，让受伦理教育的人轮流对社会其他人群进行商业伦理说明、宣传等。

第四，暗示原则。暗示指人们以含蓄的、间接的方式对他人发出信息，从而影响他人，使其不自觉地接受某种信念。日常生活中，人们的许多言行是对环境的各种暗示无意做出的反应，在企业中员工行为也会相互影响。20世纪50年代，美国一座兵营的指挥官要对一批有恶习的士兵进行改造，其方法是要求这些士兵按一定内容给家人写信，说自己养成了新的生活习惯，守纪律，讲礼貌，改掉了以前的恶习等。结果一段时间后，这些士兵的行为都在慢慢好转。

第五，生动原则。教育方式越生动形象越容易影响被教育者。因此，企业道德教育除了课堂教育外，要采用灵活多样的活动，如参观访问、典型事例分析、演讲比赛、辩论赛等。

第六，重复原则。当一种信息，甚至是错误的信息反复向人们传递，而又没有相反信息提供比较的时候，人们会对这种信息从抗拒转变为服从。企业道德涉及观念的改变，需要进行反复教育才能深入人心。

第七，亲近原则。当信息来自信息受众的亲近者时更容易被接受，对人的信任会延伸到对其发出的信息的信任。要改变员工的态度，由员工所尊敬的领导、亲近的朋友进行劝导效果比较好，那种居高临下的方式不大可能取得满意的效果。

第八，主动原则。在教育中，单纯的说教、灌输乃至惩罚都可能引起被教育者的逆反心理，而讨论交流的方式，提出每种选择方案诱导被教育者作出选择是积极的方法，使被教育者感到态度的转变是自己的选择，而不是被迫作出改变。

第九，期望原则。先诱导被教育者产生接受信息的期望，后传播信息内容更容易被接受。如先向员工说明遵守企业伦理是世界管理发展的趋势，许多优秀企业的经验表明，倡导企业伦理对员工、企业、社会都能带来好处；然后再进行教育，就容易使员工接受。

第十，事实原则。事实胜于雄辩，要尽量用数据、事实说明遵守企业伦理的必要性和重要性。

第十一，压力原则。团体的压力有利于改变个人的态度。有的企业招用新员工时，要求他们首先阅读企业制定的行为规范，然后在上面签字，承诺自己将遵守员工行为规范。

第十二，换位原则。换位思考一下，或者有条件的话临时换换岗位，如请员工当一天厂长（经理），厂长（经理）当一天工人，销售人员做一回顾客，技术人员当一阵儿推销员等，这样一来，大家都会有意想不到的收获。一些行业广泛开展的"假如我是一个顾客"、"假如我是一个病人"等活动，取得了满意的效果。

三、商业伦理教育方法

对商业从业人员进行商业伦理教育是一项重要任务。商业企业必须使商业伦理教育与国家的商业政策、法律、制度的宣传教育结合起来，相互补充，相互促进。通过商业伦理教育，积极宣传商业伦理的原则和规范，使商业从业人员了解自己的正当权益，知道哪些行为是应当或可以做的，哪些行为是不应当或不能够做的，以保障商业服务活动沿着正确方向发展。对商业从业人员进行商业伦理教育可以有以下方法。

第一，学习的方法。学习包括一般的文化学习，也包括理论学习，尤其是伦理学理论和商业道德理论的学习。通过系统的伦理学理论和商业道德理论的学习，才能系统掌握知识，为道德修养的锻炼打下坚实的基础。学习还包括商业道德实际的学习，通过学习行业中先进典型的先进事迹，往往能够直接而生动地掌握商业道德修养的基本方法。将这两方面的学习结合起来，对于员工个人的商业道德修养将是大有帮助的。

第二，反省对照的方法。教育员工养成定期反省自己思想言行的习惯，对于商业道德修养的锻炼也是一种很有效的方法。反身内省自古就是进行道德修养锻炼的一种有效方法。孔子的学生曾参说过："吾日三省吾身"。孔子的另一个学生颜渊则强调不二过，即不重复犯错误。孟子强调，有道德的人就像射箭的人一样，射不中不会怪靶子，而是反过来检查、对照和调整自己。只有不断地找出自己的不足与欠缺，对错误加以改正、对不足加以弥补，才能不断地提高自己的道德品质和思想境界。自我反思自我批评既是提高人生修养的重要方法，也是进行道德修养锻炼重要方法。

第三，推己及人、将心比心的方法。孔子所说的"仁"，有人从方法上把它归结为忠恕之道。所谓"忠"，就是尽心竭力地为他人着想、为他人做事，即"己欲立而立人，己欲达而达人"。因为，人同此心，心同此理，自己所希望或欲求的，往往也是他人所希望或欲求的。如果自己在某个方面希望他人如何为自己服务，自己在工作岗位上也应按照这种希望为他人服务。所谓"恕"，就是为人做事要有所克制，即"己所不欲，勿施于人"，"吾不欲人之加诸我也，吾亦无加诸人"，自己不希望他人对自己做的，也不要对他人做。现代商业服务是建立在人格平等的基础上的，在人与人的利益关系之中，要做好商业服务，就要尊重他人；而要尊重他人，就必须遵守忠恕之道。所以说，推己及人、将心比心的方法，是商业道德修养的重要方法。

第四，慎独的方法。慎独，要求人们在任何时候都不要放松自己的道德修养的锻炼，养成防微杜渐的坚定道德信念，做到在无人监督情况下，仍然自觉地按照一定的商业道德原则和规范的行事。慎独既是一种方法，也是一种境界。从方法上说，慎独是从大处着眼、小处着手，勿以恶小而为之，勿以善小而不为，防微杜渐，积善成德；从境界上说，慎独是商业从业人员的道德修养高低的试金石。一个人是否树立了商业道德信念，只有看独自一人、无人监督的情况下，自己是否还自觉自愿地履行着商业道德规范，这样才能检验出来。

四、日本企业伦理教育之借鉴

日本企业伦理教育的内容主要有以下几个方面：

第一，明朗、爱和、喜劳。

日本企业的伦理教育的内容十分广泛，"明朗、爱和、喜劳"六个字是他们教育的中心内容。"明朗、爱和、喜劳"思想的依据是"企业即是人"，要实现企业的真正发展，关键是要以人才培养为目标，造就干劲十足的集体。而干劲十足的集体应该是一个"明朗、爱和、喜劳"的集体。

所谓"明朗"，就是以一颗"明快、开朗"的心，对待周围的人和事，对待自己的工作。一天中每一分钟都不要使心阴暗下来。早晨明快地起床，白天明快地工作，晚上明快地休息。明朗的心是一盏明灯，是健康的基础，是万善之本，是伦理实践的第一步。企业全体成员，从领导到普通员工，人人明朗，那么，企业一定会发展、昌盛。"明朗"的实践要求就是"即行"，也就是立即行动。对认识到、感觉到的事情立即干净利落地去做。人的心真正明朗起来时，个人所具有的能力就可以充分发挥出来，做到心情舒畅，效率提高。

所谓"爱和"，就是要和谐相处。人际关系处理得好不好，关系到企业的兴衰存亡。他们认为：只要人的关系处理好了，可以说经营上80％就成功了。在企业内部，社长与员工、上司与下属、前辈与晚辈、员工与员工之间只要和谐统一起来，企业的整体实力就强大，就会有新的发明与创造。否则，我行我素、互相指责、争斗，就会毁掉企业。

而要达到"和"，正确运用语言是很重要的。为此，他们非常重视语言训练，并把这种训练看做是一种实践。首先是相互问候，如"早上好"！"您好"！"身体好吗?""晚安!"等。这种相互问候，无论是在家庭、学校，还是在工作场所、公共场合，都是增进理解、融洽感情的桥梁。其次是应答，即"是!"当对方和你谈话时要注意倾听，并从心里发出"是"的声音，这样就会使得关系融洽。再次是感恩，即"谢谢!"当别人给予自己以关心和帮助时，即使是微不足道的，也要打心眼里发出"谢谢"的感激之言，这样对方就会有一种喜悦和愉快之感。

所谓"喜劳"，就是高高兴兴地工作。劳动的"劳"是"疲劳"、

"辛苦"的意思。所以，无可奈何地带着厌烦情绪去工作，就容易产生不满和疲劳，造成效率低、事故多。相反，如果把本职工作当做"天职"，全身心投入到工作中去，一定会感受到喜悦与充实。他们认为，愉快工作的好处很多：有益健康；不会缺乏金钱和物质；来自他人的信任感增强；人际关系转好；上下级关系容易处好；易养成自信心；家庭幸福；未来理想有可能得以实现；迟早会得到名誉和社会地位；人生观改变，命运好转。

如果把工作仅仅看做是谋生的手段、不得已而为之，那么，于己，得不到喜悦，于企业，贡献也不会太大。

通过"明朗、爱和、喜劳"的教育与实践，把企业办成明朗的集体、爱和的集体、喜劳的集体。

第二，企业精神教育。

日本一家生产盒饭的企业——富士公司，在面临倒闭时，开始在全公司开展企业伦理实践活动。该公司的"行动 6 训"（实践准则）是：(1) 永远以明朗的微笑迎接客人；(2) 今天大家都精力充沛地互相打招呼吧；(3) 发挥同事的特长，也就是发挥自己的特长，互相说声"行！"、"干吧！"；(4) 每天说 30 次"谢谢！"；(5) 改变自身的想法和行动，周围也就发生变化，经常保持积极的心理状态参加实际工作；(6) 马上能办的事要立刻行动，全力以赴地投入到眼前的工作中去。

富士公司在公司"朝礼"的时候，全体齐声朗读上面的训词，并使之落实到各自的工作中去。几年以后，该公司已成为当地业绩最佳的企业。①

第三，朝礼。

日本一些企业把朝礼看做是进行伦理实践的一项重要内容。

根据目的的不同朝礼的形式也各异：（1）以推进业务为中心的朝礼。在朝礼上，上司向部下布置工作任务或具体要求，表扬好人好事，

---

① 陈炳富：《企业伦理学概论》，南开大学出版社 2000 年版，第 310 页。

批评坏人坏事；（2）以做广播体操为中心的朝礼。目的是，通过做广播体操活动人的四肢以利于更好工作；（3）以教育为中心的朝礼。合唱社歌、齐诵社训或由上级训示的行为规范。如松下电器公司的员工，每天早晨上班前集合起来要齐声朗诵公司经营理念："工业报国，光明正大，团结一致，奋斗向上，礼貌谦让，适应形势，感恩戴德"。

朝礼进行得法能取得如下效果：（1）使企业变得充满活力。朝礼是一天活动的开始，参加者活跃和紧张的神情使朝礼洋溢活力。这种活力会继续在工作中得以发挥，给企业经营带来新局面；（2）使协作变得顺利。企业最重要的是"和"，这种意志的统一，不是一朝一夕能得到的。每天清晨，大家的眼神、声音交织在一起，心心相印，发挥了朝礼的最大作用；（3）使待人态度转好。每天清晨练习最基本的"打招呼"，就能牢记开朗地迎接客人的行为规范。

第三节　商业道德修养

提高商业道德修养的实质，就是健康的、进步的、科学的道德价值体系及伦理观念与腐朽的、没落的、蒙昧的道德价值体系及伦理观念的斗争，就是以健康的、进步的、科学的道德价值体系及伦理观念反对和取代腐朽的、没落的、蒙昧的道德价值体系及伦理观念的过程。

提高商业道德修养是商业道德实践活动的一种重要形式；是进行自我道德教育的方式，是商业道德原则和规范转化为从业者内心信念的途径。在一定意义上说，所有商业道德活动，包括商业道德选择、商业道德评价、商业道德教育等，都是通过商业道德修养活动帮助商业从业者树立道德意识，形成道德信念，培养道德习惯，从而养成高尚的商业道德品质和情操。商业道德修养是商业从业人员依据一定的商业道德原则和规范在道德品质、道德意志、道德情感、道德情操、道德习惯等方面进行自觉的自我改造、自我锻炼、自我陶冶、自我培养的道德实践活动过程，以及经过长期的努力而达到的道德境界。

一、商业道德修养境界

提高道德修养是人生全过程的事情，而不是一朝一夕的事情。在人生旅途上，有的人自觉地提高道德修养，而有的人缺乏道德修养的自觉性，因此，在不同的人身上表现出不同的道德境界；就是在同一个人身上，在长期的道德修养提高过程中，其道德觉悟、道德水平伴随着实践的磨炼而不断提高，从而也会呈现出不同的道德境界。

社会主义商业道德境界有两个方面的涵义：一个方面涵义，是指商业从业人员在接受道德教育和提高道德修养过程中，其所达到的程度不同的道德觉悟水平。有的人从事商业活动，仅仅是为了发财；有的人从事商业活动，是把商业作为实现自己人生价值的途径；有的人从事商业活动，是为了增强国家的财力，力图为振兴民族事业贡献自己的力量。另一方面的涵义，是指商业从业人员在接受道德教育和提高道德修养过程中所培养起来的道德品质状况和道德情操水平。有的人在商业活动中，以不违法为自己进行商业服务的准则，这说明已经有了一定的道德品质，由于守法是道德的起码要求，有了守法行为也就意味着有了起码的道德意识，当然这是低层次的意识。有的人在商业活动中，不仅能守法，而且愿意遵守商业道德原则和规范，这又是高一些的道德境界，表明其具有了比守法更高的道德品质。有的人不仅愿意遵守商业道德原则和规范，而且还能在行动中大多会体现出商业道德原则和规范，这又是较之前一种情况更高的道德境界。不同的人在商业道德修养中付出的努力不同，其所表现出来的道德品质和道德情操的境界也相应不同。

商业道德境界是一个综合范畴，说一个人达到了某种商业道德境界的时候，不仅意味着他还具有与这种境界相应的对于道德、人生的理解程度，以及与这种境界相应的意志状态、精神情操，而且意味着他具有与这种境界相应的道德选择、道德评价等道德活动能力。商业道德境界是多方面道德意识、道德品质、道德情操、道德信念、道德意志力、道德觉悟等道德要素的综合体。

从横向比较来看，商业道德具有不同的层次；从纵向发展来看，个体的商业道德有不同的发展阶段。道德层次的不同与道德发展阶段的不同，都呈现出商业道德境界的高低之别。这种商业道德境界的高低犹如阶梯，体现了不同的等级。我国社会主义商业道德的最终目的和最高要求则意味着商业道德境界的最高境界。商业道德境界的发展是从最基本的起点出发，通过一系列中间层次不断地向更高道德境界进发的过程。社会主义商业伦理学主要根据人们在利益关系上的倾向与态度，把商业道德境界分为四种：自私自利的境界，合法追求个人正当利益的境界，先公后私先人后己的境界，大公无私的境界。

自私自利既是一种思想境界，也是一种商业道德境界。处于自私自利境界的人，一切以是否有利于自己的私利为转移。他们唯利是图、损人利己、损公肥私，为达到个人目的而不择手段。"人不为己，天诛地灭"、"鸟为食死，人为财亡"就是这种境界的写照。在处于自私自利境界的人的心目中，人好像天生就是自私的，每一个人都是为了自己的利益做打算。在利益争夺中，每个人都力图将他人、社会的利益据为己有。人即使做出对他人、社会有益的事，也是因为这样做对他自己有利，否则他不会这样做。不可否认，社会中确实存在着一部分处于这种自私自利境界的人。

合法追求个人的正当利益也是一种境界，处于这一境界的人，在当前社会主义初级阶段的市场经济社会中具有相当的普遍性。处于这一境界的人，以追求个人正当利益为目的，以不违背国家法律和商业法规为原则。处于这种境界的人，不以侵害他人、社会利益作为获取自身利益的手段，而是依靠勤奋工作、积极进取作为实现自身利益的方式，能够尊重他人的利益和人格。处于这种境界的人，尚未达到既想到自己也想到他人，既想到个人利益也想到集体利益、社会利益的境界。

先人后己、先公后私的商业道德境界是在追求个人正当利益的商业道德境界基础上发展起来的。处于这一境界的人，能够以集体、社会利益为重，把个人利益摆在第二位，凡事先为集体、为他人着想。处于这一境界的人，往往爱人如己，乐于助人，在商业服务中兢兢业业，以工作的成功为自己人生价值的实现方式。有必要提出的是，处于先人后己、先公后私境界的人，并不是不追求个人正当利益，而是将对个人正当利益的追求包含于先人后己、先公后私境界中。先人后己、先公后私境界与合法追求个人正当利益境界不同之处在于，它对于个人正当利益的追求，在个人利益与集体利益、社会利益发生矛盾时，总会自觉选择牺牲自己的个人利益去维护社会和集体利益，总是想使自己的个人利益与他人利益、社会和集体利益相互促进。

大公无私的境界是从先人后己、先公后私的境界发展而来的，是社会主义商业道德的最高境界。处于这一境界的人，一切行为从社会和集体利益出发，一切以有利于社会、有利于人民为原则。他们总是把人民的事业作为自己的事业，把社会和集体的幸福作为自己的幸福。"先天下之忧而忧，后天下之乐而乐"就是这种境界的写照。处于这种境界的人，已经把个人利益融化到社会和集体利益中。在社会主义初级阶段，大公无私境界还是一种少数人才能达到的理想境界。随着社会的发展和进步，随着社会主义物质文明和精神文明建设不断深入，大公无私境界将不断扩大其范围和内容。

以上在利益关系中表现出来的几种商业道德境界不是一成不变的，而是在道德境界发展过程中，低一级境界可以发展为高一级境界，而这个过程是永远不会完结的；反之，不进则退，高一级境界也可能下降为低一级境界，甚至转化为非社会主义商业道德性质的境界。商业道德修养就是不断从低层次向高层次努力的过程。

商业从业人员只有在商业服务实践中才能改造主观世界，也只有在与顾客、同行的道德关系中，才能培养自己的道德品质。离开了商业实践，商业从业人员的道德修养就无从产生，也就无法提高，当然就更谈不上克服自己的不道德的思想和行为，培养社会主义商业道德品质。脱离了人与人之间的广泛接触，脱离了社会实践，提高道德修养就成了一句空话。

二、道德选择的心理机制

商业道德的一切内容无不具有选择的意义，不仅商业道德原则、道德规范指导着人们的行为选择，而且商业道德的认识、感情、意志也引导着人们的选择方向。在社会生活中，人们有关道德的选择有着各种各样的形式。商业道德选择是一种特殊的社会选择，是人们在一定的商业道德意识支配下，根据某种商业道德标准在不同的价值观冲突中做出的抉择，是经过人的一系列心理活动而达到的一种价值取向，是人为达到某一种目标而主动做出的取舍。笔者所探讨的商业道德选择的心理机制，是商业道德选择得以进行并发挥作用的意识结构和心理基础。

人的情感会影响商业道德的选择。情感往往使选择具有鲜明的特色：要么是肯定性的选择，要么是否定性的选择，因而，情感选择具有强烈性、感染性和扩展性的特点。商业从业人员如果在服务于他人中感到满足，体会到人生价值的实现，就会产生强烈的职业荣誉感和乐业的情绪体验，同时会扩展到与商业服务有关的方面。反之，一个对商业服务业有厌恶、自卑情绪的人也会影响并扩展到有关方面。

人的兴趣会影响商业道德的选择。人不同于动物是在于人能够将欲望转化为兴趣，而兴趣是人对客体的选择性态度。兴趣于斯，志向于斯，只有人对某一对象感兴趣，才会专注于这个对象，产生情绪上的吸引力。兴趣反映着人的价值取向，一个对商业服务工作有兴趣的人，就会专注于商业服务工作，更积极主动参与所从事工作的各个方面，才会在服务他人中感到满足，体会到人生价值的实现。

人的意志也会影响商业道德的选择。意志作为人类心理的基本构成要素之一，就是自觉确定目的，根据目的来支配、选择、调整自身行为的心理过程，是知识和情感相互作用而形成的一种活动能力。意志与知识、情感的相互作用使得人的道德上决定不是盲目的，而是一种理智的、审慎的决定。人的意志所作的每一个决定，都是在多种可能性中反复权衡而进行的一次选择。意志为道德选择既提供了依据也奠定了基础。

　　商业道德选择更多地会受人的价值观的影响。价值是在人类社会实践活动中，在主客体相互作用情况下，客体的存在和属性适应或满足主体需要时所表现出的效益、效用和意义。对人有用、有益、有效是价值的关键所在。适合主体要求，能更多地满足主体需要的事物就有较高价值，因此，价值可以看做是客体对主体的效应。价值既具有绝对性又有相对性。说价值具有绝对性是因为，一方面价值中包含着不以主体——人的意志为转移的客观内容；另一方面社会发展程度相同或相近的不同国家、民族，对价值特别是一些重要价值取向，会具有相同或相似的看法。说价值具有相对性是因为以下两个方面：其一，价值判断中具有强烈的主体性，有无价值、价值大小，受到主体的价值需求与价值评价水平的影响，因此，价值判断中难免带有主体的主观性、随意性、片面性和相对性。其二，价值作为一种人类认识又属于历史范畴，它是在不断发展变化的，具有一定的局限性、相对性。

　　价值观念是人们在长期价值活动中形成的对某类事物的价值信念、价值目标、价值标准和一般价值规范的稳定的思维模式，是人们进行价值判断和选择、确立价值取向和追求的范型和定势。价值观是由非稳定的、朦胧的价值意识，经过多次重复、长期积淀而形成的，所以价值观具有相对稳定性，一经形成难于改变。它不仅决定人们对事物的看法，它还决定人们在实践中的种种选择；它决定人们干什么和不干什么；它决定人们的行为倾向，决定人们的行为路径和行为力度。

　　价值观作为在价值认识基础上积淀成的深层心理结构和信念，作为人们进行判断、选择、确立价值取向和追求的标准和定势，对个人成为什么样的人具有决定性的作用。价值观首先是一种价值信念，这种信念是建立在价值评价基础上的，是通过主体实践经验和价值评价形成的，如"时间就是金钱"，"效率就是生命"。此外，价值观还能使人们行为相对稳定地指向一定的价值目标，表现出有鲜明的指向性。如持有"人生在世，吃穿二字"或"名利第一"价值观的人就会千方百计、不择手段地追求金钱和名利，而不顾国家、民族利益。进而，价值观还是一种评价标准，在人们对社会事物是非、美丑评价时价值观是隐蔽的标准。如当人们树立了国家、民族利益高于一切的观念，对那些为国家、民族利益作出贡献的人，就会赞美、钦佩，而对损害国家、民族利益的人和事则会否定、批评。

价值观能构成人们行动的原则、信念和标准，是思想意识的核心。价值观能指引并推动一个人采取决定和行动。一个人树立了一种价值观，就会用它规范自己的思想和行为，确定应当怎样做，不应当怎样做。价值观对人行为有规范作用、激励作用、约束作用，所以，积极向上的价值观有助于从事商业的人在商业行为中做出道德伦理上的正确选择。

价值冲突的存在增加了选择的难度，同时也扩大了选择的意义和作用。价值冲突表现在社会中，往往呈现出两种性质不同的形式，即同一价值体系内部的不同道德要求之间的冲突和不同价值体系之间的对立。前者是大善与小善、高层次义务与低层次义务之间的矛盾，而后者则是善与恶、道德与不道德之间的冲突。要解决同一价值体系内的不同道德要求之间的冲突，首先，必须区分本价值体系的层级系列，弄清商业道德规范体系等级秩序，使低层次的价值准则及其所规定的义务服从于高层次的价值准则及其所规定的义务。其次，必须根据具体的情况灵活决定义务的选择。在发生冲突时，具有同样地位的义务应该根据哪一个义务更有利于企业和社会的利益来决定取舍。在特定情况下，有时理论上更高级的义务要让步于低一级的义务，如果这样做更符合最高的利益或最高道德目标的话。总的原则是：在不同价值体系的对立中进行选择，就必须进行质的分析，应该选择最代表人民利益、社会利益的价值体系，选择最为反映社会历史的本性或最为代表社会进步的价值体系。

三、商业经济行为的影响因素

(一) 文化对商业经济行为的影响

德国社会学家马克斯·韦伯曾指出,作为一种精神力量,新教的伦理从以下两个方面促进了人们勤勉工作的敬业精神的形成,从而促进了社会的发展和进步。第一个方面是新教的"天职"说,即个人的世俗职业被认为是"天职",做好世俗的职业工作是教徒对上帝应尽的最高道德义务;另一个方面是"救赎"说,即新教主张,一个人的"灵魂"能否得救,主要要看其是否恪守个人的"天职"——即有没有一种充沛的敬业精神和工作热情。这样,通过不断地宗教灌输心理强化,新教教徒在自己的内心认定,工作是上帝要个人完成的、天意赋予他的各项责任的一种特殊命令。我们知道,宗教信徒多有一种想成为圣者——得拯救上天堂——的强烈愿望。这两方面一结合,于是,新教教徒的现世生活彻底理想化了,工作中就表现出一种带有神圣色彩的职业伦理。所以,经济发展在这些国家表现得生气勃勃,富有成效。

马克斯·韦伯认为,一个社会能否富强发达,并不全像亚当·斯密所说的,关键在那只以私欲为核心的"看不见的手"上,即"(经济是否发达)并不在赚钱欲望的发展程度上。自从有了人就有了对黄金的贪欲。在历史上的任何一个时期只要有可能,就必有置任何伦理道德于不顾的残酷的获利行为。"① 对此,马克斯·韦伯问道:"那种孕育了天职观念和为职业劳动献身之精神的特殊具体的合理思想形式是谁的精神产物……它曾经是而且至今仍然是我们……文化最重要特征要素之一"。② 我们可以看到,马克斯·韦伯这里实际关注的是一种职业伦理如何产生。

---

① [德] 马克斯·韦伯:《新教伦理与资本主义精神》,四川人民出版社 1986 年版,第 40 页。

② [德] 马克斯·韦伯:《新教伦理与资本主义精神》,四川人民出版社 1986 年版,第 50 页。

　　马克斯·韦伯认为，许多国家的经济为什么落后，其中一个主要原因是"靠赚钱以谋取私利方面使绝对不讲道理的做法普遍盛行"，这是那些国家一直具有的一个突出的典型特征。"正如所有的雇主都知道的那样，这些国家（可用意大利与德国作比较）的劳动者缺乏自觉性，这一点以前是，现在某种程度上依然是这些国家……发展的主要障碍之一。"① 他认为，某些国家落后实际是职业伦理恶化的结果。他分析道，"经济合理主义的发展，部分地依赖合理的技术和法律，但它同时也取决于人类适应某些实际合理行为的能力和气质。如果这类合理行为受到精神上的阻碍，则合理经济行为的发展也会遇到严重的内部阻力……（在需要熟练劳动、需要运用容易损坏的贵重机器、需要敏锐的注意力和首创力的场合），不仅绝对不能缺少高度责任感，而且一般来说还必须有这样一种态度，至少在工作的时候有这样一种态度，即不去时时盘算如何以最舒适和最少劳动的方式取得惯常得到的工资。相反，人们必须把劳动本身当作惟一目的，当做天职去完成。但是，这种态度决不是天性的产物，它只能是长期热诚教育的产物。"②

　　马克斯·韦伯认为，对新教信徒来说，"圣者的生活完全是为着一个超然的目标——获救。但正是由于这个原因，圣者的现世生活彻底合理化了。'一切均为增加上帝的荣耀'这句箴言从来没有被人如此严肃地看待过。只有靠永久不变的、经常不断的思索指导的生活，才能战胜自然状态。"③ 这样，"就总的而不是每一个具体情况而言，西方修道生活的伟大历史意义……（是）它发展起了一种系统的合理行为方法，旨在克服'自然状态'，使人摆脱不理智的冲动的支配，摆脱他对尘世及

① ［德］马克斯·韦伯：《新教伦理与资本主义精神》，四川人民出版社1986年版，第40页。
② ［德］马克斯·韦伯：《新教伦理与资本主义精神》，四川人民出版社1986年版，第26、35页。
③ ［德］马克斯·韦伯：《新教伦理与资本主义精神》，四川人民出版社1986年版，第100页。

自然的依赖。它试图使人服从于某种程度有计划的意志的统治，使他的行动处于经常不断的自我控制下……于是这种生活客观上把修道士培养成了为天国服务的劳动者……"。①

马克斯·韦伯这样为事业发展寻找到了伦理影响的原因，寻找到了由工作伦理影响形成的每个人行为动机、工作态度变化这一重要原因。表面上这只是对一个人的影响，但是，许多这种个体行为倾向的汇集，必然会构成了一个社会事业发展动力的质变。除了马克斯·韦伯以外，还有很多有识之士注意到了这种精神的力量。斯彭内尔在《神学思虑》一书中指出，倘若你未能从事最直接伺奉上帝的事业，则你必须在自己合法的职业中竭尽全力。这样，在城市的大社区中，虽然多数人腐化堕落，但可以说至少还有相当数量的人品行优良，颇有作为。

总而言之，马克斯·韦伯等学者认为，伦理的力量可以作为一种精神力量，促进人们勤奋工作，而这种群体性敬业精神带来的必然是整个国家的繁荣、发达、富强。

无独有偶，在另一个国家——日本，也有人把自己国家的成功归功于他们的工作伦理的力量。日本人山本七平在1980年出版的《日本资本主义精神——日本人为什么忘我地工作》一书中指出，视"任何职业皆为佛行，人人各守其业即可成佛"，为日本经济发达的"世俗职业神圣化"的精神依据。②"世俗的业务就是宗教的修行，如果专心致志于此就会成佛。如果上溯其源，也许它最初产生于禅。当时，武士抱有一种剑禅合一的想法，专心学习剑术，不是为了作杀手而是把习剑视为禅的修行。如果把这种思想扩展到农工商三个阶级，则农民悉心耕作、工匠专心舞凿、商人四处奔波都是禅的修行。这确立了新的职业观，同时构成了日本资本主义伦理的基础。"③

---

① [德]马克斯·韦伯：《新教伦理与资本主义精神》，四川人民出版社1986年版，第101页。
② [日]见山本七平：《日本资本主义精神》，三联书店1995年版。
③ [日]山本七平：《日本资本主义精神》，三联书店1995年版，第123页。

　　山本七平在其著作中指出，对很多人来说，经济合理性（即其社会意义、终极价值）已经是一个公理。"农业即佛行"，所有的工作都是佛行，干工作本身就是生命的价值，可以从中获得一种超越性的精神满足。他认为，在这一意义上，世界上不存在下贱的职业，在需要的时候，武士握锄也好，百姓拾粪也好，商人买卖也好，都是高尚的行为。山本七平称，在今天日本，这已经成为"企业神"的对象，成为追求的目标，充分体现了这一点的人犹如教主一样构成了企业等社会共同体的中心。①

　　山本七平在书中讲道："在日本供有神龛的企业并非绝无仅有。还有不少的企业自经理以下全体每月参拜五谷神神社一次，毕后一齐共进同样的盒饭，这种食事是共同体的祭祀仪式，即一种'圣餐式'。但是令人惊诧的是，以现代化生产著称于世的日本大企业中同样存在着'企业神'，在重要的企业领导人中，一人主祭，主持散在全国各地的分公司祭祀仪式……由此可知，这些销售额在 15000 亿日元以上的超级大企业，一方面是最有效率的机能集团，另一方面又是最坚强的共同体。"②我们国内企业界、理论界有些人，把日本企业的企业精神、企业文化，简单地理解为一种经济共同体由于共同经济利益而形成的共同的价值观、共同的行为方式，这种理解看来并不全面。

　　德国、日本是两个第二次世界大战的战败国，经济在战后迅速恢复并取得神话般的发展，现在国内生产总值分列世界第二和第三位，富甲天下趾高气扬，让其他国家羡慕不已。而这两个国家中的两位有不同经历、不同文化背景、不同学历、并且几乎是生活在完全不同的历史时期的学者，却都注意到了在自己国家中，人们对自己所做之事意义上的理解——即给工作赋予一种伦理——对其工作行为的重要影响。现实证明，单一的物质利益、单一的经济诱惑，很难培育出大批有高度敬业精

---

① ［日］山本七平：《日本资本主义精神》，三联书店 1995 年版，第 205 页。
② ［日］山本七平：《日本资本主义精神》，三联书店 1995 年版，第 42 页。

神的劳动者。所以，近年来许多企业都注意到了这一点，十分重视培养员工的敬业精神。

商业伦理的人文考虑包含三个合理性要素，即谋利的合法性、谋利的必要性、谋利的合理性。其中谋利的合法性与谋利的必要性构成经济活动的道德原动力，而谋利的合理性则给了劳动者以更高的境界和更强大的工作动力。例如，新教伦理继承了基督教伦理中禁欲主义的道德信条，认为人应当吃苦耐劳，勤俭节约，清心寡欲。它告诫人们，努力工作并不是为了享乐，而只是要获得被"上帝"拯救的信心。这样，赚钱和发财不再是道德的对立物，人们在现实生活中谋求利益的经济活动及其取得的成就被视为是被"上帝"选中的标志，这就使工作的动机不仅正当而且崇高。

（二）法律对商业经济行为的影响

首先，法律必须保证社会公平、公正、正义。前面笔者谈到，商业伦理的人文考虑包含三个合理性要素，即谋利的合法性、谋利的必要性、谋利的合理性，其中谋利的合法性与谋利的必要性构成经济活动的道德原动力。谋利的合法性是使人的经济冲动获得道德上的认可，从而在道德上解放人的经济冲动，使主体经济能量的释放成为可能。当主体的经济能量为道德所压抑甚至窒息时，个体和社会都不可能焕发出巨大的经济热情。经济冲动被道德所压抑的经济只能是"自然"状态的或"自然"水平的经济，不可能获得发展的巨大冲动力。因此，主体经济冲动的道德解放，对经济发展来说具有原动力的意义。谋利的必要性从另一个意义上开掘经济的原动力。只有当职业活动、当谋利成为人们生活的必须的时候，主体才具有从事经济活动的积极性。在某种经济体制或社会体制中，如果相当多的社会成员可以不从事创造财富的生产活动同样可以获得财富，那么，经济发展就不可能获得原动力。因此，法律必须保证社会公平、公正、正义的问题。

协调和解决这一矛盾，从根本上说，就是要有一套有效的社会规范体系来约束人们的行为及其相互关系。这一规范体系首先是由法律制度来确立的，法律规定了人们在市场经济中的权利、义务及其处理相互关系的基本框架，规定人们应该怎么做和不应该怎么做的基本准则。因此，人们常说，市场经济就是法制经济。但作为一种社会规范体系，法律存在着不少局限性：一是法律只能够对那些违法的行为进行规范，其约束空间是有限的；二是法律调节的成本是很高的，打官司必然劳民伤财。因此，只有法律是远远不够的，还必须有伦理道德的作用。

其次，要强化对严重的败德行为的经济制裁和法律制裁。经济生活中的各类严重的败德行为，多是不择手段牟取暴利并对他人或社会造成较大经济损失的行为。对这类行为表示道德义愤、进行道德谴责当然是必不可少的，但更重要的是必须给以相应的制裁，其中包括经济制裁和法律制裁。经济制裁旨在通过对不择手段谋利者给予经济处罚来维护正常经济秩序。法律制裁则是通过剥夺那些不择手段谋利者的某些经济权利乃至人身自由来终止其对他人和社会的危害行为，从而维护经济的正常秩序和社会正义。实施这两种制裁，不仅可以遏制各类严重的败德行为的发生和蔓延，而且可以强化人们遵守法律和道德规范的合理谋利动机。近些年来，对待各类严重的经济败德行为，我们尽管也使用了上述两种手段，但制裁力度却不够，其中特别是经济制裁这一可行性范围较大的手段，其使用的范围和频率都相当有限。

（三）政治经济体制和制度对商业经济行为的影响

作为一种观念和意识，经济活动中的伦理随着人类社会经济活动和交换关系的发展而产生，但在自然经济条件下，由于经济活动的封闭性、简单性和个别性，使得包括商业伦理在内的经济伦理未能作为一种相对独立的意识形态充分发展起来。现代经济伦理是随着市场经济的发展逐步形成而发展起来的，是市场经济的一个内在规定，也是市场经济健全发展的一个基本条件。市场经济作为一种社会经济运行方式，一方面是以人们利益的分离和自利的追求为基础的，经济主体对利益最大化的追求是市场经济内在动力和市场机制发挥作用的基础；另一方面市场经济又是一种高度社会化的交换经济，人们的利益都是相互联系、相互依存的、个别劳动、个别价值、个别利益只有通过他人和社会才能够得到实现，人们之间在利益上形成了一种越来越密切、越来越深刻的联系。这种利益追求上和利益实现上的依存、互利，是市场经济的一个内在矛盾，能否有效地协调和处理这一矛盾，是市场机制能否有效发挥作用，市场经济能否健全发展的关键。

企业经济行为选择的目标是明确的：获利。获利可以是现实的、直接的，也可以是长远的、潜在的、间接的。企业在作出经济行为选择时，总是在获利思想指导下进行，且存在着一种基于广义成本——收益比较基础之上的成本分析。正如人们在一般道德行为选择过程中选择做恶往往并非是因为不知是非善恶，而是在经过反复权衡后，明知不可做而非要做一样，企业在经济行为选择过程中究竟是否选择合乎社会公认的善的行为，往往并不取决于是否对公认的道德行为准则的认识，而是取决于利弊得失的权衡。只有当企业选择善的行为方式在总体上并不减弱企业的经济竞争力，相反，能够给企业带来实际利益时，更多的企业在经济行为选择上才能自觉选择善的行为方式。若企业按正当合法的方式行事时成本≥收益，相反，通过不正当、不合法的方式反而能得利，那么，企业在经济行为选择中不仅会背离通常意义上的善的方向，甚至会背离正当合法的方向。一般地说，要使企业在经济行为中自觉选择善的、正当合法的行为方式，其底线是企业通过这种方式在绝对意义上要有所得。一般说来，企业能够从自己道德的行为选择中得利，既是企业自觉选择道德行为的重要条件，又是企业自觉选择道德行为的必要条件。

企业法人在作出经济行为的道德选择时，大致有三种态度：（1）无条件地、不受不正当竞争的影响，规规矩矩地经营，将社会整体的利益视为自己的利益；（2）有条件地按照社会公认的道德要求经营，只要多数人这样做，自己也准备这样做，但如果感到别的企业没有按此行事，自己做了就成了"傻瓜"，那么就破坏道德规则；（3）即使大多数企业按照社会公认的道德规则行事，自己也要设法做一个"搭便车"者。

在市场经济竞争中，如果大多数企业不遵守道德规则，个别企业要坚持遵守经济活动中的道德法则，总体上说可能是非常困难的。

如果说真的出现了下述情形：多数企业在经济活动中不遵守社会公认的道德规则，不选择正当合法的行为方式，那么，这表明此时社会缺乏有效的制度供给。因为，如前所述，企业经济行为的目的是获利，如果社会供给有效的制度保障，且在这种制度下一方面通过正当合法、善的行为方式即能获益，另一方面那些不正当、不合法的行为方式能受到有效约束与惩罚，那么，在一般意义上企业就不会普遍选择不正当、不合法的行为方式。制度供给的有效性隐含着正当、合法应当与善的原则相一致。如果制度供给确立的所谓正当、合法与善在方向上不一致，那么，也会出现普遍不遵守道德规则的现象。

如果说在市场经济中出现了道德失灵现象，那么，问题的关键可能是社会德行与利益的脱节、不吻合。如果一个在经济活动中总是选择正当合法、善的行为方式的企业，总是不能获利，不能增加自己的市场竞争力，那么，指望这个企业在经济活动中持久地坚持选择正当合法、善的行为方式则是不现实的。这就提示：要使企业在经济活动中有可能持久选择正当合法、善的行为方式，社会应当提供一个宏观的且运作有效的制度保障，在这个制度保障中，选择正当的、合法的、善的行为方式，是企业获利的基本手段。在这个意义上制度供给显得极为重要。

（四）企业领导者和管理者

企业领导者和管理者的态度和行为相当程度上决定着员工的道德选择。影响一个员工进行道德选择的主要因素有：个人的价值观，个人的经济状况，上司的态度和行为，同事的行为，家人、亲戚、朋友的价值观，企业道德规范的制定及执行情况，本行业的经营惯例，公众的态度。

上述因素对员工的影响程度不完全一样，企业领导者和管理者的态度和行为对员工的影响比较大。实践中有关这方面的例证比比皆是。企业领导者和管理者公正、无私、正直，员工的道德水准也会随之有所提升，企业风气就好；相反，如果企业领导者和管理者自私自利，那么，上梁不正下梁歪，企业就会被搞得乌烟瘴气。另外，虽然对有些因素，如家人、亲戚、朋友的价值观、行业的惯例、公众的态度，企业领导者和管理者无法控制，但对另外一些因素，企业领导者和管理者可以程度不同地施加影响，然后间接地影响员工作出道德选择。

美国学者分别于 1961 年、1977 年、1984 年做了三次调查。巴姆哈特于 1961 年对 1500 名《哈佛商业评论》的读者（皆为企业经理人员）做了一次调查，要求被调查者对所列五项影响不道德行为的因素根据影响程度进行排序。这五项因素是：上司的行为，同事的行为，本行业伦理惯例，正式的企业政策，个人经济状况。1977 年，布莱纳等调查了 1200 名《哈佛商业评论》读者，他们在以上五个因素的基础上补充了一个因素——社会道德风气。1984 年，普斯纳等对 1400 名企业经理人员进行了调查，要求对上述六个因素进行排序。三次调查结果如下。[①]

因素	1984 年的研究 N＝1443	1977 年的研究 N＝1227	1961 年的研究 N＝1531
上司的行为	2.17（1）	2.15（1）	1.9（1）
同事的行为	3.30（2）	3.37（4）	3.1（3）
本行业伦理惯例	3.57（3）	3.34（3）	2.6（2）
社会道德风气	3.79（4）	4.22（5）	
正式的企业政策	3.84（5）	3.27（2）	3.3（4）
个人经济状况	4.09（6）	4.46（6）	4.1（5）

美国组织行为学者认为，企业领导者和管理者从五个方面对员工产生影响：通过企业领导者和管理者最关注的问题；通过企业领导者和管理者处理危机的方式；通过经营者的日常行为；通过企业领导者和管理者采用的报酬制度；通过企业领导者和管理者的招聘和解雇实践。实际上，这五个方面最终都是通过企业领导者和管理者的行为反映出来。为

---

① 陈炳富：《企业伦理学概论》，南开大学出版社 2000 年版，第 288 页。

什么突出上司的"行为"而不是上司的"言辞"呢？因为，"我们平日为人处世，看来好像公开表达信念于我们至关重要，其实行动比言辞更能说明问题。事实表明，无论何时何地，谁也欺骗不了谁。人们从我们行为的细微末节里，留神观察并仔细找出各种行为模式，而且他们都很聪明，不会轻信我们那些与行动哪怕稍有不符的话。"①

　　企业伦理水准很大程度上将取决于企业领导者和管理者的道德水准，取决于其对企业道德的认识及为提高企业道德水准所做出的努力。企业领导者和管理者的行为决定着员工的道德选择，而企业领导者和管理者的行为是否合乎道德取决于其道德素质的高低。因而，商业企业伦理建设要求商业企业领导者和管理者具有较高的道德素质并模范地遵守企业伦理规范。

---

① 陈炳富：《企业伦理学概论》，南开大学出版社 2000 年版，第 289 页。

责任编辑:张连仲
封面设计:肖 辉
版式设计:卢永勤

图书在版编目(CIP)数据

现代商业之魂——商业伦理问题研究/王莹等著.
-北京:人民出版社,2006.7
ISBN 7-01-005465-7

Ⅰ.现… Ⅱ.王… Ⅲ.商业道德-研究
Ⅳ.F718

中国版本图书馆 CIP 数据核字(2006)第 021000 号

现代商业之魂
——商业伦理问题研究
XIANDAI SHANGYE ZHI HUN
——SHANGYE LUNLI WENTI YANJIU

王莹 柴艳萍 蔺丰奇 田克俭 著

人民出版社 出版发行
(100706 北京朝阳门内大街 166 号)

北京瑞古冠中印刷厂印刷 新华书店经销

2006 年 7 月第 1 版 2006 年 7 月北京第 1 次印刷
开本:787 毫米×960 毫米 1/16 印张:33.75
字数:460 千字 印数:0,001-3,000 册

ISBN 7-01-005465-7 定价:56.00 元

邮购地址 100706 北京朝阳门内大街 166 号
人民东方图书销售中心 电话 (010)65250042 65289539